रीतिका खेरा

रीतिका खेरा डेवलपमेंट इकोनॉमिस्ट हैं। उन्होंने दिल्ली स्कूल ऑफ़ इकोनॉमिक्स से पी-एच.डी. की है। आई.आई.एम., अहमदाबाद में इकोनॉमिक्स और पब्लिक सिस्टम ग्रुप की सहायक प्रोफ़ेसर रही हैं। उन्होंने पिछले बीस वर्षों में ग्रामीण भारत में सामाजिक नीतियों पर शोध किया है। उनके लेख लम्बे समय से अनेक विधाओं में छपते रहे हैं। वे भारत में सरकारी नीतियों को लोगों की बातचीत का हिस्सा बनाने के लिए लगातार सक्रिय हैं।

फ़िलहाल भारतीय प्रौद्योगिकी संस्थान (आई.आई.टी.), दिल्ली में अर्थशास्त्र की प्रोफ़ेसर हैं।

रेवड़ी या हक़

सामाजिक सुरक्षा पर एक नज़रिया

रीतिका खेरा

राजकमल पेपरबैक्स

राजकमल पेपरबैक्स में
पहला संस्करण : 2025

राजकमल पेपरबैक्स : उत्कृष्ट साहित्य के जनसुलभ संस्करण

राजकमल प्रकाशन प्रा. लि.
1-बी, नेताजी सुभाष मार्ग, दरियागंज
नई दिल्ली-110 002
द्वारा प्रकाशित

शाखाएँ : अशोक राजपथ, साइंस कॉलेज के सामने, पटना-800 006
पहली मंजिल, दरबारी बिल्डिंग, महात्मा गांधी मार्ग, प्रयागराज-211 001
1, अनमोल सोराबजी सन्तुक लेन, धोबी तलाव, मरीन लाइंस, मुम्बई-400 002
वेबसाइट : www.rajkamalprakashan.com
ई-मेल : info@rajkamalprakashan.com

विकास कंप्यूटर एंड प्रिंटर्स
ट्रॉनिका सिटी-201 102
द्वारा मुद्रित

मूल्य : ₹499

REVRI YA HAQ : SAMAJIK SURAKSHA PAR EK NAZARIA
by Reetika Khera

ISBN : 978-93-6086-281-7

रेवड़ी या हक़

सामाजिक सुरक्षा पर एक नज़रिया

क्रम

अध्याय-1

रेवड़ी या हक़?

सामाजिक सुरक्षा पर एक नज़रिया

वर्ष 2002 में अपनी पी-एच.डी. के लिए मैंने राजस्थान के आठ गाँवों के 400 परिवारों के बीच सर्वे किया। पी-एच.डी. सूखा राहत कार्यों और जन-वितरण प्रणाली पर थी। सर्वे के दौरान, मई में बाड़मेर की रेगिस्तानी धरती के एक गाँव में सूखा राहत कार्य देखने का मौक़ा मिला। दूर-दूर तक केवल सूखी रेतीली ज़मीन दिख रही थी। उस खुली जगह के एक हिस्से में कुछ लोग, एक जगह से मिट्टी काटकर तगारी में भरकर कुछ दूरी पर उसका ढेर लगा रहे थे। मुझे बताया गया कि यह 'तालाब गहरीकरण' का कार्य हो रहा है, हालाँकि मुझे बस एक मैदान दिख रहा था।

अंग्रेज़ी अख़बारों में सूखा राहत कार्यों का विवरण, 'डिगिंग होल्ज़ एंड फिलिंग देम अप' (यानी गड्ढे खोदना और फिर उन्हें भरना), याद आया और सवाल उठा कि क्या वे सही हैं? सूखा राहत कार्य ग्रामीणों के लिए, मुसीबत के समय, एक अहम सहारा बनते हैं। लेकिन शहरों में रहनेवाले स्तम्भकार अक्सर उनकी आलोचना इसलिए करते हैं कि उनकी राय में लोगों की मेहनत से कोई स्थायी संसाधन नहीं पैदा होते। उन्हें लगता है कि सरकार फ़ालतू में पैसा बहा रही है।

अगले वर्ष (2003 में), मुझे उन परिवारों से फिर से बात करने का मौक़ा मिला। उस गाँव फिर से गई, इस बार बरसात के बाद जाना हुआ। जहाँ पहले रेगिस्तान मैदान था, वहाँ अब एक बड़ी-सी झील थी—एक किनारे पर कुछ लोग पानी भर रहे थे, दूर किनारे पर बकरियाँ पानी पी रही थीं, कहीं कपड़े धुल रहे थे! तब समझ आया कि पिछले वर्ष उस 'मैदान' की गहराई और आसपास की ढलान मेरी शहरी नज़र को नहीं दिखी, इसलिए वहाँ मैं तालाब नहीं देख पाई!

इस क़िस्से ने मुझे एक अहम पाठ पढ़ाया—ख़ुद जाकर देखना पर्याप्त नहीं। 'आँखों देखी' को सही रूप में समझने-परखने के लिए, सही नज़रिया विकसित करना ज़्यादा अहम है।

अपनी परिरक्षित शहरी ज़िन्दगी से बाहर निकलकर 2002 से, क़रीब बीस साल पहले मैंने सर्वेक्षणों के लिए ग्रामीण क्षेत्रों में जाना शुरू किया। अपने परिवार और सामाजिक समुदाय में सामाजिक सुरक्षा-नीतियों के बारे में कम ही चर्चा होती थी, और जब कभी होती भी तो अख़बारों से प्राप्त जानकारी के आधार पर ही।

जो दुनिया मैंने अपने अध्ययन के दौरान देखी, जिसका आँकड़ों के आधार पर आकलन किया और जिसके बारे में विभिन्न प्रकार के लोगों (ग्राम-निवासियों, सरकारी मुलाज़िमों, जन प्रतिनिधियों, ठेकेदारों, इत्यादि) से बात करके, उन पर एक नज़रिया विकसित किया, वह अख़बारों और कुछ हद तक अर्थशास्त्र की पढ़ाई की किताबों से भी अलग थी। वह दुनिया अख़बार के पन्नों से और टीवी चैनलों से लुप्त थी। धीरे-धीरे समझ आने लगा कि जब वह शहरों तक, ख़बरों के माध्यम से पहुँचती भी, तो उसके हज़ारों चेहरों में से एक या दो को ही उछाला जाता है।

यह किताब देश की सामाजिक नीतियों (अंग्रेज़ी में, सोशल पॉलिसी) पर है। यह एक उपेक्षित विषय है। लन्दन स्कूल ऑफ़ इकोनॉमिक्स, जो उच्च शिक्षा के लिए प्रतिष्ठित संस्थान है, वहाँ सामाजिक नीति का अलग डिपार्टमेंट है जिसमें लगभग 50 प्रोफ़ेसर हैं। जहाँ तक मेरी जानकारी है, हमारे देश में किसी भी सेंट्रल यूनिवर्सिटी में सोशल पॉलिसी डिपार्टमेंट नहीं है। इस फ़ील्ड की उपेक्षा का यह एक संकेत है।[1]

तो इस किताब का मक़सद है कि पाठकों को सामाजिक सुरक्षा और सामाजिक नीतियों से परिचित कराया जाए। ताकि वे इस ढाँचे को पहचानें, सामाजिक नीतियों के पीछे क्या तर्क है, उसे समझें। वह क्या नैतिक और आर्थिक सिद्धान्त हैं जिनकी वजह से, न केवल भारत में, बल्कि दुनिया-भर की सरकारें इस तरह के हस्तक्षेप करती हैं? भारत में क्या सामाजिक और राजनीतिक ज़रूरतें हैं, उन्हें समझा जाए। फिर ये जानना भी इनका क्रियान्वयन किस हद तक हो पाया है, क्रियान्वयन में राज्यों के बीच का अन्तर और क्रियान्वयन में क्या त्रुटियाँ हैं।

पृष्ठभूमि के कुछ मुख्य मुद्दे

विशिष्ट क़ानूनों या नीतियों के बारे में चर्चा करने से पहले, सामाजिक नीतियों की पृष्ठभूमि समझना ज़रूरी है। इस हिस्से में, इस पृष्ठभूमि के चार परस्पर सम्बन्धी मुद्दों पर विस्तार से चर्चा है। यह चार मुद्दे हैं :

1. ग्रोथ, ख़ुशहाली और पुनर्वितरण
2. समाजवाद बनाम पूँजीवाद
3. यूनिवर्सल या टार्गेटिड
4. ज़िन्दगी की लॉटरी या मेरिट?

यह मुद्दे इस किताब में चर्चित सरकारी योजनाओं के लिए अलग-अलग तरह से मायने रखते हैं। लक्ष्य की स्पष्टता, इस तरह का सरकारी हस्तक्षेप उन लक्ष्यों को प्राप्त करने के लिए क्यों ज़रूरी हैं और सरकारी हस्तक्षेप का विस्तार कितना हो, कैसा हो इस पर भी चर्चा की गई है।

1. ग्रोथ, ख़ुशहाली और पुनर्वितरण

अर्थशास्त्रियों में कुछ बहसें हैं जो सदियों से चली आ रही हैं। इनमें से एक है कि क्या हमें (समाज को, राजनीतिक व्यवस्था को, नीति बनाने वालों को) जीडीपी की बढ़त पर ज़ोर देना चाहिए या लोगों की ख़ुशहाली (अंग्रेज़ी में, 'वेल-बीइंग') पर। इससे जुड़ी हुई डिबेट है ग्रोथ और पुनर्वितरण (अंग्रेज़ी में, रीडिस्ट्रीब्यूशन) पर। अर्थशास्त्रियों का ध्यान वेल-बीइंग पर केन्द्रित करने का श्रेय अर्थशास्त्री अमर्त्य सेन को जाता है।

वेल-बीइंग क्या है? जो अर्थशास्त्री और समाजशास्त्री लोगों की वेल-बीइंग पर केन्द्रित हैं उनका मानना है कि आर्थिक स्थिति (जिसमें आय, रहन-सहन की सुविधाएँ शामिल हैं) हमारी ख़ुशहाली का केवल एक पहलू है। ख़ुशहाल होने के लिए लम्बी आयु, स्वस्थ जीवन, अच्छी शिक्षा—यह सब भी ज़रूरी है। हमारी भाषा में भी यही सोच झलकती है। जब हम अपनों को आशीर्वाद देते हैं, तो 'जुग जुग जीओ', 'भगवान तुम्हें लम्बी उम्र दे, सेहत दे' ऐसी दुआ करते हैं। अर्थशास्त्र में इसी भवना को वेल-बीइंग के कान्सेप्ट में समेटने की कोशिश की जाती है। वेल-बीइंग को नापने के लिए मनुष्य जीवन के तीन अहम पहलू—आय, स्वास्थ्य और शिक्षा—के मानक को 'ह्यूमन डेवलपमेंट इंडेक्स' में शामिल किया गया है। इसका उद्देश्य यह है कि जीवन का सार केवल आय तक सीमित न रहकर, मनुष्य जीवन के कम-से-कम दो और पहलू इसमें जुड़ जाएँ।[2]

स्वास्थ्य के लिए जन्म के वक़्त, व्यक्ति की कितनी लम्बी आयु की सम्भावना है (अंग्रेज़ी में, लाइफ़ एक्सपेक्टेंसी ऐट बर्थ) को शामिल किया है। शिक्षा के लिए स्कूली शिक्षा के वर्ष और जीवन-स्तर के लिए प्रति व्यक्ति आय—इन तीन सूचकों को रखा गया है। इन्हें ह्यूमन डेवलपमेंट इंडेक्स में शामिल करके, हर साल इनकी रैंकिंग जारी होती है—दुनिया में 184 देशों में से भारत का रैंक 129 था (तालिका 1.1 देखें)।

आजकल जब भारत के आर्थिक सामर्थ्य की चर्चा होती है तो उसमें 'दुनिया में पाँचवीं सबसे बड़ी अर्थव्यवस्था' पर ध्यान केन्द्रित किया जा रहा है, और यह सरलता से भुला दिया जाता है कि पहले चार देशों की जनसंख्या केवल चीन में भारत के मुक़ाबले की है। बाक़ी तीन देशों (अमेरिका, जर्मनी और जापान) की कुल जनसंख्या भारत की जनसंख्या से आधी भी नहीं है। फिर ताज्जुब की बात नहीं कि

प्रति व्यक्ति आय (अंग्रेज़ी में, पर कैपिटा इनकम) रैंकिंग ('परचेज़िंग पावर पैरिटी' में) तब्दील करने से भारत 184 देशों में 121 स्थान पर है। यानी, प्रति व्यक्ति भारत की स्थिति बहुत अच्छी नहीं।

तालिका 1.1 : भारत और चीन का रैंक, 184 देशों में

	भारत	चीन
जीडीपी (करंट)[1]	5	2
जीडीपी पर कैपिटा (पीपीपी)[1]	121	74
ह्यूमन डेवलपमेंट इंडेक्स, 2022[2]	129	73

स्रोत : 1. वर्ल्ड डेवलपमेंट इंडिकेटर्स, विश्वबैंक; 2. ह्यूमन डेवलपमेंट रिपोर्ट 2023-24, यूएनडीपी।

जो लोग जीडीपी ग्रोथ पर ज़ोर देना चाहते हैं उनका मानना यह है कि देश का जीडीपी बढ़ेगा तो अपने आप सभी को इसका फ़ायदा होगा।[3] वास्तव में सभी भारतीयों को एक समान हिस्सा ही नहीं मिल रहा। भारत में पर कैपिटा इनकम रु. 2,35,045 है लेकिन यदि हम भारत की जीडीपी में से सबसे अमीर 200 लोगों को हटा दें, तो भारत की पर कैपिटा इनकम रु. 1,80,481 ही रह जाती है (वी. रघुनाथन, 2024)। असमानता के मुद्दे पर आगे और चर्चा है।

तीसरी बात यह है कि आय ख़ुशहाली की गारंटी नहीं देती। एक अवधारणा है कि केवल आय बढ़ने से सभी दिक़्क़तों का हल निकल जाएगा। लेकिन तथ्य इस अवधारणा को काफ़ी हद तक ख़ारिज कर देते हैं। उदाहरण के लिए, पर कैपिटा इनकम के मानक पर अमेरिका दुनिया में सबसे अमीर देशों में है (2023 में, 81,695 मौजूदा अमेरिकी डॉलर में उसका रैंक 12 है), लेकिन वह लोगों की वेल-बीइंग के मानक पर काफ़ी पीछे छूट जाता है। एशिया के बड़े देशों में जापान की पर कैपिटा इनकम अमेरिका से आधे से भी कम है (2023 में, 33,834), फिर भी अमेरिका में 'लाइफ़ इक्स्पेक्टन्सी ऐट बर्थ' केवल 77 साल है (63वें रैंक पर), और जापान में उससे 7 साल ज़्यादा, 84 साल है।

इस तरह यदि आप भारत में, आर्थिक स्थिति के अनुसार, कुपोषण की दर देखें तो सबसे सक्षम वर्ग में भी कुपोषण की समस्या काफ़ी बड़ी है। एनएफ़एचएस-5 बच्चों में कुपोषण के तीन मुख्य मानक देख लें : सबसे सक्षम वर्ग (टॉप 20%) के परिवारों के बच्चों में 23% बच्चे 'स्टनटिड' हैं, 20% का वज़न कम है और 63% बच्चे एनिमिक (ख़ून की कमी) हैं।

इसका अर्थ यह नहीं कि लोगों की ज़िन्दगी में आय की अहमियत नहीं, या कि आय से वेल-बीइंग के सूचकों में सुधार नहीं आता।[4] इसका अर्थ यह है कि (यदि आय एक समान रीति से वितरित होगी भी, तो भी) केवल आय पर निर्भर होने से समस्या दूर नहीं होगी।

2. समाजवाद बनाम पूँजीवाद

कुछ लोग 'समाजवादी' और 'वामपंथी' शब्दों को, गाली के रूप में इस्तेमाल करते हैं और कुछ के लिए 'पूँजीवाद' गाली है। समाजवाद, वामपंथ और पूँजीवाद को लेकर लोगों के मन में कई भ्रम हैं। एक तो यह है कि तथाकथित पूँजीवादी देशों में 'सब कुछ' निजी क्षेत्र द्वारा होता है, वहाँ 'स्मॉल गवर्नमेंट' है, यानी सरकार का जीडीपी में ख़ास योगदान नहीं और, आर्थिक गतिविधियों में कम (या बिलकुल नहीं) भूमिका है। कई लोगों के लिए अमेरिका पूँजीवाद का प्रतिमान है, जहाँ सरकार कई बुनियादी मुद्दों में—ख़ास कर शिक्षा, स्वास्थ्य और आर्थिक व्यवस्था में—दख़ल नहीं देती।[5]

जो अपने आप को 'पूँजीवादी' मानते हैं, और अमेरिका को पूँजीवाद की सफलता के उदाहरण के रूप में पेश करते हैं, शायद उन्होंने भी कभी अमेरिका की आर्थिक व्यवस्था पर ग़ौर नहीं किया होगा।

चार्ट 1.1 देखें जिसमें जीडीपी में सरकारी ख़र्च को, जीडीपी के प्रतिशत (%) के रूप में दर्शाया गया है। इस चार्ट में पूँजीवादी माने जानेवाले अमेरिका के साथ ग्रेट ब्रिटेन और फ्रांस की तुलना भारत से की गई है। तथाकथित 'पूँजीवादी' अमेरिका में, 2022 में, जीडीपी में सरकारी ख़र्च का हिस्सा 36% था जबकि उस समय भारत में यह केवल 29% था। चार्ट 1.1 में 1900 से लेकर 2022 तक की जानकारी है—1931 से इन तीनों देशों में सरकारी हिस्सा बढ़ता आया है और भारत से अधिक रहा है।

अस्सी के दशक से पहले भी, जब भारत पर समाजवादी होने का 'आरोप' लगाया जाता है, और जिसे प्रगति की धीमी गति के लिए ज़िम्मेदार ठहराया जाता है, तब तक जीडीपी में सरकारी ख़र्च 15% के आसपास मँडरा रहा था।

फ्रांस और यूनाइटेड किंगडम, अमेरिका से थोड़े अलग हैं क्योंकि इन दो देशों के समाज और राजनीति में समाजवादी सोच का काफ़ी प्रभाव रहा है। वास्तव में दुनिया-भर की (2-3 देशों को छोड़कर) सच्चाई आज मिक्स्ड इकोनॉमी ही है। सवाल सिर्फ़ यह है कि किस क्षेत्र में और किस हद तक निजी और सरकारी हिस्सेदारी है।

दूसरी बात, यह देश किस पर ख़र्च करते हैं? स्वास्थ्य और शिक्षा पर ख़र्च—2020 में शिक्षा पर सरकारी ख़र्च जीडीपी के 5% से ज़्यादा था (तालिका 1.2)। प्राथमिक स्तर पर निजी स्कूलों में नामांकन की तुलना करें तो फिर से भारत पिछड़ा दिखता है : 2020 में भारत में 45% बच्चे निजी स्कूल में पढ़ रहे थे, जबकि अमेरिका में इसका हिस्सा केवल 8% था और 1975 से, फ्रांस में 15% ही रहा है (तालिका 1.2 देखें)।[6]

तालिका 1.2 : भारत और विकसित देशों में सरकारी ख़र्च, 2020

	भारत	अमेरिका	यूनाइटेड किंगडम	फ्रांस
सरकारी ख़र्च (जीडीपी का प्रतिशत)[1]	31.1	44.8	49.9	61.3
प्राथमिक स्तर पर निजी स्कूलों में नामांकन (%)[2]	45.1	8.3	34.1	15.0
सरकारी स्वास्थ्य ख़र्च (जीडीपी का %)[2]	1.2	10.7	10.2	9.3
सरकारी शिक्षा ख़र्च (जीडीपी का %)[2]	4.1	5.4	5.5	5.7

स्रोत : 1. गवर्नमेंट स्पेंडिंग, अवर वर्ल्ड इन डेटा; 2. स्कूल एनरोलमेंट, प्राइमरी, डोमेस्टिक जनरल गवर्नमेंट हेल्थ एक्सपेंडिचर प्राइवेट और गवर्नमेंट एक्सपेंडिचर ऑन एजुकेशन, टोटल (% ऑफ़ जीडीपी), वर्ल्ड डेवलपमेंट इंडिकेटर्स, वर्ल्ड बैंक।

2020 में ही इन देशों में स्वास्थ्य पर सरकारी ख़र्च की तुलना करें तो भारत फिर से एक अपवाद के रूप में उभरता है—जब यहाँ जीडीपी का 1.2% स्वास्थ्य पर ख़र्च हो रहा था; उस साल, अमेरिका में यह 10.7%, ग्रेट ब्रिटेन में 10.2% और फ्रांस में 9.3% था। भारत में 2019 में स्वास्थ्य ख़र्च का जो स्तर था, उसे अमेरिका ने 1960 में ही हासिल कर लिया था। उस समय, बाक़ी दोनों देशों में यह जीडीपी के 2-3% के बीच था। अन्य देशों में जैसे-जैसे प्रति व्यक्ति जीडीपी बढ़ी है, वैसे-वैसे स्वास्थ्य पर सरकारी ख़र्च भी बढ़ा है, लेकिन भारत एक अपवाद है जहाँ कई दशकों से यह जीडीपी के एक प्रतिशत के आसपास ही रहा है।

शिक्षा और स्वास्थ्य के अलावा, अमेरिका दुनिया के सबसे सक्षम देशों में से है फिर भी वहाँ खाद्य सुरक्षा के लिए 'फ़ूड स्टैंप्स' की योजना चल रही है। जापान, स्वीडन जैसे विकसित देशों में स्कूलों में मध्याह्न भोजन का कार्यक्रम भी चलता है। अत: इस तरह की योजनाओं का चलना, विफलता की निशानी नहीं है।

सरकार के दो आर्थिक कर्तव्य हैं—ग्रोथ को प्रोत्साहित करना और पुनर्वितरण। इन दोनों कर्तव्यों को निभाने के लिए सरकार को विभिन्न प्रकार के ख़र्च उठाने होते हैं। स्वास्थ्य और शिक्षा पर ख़र्च न केवल जीडीपी की ग्रोथ में सहायक है, साथ ही पुनर्वितरण के लिए भी। इसके साथ, यदि हम हक़ के नज़रिये से देखें, तो शिक्षा और स्वास्थ्य से चाहे न ग्रोथ पर और न ही पुनर्वितरण पर कोई असर हो, फिर भी सरकार की वह ज़िम्मेदारी है।

तालिका 1.3 में, ब्रिक्स और पड़ोसी देशों में सामाजिक सुरक्षा के दायरे का वर्णन है। चीन जो दुनिया की सबसे बड़ी इकोनॉमी है, वहाँ, 70% से अधिक लोग इसके दायरे में आते हैं जबकि भारत में केवल 24%। चीन और पाकिस्तान, केवल इन दो देशों में सामाजिक सुरक्षा पर गारंटी ख़र्च पिछले दशक में बढ़ा; अन्य देशों में घटता समर्थन चिन्ता का विषय है।

चार्ट 1.1 : सरकारी ख़र्च, जीडीपी का प्रतिशत (%)

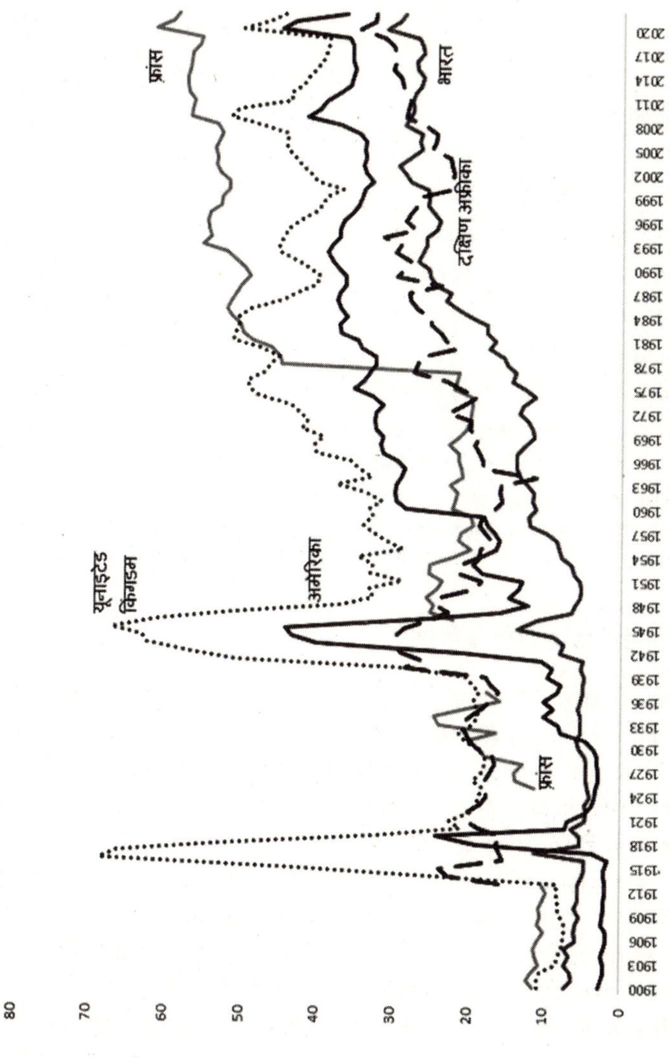

स्रोत : अवर वर्ल्ड इन डेटा, https://ourworldindata.org/government-spending

तालिका 1.3 : सामाजिक सुरक्षा का दायरा— भारत और चुनिन्दा देश

	सामाजिक सुरक्षा का दायरा	गारंटी-सहित सामाजिक सुरक्षा पर सरकारी ख़र्च (जीडीपी का %)		स्वास्थ्य पर सरकारी ख़र्च (जीडीपी का %)
	2022[1]	2014-2015[2]	2020[3]	2019[4]
अमेरिका	76.1	19.0	18.9	8.6
ब्राज़ील	69.9	18.3	15.7	3.9
चीन	70.8	6.3	7.2	3.0
दक्षिण अफ्रीका	49.3	10.1	5.5	4.8
भारत	24.4	2.7	1.4	1.0
बांग्लादेश	28.4	1.7	0.7	0.4
पाकिस्तान	9.2	0.2	1.9	0.9
नेपाल	17.0	3.0	2.1	1.1

टिप्पणी : 1. जनसंख्या का प्रतिशत जो कम-से-कम एक सामाजिक सुरक्षा योजना से लाभान्वित होता है या उसमें योगदान करता है। इसमें मातृत्व लाभ, बेरोज़गारी भत्ता और पेंशन जैसे कार्यक्रम शामिल हैं।

स्रोत : तालिका A4.2 (पृ. 268) वर्ल्ड सोशल प्रोटेक्शन रिपोर्ट, 2020-22। 2. तालिका B.17 (पृ. 407), वर्ल्ड सोशल प्रोटेक्शन रिपोर्ट, 2017-19। 3. 2020 के आसपास तालिका A4.3 (पृ. 278) वर्ल्ड सोशल प्रोटेक्शन रिपोर्ट, 2020-22। 4. डोमेस्टिक जनरल गवर्नमेंट हेल्थ एक्सपेंडिचर, वर्ल्ड डेवलपमेंट हेल्थ इंडिकेटर्स, वर्ल्ड बैंक।

3. ज़िन्दगी की लॉटरी या मेरिट?

दुनिया-भर में सरकारें सामाजिक सुरक्षा के कार्यक्रम चलाती हैं। इनका उद्‌देश्य है पुनर्वितरण के माध्यम से समाज में ग़ैरबराबरी को कम करना। समाज में ग़रीबी ऐसे कारणों से उत्पन्न होती है जिन पर काफ़ी हद तक व्यक्ति का नियंत्रण नहीं होता। हम किस परिवार में पैदा होते हैं, वह एक लॉटरी के समान है। इसलिए यदि सामाजिक हस्तक्षेप न हो तो हमारी पैदाइश पर ही हमारा भविष्य लगभग तय हो जाता है।

कुछ साल पहले, आईआईटी में मेरे एक स्टूडेंट ने इसे अच्छे से समझाया। उसने कहा, "पहले हमारी (दलितों) टाँगें काट दीं, फिर हमें कहा जा रहा है, एक ही रेस में दौड़ो!" वास्तव में, ज़िन्दगी की दौड़ में हम सबके लिए 'स्टार्टिंग लाइन' अलग है। कुछ लोग पैदाइश से ही आगे से शुरुआत करते हैं; यदि आप ग्रामीण परिवार में पैदा होंगे, तो शहरी लोगों से पीछे रहने की सम्भावना ज़्यादा होगी; भारत में लड़कियों की लड़कों की तुलना में कम तरक़्क़ी की सम्भावना है। क्षेत्र, लिंग, वर्ग, जाति—ऐसे घटक हैं जो हम नहीं चुनते—लेकिन इन्हीं से हमारी ज़िन्दगी का सफ़र काफ़ी हद तक तय हो जाता है। इसका असर हमारे स्वास्थ्य,

शिक्षा, रोज़गार, इत्यादि, ज़िन्दगी के हर पहलू पर पड़ता है। सामाजिक सुरक्षा और कल्याणकारी योजनाएँ इसी उद्देश्य से चलाई जाती हैं, कि कुछ हद तक जनम से जुड़ी प्रतिकूल परिस्थितियों पर व्यक्ति विजय पा सके।

जॉन रॉल्स (1971) नाम के दार्शनिक ने इस बात को समझाने के लिए 'अज्ञानता का घूँघट' (अंग्रेज़ी में, 'वेल ऑफ़ इग्नरन्स') का सहारा लिया। 'वेल ऑफ़ इग्नरन्स' का मतलब है कि यदि आपको किसी नीति पर निर्णय लेना हो तो आपको निर्णय लेने से पहले यह नहीं पता होना चाहिए कि आप ख़ुद उस निर्णय से किस तरह से प्रभावित होंगे। उदाहरण के लिए, आपको यदि बेघर लोगों के लिए नीति बनानी है, तो आपको पहले से यह नहीं पता कि आप ख़ुद बेघर होंगे या बड़ी कोठी वाले; यदि यातायात पर नीति बनानी है, तो आप पैदल, साइकिल या बड़ी एसयूवी वाले, तीनों में से कोई भी हो सकते हैं, ऐसा सोचकर नीति निर्धारित करनी होगी। यदि इस सिद्धान्त पर नीतियाँ बनेंगी तो नीति बनानेवाले सबसे कमज़ोर व्यक्ति को कम-से-कम नुक़सान और ज़्यादा से ज़्यादा फ़ायदा हो, ऐसी नीति बनाएँगे—क्योंकि क्या पता वह ख़ुद को सबसे कमज़ोर की जगह पर पा सकते हैं।

ज़िन्दगी की लॉटरी का एक क्रूर उदाहरण है जाति व्यवस्था, जो औपचारिक रूप से ख़त्म हो गई है, लेकिन वास्तव में पूरी तरह से, ज़िन्दगी के हर पहलू में, जीवित है। जाति, लिंग की तरह, ऐसा गुण है जिस पर हमारा कोई इख़्तियार नहीं। फिर भी, जीवन में हम क्या कर पाएँगे, वह इससे प्रभावित होता है—कहाँ रहेंगे, कितना पढ़ सकेंगे, क्या नौकरी मिलेगी, किनसे दोस्ती या शादी होगी, इत्यादि। ऐसा सदियों से चल रहा है। औपचारिक/संवैधानिक रूप से इन बाधाओं को हटा भी दिया गया, लेकिन उसका प्रभाव आज की पीढ़ियाँ भी भोग रही हैं।[7]

4. यूनिवर्सल या टार्गेटिड

क्या हमें सामाजिक सुरक्षा और पुनर्वितरण के हस्तक्षेप को केवल उन लोगों तक पहुँचाना चाहिए जो ज़रूरतमन्द हैं या पिछड़ गए हैं या फिर इस तरह की व्यवस्था सबके लिए होनी चाहिए? जब सेवाओं को, ज़रूरत के आधार पर, कुछ लोगों को चिह्नित करके पहुँचाया जाता है तो इसे (अंग्रेज़ी में) 'टार्गेटिड' कहा जाता है, और जब वह सबके लिए हो तो 'यूनिवर्सल'।

यदि हम इन्हें हक़ के रूप में देखें तो टार्गेट रूप में चलाना मुश्किल है—हम यह नहीं कह सकते कि यह इनका हक़ है, और इनका हक़ नहीं। यूनिवर्सल के पीछे दो तर्क और हैं। जब कोई सरकारी सुविधा सबके लिए हो तब उस पर निर्भर होने में किसी की गरिमा को ठेस नहीं पहुँचाती। दूसरे, यूनिवर्सल सेवाएँ ग़रीबी, बीमारी, निरक्षरता के निवारण में मददगार हैं, जिससे क्षमता और गुणवत्ता बढ़ती है।

टार्गेटिड से व्यावहारिक सवाल भी पैदा होते हैं। उदाहरण के लिए, यदि हमें किसी सुविधा को केवल ग़रीबों तक सीमित रखना है, तो ग़रीबी की परिभाषा पर सवाल उठते हैं। क्या हम लोगों के बैंक बैलेंस देखें कि उनके रहन-सहन के आधार पर उन्हें चिह्नित करें? यदि परिभाषित कर भी लें तो सवाल उठता है कि क्या इस प्रकार का सर्वे ईमानदारी से हो सकता है—कि कोई हर परिवार में जाकर जानकारी ले और किसी तरह का पक्षपात न करे? आख़िरी व्यावहारिक दिक़्क़त यह है कि यदि सही चयन हो भी जाए, लोगों की स्थिति बदलती रहती है। आज सब ठीक हो सकता है, लेकिन सर्वे के अगले दिन, घर में कमानेवाले की मौत हो जाए तो उस परिवार की स्थिति काफ़ी बदल सकती है (खेरा, 2008)।

यूनिवर्सल पर भी सवाल उठते हैं। पहला सवाल राजस्व का है—पैसा कहाँ से आएगा?[8] दूसरा यह कि पुनर्वितरण के नाम पर (जिसका मतलब ही है कि जिसके पास नहीं, उसे पहले/सबसे अधिक मिले), हम कैसे सभी के प्रति एक समान रूप से बर्ताव की वकालत कर सकते हैं? दूसरे सवाल का समाधान किया जा सकता है यदि हम यह मान लें कि यूनिवर्सल का मतलब यूनिफ़ॉर्म (एक समान) नहीं; हम मानें कि एक न्यूनतम स्तर के सभी हक़दार हैं, लेकिन जिनके हालात ज़्यादा कठिन हैं, उन्हें अधिक प्राप्त होने का अधिकार होगा।

कई दशक पहले, रिचर्ड टिट्मस (1968); ने यूनिवर्सल के पक्ष में इंग्लैंड में ठोस मत रखा। उनका मानना था कि केवल ग़रीबों के लिए बनाई जानेवाली सेवाओं में हमेशा से गुणवत्ता की कमी रही है। अमर्त्य सेन ने इसी भाव को सटीक रूप में (अंग्रेज़ी में) ज़ाहिर किया, 'बेनिफ़िट्स फ़ॉर द पुअर, ऐंड उप बीइंग पुअर बेनिफ़िट्स'।[9]

भारत में सामाजिक नीतियों का उभरता ढाँचा

दूसरे विश्वयुद्ध के बाद जब यूरोप के देशों में कल्याणकारी स्टेट (अंग्रेज़ी में, 'वेलफ़ेयर स्टेट') का निर्माण हुआ तब एक परिकल्पना थी जिसमें इसे (अंग्रेज़ी में) 'फ्रॉम द क्रैडल टू द ग्रेव' (यानी, पालने से क़ब्र तक या, जन्म से मृत्यु तक) के रूप में देखा गया। सोच यह थी कि जब से व्यक्ति पैदा हो और जब उसकी मौत हो, राज्य उसके समर्थन और देखरेख के लिए ज़िम्मेदार है। मोटे तौर पर इस सोच पर आधारित अलग-अलग देशों में अनेक प्रकार के, अपनी परिस्थितियों और ज़रूरतों के अनुसार, वेलफ़ेयर स्टेट का निर्माण हुआ।

विकासशील देशों ने भी अपनी क्षमता के अनुसार इस तरह का ढाँचा खड़ा करने की कोशिशें की हैं। भारत में पिछले 20 वर्षों में 'क्रैडल टू द ग्रेव' परिकल्पना की झलक उभरी (द्रेज़ और खेरा, 2017)। हालाँकि इसके लिए चलाई जाने वाली

लगभग सभी योजनाओं का इतिहास और भी पुराना है लेकिन नब्बे के दशक तक राजस्व और राजनीतिक इच्छाशक्ति की कमी की वजह से इन योजनाओं पर ज़्यादा ध्यान नहीं दिया गया। 1980 के दशक से जब आर्थिक ग्रोथ की दरें लगातार बढ़ती गईं, राजस्व के स्रोत उपलब्ध होने लगे, तब राजनीतिक व्यवस्था के पास कल्याणकारी व्यवस्था को मज़बूत न करने के लिए बहाने कम हो गए।

सामाजिक नीतियों के ढाँचे के तीन मुख्य स्तम्भ हैं—शिक्षा, स्वास्थ्य और सामाजिक सुरक्षा। इस किताब में सामाजिक सुरक्षा की व्यवस्था को गहराई से समझने की कोशिश की गई है। हालाँकि, शिक्षा और स्वास्थ्य पर कम चर्चा है, लेकिन कोविड के समय इन दो क्षेत्रों की नीतिगत उपेक्षा स्पष्ट उभरकर सामने आई, सो इन विषयों पर केवल कोविड के सन्दर्भ में चर्चा है।

जन्म से मृत्यु तक, व्यक्ति के समर्थन की कोशिशें विभिन्न सरकारी योजनाओं में दिखती हैं। वास्तव में, जीवन जन्म से भी पहले, माँ के गर्भ में, शुरू होता है। इस चरण में महिलाओं के समर्थन के लिए प्रधानमंत्री मातृ वन्दना योजना है। छह साल से कम उम्र के बच्चों के लिए समेकित बाल विकास सेवा योजना है जिसे आँगनवाड़ी के नाम से भी पुकारा जाता है (अंग्रेज़ी में, इंटीग्रेटिड चाइल्ड डेवलपमेंट सर्विसेज़ स्कीम)। जब बच्चे स्कूल जाने की उम्र के होते हैं तो उनके लिए शिक्षा की व्यवस्था, जिसमें मध्याह्न भोजन योजना (मिड डे मील स्कीम) भी शामिल है। परिवार की खाद्य सुरक्षा सुनिश्चित करने के लिए जन-वितरण प्रणाली है (अंग्रेज़ी में, पब्लिक डिस्ट्रीब्यूशन सिस्टम या पीडीएस) जो कम-से-कम भूख से बचाव कर सकती है। इन चार योजनाओं को राष्ट्रीय खाद्य सुरक्षा क़ानून 2013 में शामिल किया गया था (अध्याय 2-5)।

लोग ख़ुद से अपना जीवनयापन कर सकें, इसके लिए काम का हक़ ज़रूरी है। भारत में काम का हक़ तो नहीं लेकिन उसके एवज में महात्मा गांधी राष्ट्रीय रोज़गार गारंटी क़ानून 2005 बना जिसके तहत लोगों को न्यूनतम मज़दूरी पर अपने ही गाँव में काम मिलने का हक़ है (अध्याय 6)।

हर हाथ को काम और बुढ़ापे में आराम—इस सोच पर चलते हुए साठ वर्ष से अधिक के लोगों के लिए सामाजिक सुरक्षा पेंशन है। सामाजिक सुरक्षा पेंशन के पीछे सोच यह है कि जब कोई व्यक्ति ख़ुद कमाने की स्थिति में न हो (उदाहरण, उम्र या विकलांगता के कारण) या किसी व्यक्ति के आर्थिक हालात सामाजिक वजह से बहुत नाज़ुक हों (उदाहरण के लिए विधवा, एकल या परित्यक्त महिला), उन्हें भी समर्थन मिलना चाहिए। राष्ट्रीय सामाजिक सहायता प्रोग्राम बुज़ुर्गों, एकल महिलाओं और विकलांग जनों को सामाजिक सुरक्षा पेंशन प्रदान करता है (अध्याय 7)।

सातवीं योजना, मुख्यत: (लेकिन नहीं केवल) खाद्य सुरक्षा के लिए है—शहरी क्षेत्रों में कैन्टीन जहाँ बहुत सस्ते दामों पर (उदाहरण के लिए, प्रति प्लेट रु. 10 से भी कम) कोई भी भोजन प्राप्त कर सकता है (अध्याय 8)। किताब में अन्य चर्चित योजनाओं के विपरीत यह राज्यों की शहरी क्षेत्रों में पहल है, इसलिए कुछ ही राज्यों में लागू है।

शिक्षा पर देश में क़ानून है, जिसके तहत बच्चों के आठ वर्ष तक शिक्षा के अधिकार को स्वीकारा गया है, लेकिन इसके बावजूद प्रारम्भिक शिक्षा के दायरे में भी स्थिति बहुत अच्छी नहीं। स्वास्थ्य आज भी सामाजिक नीति का उपेक्षित मुद्दा है। हालाँकि इस पर बड़ी घोषणाएँ होती रहती हैं, लेकिन इस मद पर सरकारी ख़र्च आज भी बहुत कम है। शिक्षा और स्वास्थ्य पर, नौवें अध्याय में, कोविड के सन्दर्भ में चर्चा की गई है क्योंकि उस दौरान इन दो क्षेत्रों में जो स्थायी मुद्दे हैं, वह उभरकर आए और जिसे सब (सक्षम वर्ग के लोग भी) देख पाए (अध्याय 9)।[10]

हक़ या रेवड़ी?

यह किताब सामाजिक सुरक्षा, लोगों की ख़ुशहाली के सूचक और सरकारी हस्तक्षेप के बारे में है। भारत में इस तरह की नीतियों को सरकार पर 'बोझ' के रूप में देखने और दिखाने का प्रचलन है। दुनिया के अन्य देशों में भी इस तरह की प्रवृत्ति रही है। रिचर्ड टिटमस ने ग्रेट ब्रिटेन के सन्दर्भ में इसके बारे में लिखा है। उनकी सोच यह थी कि जन-कल्याण (या सामाजिक सुरक्षा) के क्षेत्र में सरकारी हस्तक्षेप को बोझ न समझकर, उन्हें पाँच कारणों से सकारात्मक रूप में देखा जा सकता है। पहला, पूँजीवादी व्यवस्था के प्रत्यक्ष और अप्रत्यक्ष नुक़सान के निवारण के लिए और जिस लाचारी के लिए व्यक्ति ख़ुद ज़िम्मेदार नहीं उसके लिए, आंशिक मुआवज़ा। पूँजीवाद के प्रत्यक्ष नुक़सान का उदाहरण है काम पर दुर्घटना और चोट, अप्रत्यक्ष नुक़सान जैसे प्रदूषण या झुग्गियों का होना और फिर उन्हें ध्वस्त करना। ऐसी लाचारी जिसके लिए व्यक्ति ख़ुद ज़िम्मेदार नहीं—इसका उदाहरण है कोई बच्चा जो वंचित परिवार में पैदा होता है। उसे भी जीवन में पूर्ण मौक़ा मिलना चाहिए।

दूसरा, सामाजिक सुरक्षा लोगों का बचाव भी करती है (जैसे कि संक्रामक बीमारियों या मानसिक स्वास्थ्य के सन्दर्भ में)। तीसरा, इस तरह के सरकारी हस्तक्षेप को (ख़ास कर शिक्षा और स्वास्थ्य के क्षेत्र में) हम निजी और सामाजिक निवेश के रूप में देख सकते हैं। चौथा, इन्हें व्यक्तिगत ख़ुशहाली की वृद्धि के रूप में मान सकते हैं। और पाँचवाँ, इसे पूँजीवादी व्यवस्था से उत्पन्न विराग से समाज के बचाव के रूप में भी देखा जा सकता है।

इस सोच के विपरीत भारत में प्रधानमंत्री नरेन्द्र मोदी ने ख़ुद कुछ सरकारी हस्तक्षेपों को 'रेवड़ी' कह दिया। सरकारी हस्तक्षेप कब रेवड़ी है और कब लोगों का हक़, इसे निर्धारित करने के लिए कुछ आर्थिक सिद्धान्त हैं और कुछ हद तक यह एक राजनीतिक मुद्दा भी है। लेकिन आजकल प्रवृत्ति यह है कि कोई भी पार्टी यदि ग़रीबों के हित में कोई भी घोषणा करती है तो उसे, बिना कोई भेद किये, रेवड़ी कहकर नकार देना।

हक़ आधारित विकास : 2004-2014 यूपीए का दशक

यूपीए के दशक (2004-2014) में जब आर्थिक विकास की दर अच्छी थी और माना जाता था कि 2004 के चुनाव में एनडीए के 'इंडिया शाइनिंग' के ख़िलाफ़ मत पड़े हैं, भारत में हक़-आधारित कल्याणकारी व्यवस्था के निर्माण की तरफ़ अहम क़दम उठाए गए। लोगों के मौलिक हक़ों से सम्बन्धित कई क़ानून लागू हुए मसलन, रोज़गार (2005), जंगल ज़मीन पर अधिकार (2006), शिक्षा (2009), खाद्य सुरक्षा (2013), इत्यादि। 2005 में पारित सूचना का अधिकार, चुपके-चुपके, धीरे-धीरे पारदर्शिता और जवाबदेही का माहौल पैदा कर रहा था, जिससे लोगों और अधिकारियों एवं उनके प्रतिनिधियों के बीच के 'पावर' का सन्तुलन बदलने की उम्मीद बनी। 2008 में बड़वानी के एक ग्राम निवासी ने कहा, "पहले हम पंचायत सचिव के पीछे दौड़ते थे, अब वह हमारे पीछे दौड़ता है।"

सामाजिक सुरक्षा की नीतियों के लिहाज़ से यूपीए सरकार के दस साल असमंजस वाले रहे। आश्चर्य की बात यह है कि जिस सरकार ने यह क़ानून बनाए वही सरकार इन्हें तोड़-मरोड़ कर क्रियान्वित कर रही थी। नरेगा क़ानून न्यूनतम मज़दूरी पर सभी ग्रामीण परिवारों को साल में 100 दिन के काम की गारंटी देता है। इस क़ानून ने ग़रीबों के एक महत्त्वपूर्ण हक़ को स्वीकारा। 2009 के चुनाव में इस क़ानून को कांग्रेस को सत्ता में वापस लाने का श्रेय भी मिला। लेकिन यूपीए के दूसरे कार्यकाल में इस क़ानून के साथ सौतेला व्यवहार हुआ। नरेगा के बजट में गिरावट आई, सृजित कार्यदिवस घटे, और मज़दूरी दर में स्थिरता (अंग्रेज़ी में, 'स्टैग्नेशन') के साथ भुगतान में छह-छह महीनों तक की देरी होने लगी (अध्याय 6)।

सरकार नरेगा की इस गम्भीर स्थिति को उसकी सफलता के संकेत के रूप में जताना चाहती थी। उसके नज़रिये से कार्यदिवसों में गिरावट, नरेगा में काम की माँग कम होने की वजह से थी। नरेगा में काम की माँग कम होना उसकी सफलता का प्रतीक है क्योंकि लोग इस योजना में काम तब ही माँगते हैं जब और कोई विकल्प न हो। ज़मीनी रिपोर्ट के अनुसार स्थिति का इस तरह का आकलन ग़लत था। 2008 में दस राज्यों के सर्वे में 75% उत्तरदाताओं ने नरेगा में 100 दिन के

रोज़गार की माँग की, जबकि केवल 3% को 100 दिन का रोज़गार मिला। एक तरफ़, भुगतान में देरी जैसे असली मुद्दों की उपेक्षा हुई और दूसरी तरफ़ आधार से जोड़ना, भुगतान में देरी होने पर इलेक्ट्रॉनिक मस्टर रोल के ज़रिये ऑटोमैटिक मुआवज़ा, जैसे पता नहीं क्या-क्या ख़याली पुलाव पकाये जाने लगे।

हालाँकि सामाजिक सुरक्षा के एक वैकल्पिक ढाँचे की तसवीर, जिसमें बायोमेट्रिक टेक्नोलॉजी, बिज़नेस करेस्पांडेंट, फ़ोर्टिफ़िकेशन आदि हों, तैयार हो रही है। लेकिन उस समय, कुछ सालों तक, लोगों के मुद्दों के लिए कुछ हद तक जगह भी बनी। यह केन्द्र के बजट में भी झलकने लगा (चार्ट 11.1 देखें)। इसका एक और संकेत यह था कि दोनों मुख्य पार्टियों में लोगों के मुद्दों को लेकर, एक होड़-सी मची। इसका एक नमूना खाद्य सुरक्षा क़ानून पर हुई बहस में सामने आया। मुख्य विपक्षी पार्टी (भाजपा) ने बार-बार लोगों को छत्तीसगढ़ के खाद्य सुरक्षा क़ानून का उदाहरण देते हुए कहा कि केन्द्र सरकार का मसौदा कमज़ोर है, अधूरा है, जिसमें दाल जैसी पौष्टिक वस्तुएँ नहीं हैं (जो छत्तीसगढ़ के क़ानून में थीं)।

दोनों ही पार्टियों के लिए लोगों के मुद्दे पहले चुनावी मुद्दा बने, उसके बाद, उनका ख़ुद का मुद्दा, फिर भी उस होड़ से उम्मीद ज़रूर जागी। इस होड़ को पैदा करने में उन दस सालों (2004-2014) में आधे मन से लागू हुए शिक्षा, रोज़गार, खाद्य सुरक्षा आदि क़ानूनों का अहम हाथ रहा। जहाँ इन्हें लगन से लागू किया गया, वहाँ उनका असर दिखा। कुछ सालों के लिए ही सही, लोगों के मुद्दे आगे ज़रूर आए।

यूपीए के सामाजिक-आर्थिक क़ानूनों को मेनस्ट्रीम मीडिया के एक हिस्से द्वारा यूपीए सरकार की 'माई-बाप सरकार' मानसिकता क़रार दिया गया। कहा गया कि यह कार्यक्रम निर्भरता (अंग्रेज़ी में, डिपेंडेंसी) पैदा करते हैं और 'भीख' देने के बराबर हैं, ये लोगों को भीख का आदी बना देंगे।

वास्तव में, यह क़ानून माई-बाप सरकार की मानसिकता से बिलकुल विपरीत है। किसी भी सरकार की सामाजिक और आर्थिक न्याय के प्रति प्रतिबद्धता से स्वतंत्र, यह लोगों के मूल हक़ों को सुरक्षित कर सकते हैं। भारत सामाजिक सुरक्षा के क्षेत्र में पिछड़ा देश है (ग़रीब देशों के मुक़ाबले भी), फिर भी सक्षम वर्ग (अंग्रेज़ी में, प्रिविलेज्ड) ने इन क़ानूनों का तीखा विरोध किया।

2014-2024 माई-बाप सरकार की वापसी

वास्तव में, जब 2014 में एनडीए सरकार ने डोर सँभाली, तब से माई-बाप सरकार की अवधारणा ज़्यादा साफ़ दिखने लगी। माई-बाप सरकार, यानी ऐसी स्थिति जहाँ लोग सरकार की शुभेच्छा पर निर्भर हों, न कि अपने हक़ों के सहारे।

राजस्थान में यह सीधा प्रतीत हुआ, जहाँ 2013 में श्रीमती वसुन्धरा राजे ने भाजपा की सरकार की डोर सँभाली। एक साल से कम समय में, श्रीमती राजे (जिन्हें किसी ने 'आम आदमी महारानी' का ओहदा दिया) की कम-से-कम तीन पहलक़दमियों से यह स्पष्ट हुआ।

पहला क़िस्सा बारां ज़िले के सहरिया परिवारों के लिए शुरू किये गए खाद्य सुरक्षा कार्यक्रम का था। सहरिया जाति को 'पर्टिकुलरली वल्नेरेबल' (ख़ासतौर पर कमज़ोर) माना जाता है, और वह ख़बरों में तभी होते हैं जब उनमें भुखमरी से मौतें हों या बँधुआ मज़दूरी के क़िस्से सामने आते हों। उनकी नाज़ुक स्थिति के मद्देनज़र, सहरिया परिवारों के लिए 2008-13 की कांग्रेस सरकार ने 35 केजी गेहूँ, 2 किलो खाद्य तेल और दाल, एक किलो घी—सब मुफ़्त—की योजना चलाई। 2013 में श्रीमती राजे के सत्ता में आते ही इसे रोक दिया गया। चार महीनों तक अश्वासन दिये गए कि इसे जल्द ही शुरू किया जाएगा, लेकिन जब जुलाई 2014 में गेहूँ बँटना शुरू हुआ, तो 2 रुपये प्रति किलो (बिज़नेस स्टैंडर्ड, 2014)। बाक़ी पौष्टिक खाद्य पदार्थों की कोई ख़बर नहीं थी। आख़िर सितम्बर में ख़ूब आलोचना होने के बाद, गेहूँ फिर से मुफ़्त बाँटने का एलान किया गया और अन्य खाद्य पदार्थ ट्राइबल एरिया डेवलपमेंट एजेंसी द्वारा बाँटने की बात सामने आई।[11]

राजस्थान की मुख्यमंत्री द्वारा इन कार्यक्रमों को अपनी जागीर के रूप में चलाने का दूसरा उदाहरण है स्वास्थ्य के क्षेत्र से। 2011 से राजस्थान के सरकारी स्वास्थ्य केन्द्रों में मुफ़्त दवाइयों का प्रोग्राम शुरू किया गया जो बहुत ही लोकप्रिय हुआ। यह एक क़ाबिल-ए-तारीफ़ और समझदारी का भी काम था (गवर्नेन्स नाउ, 2011)। इसके तहत सरकारी स्वास्थ्य केन्द्रों में कोई भी मुफ़्त इलाज करवा सकता है। 2013 के चुनाव से पहले, श्रीमती राजे ने लगातार दवाइयों को 'ज़हर' कहा, लेकिन जब वह जीत गईं, तो इस कार्यक्रम को जारी रखने का समझदारी वाला निर्णय लिया। लेकिन जुलाई में फिर से उसे केवल खाद्य सुरक्षा क़ानून के लाभार्थियों तक ही सीमित करने की घोषणा हुई (वशिष्ठ, 2014)।

2005 में नरेगा सर्वसम्मति से पारित हुआ था। 2014 में इंडिया टुडे कॉन्क्लेव में उन्होंने कहा, "सभी जानते हैं कि यह (नरेगा) एक फेलिअर है। लोगों को भीख देने के बराबर है। बिलकुल भीख की तरह है क्योंकि लोग अब काम नहीं करते। आप चार घंटे काम कीजिए, पैसे लीजिए और घर जाइए—तो अब आपने लोगों को कामचोर बनना सिखा दिया है" (इंडिया टुडे कान्क्लेव, 2014, 8.25 मिनट पर)। इसके विपरीत, वर्ल्ड डेवलपमेंट रिपोर्ट 2014 ने नरेगा को 'ग्रामीण विकास का एक स्टेलर (यानी, शानदार) उदाहरण' कहा (द इकोनॉमिक टाइम्स, 2013)! जून 2014 में ग्रामीण विकास मंत्री को एक चिट्ठी में उन्होंने कहा कि ग्रामीण रोज़गार को क़ानून द्वारा गारंटी करना क्यों ज़रूरी है; क्यों नहीं इसे योजना के रूप में चलाया जाए।[12]

यह माई-बाप सरकार की मानसिकता राजस्थान तक ही सीमित नहीं है। जहाँ तक नरेगा की बात है, केन्द्रीय मंत्रालय ने कुछ नुक़सानदेह प्रस्ताव रखे : श्रम-सामग्री का प्रपात सामग्री के पक्ष में बढ़ाने की बात चली, जिससे ठेकेदारों की वापसी होती, जिन पर नरेगा में बैन था और जो पहले के रोज़गार कार्यक्रमों में भ्रष्टाचार का मूल कारण थे। कुछ हालात में, मशीन के प्रयोग की भी अनुमति दे दी गई। मज़दूरी की दर कई सालों से बढ़ी नहीं। घोर शोषण में जी रहे ग्रामीण मज़दूरों को सशक्त करने का नरेगा क़ानून का जो प्रयत्न था वह कमज़ोर पड़ने लगा। तब अफ़वाह चली कि क़ानून को एक-तिहाई ज़िलों तक ही सीमित कर दिया जाएगा।

यह मानसिकता नरेगा तक ही सीमित नहीं थी। राष्ट्रीय खाद्य सुरक्षा क़ानून 2013 को भी चुपके से दरकिनार करने की कोशिश की गई। क़ानून के क्रियान्वयन के लिए जन-वितरण प्रणाली में शामिल परिवारों का चयन नये सिरे से होना था। इसकी ज़िम्मेदारी राज्य सरकारों पर थी कि वह लाभार्थी परिवारों का चयन करें, लेकिन केन्द्र सरकार ने सामाजिक-आर्थिक जाति जनगणना का डेटा राज्यों को उपलब्ध ना करवाकर, लाभार्थियों के चयन को विलम्बित किया, और क़ानून के लागू होने में बाधा डाली।[13]

पात्रता या हक़ों के कार्यक्रमों को नेताओं द्वारा मनमर्ज़ी से चलाए जाने पर उनका मूलभूत लक्ष्य चूक जाता है। हक़ों से लोगों में सुरक्षा का भाव पैदा होना ज़रूरी है, जिससे कि वह अपने सर्वाइवल से आगे की सोच सकें, अपने भविष्य के बारे में सोच सकें। हक़ों के कमज़ोर होने से लोग फिर से अनिश्चितता में चले जाते हैं, जहाँ उन्हें पता नहीं रहता कि कब नेताओं का हाथ उनके सर से उठ जाएगा। सशक्त होने के बजाय, औरों की कृपा पर निर्भर होने का भाव उनके मन में घर कर जाता है। यह अगर माई-बाप सरकार नहीं, तो क्या है?

सन्दर्भ और तर्काधार

पिछले दो दशकों से हर एक-दो वर्षों में, कॉलेज के छात्रों के साथ हमने किसी-न-किसी सरकारी पहल को समझने के नज़रिये से उस पर सर्वे किये। सांख्यिकीय परिशिष्ट तालिका A1.1 में इन सर्वेक्षणों की सूची है। कुल मिलाकर इन सर्वेक्षणों के ज़रिये हमने 13 राज्यों में औपचारिक सर्वे (मतलब, रैंडम सैम्पलिंग के सहारे) किये हैं : आंध्र प्रदेश, बिहार, छत्तीसगढ़, हिमाचल प्रदेश, झारखंड, कर्नाटक, महाराष्ट्र, मध्य प्रदेश, ओडिशा, तमिलनाडु, तेलंगाना, उत्तर प्रदेश और पश्चिम बंगाल।[14] इसके अलावा दिल्ली, गुजरात, केरल, पंजाब और हरियाणा में अनौपचारिक सर्वे हुए हैं।

2002-2022 तक के बीस सालों में अर्जित ग्रामीण इलाक़ों का अनुभव और एकत्रित डेटा इस किताब की नींव है। पूर्ण स्थिति समझने के लिए इन सर्वे डेटा के साथ-साथ सेकेंडरी और प्रशासनिक डेटा का विश्लेषण भी किया है। सेकेंडरी डेटा में नेशनल फ़ैमिली हेल्थ सर्वे (एनएफ़एचएस) और नेशनल सैम्पल सर्वे (एनएसएस) मुख्य हैं। कई बार प्रशासनिक आँकड़ों की पुष्टि सर्वे द्वारा, सर्वे का मुख्य उद्देश्य था। इसे तालिका A1 में 'सोशल ऑडिट' के नाम से अंकित किया है।

इस किताब में चर्चित सामाजिक सुरक्षा ढाँचे का एक अहम बिन्दु यह है कि यहाँ फ़ोकस ग्रामीण क्षेत्रों पर है। उपरोक्त सात योजनाओं में, मनरेगा को छोड़कर, सभी योजनाएँ शहरी क्षेत्र में लागू हैं, लेकिन हमारी फ़ील्ड स्टडीज़ ग्रामीण क्षेत्रों पर केन्द्रित थी। ग्रामीण क्षेत्र पर केन्द्रित होने का एक कारण यह भी है कि सरकारी नीतियों में पिछले दशकों में ग्रामीण क्षेत्र ही केन्द्र-बिन्दु रहा। आज़ादी के समय से ग्रामीण क्षेत्र में ग़रीबी अधिक थी। आज भी, ग्रामीण जनसंख्या, शहरी के मुक़ाबले, अधिक है। शायद इन कारणों से ग्रामीण भारत सरकारी नीतियों का केन्द्र-बिन्दु बना रहा।

कैन्टीन योजना (अध्याय 8) इनमें एक अपवाद है : वह ज़्यादातर केवल शहरी क्षेत्र में है (शायद कुछ राज्यों में ग्रामीण क्षेत्रों में हों—जैसे कि केरल जहाँ शहरी और ग्रामीण क्षेत्रों में फ़र्क़ बहुत कम है)। यह एक ऐसी पहल है जिसे पहले शहरी क्षेत्र में लागू किया गया है और जिसे ग्रामीण क्षेत्र में भी लाने की ज़रूरत है।

इस किताब में शामिल मुद्दे और तर्क, पिछले 13 सालों से इंडियन इंस्टिट्यूट ऑफ़ टेक्नोलॉजी, दिल्ली और इंडियन इंस्टिट्यूट ऑफ़ मैनेजमेंट, अहमदाबाद (दो साल) के छात्रों के साथ वाद-विवाद से प्रभावित भी हैं। उदाहरण के लिए, जब अन्य देशों से तुलना की गई है, वहाँ अमेरिका, यूनाइटेड किंगडम, फ्रांस जैसे देश भी शामिल हैं। इसकी वजह यह है कि इन छात्रों की कल्पना में यह देश पहले आते हैं; वे क्लास में उन देशों की उपलब्धियों का उदाहरण देते हैं, लेकिन उसके पीछे का आर्थिक-सामाजिक ढाँचा वे नहीं जानते।

जहाँ मुमकिन और प्रासंगिक है, वहाँ अन्य देशों के साथ भी तुलना की गई है। यहाँ एक प्रश्न उठता है—भारत की तुलना किस देश से करना सही होगा? आस-पड़ोस के देश? लेकिन वह काफ़ी छोटे भी हैं। ब्रिक्स (ब्राज़ील, रूस, इंडिया, चीन और दक्षिण अफ्रीका) के साथ? लेकिन भारत उनसे सांस्कृतिक रूप से बहुत अलग है। विकसित देशों से? भारत उनसे आर्थिक रूप से काफ़ी ग़रीब है। लेकिन कुछ ही दशकों पहले वहाँ भी लोगों के जीवन के हालात बहुत अच्छे नहीं थे और वहाँ के आज के जीवन-स्तर के कई पहलुओं को हासिल कर पाना (स्वच्छ आबोहवा, सुरक्षित, स्वस्थ, लम्बा जीवन, अच्छा रोज़गार, इत्यादि) हमारे लिए बड़ी उपलब्धि हो सकती है।

किसी भी तुलना से हम कुछ न कुछ सीख सकते हैं, लेकिन हर तुलना से सीखने की एक सीमा भी है। तुलना के पीछे यह मंशा नहीं कि हम उस देश की तरह बनने की कोशिश करें, बल्कि यह जानना है कि किस परिस्थिति में क्या मुमकिन है। इस किताब में इन तीनों समूहों के देशों से तुलना की गई है (आस-पड़ोस, ब्रिक्स और विकसित देश)।[15]

विविध पृष्ठभूमि और नज़रिया अलग होने से, हम कुछ नया सीखते हैं और अपनी दलीलों को और प्रखर बनाने में मदद मिलती है। अपनी रिसर्च के ज़रिये, ग्रामीण भारत के लोगों के जीवन का संघर्ष देखा। अपनी क्लास में, इंजीनियरिंग और मैनेजमेंट के छात्रों से उनके प्रति उनकी अवधारणाओं के बारे में सुना; अपने निजी जीवन में, मित्रों और परिवार जनों में सामाजिक नीतियों के बारे में फैली ग़लतफ़हमियों के बारे में जाना। यह किताब सामाजिक नीतियों पर, इन विभिन्न समूहों और अपने नज़रिये के बीच एक संवाद की कोशिश है।

सन्दर्भ

1. कुछ हद तक यह सब मुद्दे डेवलपमेंट इकोनॉमिक्स, डेमोग्राफ़ी (जनसांख्यिकी), सोशियोलॉजी (समाजशस्त्र), इत्यादि में पढ़ाए जाते हैं।
2. ह्यूमन डेवलपमेंट इंडेक्स सृजित करने में दो अर्थशास्त्रियों का हाथ था—पाकिस्तान के महबूब-उल हक़ और भारत के अमर्त्य सेन। ज़िन्दगी को तीन आँकड़ों में सम्मिलित करने के अपने प्रयास को अमर्त्य सेन ने खुद 'भद्दा' (अंग्रेज़ी में, वल्गर) कहा क्योंकि उनका मानना है कि ज़िन्दगी इतनी बहुआयामी है कि उसे इस तरह आँकड़ों में सम्मिलित नहीं किया जा सकता। फिर भी उन्होंने यह इसलिए किया क्योंकि वह केवल जीडीपी के आधार पर होने वाले मूल्यांकन से बेहतर है।
3. जीडीपी में शामिल वस्तुओं का झुकाव ऐसी चीज़ों के प्रति हो जो हमारे लिए लाभदायक हैं (जैसे कि खाद्य पदार्थ, शिक्षा और स्वास्थ्य) या उन वस्तुओं पर जिनसे साधारण लोगों को कोई फ़ायदा नहीं (जैसे कि युद्ध-सामग्री, 'फ़ाइनेंशियल सर्विसज़' (वित्तीय सेवाएँ) इत्यादि)। जीडीपी की गिनती की प्रक्रिया में जब नुक़सानदायक सामग्री पैदा होती है (जैसे प्रदूषण-बीमारी बढ़ानेवाले उद्योग), उससे भी जीडीपी बढ़ती है।
4. सबसे निचले वर्ग (बाटम 20%) की बात करें तो 46% स्टंटेड, 20% कम वज़न और 72% बच्चों में ख़ून की कमी थी।
5. दुनिया की कल्पना में अमेरिका को, उसकी अमीरी की वजह से, 'मॉडल' माना जाता था : लेकिन कोरोना में, दुनिया में सबसे अधिक कोरोना मौतें अमेरिका में हुई हैं, कोविड मृत्यु दर (प्रति 1,00,000 लोग) पर अमेरिका दूसरे नंबर पर था (बीबीसी न्यूज़, 2022)।
6. यूनाइटेड किंगडम में पिछले एक दशक में इसका अनुपात 10% से कम से कम 34% तक पहुँच गया है। शायद यह पिछली कंजर्वेटिव पार्टी के शासन का नतीजा है। भारत में कुछ अनुमानों के अनुसार, कोविड के चलते प्राथमिक स्तर पर निजी स्कूलों में नामांकन घटा (अध्याय 9 देखें)।

7. अंबेडकर से लेकर आज तक, इसकी अहमियत और प्रभाव को शोधकर्ताओं ने प्रमाणित किया है। इस किताब में जाति-व्यवस्था पर मुखर रूप से चर्चा नहीं है। इस पर शोध के कुछ प्रतिनिधित्व उदाहरण हैं, अटतेवल और थोरात, 2007, गुप्ता, अग्रवाल और द्रेज़, 2015, देशपांडे (2017), द्रेज़, 2020, थोरात 2010, थोरात और जोशी, 2020।
8. राजस्व के सवाल पर अन्तिम अध्याय में विस्तृत रूप से चर्चा है।
9. यानी, जब 'केवल ग़रीबों के लिए' योजना बनेगी, तो वह योजना ख़ुद दरिद्र हो जाती है।
10. इन मुद्दों और योजनाओं पर अंग्रेज़ी में मुरलीधरन (2024), रहमान और पिंगली (2024), द्रेज़ (2017), द्रेज़ और सेन (2015) भी देखें।
11. मुफ़्त गेहूँ बाँटने की घोषणा केवल फरवरी 2015 तक ही लागू थी। उसके बाद, लोगों को फिर से 'आम आदमी महारानी' के सामने हाथ फैलाने पड़ते और फिर उस असुरक्षा और तनाव से गुज़रना पड़ता जो वह दिसम्बर 2013 से महसूस कर रहे थे। 2018 की एक रिपोर्ट के अनुसार, घी और तेल फिर से मिलना शुरू हुए, लेकिन इनकी मात्रा कम कर दी गई (क़ाज़ी एच अबशार (2018)।
12. कुछ ही दिनों बाद उन्हें यह बात ट्विटर पर वापस लेनी पड़ी ('दी राइट टु गारंटी एम्प्लॉयमेंट रिमेन्स एनश्राइंड')।
13. कुछ लोगों का मानना है कि नरेगा और खाद्य सुरक्षा क़ानून को चोट पहुँचाने के पीछे फिस्कल डेफिसिट की चिन्ता थी। नरेगा का बजट जीडीपी का केवल 0.3% था; दूसरी ओर 'टैक्स रेवेन्यू फोरगोन' (सरल शब्दों में, टैक्स में छूट), जिसका लाभ अमीर कम्पनियों को होता है, जीडीपी का 3% है।
14. इस सूची में स्कूल सर्वे 2021 के राज्य नहीं जोड़े गए क्योंकि वह कोविड के दौरान हुआ था और हमारी भागीदारी मुख्यत: ऑनलाइन थी।
15. डेटा के स्रोतों का उल्लेख हमेशा इसलिए किया गया है कि यदि पाठक अन्य देश से तुलना करना चाहे तो ख़ुद उस स्रोत से ढूँढ़ सके। साथ ही, सांख्यिकी परिशिष्ट में हर योजना से जुड़े और आँकड़े शामिल किये गए हैं।

अध्याय-2

मातृत्व लाभ : महिलाओं का हक़

कुछ साल पहले, ट्विटर पर एक इन्फोग्राफ़िक दिखा जिसमें कुछ देशों में तनख़्वाह के साथ मातृत्व अवकाश अवधि ('मातृत्व लाभ') दर्शाई गई थी। उस इन्फोग्राफ़िक के निशाने पर अमेरिका था, जहाँ महिलाओं को मातृत्व लाभ प्राप्त नहीं है। उस इन्फोग्राफ़िक के अनुसार भारत, ब्रिटेन के बाद, दूसरे स्थान पर है क्योंकि यहाँ 26 सप्ताह की छुट्टी मातृत्व लाभ के रूप में प्राप्त है।

उस इन्फ़ोग्राफ़िक को देखकर कई लोग गर्व से छाती फुला सकते हैं, लेकिन मुझे उसे देखकर दुःख हुआ। ऐसा क्यों? क्योंकि, हालाँकि यह सच है कि भारत में मातृत्व लाभ के प्रावधान अन्य देशों की तुलना में अच्छे हैं (तालिका 2.1 देखें), लेकिन सच्चाई यह भी है कि 1961 का वह क़ानून केवल संगठित क्षेत्र में काम करने वाली महिलाओं के लिए लागू है। भारत में कुल रोज़गार में संगठित क्षेत्र में रोज़गार लगभग 10 प्रतिशत (इंटरनेशनल लेबर ऑर्गनाइज़ेशन और अन्य, 2024) लोगों को ही प्राप्त है, जिसमें महिलाओं का हिस्सा और भी कम है। अधिकांक्ष महिलाएँ असंगठित क्षेत्र में काम करती हैं, और उनके लिए यह उदार क़ानून लागू नहीं। दरअसल 2013 तक, जब राष्ट्रीय खाद्य सुरक्षा क़ानून पारित हुआ, राष्ट्रीय स्तर पर असंगठित क्षेत्र की महिलाओं के लिए मातृत्व लाभ का क़ानूनी हक़ था ही नहीं।

राष्ट्रीय खाद्य सुरक्षा क़ानून 2013 में मातृत्व लाभ को महिलाओं का सर्वव्यापी हक़ मानते हुए, हर बच्चे पर रु. 6000 देने का प्रावधान था।[1] उल्लेखनीय है कि संगठित क्षेत्र में लगभग 6 महीने की तनख़्वाह का हक़ है, और असंगठित क्षेत्र में, जहाँ सबसे सुविधाहीन महिलाएँ काम करती हैं—मात्र रु. 6000। यदि न्यूनतम मज़दूरी को बेंचमार्क के रूप में लें, तो रु. 400 प्रतिदिन की मज़दूरी के लिए 26 हफ़्तों के अवकाश में रु. 72,000 के आसपास बनते हैं। खाद्य सुरक्षा क़ानून का प्रावधान (रु. 6000) न्यूनतम मज़दूरी के बेंचमार्क का 10 प्रतिशत भी नहीं है। साथ ही, क़ानून में इस भत्ते को महँगाई से जोड़ने का भी प्रावधान नहीं था, इसलिए क़ानून के पारित होने के दस साल बाद भी इसमें कोई बढ़ोतरी नहीं हुई।

यह नाइंसाफ़ी यहीं ख़तम नहीं होती। 2013 में पारित क़ानून में पाए गए हक़ तीन साल से ज़्यादा तक, केवल काग़ज़ों पर ही रहे। नवम्बर 2016 की नोटबन्दी के बाद, 31 दिसम्बर, 2016 को सरकार को इस क़ानून के प्रावधान याद आए और 'प्रधानमंत्री मातृ वन्दना योजना' (PMMVY) का ऐलान किया गया। योजना को लागू होते होते, कम-से-कम छह महीने और बीत गए।

तालिका 2.1 : भारत में मातृत्व लाभ की स्थिति

मातृत्व लाभ के चार पहलू	संगठित क्षेत्र में रोज़गार	असंगठित क्षेत्र में रोज़गार
क़ानूनी हक़	हाँ, 1961 से; 2017 में संशोधन	हाँ, 2013 से
रोज़गार सुरक्षा	हाँ	नहीं
वेतन समर्थन	हाँ , वेतन का 100%	रु. 6000-18,000[1]/ बच्चा
समर्थन राशि कितने हफ़्तों का 'फुल-रेट' वेतन भुगतान है	26	2-6.5[2]

नोट : 1. राष्ट्रीय खाद्य सुरक्षा क़ानून के तहत रु. 6000 और तमिलनाडु की योजना के तहत रु. 18,000। 2. प्रतिदिन रु. 400 के हिसाब से, 15 दिनों की मज़दूरी रु. 6000 होगी।

स्रोत : 1. भारत सरकार (2013, राष्ट्रीय खाद्य सुरक्षा अधिनियम) और 2. तमिलनाडु सरकार (विभिन्न वर्ष)।

आश्चर्य की बात यह रही कि प्रधानमंत्री मातृ वंदना योजना में, क़ानूनी हक़ रु. 6000 को घटाकर मात्र रु. 5000 कर दिया गया और जो लाभ हर बच्चे पर देना था, उसे केवल पहले 'जीवित बच्चे' (अंग्रेज़ी में 'लाइव बर्थ') तक सीमित कर दिया गया। ये दोनों बातें खाद्य सुरक्षा क़ानून का उल्लंघन हैं, फिर भी इस पर कुछ ही लोगों ने आपत्ति जताई। 2022 में केन्द्र सरकार ने इस लाभ को उन महिलाओं को देने का ऑर्डर जारी किया जब दूसरा बच्चा लड़की हो।[2]

जब प्रधानमंत्री मातृ वन्दना योजना का ऐलान हुआ, कुछ लोगों ने नाराज़गी प्रकट की—उनका मानना था कि मातृत्व लाभ देने से, रु. 6000 के लालच से महिलाएँ और बच्चे पैदा करेंगी। इनमें कई ऐसे लोग थे जो ख़ुद 6 महीने के मातृत्व अवकाश के क़ानून के लाभार्थी हैं, या फिर जब 1961 के उस क़ानून में संशोधन हुआ (और अवकाश की अवधि को 12 सप्ताह से 26 सप्ताह किया गया) तो सरकार की वाहवाही कर रहे थे। उनके मन में यह सवाल नहीं आया कि जब उन्हें ख़ुद 6 महीने के मातृत्व लाभ होने के बावजूद ज़्यादा बच्चे पैदा करने का ख़याल नहीं आया, तो और किसी को क्यों आएगा।

मातृत्व लाभ क्यों?

इसके कई कारण हैं। पहला, मातृत्व लाभ के पीछे सोच यह है कि बच्चों के पालन-पोषण से जुड़ी प्रक्रिया को काम के रूप में भी देखा जाए। इसके लिए सामाजिक सहयोग, महिलाओं का हक़ है। मातृत्व लाभ का इतिहास बहुत पुराना है। नवम्बर 1919 में, महिलाओं के संघर्ष के फलस्वरूप, इंटरनेशनल लेबर ऑर्गनाइज़ेशन (आईएलओ) ने एक प्रस्ताव पारित किया जिसमें तीन मुख्य बिन्दु थे : एक, तनख़्वाह के साथ 12 हफ़्तों का अवकाश (जिसे बाद में बढ़ाकर 14 हफ़्ते कर दिया गया), दो, गर्भावस्था के दौरान और प्रसव के तुरन्त बाद मुफ़्त स्वास्थ्य सुविधाएँ और तीन, अवकाश के दौरान उनकी नौकरी की सुरक्षा।[3]

भारत में यह क़ानून 1961 में बना, लेकिन संगठित रोज़गार प्राप्त लोगों तक ही सीमित रहा। तालिका 2.1 में भारत की महिलाओं के मातृत्व लाभ के चार पहलुओं की स्थिति दर्शाई गई है। एक, यह क़ानूनी हक़ दोनों क्षेत्रों में रोज़गारशुदा महिलाओं को है, लेकिन अन्य पहलुओं में दोनों क्षेत्र की महिलाओं को प्राप्त हक़ में काफ़ी फ़र्क़ है। दो, अवकाश लेने पर रोज़गार/नौकरी की सुरक्षा, केवल संगठित क्षेत्र की महिलाओं को प्राप्त है। तीन, कितना मुआवज़ा दिया जाता है उसमें भी काफ़ी अन्तर है। यदि पूर्ण तनख़्वाह/मज़दूरी को मानदंड मानें तो संगठित क्षेत्र में 26 हफ़्तों का पूर्ण मुआवज़ा मिलता है लेकिन असंगठित क्षेत्रों में केवल 2-6.5 हफ़्तों का। चार, आईएलओ के 1919 के प्रस्ताव में स्वास्थ्य सुविधाएँ भी शामिल थीं, जो भारत में सिद्धान्ततः तो सबके लिए हैं, लेकिन वास्तव में काफ़ी कमज़ोर हैं।

दुनिया के लगभग सभी विकसित देशों में तनख़्वाह के साथ मातृत्व अवकाश एक सामान्य नीति है। अमेरिका एक अपवाद है। यहाँ राष्ट्रीय स्तर पर कोई क़ानून नहीं जो महिलाओं के लिए मातृत्व-लाभ सुनिश्चित करे। अमेरिका के कुछ राज्यों ने अपने स्तर पर इस पर प्रावधान किया है। साथ ही कुछ निजी कम्पनियाँ अपनी मर्ज़ी से इसका अमल कर रही हैं। चार्ट 2.1 में आईएलओ के मानदंड के मुक़ाबले दुनिया में सबसे कम, सबसे ज़्यादा और इनके बीच में 'दोनों भारत'—संगठित और असंगठित—की स्थिति दर्शाई गई है। असंगठित क्षेत्र में भारत की स्थिति दुनिया में सबसे कम के आसपास और आईएलओ के सुझाव से बहुत कम है, और संगठित क्षेत्र में आईएलओ की अनुशंसा से ज़्यादा है।

दूसरा, भारतीय समाज में कम महिलाएँ आर्थिक रूप से आत्मनिर्भर हैं, जिसकी वजह से उनके स्वयं का पालन करने की क्षमता सीमित रहती है। जो नौकरीशुदा होती हैं, उन्हें मातृत्व लाभ के अभाव में अपने परिवार और करिअर में से एक को चुनना पड़ता है, क्योंकि जब वे गर्भवती होती हैं तब नौकरी से छुट्टी न मिलने पर काम छोड़ देना पड़ता है और जब तक बच्चे बड़े होते हैं, तब फिर से जॉब मार्किट

चार्ट 2.1 : मातृत्व अवकाश के दौरान प्राप्त वेतन कितने समय का शत-प्रतिशत मुआवज़ा है (हफ़्तों में), 2023

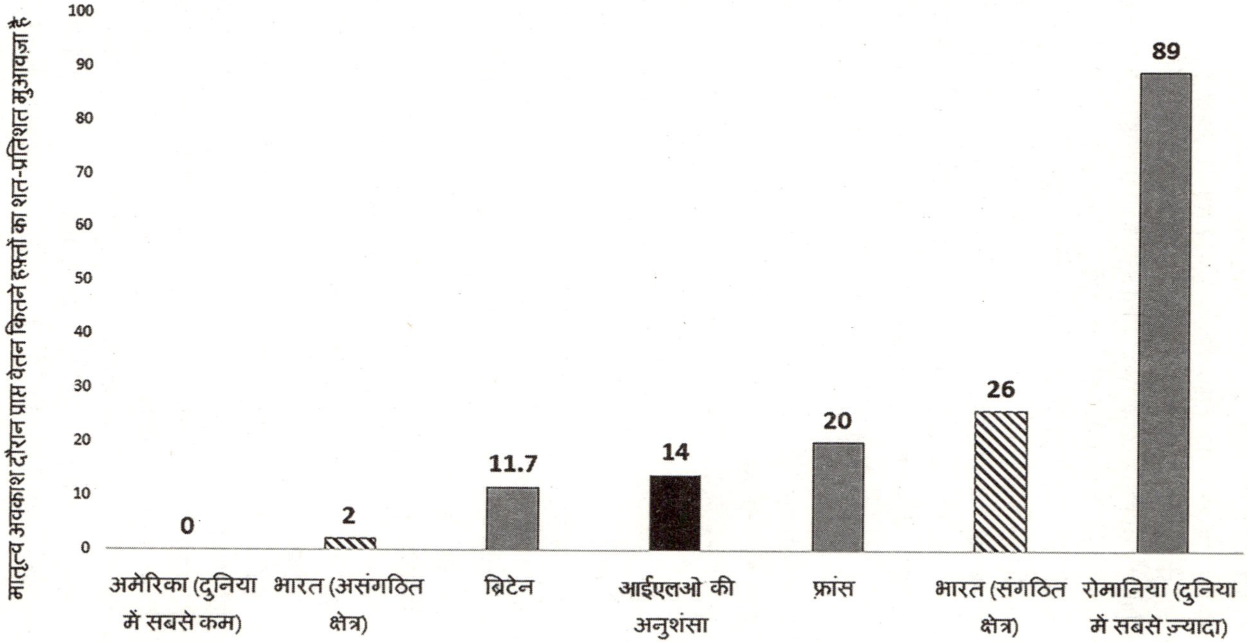

स्रोत : ओईसीडी (2024), ओईसीडी—पारिवारिक डेटाबेस, पेरेंटल लीव सिस्टम, ओईसीडी पब्लिशिंग, पेरिस।

में प्रवेश करने में दिक़्क़तें आती हैं। यदि मातृत्व लाभ उनका हक़ हो, तो वे दोनों काम—नौकरी और बच्चों का पालन-पोषण—एक साथ कर सकती हैं।

तीसरा, गर्भावस्था में महिलाओं की पोषण और स्वास्थ्य से जुड़ी कुछ ख़ास ज़रूरतें होती हैं। आँकड़े बताते हैं कि भारतीय महिलाओं में कुपोषण और शारीरिक कमज़ोरी ज़्यादा है। नेशनल फ़ैमिली हेल्थ सर्वे (NFHS) के अनुसार 2019-21 में 15-49 वर्ष की महिलाओं में से 57 प्रतिशत को ख़ून की कमी (अंग्रेज़ी में, अनीमिया) थी। फ़िक्र की बात है कि उससे पिछले NFHS 2015-16 में ऐसी 53% महिलाएँ थीं—यानी स्थिति में सुधार नहीं हुआ। NFHS के अनुसार हर पाँच में से एक महिला का वज़न, ऊँचाई के अनुसार, बहुत कम है। मेडिकल रिसर्च हमें बताता है कि माँ के स्वास्थ्य का असर बच्चे के स्वास्थ्य पर भी पड़ता है—माँ कुपोषित होगी तो बच्चे के कुपोषित होने की सम्भावना बढ़ती है। NFHS-5 के अनुसार, 2019-21 में भारत के 6-59 महीनों के बच्चों में से दो-तिहाई बच्चों को अनीमिया था। गर्भवती महिलाएँ मातृत्व लाभ से प्राप्त समर्थन राशि का इस्तेमाल बेहतर ख़ुराक के लिए कर सकती हैं।

चौथा, मातृत्व लाभ होने से महिलाओं को बिना अपनी कमाई और आर्थिक स्वतंत्रता गँवाएँ कुछ आराम करने का मौक़ा मिलता है। वरना, या तो वे आराम ले सकती हैं या अपनी कमाई से अपनी पोषण और स्वास्थ्य से जुड़ी ज़रूरतों को ही पूरा कर पाएँगी।

पाँचवाँ, बच्चे के स्वास्थ्य के लिए, छह महीनों तक केवल स्तनपान की ज़रूरत होती है। उस उम्र में बच्चों को थोड़े-थोड़े समय के अन्तराल पर दूध पिलाना होता है। यदि माँ को बच्चे को दूध पिलाना है तो उसे काम से छुट्टी की ज़रूरत होगी। मातृत्व लाभ प्राप्त महिलाओं को यह सुविधा उपलब्ध है।

इन मुद्दों पर रिसर्च की दो मुख्य धाराएँ हैं। एक, विकसित देशों में मातृत्व लाभ का प्रभाव और दूसरा, विकासशील देशों में इनका असर। विकसित देशों में मातृत्व लाभ के अध्ययन तीन मुख्य परिणामों पर केन्द्रित हैं : प्रजनन दर, बच्चों की मृत्यु दर और महिलाओं की कार्य-भागीदारी दर। विकासशील देशों में इसके अलावा, मातृत्व लाभ से स्तनपान और जन्म के समय, बच्चे के वज़न को भी प्रभावित हो सकता है। विकसित देशों में इस तरह के अध्ययन अधिक हैं क्योंकि विकासशील देशों में (जहाँ असंगठित क्षेत्र बड़ा है, वहाँ) मातृत्व लाभ बहुत व्यापक नहीं है (फैलन, मज़ार और स्विस, 2017)। अमीन और इस्लाम (2022) ने इसका असर महिलाओं की काम में भागीदारी पर समझने के लिए 111 देशों के फ़र्म-लेवल डेटा का आकलन किया और पाया कि मातृत्व लाभ होने से उनकी भागीदारी बढ़ती है। यह विकसित देशों में भी पाया गया है हालाँकि वहाँ अवकाश की लम्बाई भी यह निर्धारित करती है कि महिलाओं की भागीदारी किस हद तक प्रभावित होगी।

मातृत्व-अवकाश स्तनपान की अवधि को भी प्रभावित कर सकता है (माँ के घर पर रहने से वह बच्चे को समय-समय पर दूध पीला सकती है)। 21 ऐसे अध्ययन हैं जिनमें पाया कि मातृत्व लाभ होने से महिलाएँ स्तनपान अधिक करा सकती हैं (नवाररो-रोसेंबलैट और गरमेंड़िया, 2018)।

इन सबकी वजह से खाद्य सुरक्षा क़ानून के तहत शुरू हुई प्रधानमंत्री मातृ वन्दना योजना (PMMVY), चाहे उसकी परिकल्पना कितनी भी टूटे-फूटे रूप में की गई हो, एक अहम पहल है। दुनिया में कम देश हैं जहाँ असंगठित क्षेत्र की महिलाओं के मातृत्व हक़ को क़ानूनी रूप में स्वीकारा गया हो।

जच्चा बच्चा सर्वे, 2019

जून-जुलाई 2019 में 'जच्चा बच्चा सर्वे' में हमने गर्भवती महिलाओं की स्थिति समझने के लिए उत्तर भारत के छह राज्यों में एक सर्वेक्षण किया। इस सर्वेक्षण में छत्तीसगढ़, झारखंड, उत्तर प्रदेश, मध्य प्रदेश, हिमाचल प्रदेश और ओडिशा शामिल थे। जच्चा बच्चा सर्वे का उद्देश्य था प्रधानमंत्री मातृ वन्दना योजना के क्रियान्वयन को समझना। सर्वे के हमने छह राज्यों में 706 गर्भवती और शिशुवती महिलाओं से उनके गर्भावस्था और प्रसव के अनुभवों के बारे में जानकारी प्राप्त की (द्रेज़ और अन्य, 2021)।

ग्रामीण महिलाओं की जीवन-स्थिति

सर्वे के दौरान छत्तीसगढ़ के एक गाँव में हमारे सामने सातवें महीने में एक गर्भवती महिला आँगनवाड़ी में अपना पंजीयन करवाने आई। जब सबसे डाँट पड़ी कि पंजीयन इतनी देरी से क्यों (आम तौर पर पंजीयन पहले 3 महीनों में होना चाहिए), तो उसके साथ आई आँगनवाड़ी कार्यकर्ता ने बताया कि महिला को पता ही नहीं चला कि वह गर्भ से है। जब उसका मासिक धर्म रुक गया तो ससुराल में किसी को बताने की हिम्मत ही नहीं हुई। फिर जब मायके आई तब पता चला है। इस एक घटना से यह पता चलता है कि आज भी कुछ महिलाएँ कितनी बेख़बर हो सकती हैं और साथ ही अपने आप को (ख़ासकर ससुराल में) कितनी लाचारी की स्थिति में पा सकती हैं।

सर्वे से एक बड़ी सीख यह मिली कि गर्भवती और शिशुवती महिलाओं को अपने जीवन के इस अहम दौर की ख़ास ज़रूरतों की जानकारी नहीं है। उदाहरण के लिए, अन्तरराष्ट्रीय मापदंडों के अनुसार गर्भावस्था के दौरान कमज़ोर महिलाओं का वज़न 13-18 किलो बढ़ना चाहिए। इसके विपरीत, हमारे सैम्पल में औसत वज़न की बढ़त थी केवल 4 किलो (उत्तर प्रदेश में) से 11 किलो (हिमाचल प्रदेश में) तक। शायद किसी को यह 'ठीक ही है' लगे; इसलिए साथ में हमें यह याद रखना ज़रूरी

है कि सैम्पल में शामिल ज़्यादातर महिलाओं का वज़न, गर्भावस्था के दौरान, बढ़ने के बाद केवल 40 किलो ही था। इससे ज़्यादा चौंकाने वाली बात यह कि उत्तर प्रदेश में शिशुवती महिलाओं में 40% महिलाएँ यह भी नहीं बता पायीं कि उनका वज़न बढ़ा या घटा! कई बार महिलाओं को देखकर यह विश्वास करना मुश्किल था कि वह गर्भावस्था के छठे-सातवें-आठवें महीने में हैं।

गर्भावस्था में माँ को अपने पोषण पर ख़ास ध्यान देने की ज़रूरत होती है। हमने महिलाओं से पूछा कि सामान्य समय की तुलना में, गर्भावस्था में क्या वह कम या ज़्यादा खा रही थी? पाँच में से केवल एक महिला ने कहा कि सामान्य समय की अपेक्षा गर्भावस्था में उसने ज़्यादा खाया। इस तरह, पौष्टिक आहार के बारे में भी पूछा गया। आधी से ज़्यादा महिलाओं ने कहा कि पौष्टिक आहार 'कभी-कभी' या 'कभी नहीं' खाया। इस सबमें हिमाचल प्रदेश अपवाद के रूप में दिखाई पड़ा—यहाँ 80% महिलाएँ ज़्यादा पौष्टिक खाना खा रही थीं। उल्लेखनीय है कि खाद्य सुरक्षा क़ानून में इन महिलाओं को आँगनवाड़ी से भोजन प्राप्त करने का प्रावधान है, लेकिन जच्चा बच्चा सर्वे के समय, ज़्यादातर राज्यों में यह नहीं दिखा।[4]

कमज़ोरी तथा अपर्याप्त भोजन के अलावा इन महिलाओं पर काम का बोझ भी है। जब महिलाओं से पूछा गया कि गर्भावस्था के दौरान आप काम कर रही थीं या नहीं, तो ज़्यादातर का पहला जवाब था 'नहीं'। जब इनसे फिर पूछा गया कि पानी और लकड़ी कौन लाता है, या घर का काम—खाना पकाना, साफ़-सफ़ाई, इत्यादि, कौन करता था, तो वे कहतीं कि वह ख़ुद कर रही हैं। उनके मन में काम की परिभाषा में पानी के भारी मटके ढोहना या जंगल से लकड़ी लाना शामिल ही नहीं है, यह 'केवल' घर का काम है।

कुछ ही महिलाएँ ऐसी थीं जिन्होंने कहा कि 'भारी काम नहीं कर रही'। सैम्पल की 85% महिलाएँ गर्भावस्था के दौरान नियमित रूप से घरेलू काम कर रही थीं। इसमें खाना पकाना और सफ़ाई से लेकर भारी काम (जैसे जंगल से लकड़ी लाना, पानी ढोना) भी शामिल थे। यह सब प्रसूति के बाद फिर से शुरू हो जाता है जब उन्हें न केवल स्वयं को बल्कि नवजात शिशु को भी सँभालना होता है (शर्मा, 2024)। लगभग दो-तिहाई (63%) महिलाओं ने प्रसूति के आख़िरी पल तक काम किया। और बच्चे की डिलिवरी के बाद, हालाँकि ज़्यादातर (95%) महिलाओं ने कहा कि उन्होंने 'पूरा आराम' लिया, औसतन उन्होंने केवल एक महीने तक पूरा आराम किया।

जब जवान बहुएँ गर्भवती होती हैं तो वे अपने आपको एक ऐसी स्थिति में पाती हैं जहाँ वे जीत नहीं सकतीं—यदि वह संयुक्त परिवार में हों, जहाँ उनकी मदद के लिए कई अन्य सदस्य मौजूद हैं, तो छोटी उम्र की बहू होने के नाते उन पर काफ़ी घरेलू ज़िम्मेदारियाँ थोपी जाती हैं। यदि वह एकल परिवार में हों जहाँ विस्तृत परिवार की ज़िम्मेदारियों से छुटकारा पा सकें, तो फिर उनकी मदद

के लिए परिवार के सदस्य नहीं होते। ओडिशा में एक महिला ने बताया कि "बड़े परिवार में रहकर, जो सबका ख़याल रखती है उसे ही नज़रअन्दाज़ किया जाए तो अच्छा नहीं लगता।" सोनभद्र (उत्तर प्रदेश) में अनीता देवी ने कहा कि एक बाल्टी पानी लाने तक की मदद के लिए भी कोई नहीं था (शर्मा, 2024)।[5]

इन महिलाओं की दिक़्क़तें यहीं ख़त्म नहीं होती। उनकी दुर्बल पारिवारिक स्थिति को, उनके परिवार की कमज़ोर आर्थिक स्थिति और नाज़ुक बना देती है। हालाँकि पिछले दशक से ज़्यादातर प्रसूतियाँ सरकारी स्वास्थ्य सुविधाओं में हो रही हैं, फिर भी जब महिलाएँ यहाँ पहुँचती हैं तो उन्हें गुणवत्तापूर्वक सरकारी स्वास्थ्य सेवाएँ मिलने की ख़ास गारंटी नहीं रहती। कई महिलाओं ने बताया कि उनके साथ नर्स ने बदतमीज़ी से व्यवहार किया, कुछ को लेबर शुरू होने के बाद, प्राइवेट अस्पताल जाने की सलाह दी गई, कहीं-कहीं नर्स घूस की उम्मीद में थीं, इत्यादि।

हालाँकि मुफ़्त और पर्याप्त स्वास्थ्य सेवाएँ मातृत्व हक़ का एक अहम हिस्सा हैं (जो आईएलओ के 1919 के प्रस्ताव में भी शामिल था), लेकिन वास्तव में देश के कई हिस्सों में और कई महिलाओं को यह उपलब्ध नहीं होतीं। जच्चा बच्चा सर्वे में जिन महिलाओं से हमने बात की, उन्हें औसतन प्रति डिलिवरी रु. 6400 ख़र्च करना पड़ा। प्रतिदिन यदि रु. 400 मज़दूरी मिले तो यह ख़र्च आधे महीने की कमाई के बराबर है। जिन महिलाओं को निजी अस्पताल पर निर्भर होना पड़ा (हमारे सैम्पल में 7% महिलाएँ), वहाँ तो ख़र्च और भी ज़्यादा था—रु. 45,000। ऐसी परिस्थिति में ताज्जुब की बात नहीं कि एक-तिहाई उत्तरदाताओं ने बताया कि डिलिवरी के समय उन्हें या तो क़र्ज़ लेना पड़ा या कुछ बेचना पड़ा।

जच्चा बच्चा सर्वे में भी यह स्पष्ट था कि जिन महिलाओं को पर्याप्त आराम और पोषण मिला, उनका वज़न गर्भावस्था में अधिक बढ़ा। आराम और पोषण—इन दोनों को नीतियों द्वारा प्रभावित किया जा सकता है। जो महिलाएँ ऐसे हालात में जी रही हैं, उनके लिए मातृत्व लाभ की राशि बहुत सहयोग कर सकती है—पौष्टिक खाना ख़रीदने, या घर में मदद के लिए परिवार के किसी सदस्य को इनाम के रूप में देने के लिए, या फिर स्वास्थ्य सेवाओं को हासिल करने के लिए। महिलाओं के इस नाज़ुक और ज़रूरतमन्द पड़ाव पर राष्ट्रीय खाद्य सुरक्षा क़ानून में रु. 6000 का मातृत्व लाभ का हक़, उनके लिए जीवनरेखा साबित हो सकता है।

मातृत्व लाभ : राज्यों में अन्तर

जच्चा बच्चा सर्वे के छह राज्यों में महिलाओं की स्थिति और PMMVY के क्रियान्वयन में अन्तर था। हिमाचल और ओडिशा में योजना का क्रियान्वयन अन्य राज्यों से बेहतर था।

ओडिशा में 2011 से 'ममता योजना' के नाम से चल रही मातृत्व लाभ योजना के तहत वहाँ की महिलाओं को रु. 5000 दिये जा रहे थे। योजना के तेरहवें वर्ष में, 2024 के बजट में, पहली बार इस राशि को बढ़ाकर रु. 10,000 कर दिया गया। ओडिशा की ममता योजना केन्द्र सरकार की PMMVY से एक मायने में ज़्यादा उदार है। यहाँ यह लाभ दूसरे बच्चे के लिए भी मिलता है और कुछ आदिवासी समुदायों में सभी बच्चों को मिलता है। चूँकि ओडिशा में राज्य की ख़ुद की ममता योजना चल रही थी, इसलिए सर्वे के नतीजे प्रस्तुत करते समय ओडिशा की तुलना अन्य राज्यों से की गई है।

एक तरफ़ जच्चा बच्चा सर्वे के राज्य हैं (झारखंड, छत्तीसगढ़, मध्य प्रदेश, उत्तर प्रदेश और हिमाचल प्रदेश) जहाँ केन्द्रीय योजना 2017 से लागू है और दूसरी तरफ़ ओडिशा है, जहाँ राज्य स्तरीय ममता योजना 2011 से चल रही है। ओडिशा में हमने पाया कि प्रसूति महिलाओं में 90% लाभ की पात्र थीं, लेकिन बाक़ी राज्यों में केवल आधी ही मातृत्व लाभ की पात्रता रखती थी। इसका कारण यह है कि केन्द्रीय योजना में 2019 में केवल पहले बच्चे पर लाभ देने का प्रावधान था। अन्य सर्वे राज्यों की तुलना में, ओडिशा में लाभों के बारे में अधिक जागरूकता थी—इसका एक कारण यह है कि 2019 में जब सर्वे हुआ, तब ओडिशा की मातृत्व लाभ योजना 8 सालों से चल रही थी; अन्य राज्यों में वह केवल दो साल पुरानी थी। ओडिशा में मातृत्व लाभ के सर्वव्यापी होने से भी जागरूकता पर प्रत्यक्ष असर पड़ा। जागरूकता के कारण ही ओडिशा में लगभग सभी पात्र महिलाओं ने मातृत्व लाभ की राशि के लिए आवेदन किया था। दूसरी ओर, अन्य सर्वे राज्यों में केवल दो-तिहाई प्रसूति महिलाएँ जान रही थीं कि PMMVY योजना के तहत उनको रु. 5000 पाने का हक़ है, इसलिए केवल दो-तिहाई महिलाओं ने आवेदन किया था।

पात्रता और जागरूकता का असर आवेदन पर पड़ता है, और फिर यह प्राप्त लाभों में भी झलकता है। जहाँ ओडिशा में दो-तिहाई महिलाओं को मातृत्व की कोई न कोई क़िस्त मिली थी, वहीं अन्य सर्वे राज्यों में केवल 15% को PMMVY का लाभ प्राप्त हुआ था। क़ानून के तहत लाभ यूनिवर्सल है, लेकिन यहाँ हम योजना के अनुसार पात्रता तय करते हैं तो भी, पात्र महिलाओं के बहुत छोटे हिस्से (30%) को ही पैसे मिले। सर्वे में इसके पीछे के कारणों को जानने की कोशिश भी की गई।

जब पात्रता यूनिवर्सल हो, यानी सबके लिए, लेकिन उसके लिए पर्याप्त बजट न दिया जाए तो स्वाभाविक है कि किसी न किसी तरीक़े से सरकार महिलाओं को छाँट देती है। (केन्द्रीय बजट के अपर्याप्त बजट पर आगे विस्तार से पढ़ें।) PMMVY योजना में इस तरह की छँटनी के लिए सरकार ने काग़ज़ी और डिजिटल कार्यवाही का उपयोग किया है। कुल राशि (रु. 5000) तीन क़िस्तों में दी जाती,

और हर क़िस्त के लिए फ़ॉर्म भरना ज़रूरी था—योजना के शुरुआती दिनों में (2019 तक भी) आवेदन पत्र 23 पेज का था।[6] साथ में अनेक दस्तावेज़ों की ज़रूरत पड़ती है—'माँ और बच्चा' कार्ड, महिला का आधार कार्ड, पति का आधार कार्ड/नम्बर, बैंक पासबुक। फिर महिला के आधार में ससुराल का पता होना चाहिए; यदि मायके का पता हो तो महिला को उसमें 'सुधार' करवाने के लिए आधार सुधार केन्द्रों के चक्कर काटने पड़ते। मानो पूरी व्यवस्था महिला को थकाने की कोशिश में लगी हुई हो (वो भी ऐसे लाभ के लिए जो उसे आराम पहुँचाने के लिए लाया गया है) ताकि वह बीच में अपना अधिकार छोड़ दे।

कुछ गर्भवती उत्तरदाताओं ने बताया कि आवेदन करते समय उनसे आँगनवाड़ी कार्यकर्ता ने पैसे माँगे (13% उत्तरदाताओं ने यह शिकायत की), जानकारी का अभाव था (15%), उनके आधार कार्ड में पता मायके का होने से दिक़्क़त आई (18%), फ़ॉर्म भर दिया लेकिन आगे से कोई प्रतिक्रिया नहीं हुई (19%)। कुल उत्तरदाताओं में से 40% को आवेदन के समय, उपरोक्त में से किसी न किसी दिक़्क़त का सामना करना पड़ा।

जहाँ एक ओर गर्भवती और प्रसूति महिलाएँ काग़ज़ी कार्यवाही से परेशान थीं, वहीं, आँगनवाड़ी कार्यकर्ता जिसकी यह मुख्य ज़िम्मेदारी है, वह ख़ुद भी काग़ज़ी कामों से परेशान थी। सबसे ज़्यादा अड़चन आधार कार्ड की (वस्तुत:) अनिवार्यता की वजह से आ रही थी। आँगनवाड़ी कार्यकर्ताओं से जब पूछा गया तो आधी से अधिक ने बताया कि आवेदन के समय, महिलाओं को आधार कार्ड से सम्बन्धित कोई न कोई दिक़्क़त आई; साथ ही 44% मामलों में उन्हें ख़ुद आवेदक के आधार से सम्बन्धित किसी न किसी उलझन से जूझना पड़ा। ओडिशा की ममता योजना, राज्य स्तरीय योजना है जहाँ आधार कार्ड को अनिवार्य नहीं रखा गया, इसलिए भी वहाँ उन महिलाओं का अनुपात ज़्यादा है जिन्हें मातृत्व लाभ प्राप्त हुए।

प्रधानमंत्री मातृ वन्दना से पहले

पहले मातृत्व लाभ नेशनल मटर्निटी बेनेफ़िट स्कीम के नाम से चल, फिर राष्ट्रीय स्तर पर इन्दिरा गांधी मातृत्व सहयोग योजना 2010 में लागू हुई, लेकिन केवल 53 ज़िलों में, और क्रियान्वयन भी फीका था—2014-15 में योजना अपने टारगेट का केवल 23% हासिल कर पाई (सिन्हा और अन्य, 2016 देखें)।

कुछ अन्य राज्यों में इस क़ानून से पहले से मातृत्व लाभ की योजनाएँ चल रही थीं। तमिलनाडु हमेशा से सामाजिक नीतियों में पहल करने के लिए जाना जाता है। तमिलनाडु की डॉ. मुथुलक्ष्मी रेड्डी योजना 1987 (बलसुब्रमनियन और सुन्दरी रविन्द्रन, 2012) से लागू है (उस समय गर्भवती महिलाओं को रु. 200 दिये गए);

2017 से इसके तहत गर्भवती महिलाओं को रु. 18,000 मिलते हैं।[7] 2015 से मातृत्व लाभ के साथ एक 'बेबी केयर किट' भी शामिल है जिसमें नवजात शिशु और माँ के लिए कुछ सामग्री (जैसे तौलिया, साबुन, मालिश का तेल, मच्छरदानी, इत्यादि) दी जाती है।

तेलंगाना में भी 2017 से 'केसीआर' या 'एमसीएच' किट दी जाती है। इसके तहत महिलाओं को मातृत्व लाभ और बेबी किट दिये जाते हैं। यदि लड़का पैदा होता है तो रु. 12,000 और लड़की हो तो रु. 13,000 दिये जाते हैं। ओडिशा की तरह यह लाभ दो बच्चों के लिए मिलते हैं; यदि माँ 'पर्टिकुलरली वल्नरेबल ट्राइबल ग्रुप' से है तो दो बच्चों की सीमा लागू नहीं (तेलंगाना टुडे, 2022 और श्रीनिवास जान्याला, 2020)। लेकिन इस योजना के क्रियान्वयन के बारे में ख़ास जानकारी प्राप्त नहीं।

जिन राज्यों में ख़ुद की योजनाएँ हैं, वहाँ मातृत्व लाभ योजनाओं के क्रियान्वयन का रिकॉर्ड अच्छा रहा है। तमिलनाडु, जहाँ इस तरह की योजना सबसे पहले लागू हुई, वहाँ 2007-08, कुल प्रसव में से 60% महिलाओं को मातृत्व लाभ प्राप्त हुआ (बलसुब्रमनियन और सुन्दरी रविन्द्रण, 2012)। 2022-23 में, जब केन्द्र सरकार का देश-भर के लिए बजट रु. 2145 करोड़ था, तब डॉ. मुथुलक्ष्मी रेड्डी योजना का बजट रु. 816 करोड़ था।

2014 में ओडिशा के चार ज़िलों में ममता योजना से लाभान्वित 233 महिलाओं का सर्वे किया गया। इसके अलावा, लगभग 300 ऐसी महिलाएँ थीं जिनके 7 महीने से लेकर तीन साल से कम उम्र के बच्चे थे। इनमें पाया गया कि दो-तिहाई महिलाओं के नाम ममता योजना की सूची में थे और 72 प्रतिशत महिलाओं को पूरा पैसा मिल भी गया था। कुल रु. 5000 में से उन्हें औसतन रु. 4722 मिले—यानी जितना मिलना चाहिए उसका 94% उन्हें मिला। यह सराहनीय इसलिए है क्योंकि आम तौर पर माना जाता है कि सरकारी लाभ लोगों तक नहीं पहुचते। योजना में सुधार की गुंजाइश थी—10 फ़ीसदी उत्तरदाताओं को कुछ भी नहीं मिला और 18 प्रतिशत को अधूरे पैसे मिले। देरी की समस्या के साथ-साथ अन्य दिक़्क़तें भी हैं—जिन्हें कुछ नहीं मिला, वह या तो भ्रष्टाचार के कारण था या फिर बैंक खाते से सम्बन्धित समस्याओं के कारण।[8]

प्रधानमंत्री मातृ वन्दना योजना और राज्य की मातृत्व लाभ योजनाओं के लाभार्थियों के सरकारी आँकड़ों को कुल जन्मों से मिलाया जाए तो हम अनुमान लगा सकते हैं कि यह योजना किस हद तक यूनिवर्सल है। 2022-23 में कुल अनुमानित जन्मों में से कितनों को (फ़ीसदी में) मातृत्व लाभ मिले, यह नक़्शा 2.1 और नक़्शा 2.2 में दर्शाया गया है। केन्द्रीय फ़ंड पर निर्भर राज्यों में आपस में अन्तर है—राज्य-अनुसार क्रियान्वयन की स्थिति नक़्शा 2.1 (कोई भी क़िस्त प्राप्त हुई) और 2.2 (सभी क़िस्तें प्राप्त हुईं) में दर्शाई गई है। क्रियान्वयन में कमी इस बात से

भी स्पष्ट है कि 'सभी क़िस्त' प्राप्त महिलाओं का अनुपात 'कोई भी क़िस्त' प्राप्त महिलाओं से कम है। जिन तीन राज्यों ने केन्द्र सरकार की मातृत्व लाभ की योजना से पहले अपनी योजना शुरू की हुई थी (तेलंगाना, ओडिशा और तमिलनाडु), वह राज्य मातृत्व लाभ के क्रियान्वयन में काफ़ी आगे हैं, ख़ासकर तमिलनाडु (78%) और ओडिशा (64%)। जिन राज्यों में मातृत्व लाभ केन्द्रीय योजना के आने के बाद ही लागू हुए, उनमें दक्षिण में केरल और पहाड़ी क्षेत्रों में हिमाचल प्रदेश और जम्मू-कश्मीर का प्रदर्शन अन्य राज्यों से बेहतर है।

राष्ट्रीय स्तर पर मातृत्व लाभ पर ख़र्च

हालाँकि 2013 से ही रु. 6000 का मातृत्व लाभ असंगठित क्षेत्र में काम करने वाली महिलाओं का हक़ है, लेकिन केन्द्र सरकार इसके लिए पर्याप्त बजट मुहैया नहीं करवा रही है। जब से योजना शुरू हुई है, PMMVY का बजट रु. 2500 करोड़ से ज़्यादा नहीं रहा। लेकिन यदि हर पात्र महिला को हर बच्चे के लिए रु. 6000 दिये जाएँ तो लगभग रु. 14,000 करोड़ का बजट होना ज़रूरी है। अर्थात, वास्तविक बजट आवश्यकता का मात्र 20% है। सूचना का अधिकार के तहत प्राप्त जानकारी के अनुसार, 2023-24 में बजट में रु. 2500 करोड़ का आवंटन था, लेकिन ख़र्च केवल रु. 840 करोड़ हुआ। चार्ट 2.2 में क़ानून के प्रावधानों के अनुसार अपेक्षित बजट (ऊपर की सीधी क्षैतिज लकीर) और वास्तविक बजट (नीचे रेंगती हुई लकीर) का अन्तर साफ़ नज़र आता है।

इन कारणों से देश-भर में (ओडिशा, तमिलनाडु और तेलंगाना को छोड़कर) 2022-23 में केवल 23% महिलाओं को मातृत्व लाभ की तीनों क़िस्तें प्राप्त हुईं (नक़्शा 2.2 देखिए)। किसी भी नई योजना को पैर जमाने में समय लगता है, और दुर्भाग्य की बात यह है कि मातृत्व लाभ योजना 2017 में लागू हुई, और 2020 में कोविड महामारी की वजह से उसके प्रदर्शन पर ऐसे समय में बुरा असर पड़ा जब महिलाओं को इसकी सबसे ज़्यादा ज़रूरत पड़ी होगी। कोविड के दूसरे साल (2021-22) में तीनों क़िस्तें पाने वाली महिलाओं का अनुपात गिरकर 13% रह गया (सांख्यिकीय परिशिष्ट, तालिका A2)। महामारी के चलते सब अस्त-व्यस्त हो गया लेकिन 2022-23 में कुछ सुधार हुआ, फिर भी एक-चौथाई से भी कम (23%) महिलाओं को तीनों क़िस्तें मिलीं। चार्ट 2.3 में कोई न कोई क़िस्त पाई महिलाओं का अनुमानित प्रतिशत देखें तो यह भी बहुत प्रशंसनीय नहीं है—2022-23 में सुधार के बावजूद, केवल एक-तिहाई महिलाओं को कोई भी क़िस्त मिली। 2023-24 में शायद डेटा अपडेट करने में देरी की वजह से केवल 10.1% दिख रहा है।

चार्ट 2.2 : मातृत्व लाभ के बजट में आवश्यकता और वास्तविकता में अन्तर

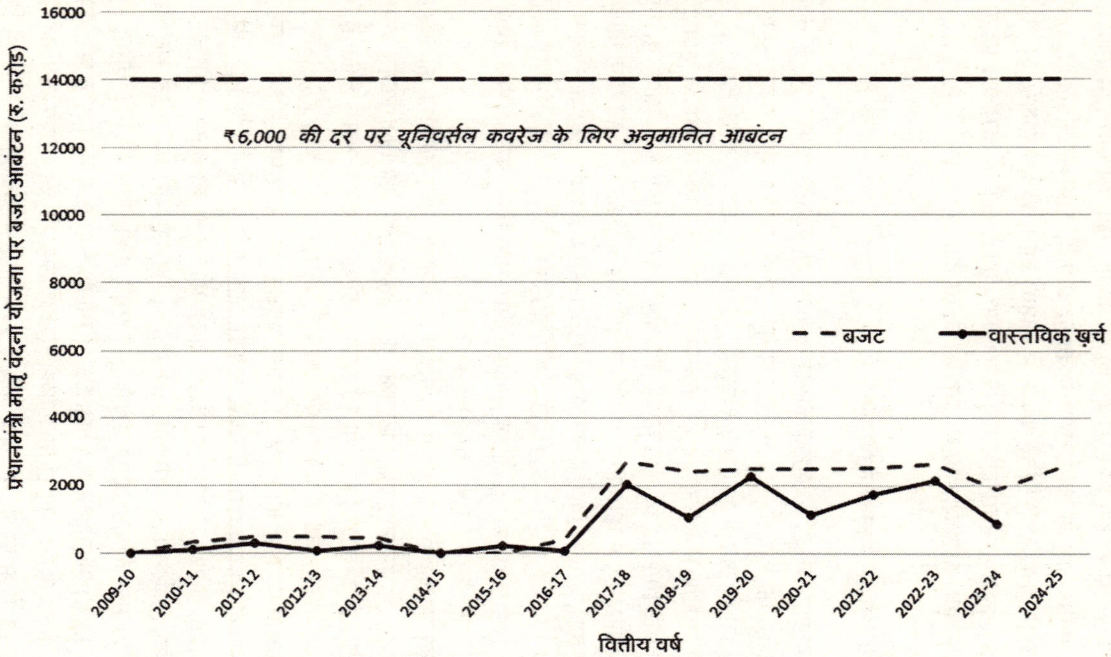

स्रोत : द्रेज़, खेरा और सोमांची (2021) में प्रस्तुत डेटा में सबसे ताज़ा आँकड़े।

चार्ट 2.3 : प्रधानमंत्री मातृ वन्दना योजना के तहत लाभ प्राप्त जन्मों का प्रतिशत

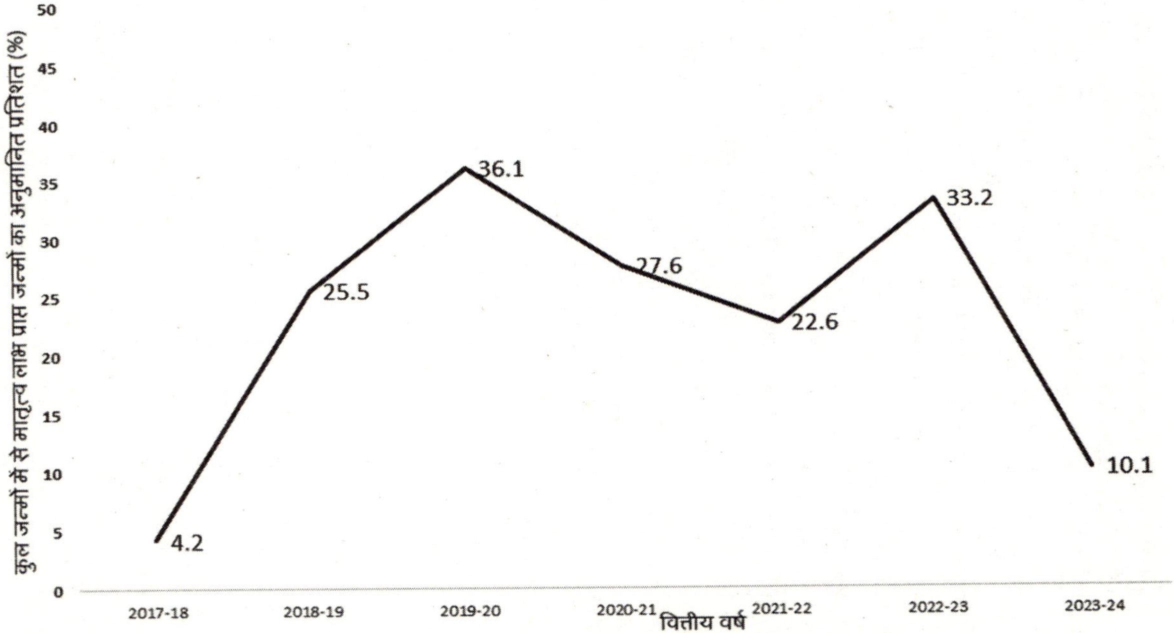

स्रोत : द्रेज़ और खेरा (2023) और सूचना का अधिकार के द्वारा प्राप्त सबसे ताज़ा 2022-23 और 2023-24 के आँकड़े; कुल जन्म, बर्थ रेट और प्रोजेक्टेड जनसंख्या के आधार पर अनुमानित। अधिक जानकारी के लिए द्रेज़ और खेरा (2023) देखें।

महिलाओं के लिए अन्य कैश ट्रांसफ़र योजनाएँ

आजकल देश के कई राज्यों में महिलाओं को कैश देने की योजनाएँ लागू की जा रही हैं (कोटीस्वरण, 2022)। इन योजनाओं के बारे में नारीवादियों (अंग्रेज़ी में, 'फ़ेमिनिस्ट') में मोटा-मोटी दो मुख्य धारणाएँ हैं। एक ओर नारीवादी सोच का मानना है कि महिलाएँ घर के काम बिना किसी मुआवज़े के करती हैं। कई महिलाएँ घरेलू ज़िम्मेदारियों की वजह से घर के बाहर ख़ुद की कमाई नहीं कर पातीं। इस तरह की योजना को उस घरेलू काम के मुआवज़े के रूप में देखा जा सकता है। 2019 के आँकड़ों के अनुसार, जहाँ महिलाओं ने प्रतिदिन 352 मिनट (लगभग 6 घंटे) घर का काम किया, पुरुषों ने घरेलू काम में केवल 52 मिनट (एक घंटे से भी कम) बिताए (कोटीस्वरण, 2022)।

दूसरा पक्ष यह है कि यदि इस तरह से महिलाओं को घर के काम के लिए मुआवज़ा देने लगे तो यह सोच और गहरी होगी कि घरेलू काम महिलाओं की ही ज़िम्मेदारी है। महिलाओं पर घरेलू काम के बोझ को कम करने के बजाय उन पर यह बोझ और बढ़ जाएगा, तथा घर के काम में पुरुषों की भागीदारी और घटेगी।

जहाँ तक राजनीतिक पार्टियों का सवाल है, कहने के लिए इन योजनाओं से महिलाओं के हाथों में, ख़ुद का पैसा रहने से उनका सशक्तीकरण होगा लेकिन इसे पार्टियों के लिए सस्ते में वोट बटोरने के उपाय के रूप में भी देखा जा रहा है (साइकिया, 2021)।

नक़्शा 2.1 : असंगठित क्षेत्र में महिलाओं को मातृत्व लाभ, 2022-23

कुल अनुमानित जन्मों का प्रतिशत (%) जिन्हें मातृत्व लाभ की कोई भी क़िस्त प्राप्त हुई

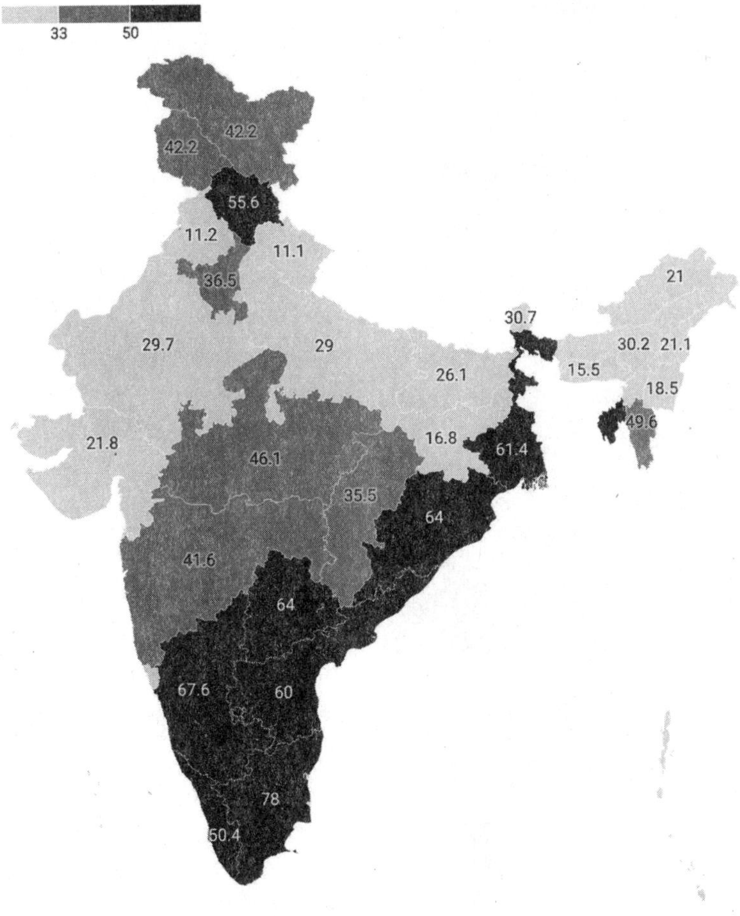

भारत में 33% असंगठित क्षेत्र की महिलाओं को मातृत्व लाभ प्राप्त हुए, नक़्शे में इस औसत से कम वाले राज्यों को सबसे हल्के रंग में दर्शाया गया है। अधिकतर राज्यों में मातृत्व लाभ 'प्रधानमंत्री मातृ वन्दना योजना' के तहत दिये जाते हैं। ओडिशा में 'ममता योजना' लागू है, तमिलनाडु में 'डॉ. मुथुलक्ष्मी रेड्डी योजना' और तेलंगाना में 'केसीआर/एमसीएच किट'। कुल जन्मों की संख्या का अनुमान जन्म-दर और लक्षित जनसंख्या से लगाया गया है।

Map Data: © OSM.Created with Datawrapper

नक़्शा 2.2 : असंगठित क्षेत्र में महिलाओं को मातृत्व लाभ, 2022-23

कुल अनुमानित जन्मों का प्रतिशत (%) जिन्हें मातृत्व लाभ की सभी क़िस्तें प्राप्त हुईं

भारत में 23% असंगठित क्षेत्र की महिलाओं को मातृत्व लाभ प्राप्त हुए। नक़्शे में इस औसत से कम वाले राज्यों को सबसे हल्के रंग में दर्शाया गया है। अधिकतर राज्यों में मातृत्व लाभ 'प्रधानमंत्री मातृ वन्दना योजना' के तहत दिये जाते हैं। ओडिशा में 'ममता योजना' लागू है, तमिलनाडु में 'डॉ. मुथुलक्ष्मी रेड्डी योजना' और तेलंगाना में 'केसीआर/एमसीएच किट'। कुल जन्मों की संख्या का अनुमान जन्म दर और प्रोजेक्टेड/लक्षित जनसंख्या से लगाया गया है।

Map Data: © OSM.Created with Datawrapper

यह एक तरह से 2019 के आम चुनाव में कांग्रेस पार्टी की न्यूनतम आय योजना ('न्याय') के वादे से प्रेरित हैं। कांग्रेस ने इसे कर्नाटक और हिमाचल में राज्य सरकार बनाने पर लागू किया; कई राज्यों में (छत्तीसगढ़, असम, इत्यादि) भाजपा की सरकारों ने और कुछ राज्य-स्तरीय पार्टियों ने भी इन्हें (तमिलनाडु, झारखंड, पश्चिम बंगाल) लागू किया है। कांग्रेस पार्टी का 2019 का यह 'न्यूनतम आय योजना' ('न्याय') का चुनावी वादा शायद दुनिया में चल रही 'यूनिवर्सल बेसिक इनकम' डिबेट से प्रभावित था।

प्राप्त जानकारी के अनुसार इस तरह की योजनाएँ 10 से अधिक राज्यों में लागू हो चुकी हैं या फिर इनको क्रियान्वित करने की तैयारियाँ चल रही हैं (तालिका 2.2 देखें)। इन योजनाओं के द्वारा महिलाओं को प्रति माह रु. 1000 से रु. 2500 (तेलंगाना में) दिये जा रहे हैं। योजना के लिए योग्यता अलग राज्यों ने अलग तरह से तय की हैं—18 या 21 वर्ष से 59 वर्ष (जब वे पेंशन के योग्य हो जाती हैं) की महिलाओं को, कहीं विवाहित (छत्तीसगढ़) कहीं अविवाहित (तमिलनाडु) भी शामिल हैं। हाल ही में लागू होने की वजह से इन योजनाओं पर ख़ास जानकारी उपलब्ध नहीं है। एक रिपोर्ट के अनुसार 2024 में देश में 11 करोड़ महिलाओं को इस तरह की योजनाओं से पैसा मिल रहा था और कुल मिलाकर इन पर ख़र्च राज्यों के डोमेस्टिक प्रोडक्ट (घरेलू उत्पादन) का 0.8% था (राघवन, 2024)।

असम में 2021 में 108 महिलाओं का एक छोटा सर्वे हुआ। इतनी कम रक़म (सर्वे के समय रु. 850 प्रति माह) को 6 घंटे के घरेलू काम के मुआवज़े के रूप में देखना महिलाओं के साथ नाइंसाफ़ी होगी, फिर भी ख़ुद के पैसे होने से और यह राशि परिवार की झोली में जुड़ने से महिलाओं के लिए यह बड़ी राहत होती है। असम के सर्वे के अनुसार, जिन महिलाओं को यह पैसे मिले उनमें से दो-तिहाई परिवारों की मासिक कमाई रु. 5000 से कम थी। यानी, असम (जहाँ यह रक़म सबसे कम थी) नक़द हस्तान्तरण उनकी मासिक कमाई का लगभग 20% था (कोटीस्वरण, 2022)।[9]

अन्य कैश योजनाओं में यह दिक़्क़त रही है कि एक बार रक़म तय हो जाती है और फिर उसे सालों तक भुला दिया जाता है, जिससे उस रक़म से प्राप्त होने वाली आर्थिक सहायता कमज़ोर (कहीं-कहीं तो ना के बराबर रह) हो जाती है (अन्तिम अध्याय में इस मुद्दे पर चर्चा है)। इस तरह की योजना, जो घरेलू ख़र्चों के लिए दी जा रही है, से यह भी डर है कि इसका विस्तार करते-करते एक दिन इसे जन-वितरण प्रणाली के विकल्प के रूप में पेश न कर दिया जाए (इस मुद्दे पर अध्याय 5 देखें)।

इन योजनाओं पर अभी कुछ कहना मुश्किल है क्योंकि इनका ज़मीन पर क्या असर होगा/हुआ है, यह पता नहीं। लेकिन इनसे विचार करने लायक़ सवाल ज़रूर उठे हैं। मसलन, क्या महिलाओं के सशक्तीकरण के लिए यही सबसे सही नीति है? राजस्थान में महिलाओं के हाथ में पैसा हो, आर्थिक स्वतंत्रता हो, उसके लिए शहरों में नरेगा जैसी शहरी रोज़गार गारंटी योजना चलाई गई। इन दोनों हस्तक्षेपों का तुलनात्मक आकलन दिलचस्प होगा—यदि स्वास्थ्य और पोषण में सुधार इसका उद्देश्य है कि तो क्या इसे आँगनवाड़ी, मातृत्व लाभ, स्वास्थ्य सुविधाओं को मज़बूत करना अधिक प्रभावी नहीं? महिलाओं के हाथ में पैसा आने से उनके घरेलू काम के बोझ पर क्या असर पड़ा? यदि हाँ, तो कैसा? इससे महिलाओं के लेबर मार्केट के प्रति झुकाव पर कैसा असर हुआ? और पुरुषों के बर्ताव और नज़रिये पर? यह सब सवाल उठते हैं।

तालिका 2.2 : महिलाओं के लिए कैश योजना

राज्य	योजना	अधिक सूचना
असम	ऑरउनोडोई	रु. 1250/माह, 37 लाख महिलाएँ (2024)[1]
छत्तीसगढ़	महतारी वन्दन योजना	रु. 1000
दिल्ली	मुख्यमंत्री महिला सम्मान	रु. 1000, 18 वर्ष
हिमाचल प्रदेश	प्यारी बहन सुख सम्मान निधि योजना	रु. 1500, 18-59 वर्ष
झारखंड[2]	माँ बेटी स्वावलम्बम योजना/मैया योजना	रु. 1000, 21-50 वर्ष
कर्नाटक	गृह लक्ष्मी	रु. 2000, 1.33 करोड़ (2023)
तेलंगाना	महालक्ष्मी योजना	रु. 2500
मध्य प्रदेश	मुख्यमंत्री लाड़ली बहन योजना	रु. 1000, 21-60 वर्ष
महाराष्ट्र	माझी लड़की बहन योजना	रु. 1500, 21-65 वर्ष
तमिलनाडु[3]	कलाइनर मगलीर उरीमै थिततम	रु. 1000
पश्चिम बंगाल	लक्ष्मीर भंडार	रु. 1000-1200

स्रोत : 1. बिज़नेस स्टैंडर्ड (2024), साइकिया (2021), 2. डेक्कन क्रॉनिकल (2024), 3. द इंडियन एक्सप्रेस (2023) और अन्य राज्य, राघवन (2024)

अन्त में

संक्षेप में—राष्ट्रीय खाद्य सुरक्षा क़ानून 2013 में सबसे क़ाबिल-ए-तारीफ़ उपलब्धि यह थी कि असंगठित क्षेत्र की महिलाओं के मातृत्व हक़ को क़ानूनी रूप में स्वीकारा गया। यह दुनिया-भर में, ख़ासकर विकसित देशों के बाहर, एक अनोखी पहल है। लेकिन इस प्रावधान में कई कमियाँ रह गईं—मातृत्व लाभ का हक़ कुछ हद तक वेतन भुगतान तक ही सीमित है और रोज़गार की सुरक्षा प्रदान नहीं करता। इन दोनों पहलुओं पर असंगठित क्षेत्र में काम कर रही महिलाओं को संगठित क्षेत्र की महिलाओं से कम हक़ प्राप्त हैं। संगठित क्षेत्र में काम कर रही महिलाओं का, मातृत्व अवकाश के दौरान, रोज़गार सुरक्षित रहता है और मुआवज़ा उनके वेतन का 100% है। असंगठित क्षेत्र में न ही रोज़गार की सुरक्षा है और न ही वे पूर्ण रूप से वेतन मुआवज़ा प्राप्त करती हैं। आईएलओ की अनुशंसा है 14 हफ़्ते, संगठित क्षेत्र में भारत में 26 हफ़्तों का प्रावधान है, लेकिन असंगठित क्षेत्र में जो राशि दी जाती है वह 2-6 हफ़्तों की ही समराशि है जिसका महँगाई से कुछ सम्बन्ध नहीं।

हालाँकि भारत में महिलाएँ घर से बाहर कम ही रोज़गार प्राप्त करती हैं, उनमें से भी ज़्यादातर को असंगठित क्षेत्र में रोज़गार मिलता है। उनके लिए जो योजना बनी है—प्रधानमंत्री मातृ वन्दना योजना—उसे लागू करने में चार साल की देरी हुई जिसके बाद भी, यूनिवर्सल कवरेज की आवश्यकता के अनुसार बजट आवंटन नहीं हुआ। यूनिवर्सल कवरेज के लिए (लगभग) रु. 14000 करोड़ की ज़रूरत है, उसके विपरीत बजट में रु. 2500 से अधिक आवंटन नहीं किया गया, और आम तौर पर आवंटित बजट भी पूरी तरह से ख़र्च नहीं किया गया।

जब हक़ सबके लिए हो और बजट कम रखना हो तो इस स्थिति को 'मैनेज' करने का सरकारी उपाय है हक़दारों को काग़ज़ी कामों में उलझा देना। प्रधानमंत्री मातृ वन्दना योजना के लिए काग़ज़ी-काम इतना पेचीदा है कि उसके क्रियान्वयन में काफ़ी अड़चनें आती रही हैं। सरकार द्वारा मातृत्व लाभ प्राप्त महिलाओं की संख्या और अनुमानित जन्मों की संख्या से ज्ञात होता है कि 2017 में योजना की शुरुआत से लेकर 2023-24 तक पूरा लाभ पानेवाली महिलाओं का अनुपात एक-चौथाई भी पार नहीं कर सका और अधूरा लाभ प्राप्त महिलाओं का अनुपात सबसे अधिक 2019-20 में था जब 36% को रु. 6000 में से कुछ न कुछ पैसे मिले।

इस तरह की कंजूसी मूर्खता से कम नहीं। गर्भवती महिलाओं और योजना के क्रियान्वयन पर रिसर्च से पता चलता है कि असंगठित क्षेत्र की इन महिलाओं को इस समर्थन की सख़्त ज़रूरत है। जहाँ मातृत्व लाभ योजनाओं को अच्छी

तरह से लागू किया गया है (जैसे कि तमिलनाडु और ओडिशा जहाँ मातृत्व लाभ की राज्य स्तरीय योजनाएँ हैं), वहाँ महिलाओं को अपने बहुत कठिन जीवन में कुछ राहत प्राप्त हुई है। ऐसे कम ही राज्य हैं जहाँ केन्द्रीय (प्रधानमंत्री मातृ वन्दना) योजना लागू हो और जहाँ योजना के क्रियान्वयन को प्रभावी कहा जा सके, लेकिन ग़ौरतलब यह है कि आधे-अधूरे क्रियान्वयन से भी महिलाओं का काफ़ी बचाव हुआ है—कहीं अस्पताल का ख़र्च निकल आया, तो कहीं घर पर कुछ मदद हो गई। राज्य स्तरीय योजनाओं वाले प्रदेशों से, जहाँ कवरेज 60-80% रहा है, यह सीख भी मिलती है कि यदि सरकारी तंत्र कुछ ठोस करना चाहे तो वह कर सकता है।

अध्याय-3

आँगनवाड़ियाँ : बच्चों के भविष्य की नींव

2014 में आँगनवाड़ी के सर्वे के लिए हम ओडिशा के मयूरभंज ज़िले के तसर्दा गाँव पहुँचे। वहाँ उस दिन सरकारी नर्स (एएनएम) ममता दिवस के लिए आई हुई थीं। ममता दिवस के दिन गर्भवती महिलाओं की जाँच होती है, जिसमें ख़ून, ब्लड प्रेशर (बीपी), वज़न, इत्यादि की जाँच होती है। जैसे ही नर्स ने अपने बीपी इंस्ट्रूमेंट से महिला का बीपी चेक करना शुरू किया, आँगनवाड़ी के छोटे बच्चे भी 'नर्स-नर्स' खेलने लगे। अपने हाथों से छोटी-सी मुट्ठी बनाकर बीपी इंस्ट्रूमेंट को पम्प करने लगे, जैसा कि सरकारी नर्स करती हैं। कुछ ही सेकेंड बाद, अपने मुँह से 'फिस्सऽऽ' आवाज़ निकाली (वही आवाज़ जो बीपी इंस्ट्रूमेंट का प्रेशर छोड़ने पर निकलती है) और फिर खिलखिलाकर हँसने लगे। बच्चों के इस खेल से हमने एक अहम पाठ सीखा—वह यह कि ममता दिवस नियमित रूप से होता है, इतना कि बच्चों ने सरकारी नर्स की नक़ल करना सीख लिया।

इस अध्याय में हम समेकित बाल विकास सेवा (आईसीडीएस) योजना पर फोकस करेंगे, जो छह साल से कम उम्र के बच्चों, उनकी माँओं (और कुछ हद तक किशोरी लड़कियों) को सेवाएँ प्रदान करती है। आईसीडीएस योजना की सेवाएँ आँगनवाड़ियों द्वारा लोगों तक पहुँचती हैं। हम यह समझने की कोशिश करेंगे कि कुपोषण एक समस्या क्यों है, भारत में कुपोषण की समस्या का रिकॉर्ड कैसा रहा है, कुपोषण से जूझने में आईसीडीएस योजना की क्या भूमिका हो सकती है और वास्तव में इसकी क्या उपलब्धियाँ और क्या कमियाँ हैं।

भारत में बच्चों के मुद्दों पर कम ही चर्चा होती है, और उनके पोषण पर तो और भी कम। जब वार्षिक ग्लोबल हंगर इंडेक्स जारी होता है, तब भारत में जो लोग भूख और पोषण से सम्बन्धित मुद्दों की उपेक्षा के लिए चिन्तित रहते हैं, उनके लिए ये आँकड़े एक मौक़ा प्रदान करते हैं कि इस समस्या पर लोगों का ध्यान केन्द्रित हो।

दुख की बात है कि बच्चों की ख़ुशहाली की ओर मीडिया का ध्यान खींचने के लिए वार्षिक रूप में ऐसे एक या दो 'पेग' का इन्तज़ार करना पड़ता है।

दुख केवल इसलिए नहीं कि यह एक वार्षिक घटना है, बल्कि इसलिए भी कि ग्लोबल हंगर इंडेक्स में भी कुछ त्रुटियाँ हैं और इस इंडेक्स के बग़ैर भी, कुपोषण स्पष्ट रूप से हमारे चारों ओर मौजूद है। इस मुद्दे पर यूँ भी बात होनी चाहिए लेकिन नहीं होती (खेरा, 2021)।

भारत में कुपोषण की गम्भीर स्थिति

कुपोषण के कई संकेत हैं—बालों का भूरा रंग, फूला हुआ पेट, इत्यादि। पोषण विज्ञान में अनीमिया (ख़ून की कमी) के साथ-साथ 'स्टंटिंग' (यानी उम्र के अनुरूप लम्बाई ना होना), 'वेस्टइंग' (लम्बाई के अनुसार कम वज़न) और 'अंडर-वेट' होना (उम्र के अनुरूप वज़न कम होना) जैसे संकेतों को गम्भीरता से लिया जाता है।

राष्ट्रीय परिवार स्वास्थ्य सर्वेक्षण (अंग्रेज़ी में, नेशनल फ़ैमिली हेल्थ सर्वे, एनएफ़एचएस [NFHS]) लोगों के स्वास्थ्य और पोषण के विभिन्न संकेतकों पर बहुमूल्य जानकारी का एक स्रोत है। इसमें ख़ासकर माँ के स्वास्थ्य और पोषण संकेतकों से लेकर घरेलू हिंसा के अनुभव और आवश्यक सार्वजनिक सेवाओं की पहुँच तक की जानकारी होती है। पोषण के आँकड़ों के लिए इसे सबसे विश्वसनीय स्रोत माना गया है।

जब 2019-21 के एनएफ़एचएस-5 के नतीजे सार्वजनिक हुए तब वह सुर्ख़ियों में थे (तालिका 3.1 देखें); और ख़बर अच्छी नहीं थी। ऐसी दुनिया में जहाँ बच्चे मायने रखते हैं, तार्किक परिणाम यह होना चाहिए था कि सरकार दो महीने बाद पेश होने वाले बजट में बजट के इस पहलू पर अधिक ध्यान देकर, पैसा बढ़ाती। इसके बजाय, 2021-22 के केन्द्रीय बजट में, माताओं और बच्चों के लिए आवश्यक और समयबद्ध सेवाओं के लिए बजट में और कटौती हुई।

एनएफ़एचएस-2 (1998-99) और एनएफ़एचएस-3 (2005-06) के बीच, बच्चों के पोषण के प्रमुख संकेतकों (कम वज़न वाले और उनकी उम्र के हिसाब से अविकसित बच्चों का अनुपात) में ज़्यादा सुधार नहीं हुआ है। तालिका 3.1 में अंकित आँकड़ों के अनुसार, केवल अनीमिया (74% से 70%) और स्टंटिंग में मामूली (51% तो 48%) सुधार आया।

उन परिणामों के लिए आलोचना का सामना करते हुए, तत्कालीन (संयुक्त प्रगतिशील गठबन्धन-2 या यूपीए-2) सरकार की प्रतिक्रिया सर्वेक्षण के अगले दौर को स्थगित करने की थी। निरन्तर दबाव के कारण, एनएफ़एचएस-4 को अन्ततः 2015-16 में आयोजित किया गया था। 10 वर्षों तक, लोगों की भलाई से सम्बन्धित प्रमुख संकेतकों पर भारत में कोई विश्वसनीय और राष्ट्रीय स्तर पर प्रतिनिधि सर्वेक्षण नहीं हुआ।

एनएफ़एचएस-4 के परिणामों में, एनएफ़एचएस-3 के मुक़ाबले, सराहनीय सुधार दिखा (तालिका 3.1 में उपरोक्त तीन सूचक बेहतर हुए)। बहुआयामी ग़रीबी सूचकांक (एमपीआई) का उपयोग करते हुए, ऑक्सफ़ोर्ड ग़रीबी और मानव विकास पहल ने पाया कि एनएफ़एचएस-3 (2005-06) और एनएफ़एचएस-4 (2015-16) के बीच एमपीआई-ग़रीबी आधी हो गई। यह यूपीए सरकार (2004-2014) के दौरान महिलाओं और बच्चों के कार्यक्रमों के प्रति, जनता के दबाव के कारण, बढ़ी प्रतिबद्धता का परिणाम था। जीडीपी के प्रतिशत के रूप में, आईसीडीएस पर केन्द्रीय सरकार का ख़र्च, 2004-5 में 0.05% से लेकर 2014-15 में, 0.15% तक पहुँच गया। तब से लेकर 2023-24 तक, यह गिरकर 0.07% हो गया है।

दुर्भाग्य से, एनएफ़एचएस-5 (2019-20) के नवीनतम दौर के परिणाम बताते हैं कि पिछले दशक में देखा गया सुधार निरन्तर जारी नहीं रखा जा सका (तालिका 3.1 और द्रेज़ 2020 देखें)। पहले की तरह, जीवन स्तर में तो सुधार दिखाई देता है, लेकिन जहाँ तक बाल पोषण, अनीमिया और मृत्यु-दर जैसे प्रमुख संकेतकों का सम्बन्ध है, परिणाम गम्भीर हैं।

तालिका 3.1 : बच्चों के पोषण में बदलाव, भारत

	NFHS-2 1998-99	NFHS-3 2005-6	NFHS-4 2015-16	NFHS-5 2019-20
किसी भी प्रकार का अनीमिया (6-59 महीने)[a]	74[1]	70[3]	58[3]	67[3]
स्टंटिंग (% 2SD से कम)[a]	51[4]	48[4]	38[4]	36[4]
अंडर-वेट (% 2SD से कम)[a]	43[4]	43[4]	36[4]	32[4]

नोट्स : a स्टंटिंग और अंडर-वेट के लिए, NFHS-2 के आँकड़े तीन साल से कम के बच्चों के लिए हैं जबकि NFHS-3, NFHS-4 और NFHS-5 के परिणाम पाँच साल से कम के बच्चों के लिए हैं।

स्रोत : नेशनल फ़ैमिली हेल्थ सर्वे (एनएफ़एचएस) 1. तालिका 7.19 और तालिका 7.15 एनएफ़एचएस-2; 3. तालिका 10.13 एनएफ़एचएस-3, एनएफ़एचएस-4 और एनएफ़एचएस-5; 4. तालिका 10.3, एनएफ़एचएस-3, एनएफ़एचएस-4 और एनएफ़एचएस-5।

यहाँ चलिए एक पहेली बूझते हैं। तीन राज्यों को देखिए—एक ऐसा राज्य जहाँ ग़रीबी ज़्यादा रही है लेकिन सरकारी तंत्र महिलाओं और बच्चों के मामले में सुस्त है (तालिका 3.2 में पहला कॉलम); दूसरा ऐसा, जहाँ जीडीपी की बढ़त दर अच्छी रही है और सरकारी तंत्र इन मामलों में सुस्त है (दूसरा कॉलम) और तीसरा ऐसा जहाँ ग़रीबी ज़्यादा रही है, लेकिन सरकारी तंत्र महिलाओं और बच्चों के लिए सक्रिय रूप से दो दशकों से काम कर रहा है (तीसरा कॉलम)।

यह तीन राज्य हैं बिहार, गुजरात और ओडिशा—क्या आप तीनों कॉलम में दिये गए आँकड़ों के आधार पर बता सकते हैं कि कौन से कॉलम में किस राज्य की जानकारी है?

तालिका 3.2 : पहेली बूझें : तीन राज्य पहचानें?

संकेतक, एनएफ़एचएस-5 (2019-21)	राज्य 1	राज्य 2	राज्य 3
सार्वजनिक सेवाएँ			
जनसंख्या जिनके पास पीने के पानी का अच्छा स्रोत है[1] (%)	99.1	97.5	90.8
संस्थागत प्रसव (%)[2]	76	94	92
बच्चों का स्वास्थ्य			
स्टंटिड बच्चे, पाँच साल से कम उम्र (%)[3]	43	39	31
6-59 महीने की उम्र के बच्चों में अनीमिया (<11.0 g/dl) (%)[4]	69.4	79.7	64.2
महिलाओं की स्थिति			
नॉर्मल से कम (<18.5 kg/m2) बॉडी मास इंडेक्स (बीएमआई) (%)[5]	25.6	25.2	20.8
घर की मालिक (अकेले या किसी के साथ)[6]	55	43	43
पहेली का उत्तर	बिहार	गुजरात	ओडिशा

स्रोत : नेशनल फ़ैमिली हेल्थ सर्वे (एनएफ़एचएस)-5 1. तालिका 2.7; 2. तालिका 8.31; 3. तालिका 10.2; 4. तालिका 10.13; 5. तालिका 10.20.1 और 6. तालिका 14.23।

एनएफ़एचएस-5 में बिहार, गुजरात और ओडिशा के कुछ सूचकों की एक झलक से कुछ सीखा-समझा जा सकता है। जिन 127 संकेतकों के नतीजों को पहले से बेहतर या बदतर बताया जा सकता है, उनमें से गुजरात ने 81 संकेतकों पर बिहार से बेहतर प्रदर्शन किया है। उदाहरण के लिए, गुजरात में सार्वजनिक स्वास्थ्य सेवाएँ बेहतर हैं: चार में से तीन महिलाओं को चार प्रसवपूर्व जाँच, निकट-सार्वभौमिक संस्थागत प्रसव प्राप्त हुई और बच्चों की मृत्यु दर भी यहाँ कम थी।

लेकिन अन्य प्रमुख परिणाम संकेतकों पर—अविकसित (अंडर-नरिश्ड) या अनीमिक बच्चों का अनुपात, पूर्ण टीकाकरण दर, कम बीएमआई वाली महिलाएँ इत्यादि—गुजरात और बिहार अप्रभेद्य हैं। महिलाओं की स्थिति के कुछ संकेतकों पर, बिहार का प्रदर्शन बेहतर है : बिहार में अधिक महिलाएँ सम्पत्ति के अधिकारों का आनन्द लेती हैं, स्वयं मोबाइल फ़ोन का उपयोग करती हैं, आदि। पाँच वर्ष से कम आयु के अनीमिक बच्चों के अनुपात के साथ भी यही बात है।

लम्बे समय से, सबसे ख़राब विकास संकेतकों वाले राज्यों में से एक बिहार है। बिहार और गुजरात के बीच यह तुलना दर्शाती है कि चाहे गुजरात किसी और के लिए एक मॉडल राज्य क्यों न हो, महिलाओं और बच्चों के कल्याण के लिए आदर्श नहीं है। जब हम तीसरा मॉडल (ग़रीबी है, लेकिन राज्य सामाजिक नीतियों में सक्रिय है) को जोड़ें, तो कहानी और दिलचस्प दिखती हैं। यहाँ, ऐसा प्रतीत होता है कि महिलाओं और बच्चों के लिए सरकारी तंत्र की सक्रियता, ग़रीबी से उत्पन्न बाधाओं को दूर कर सकती है। गुजरात की तुलना में, तीसरे कॉलम के राज्य (ओडिशा) में, बच्चों और महिलाओं की स्थिति बेहतर है।

संक्षेप में, भारत में कुपोषण की स्थिति गम्भीर है, और पिछले 20 वर्षों में तेज़ जीडीपी ग्रोथ के बावजूद, इनमें सुधार बहुत ही निराशाजनक रहा है। बच्चों और महिलाओं की स्थिति बेहतर करने में, हमें जीडीपी पर निर्भर न होकर, ओडिशा की तरह (जो ख़ुद तमिलनाडु, केरल और हिमाचल जैसे राज्यों की राह चल रहा है) अपनी सामाजिक नीतियों को मज़बूत बनाने पर ध्यान देना चाहिए। यह अगली पीढ़ी की बात है, जो आने वाली परिस्थितियों का संकेत है।

बच्चों में कुपोषण और सरकारी नीतियों की भूमिका

कुपोषण एक ऐसी समस्या है, जो एक कुपोषित पीढ़ी अगली पीढ़ी को सौंपती है। एक कुपोषित माँ द्वारा एक कम वज़नी, अनीमियापीड़ित, छोटे क़द के बच्चे को जन्म देने की ज़्यादा सम्भावना होती है। यह ऐसी समस्या नहीं है, जिससे आसानी से निपटा जा सकता है, जैसा पोलियो, जिससे बचने के लिए बच्चों को पोलियो ड्रॉप्स के चार डोज़ देने होते हैं और ज़िन्दगी-भर के लिए बचाव हो जाता है। कुपोषण सिर्फ़ अपर्याप्त भोजन या पोषक तत्त्वों की कमी की समस्या नहीं है। इससे लड़ने के लिए सिर्फ़ पर्याप्त भोजन की नहीं, बल्कि उचित स्वास्थ्य दख़ल (जैसे, सुरक्षित प्रसव की सुविधा, टीकाकरण), स्वच्छ पेयजल, सार्वजनिक स्वच्छता और सफ़ाई आदि की भी ज़रूरत होती है।

कुपोषण की इतनी चिन्ता क्यों? शोध के अनुसार कुपोषित बच्चे अपने जीवन में अपना पूरा सामर्थ्य नहीं हासिल कर पाते—चाहे वह दिमाग़ी सामर्थ्य हो या शारीरिक। व्यक्ति के कल्याण के लिए अच्छा पोषण ज़रूरी है। कुपोषित होने से बीमार होने का डर भी ज़्यादा रहता है, जिससे व्यक्ति की ख़ुशहाली पर सीधा प्रभाव पड़ता है। पोषण की अहमियत केवल ख़ुद के लिए ही नहीं, बल्कि परिवार और समाज के लिए भी है—स्वस्थ और पोषित व्यक्ति ही परिवार और समाज को अपना पूर्ण योगदान दे सकते हैं।

राष्ट्रीय खाद्य सुरक्षा क़ानून 2013 ने बच्चों के लिए दो कार्यक्रमों को शामिल किया है—छह साल तक के बच्चों के लिए समेकित बाल विकास सेवा योजना (आईसीडीएस) और स्कूल जानेवाले बच्चों के लिए मध्याह्न भोजन योजना (एमडीएम, इस पर अगला अध्याय देखें)। आईसीडीएस योजना 1975 में शुरू हुई थी, लेकिन ज़्यादातर राज्यों में इसका क्रियान्वयन सुस्त रहा। इस योजना को 2001 और 2006 के सर्वोच्च न्यायालय के दो निर्देशों से बल मिला क्योंकि उन आदेशों ने और आँगनवाड़ियों को खड़ा करने का रास्ता खोला और आँगनवाड़ी सेवाओं को महिलाओं और बच्चों के हक़ के रूप में स्थापित किया।

समेकित बाल विकास सेवा योजना (आईसीडीएस) की सेवाएँ आँगनवाड़ी पर प्रदान होती हैं, इसलिए रोज़मर्रा की भाषा में (और इस अध्याय में भी) आँगनवाड़ी और आईसीडीएस को अदल-बदल कर इस्तेमाल किया जाता है।

हर 1000 लोगों की आबादी पर एक आँगनवाड़ी का प्रावधान है।[10] प्रत्येक गाँव में 1-2 आँगनवाड़ी मिल जाती हैं। आँगनवाड़ी द्वारा बच्चों के लिए छह महत्त्वपूर्ण सेवाएँ प्रदान की जाती हैं। पोषण, स्कूल से पूर्व की शिक्षा (प्री-स्कूल एजुकेशन), टीकाकरण, ग्रोथ मॉनिटरिंग (यानी वज़न और लम्बाई की निगरानी) और हेल्थ रेफरल, जब किसी बच्चे का अच्छे से विकास ना हो रहा हो तो उसे डॉक्टर की जाँच के लिए भेजना।

देश-भर में आम तौर पर हर आँगनवाड़ी पर एक आँगनवाड़ी कार्यकर्ता होती है और एक हेल्पर।[11] आँगनवाड़ी छह साल से कम उम्र के बच्चों के लिए है, जहाँ उम्मीद यह की जाती है कि 3 से 6 साल के बच्चे रोज़ आँगनवाड़ी जाया करेंगे। इन बच्चों को रोज़ आँगनवाड़ी लाने में, खाना पकाने में और वहाँ उन्हें सँभालने में आँगनवाड़ी हेल्पर, आँगनवाड़ी कार्यकर्ता की मदद करती है।

आँगनवाड़ी पर उन्हें पका हुआ भोजन परिपूरक पोषण के रूप में दिया जाना चाहिए। शुरुआत में बच्चों को एक समय भोजन देने का प्रावधान था। लेकिन कुछ राज्यों ने प्रयोग किये हैं (उदाहरण के लिए ओडिशा, गुजरात, हिमाचल प्रदेश, तेलंगाना, इत्यादि) और बच्चों को नाश्ता और एक टाइम भोजन मिलने लगा है। सुबह के समय नाश्ता देने से बच्चे आँगनवाड़ी की ओर आकर्षित होते हैं और कुछ घंटों बाद भोजन होने से, वे कहीं नहीं जाते। इससे आँगनवाड़ी कार्यकर्ता को प्री-स्कूल शिक्षा की गतिविधियाँ करवाने में भी मदद मिलती है।

इस उम्र के बच्चों को आँगनवाड़ी में 4-6 घंटों तक (विभिन्न राज्यों में घंटों की यह अवधि अलग है) रुकना होता है जिस दौरान उन्हें वहाँ गिनती, अक्षर, हाथ-आँख तालमेल के खेल आदि की शिक्षा दी जाती है। उदाहरण के लिए, किसी आँगनवाड़ी में हमने देखा कि आँगनवाड़ी कार्यकर्ता ने ज़मीन पर, मिट्टी में, फूल का आकार बनाया और बच्चों को खेल के मैदान से छोटे कंकड़ दिये।

बच्चे को, उन कंकड़ों को, उस फूल के आकार पर रखकर जोड़ने का काम दिया गया। बच्चों को अक्षर के और अन्य चित्र बनाने का काम भी दिया जाता है। यानी, खेल-कूद, चित्रकला इत्यादि द्वारा बच्चों को सिखाया जाता है। गाने और कविता भी इस शिक्षा में शामिल होते हैं। इस शिक्षा का एक और छिपा हुआ पहलू है—जो बच्चे आँगनवाड़ी आते हैं वे अपनी माँ के बिना रहने की शिक्षा भी पाते हैं, ख़ुद के छोटे-मोटे काम (खाना, पीना, सोना) करना सीखते हैं, औरों के साथ उठना-बैठना, अपरिचित लोगों से मिलना-जुलना, इत्यादि भी। यह सब सोशल स्किल्स उन्हें स्कूली पढ़ाई के लिए तैयार करते हैं।

जो तीन साल से कम उम्र के बच्चे हैं उन्हें माँ कभी-कभी (साप्ताहिक या मासिक) आँगनवाड़ी लाती हैं, जब बच्चे को 'टेक होम राशन'—यानी घर ले जाने के लिए सूखा राशन दिया जाता है।[12] कई राज्यों में इन बच्चों का आँगनवाड़ी पर टीकाकरण भी होता है। सरकारी नर्स (एएनएम) के लिए हर गाँव के लिए टीकाकरण के दिन निर्धारित होते हैं। नर्स गर्भवती महिलाओं की जाँच करती है, प्रसूति महिलाओं को सलाह देती है और बच्चों का टीकाकरण करती है।

इस प्रकार आँगनवाड़ी योजना एक व्यापक योजना है जिसमें माँ और बच्चे, दोनों की ज़रूरतों को ध्यान में रखते हुए विकसित किया है। चिकित्सा एवं पोषण सम्बन्धी शोधों से पता चलता है कि गर्भ (में भ्रूण) से लेकर जन्म के एक हज़ार दिनों तक का समय बच्चों के पोषण के लिए सबसे ज़्यादा महत्त्वपूर्ण होता है। अगर शुरुआती कुछ वर्षों में बच्चे को कुपोषण से नहीं बचाया गया, तो बाद के प्रयासों के सफल होने की सम्भावना बहुत कम होती है। इससे आईसीडीएस के महत्त्व का ज्ञान होता है।

आँगनवाड़ियों की ज़मीनी हक़ीक़त

2004 से 2019-21 तक के अन्तराल में, इस योजना में कई सुधार आए हैं–आँगनवाड़ियों की पहुँच बढ़ी है (2004 में एक-चौथाई बस्तियों के लिए सबसे पास वाली आँगनवाड़ी 1 किलोमीटर से अधिक दूरी पर थी, जो 2014 में घटकर 14% हो गई) और कई राज्यों में रोज़ का रूटीन हो गई है। जिस तरह हम सुबह के 7-9 बजे तक बच्चों को स्कूल जाते देखने के आदी हैं, उसी तरह, कई राज्यों में सुबह के समय गाँवों में आपको यह नन्हे बच्चे आँगनवाड़ी की ओर जाते हुए दिखेंगे। माँ-बाप इसे गम्भीरता से लें इसके लिए कई राज्यों में आँगनवाड़ी बच्चों को यूनिफॉर्म देने की पहल भी की गई है।

मोटे तौर पर देखें तो इस अवधि के पहले दशक (2004-14) में मूलभूत व्यवस्था पर काम हुआ और दूसरे दशक (2014-24) में इसकी गुणवत्ता पर काम हुआ।

यानी, 'यूनिवर्सल की ओर, गुणवत्ता के साथ' (ज्याँ द्रेज़)। दोनों पहलुओं पर अभी भी सुधार की बहुत गुंजाइश है।

2004 में छह राज्यों में आँगनवाड़ियों का 'फ़ोकस-ऑन चिल्ड्रन अंडर सिक्स' ('फ़ोकस') नामक सर्वे हुआ। फोकस सर्वे के दौरान देश के राज्यों में दो प्रकार के राज्य स्पष्ट दिखते थे : एक, जहाँ आँगनवाड़ियाँ सक्रिय थीं (तमिलनाडु, महाराष्ट्र और हिमाचल प्रदेश) और दो, जहाँ वे निष्क्रिय थीं (राजस्थान, उत्तर प्रदेश और छत्तीसगढ़)। सक्रिय राज्यों में आँगनवाड़ी योजना की सम्भावनाएँ सामने आईं—बच्चों को पोषण, कुछ हद तक पढ़ने की प्रक्रिया, उनकी देखरेख के लिए आँगनवाड़ी कार्यकर्ता और हेल्पर, उनकी सेहत और बढ़त की सतत निगरानी आदि के लिहाज़ से। निष्क्रिय राज्यों में, जहाँ आँगनवाड़ी अपना काम पूर्ण रूप से नहीं कर पा रही थीं, माँओं ने कहा कि वे चाहती हैं कि आँगनवाड़ी को सक्रिय बनाने के लिए क़दम उठाए जाएँ।

2014 में फ़ोकस गाँवों में फिर से उन्हीं आँगनवाड़ियों के बच्चों से बात हुई जिनमें 2004 में सर्वे हुआ था। सुधार के कई संकेत थे : पहले वहाँ एक-तिहाई आँगनवाड़ियों की ख़ुद की बिल्डिंग थी, वहीं 2014 में 87% की बिल्डिंग थी। जहाँ पहले केवल 50% बच्चे नियमित रूप से आँगनवाड़ी जा रहे थे, अब यह आँकड़ा बढ़कर 80% हो गया (सेंटर फ़ॉर एक्विटी स्टडीज 2016)। 2013 के पीप सर्वे (द्रेज़ और खेरा 2017), 2014 में ओडिशा सर्वे और फिर 2019 में जच्चा-बच्चा सर्वे करते समय फिर से आँगनवाड़ी को देखने का मौक़ा मिला। हमारे ख़ुद के सर्वेक्षणों में भी आँगनवाड़ियों के जीवंत होने के संकेत दिखते हैं। इस अध्याय की शुरुआत ओडिशा सर्वे के क़िस्से से शुरू हुई थी (खेरा 2015)।

इसकी सक्रियता का अन्दाज़ा तालिका 3.3 से, जहाँ आँगनवाड़ियों द्वारा प्रदान सेवाओं का विवरण है, लगाया जा सकता है। यह जानकारी एनएफ़एचएस से है, इसलिए राष्ट्रीय स्तर पर है। 2005-6 में केवल 17% माँओं को आँगनवाड़ी से 'कोई भी' सेवा मिल रही थी; 2019-21 तक इनकी संख्या बढ़कर 66% तक पहुँच गई। याद रहे यह कोविड का समय भी था, जब आँगनवाड़ियाँ काफ़ी लम्बे समय तक बन्द रहीं। सप्लीमेंट्री न्यूट्रिशन यानी पूरक पोषण (यानी पका हुआ भोजन या टेक होम राशन) को देखें तो यहाँ भी काफ़ी सुधार हुआ है—48% से 62% बच्चों को पूरक पोषण मिल रहा है। प्री-स्कूल शिक्षा भी 38% से बढ़कर आधे (51%) बच्चों को मिल रही है। सभी संकेतों के अनुसार, यह योजना पहले से ज़्यादा सक्रिय दिखने लगी है।

तालिका 3.3 : माँओं और बच्चों को आँगनवाड़ी से प्राप्त सेवाएँ

	NFHS-3 2005-6	NFHS-4 2015-16	NFHS-5 2019-20
माँ जिन्होंने बताया कि उन्हें कोई भी सेवा मिलती है[1]—			
स्तनपान के दौरान	17	49	66
गर्भावस्था में	23	54	70
पूरी तरह से टीकाकरण प्राप्त 12-23 महीने के बच्चे[2]	44	62	77
छह साल से कम उम्र के बच्चे जिन्हें[3]—			
सप्लीमेंट्री न्यूट्रिशन प्राप्त हुआ	26	48.1	62.1
प्री-स्कूल शिक्षा प्राप्त हुई	23	38.2	51.0
कोई भी सेवा प्राप्त हुई	33	56.3	67.5
सभी सेवाएँ प्राप्त हुईं	7.4	26.3	41.4

स्रोत : 1. नेशनल फ़ैमिली हेल्थ सर्वे (एनएफ़एचएस), तालिका 9.25 एनएफ़एचएस-3, तालिका 9.20 एनएफ़एचएस-4 और एनएफ़एचएस-5; 2. तालिका 9.4 एनएफ़एचएस-3, एनएफ़एचएस-4 और एनएफ़एचएस-5; और 3. तालिका 9.24 एनएफ़एचएस-3, तालिका 9.18 एनएफ़एचएस-4 और एनएफ़एचएस-5।

इन सेवाओं के सक्रिय होने से क्या असर हुआ? जैन (2015) ने एनएफ़एचएस-3 (2005-6) का डेटा इस्तेमाल करके यह सवाल पूछा कि क्या आँगनवाड़ी में मिलने वाला पका खाना और टेक होम राशन से प्राप्त पोषण से बच्चों की लम्बाई पर कोई असर हुआ? यदि आईसीडीएस प्रभावी रूप से काम कर रही है तो इसका असर बच्चों की लम्बाई पर दिखना चाहिए। जैन (2015) ने पाया कि जिन लड़कियों को आँगनवाड़ी से समर्थन मिला वे अन्य लड़कियों से 1 सेंटमीटर लम्बी थीं।

इस तरह के शोधकार्यों के लिए अब अच्छा समय है क्योंकि अब आँगनवाड़ियों की सेवाएँ व्यापक रूप से लोगों तक पहुँच रही हैं।

समस्या कहाँ है?

अंग्रेज़ी में कहते हैं, 'पुट युअर मनी व्हेयर युअर माउथ इज़', यानी जिस पर इतना बोलते हैं, उस पर ख़र्च भी कीजिए। इसका तात्पर्य है, केवल बातों से काम नहीं बनेगा, पैसा भी ख़र्च करना होगा। दुख की बात यह है कि जहाँ तक बच्चों का सवाल है, भारत में तो बातों में भी उन्हें कोई अहमियत नहीं दी जा रही। इसकी एक झलक चार्ट 3.1 में देखिए। इस चार्ट में भारत और बांग्लादेश के वित्तमंत्रियों की बजट स्पीच में 'बच्चा', 'बच्चों' और 'बचपन', इन तीन शब्दों का ज़िक्र कितनी बार हुआ इसकी गिनती 20 वर्षों के बजट-भाषणों से खोजकर प्रस्तुत की गई है।

बच्चों का अनुपात (%) जिन्होंने आईसीडीएस से कोई भी सेवा प्राप्त करने की सूचना दी, छह वर्ष से कम आयु के बच्चे

नक़्शा 3.1 : 2005-06 में

Source: Table 9.24, p. 261, NFHS-3, National Report • Created with Datawrapper

नक़्शा 3.2 : 2015-16 में

Source: Table 9.19, p. 288, NFHS-4, National Report • Created with Datawrapper

नक़्शा 3.3 : 2019-21 में

Source: Table 9.19, p. 368, NFHS-5, National Report • Map data: © OSM • Created with Datawrapper

शुरुआत के कुछ सालों में, भारत और बांग्लादेश में कोई अन्तर नहीं, लेकिन 2008-9 के बाद, बांग्लादेश के बजट में बच्चों की बात ख़ूब होने लगी।

बांग्लादेश से तुलना करने के कई कारण हैं—मुख्य कारण यह है कि वहाँ, पिछले बीस वर्षों में, बच्चों से सम्बन्धित सूचकों में बहुत तेज़ी से सुधार आया है (द्रेज़ और सेन, 2015)। इस सुधार की झलक तालिका 3.4 में दर्शाई गई है। बांग्लादेश में जो हुआ है वह ग़ौरतलब इसलिए भी है कि 2000 तक ग़रीबी के हिसाब से वह भारत से बहुत अलग नहीं था। प्रति व्यक्ति जीडीपी, दोनों देशों में लगभग समान थी; फिर, भारत ने बांग्लादेश से बढ़त ले ली, लेकिन पिछले 5 वर्षों में बांग्लादेश आगे है। तालिका 3.4 में दो संकेतों पर (स्टंटिंग और टीकाकरण) भारत में आज (यानी 2019-21 में) की स्थिति बांग्लादेश की 5-6 साल पहले (2015) की उपलब्धियों के समान हैं—भारत में 2019-21 में 77% बच्चों का पूरा टीकाकरण हुआ, इतना (78%) बांग्लादेश ने 2015 में ही हासिल कर लिया था। आज बांग्लादेश में 88% बच्चों का पूरा टीकाकरण हुआ है।

तालिका 3.4 : भारत और बांग्लादेश

	बांग्लादेश		भारत	
	2015	2022	2015-16	2019-21
किसी भी प्रकार का अनीमिया (6-59 महीने के बच्चे)	44[1]	43[1]	58[4]	67[4]
स्टंटिंग (2SD से कम)	33[1]	24[1]	38[4]	36[4]
पूरी तरह से टीकाकरण प्राप्त 12-23 महीने के बच्चे	78[2]	88[3]	62[5]	77[5]
पहले छह महीनों तक केवल माँ का दूध पिए बच्चे	55[1]	63[1]	55[6]	64[6]

स्रोत: 1. विश्वबैंक (वर्ल्ड डेवलपमेंट इंडिकेटर्स); 2. बांग्लादेश सरकार (2016) (पृ. 139); 3. ख़ानम, मॉरियम और जहाँ, अखतर, नाहिद (2024); 4. तालिका 3.1 देखें; 5. तालिका 9.4 एनएफ़एचएस-4 और एनएफ़एचएस-5; 6. एनएफ़एचएस-5 (पृ. 377)।

अर्थात, एकसमान (प्रति व्यक्ति) जीडीपी होने पर भी, स्वस्थ आर्थिक विकास के बावजूद, बांग्लादेश की तुलना में हम भारत में इन संकेतों पर इतनी कम प्रगति क्यों देखते हैं? समस्या का मूल कारण है, महिलाओं और बच्चों पर मामूली और स्थिर सार्वजनिक ख़र्च। एक तो कम बजट, ऊपर से ख़र्च की ग़लत प्राथमिकताओं से समस्या बढ़ जाती है। इतना ही नहीं, 'फ़्लो ऑफ़ फंड्ज़' (यानी पैसों का प्रवाह) और काग़ज़ी कार्रवाई से और दिक़्क़तें उत्पन्न होती हैं।

चार्ट 3.1 : भारत और बांग्लादेश के बजट भाषण में बच्चे

('बच्चा', 'बच्चे' और 'बचपन' का बजट भाषण में ज़िक्र)

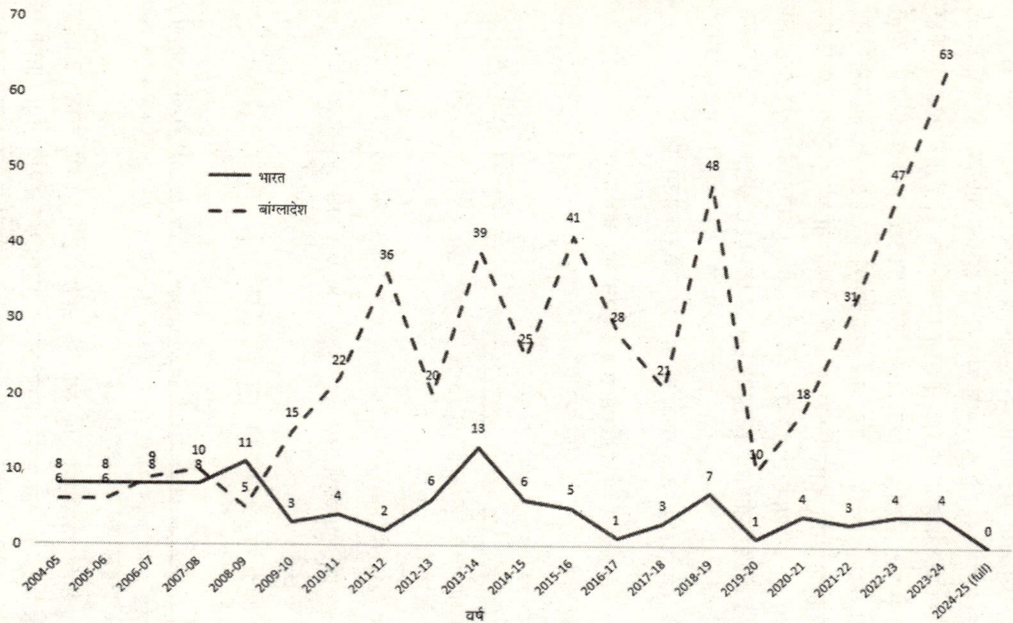

स्रोत : बजट भाषण, विभिन्न वर्ष। टिप्पणियाँ : दोनों देशों के लिए, अनुलग्नक में उल्लेख, बक्सों में उप-शीर्षक, विषय-सूची, मंत्रालय के नाम शब्द गणना में शामिल नहीं हैं। उन्हें व्यक्तिगत जीवन के अनुभवों के विवरण में नहीं गिना जाता है (उदाहरण के लिए, प्रधानमंत्री शेख हसीना का ज़िक्र करते हुए कुछ बजट भाषणों में)।

कम सरकारी ख़र्च निश्चित रूप से समस्या का एक अंग है। महिलाओं और बच्चों के लिए दो महत्त्वपूर्ण सरकारी योजनाएँ लें : समेकित बाल विकास सेवा (आईसीडीएस) योजना और प्रधानमंत्री मातृ वन्दना योजना (पीएमएमवीवाई)। दोनों राष्ट्रीय खाद्य सुरक्षा अधिनियम 2013 का हिस्सा हैं और पिछले कई वर्षों से अलग-अलग तरीक़ों से उपेक्षा की शिकार हुई हैं।

आईसीडीएस को अन्य योजनाओं के साथ जोड़ने के बावजूद, नॉमिनल टर्म्स में, 2021-22 के बजट में आवंटन 2020-21 की तुलना में कम है। अर्थशास्त्री ज्याँ द्रेज़ के अनुमान के अनुसार, वास्तविक अर्थों में, स्कूल जाने वाले बच्चों के लिए मध्याह्न भोजन (मिड डे मील) योजना और आईसीडीएस का बजट 2014-15 की तुलना में, 2023-24 में लगभग 40% घटा। जीडीपी के प्रतिशत के रूप में, इस अवधि में इसमें गिरावट (0.15% से 0.07%) हुई, हालाँकि जैसे-जैसे देश की जीडीपी बढ़ती है आम तौर पर देशों में इस तरह के ख़र्च बढ़ाए जाते हैं। कुल व्यय इससे कुछ अधिक है क्योंकि 2015 में 14वें वित्त आयोग ने आईसीडीएस जैसे कार्यक्रमों में राज्यों के योगदान को बढ़ा दिया था।

हम जानते हैं कि राज्यों को अपने संसाधनों की वाजिब हिस्सेदारी से केन्द्र द्वारा वंचित रखा जा रहा है। इससे राज्यों की ख़र्च करने की क्षमता पर दबाव बढ़ा है। या तो जीएसटी संग्रह में उनके हिस्से को देरी से जारी करने के कारण या केन्द्र द्वारा ग़ैर-साझा करने वाले 'सैस' के बढ़ते उपयोग के कारण। इस प्रकार, जबकि 14वें वित्तीय आयोग के बाद राज्यों के दायित्व बढ़ गए हैं, उनके फ़ंड के स्रोत सूख गए हैं।

तथापि, केन्द्र से राज्य तक और वहाँ से आँगनवाड़ियों तक, पैसों का प्रवाह सुचारु नहीं है और इससे इन आवश्यक सेवाओं में गम्भीर विलम्ब और व्यवधान उत्पन्न होते हैं। उदाहरण के लिए, आईसीडीएस के बजट से आँगनवाड़ी कार्यकर्ताओं के वेतन का भुगतान होता है और कई राज्यों में, बच्चों को अंडे और अन्य पौष्टिक भोजन उपलब्ध करवाने पर ख़र्च होता है। आँगनवाड़ी कार्यकर्ताओं और सहायकों को लें। दो कार्यकर्ताओं की यह टीम, छोटे बच्चों को बैठने, ख़ुद से खाने और कुछ घंटों के लिए अपनी माँ के बिना रहने की आदत डालने में मदद करती है। धीरे-धीरे, उन राज्यों की संख्या बढ़ रही है जहाँ वे बच्चों को खेल-कूद से सीखने-सिखाने की गतिविधियों जैसे कि तुकबन्दी, कला और शिल्प, गिनती आदि से जोड़ती हैं।[13]

आँगनवाड़ी कार्यकर्ताओं का वेतन कम है (ज़्यादातर राज्यों में रु. 12000 प्रति माह से कम; चार्ट 10.1 भी देखें); ऊपर से, उन्हें अक्सर समय पर भुगतान भी नहीं किया जाता है। कई सालों से, कुछ-कुछ महीनों के अन्तराल पर, आँगनवाड़ी कार्यकर्ता, सहायक और आशा कार्यकर्ताओं को किसी न किसी राज्य में, अपने हक़ों के लिए धरना-प्रदर्शन करने पर मजबूर होना पड़ा है।

इसमें भी अपवाद वाले राज्य हैं—उदाहरण के लिए, तमिलनाडु में आँगनवाड़ी कार्यकर्ता और सहायक सरकारी मुलाज़िम के रूप में माने जाते हैं और उनके लिए, अन्य कर्मचारियों की तरह, पेंशन और मातृत्व अवकाश के भी प्रावधान हैं।

पैसों के प्रवाह में व्यवधान का मतलब यह भी है कि खाद्य आपूर्ति (जैसे दाल, तेल, अंडे आदि) ख़रीदने नक़द अनुपलब्ध हो सकता है। आँगनवाड़ी कार्यकर्ताओं द्वारा बच्चों को नियमित भोजन सुनिश्चित करने के लिए, ख़ुद की जेब से पैसे ख़र्च करने के उदाहरण भी बीच-बीच में सुनने में आते रहते हैं।

इन मुद्दों के लिए केन्द्र और राज्य दोनों ही ज़िम्मेदार हैं। लब्बोलुआब यह है कि कम और अनियमित भुगतान वाले कार्यबल से प्रभावी ढंग से कार्य करने की उम्मीद नहीं की जा सकती है।

नई चुनौतियाँ

एक और चिन्ता भी जो उभरती दिखाई दे रही है, वह यह है कि जो थोड़ा-बहुत सामाजिक ख़र्च हो रहा है उस पर भी कॉरपोरेट और परोपकारी-पूँजीपतियों द्वारा क़ब्ज़ा किया जा सकता है।[14] मार्च 2018 में शुरू किये गए केन्द्र सरकार के प्रमुख पोषण कार्यक्रम 'समग्र पोषण के लिए प्रधानमंत्री की व्यापक योजना' ('पोषण अभियान') एक ऐसा उदाहरण है जो इस उभरती समस्या को अच्छी तरह से चित्रित करता है (भारत सरकार, 2022)।

सैद्धान्तिक रूप में, पोषण अभियान में कुछ उपयोगी हस्तक्षेप शामिल हैं, जैसे कि जन-जागरूकता, शिक्षा और व्यवहार-परिवर्तन। इसमें कोई सन्देह नहीं है कि हमें पोषण शिक्षा के बारे में बहुत कुछ करने की आवश्यकता है। 'पोषण अभियान' पोषण शिक्षा के लक्ष्य को हासिल करने में मदद कर सकता है। उदाहरण के लिए, इष्टतम ग्रोथ, विकास और स्वास्थ्य के लिए छह महीने के अनन्य स्तनपान का दृढ़तापूर्वक पालन करने की ज़रूरत है। इसके लिए लोगों में व्यवहार परिवर्तन के लिए सरकार जनता को शिक्षित और प्रोत्साहित कर सकती है। फिर भी, 2015-16 और 2019-20 के बीच, ऐसी महिलाओं का अनुपात 55% से 64% तक ही पहुँच सका।

वास्तव में, ज़मीनी स्तर पर, पोषण अभियान मुख्य रूप से आँगनवाड़ी कार्यकर्ताओं को स्मार्टफ़ोन देने और उन पर स्थापित आईसीडीएस-सीएएस (कॉमन एप्लीकेशन सॉफ़्टवेयर) के बारे में है। क्या इन स्मार्टफ़ोन ने उनके काम में मदद की है या बाधा डाली है? क्या इसने अधिक विश्वसनीय निगरानी की सुविधा प्रदान की है? उदाहरण के लिए, गुजरात में इसके लॉन्च पर, एक गुजराती अख़बार ने आईसीडीएस-सीएएस को पहले पन्ने पर जगह दी : मुख्यमंत्री ने मुट्ठी-भर नम्बरों

पर कॉल करने की कोशिश की, लेकिन उनमें से किसी ने भी पहले प्रयास में जवाब नहीं दिया। इस ख़बर में आँगनवाड़ी कार्यकर्ताओं को अपने कर्तव्यों के प्रति लापरवाह के रूप में पेश किया गया था। किसी ने यह पता लगाने की ज़हमत नहीं उठाई कि उन्होंने फ़ोन पर जवाब क्यों नहीं दिया? क्या वे अपने कर्तव्यों में व्यस्त थे, या फ़ोन ख़राब था, या क्या वे वास्तव में झपकी ले रहे थे, जैसा कि उस ख़बर में कहा गया है।

कुछ ग्राउंड रिपोर्टों से पता चलता है कि 2020 में कई महीनों तक सर्वर और इंटरनेट की समस्याओं के कारण रिकॉर्ड रखने के लिए फ़ोन और टैबलेट का उपयोग नहीं किया गया। सॉफ़्टवेयर डिजाइन केन्द्रीकृत है—इसका नतीजा यह है कि यह सभी राज्यों की ज़रूरतों को पूरा नहीं करता। उदाहरण के लिए, हर राज्य में खुलने का समय, मेनू, टीकाकरण की प्रक्रिया, इत्यादि अलग हैं। कहीं आँगनवाड़ी में और टेक होम राशन के रूप में अंडा दिया जाता है, जिसकी मॉनीटरिंग होनी चाहिए, लेकिन इस तरह की राज्यवार विशेषताएँ केन्द्रीकृत सॉफ़्टवेयर में नहीं जोड़ी गईं।

अत: इस हस्तक्षेप की उपयोगिता के बारे में हम ज़्यादा नहीं जानते हैं। 2011 से बिल एंड मेलिंडा गेट्स फ़ाउंडेशन (BMGF) ने IFPRI संस्था को 'पोषण' नामक परियोजना के लिए बड़ा फ़ंड दिया है। 'पोषण' यानी, "पोषण के लिए कार्यों को मज़बूत और सुसंगत बनाने के लिए साझेदारी और अवसर।" (एक दिलचस्प संयोग है कि सरकार के कार्यक्रम और आईएफ़पीआरआई-बीएमजीएफ़ परियोजना का संक्षिप्त नाम एक ही है—'पोषण')। परियोजना पृष्ठ में कहा गया है कि "हम जो प्रमुख अध्ययन कर रहे हैं, उसमें मध्य प्रदेश और बिहार में आईसीडीएस-सीएएस (समेकित बाल विकास सेवाएँ—कॉमन एप्लीकेशन सॉफ़्टवेयर) का मूल्यांकन शामिल है।" लेकिन उनके प्रकाशन आईसीडीएस-सीएएस से रियल टाइम मॉनीटरिंग के डेटा के बजाय एनएफ़एचएस डेटा पर निर्भर हैं। एनएफ़एचएस डेटा पर निर्भरता काफ़ी समझदारी है, लेकिन घोषित लक्ष्य से परे है। रियल टाइम डेटा का उपयोग ना के बराबर हुआ है।

पोषण एजेंडा बीएमजीएफ़, यूनिसेफ़, आईएफ़पीआरआई और अन्य अन्तरराष्ट्रीय एजेंसियों द्वारा तेज़ी से संचालित किया जा रहा है। यूनिसेफ़ अब कॉरपोरेट्स और परोपकारी-पूँजीपतियों से फंडिंग जुटाता है। भारत में कम्पनी जॉनसन एंड जॉनसन, यूनिलीवर, लुई वुइटन, सीआईआई और नैसकॉम समेत अन्य कम्पनियों के साथ साझेदारी करती है। कॉरपोरेट और परोपकारी-पूँजीपति फ़ंड की उपलब्धता बढ़ा सकते हैं, लेकिन वे इसका उपयोग अपने स्वयं के एजेंडे को आगे बढ़ाने के लिए भी करते हैं। वास्तव में, यूनिसेफ़ का 'इम्पैक्ट 4 न्यूट्रिशन' मंच खुले तौर पर पोषण अभियान में निजी क्षेत्र की भागीदारी को आमंत्रित करता है क्योंकि

'अच्छा पोषण व्यवसाय के लिए अच्छा है'। सूचीबद्ध 'कम्पनियों के लिए प्रत्यक्ष लाभ' के तहत गिनाए गए लाभ हैं—उन्हें 'पोषण चैंपियन' रूप में देखा जाएगा, 'सरकार के साथ सम्बन्ध' बेहतर होंगे और 'आर्थिक विकास'। इसे समझने का एक तरीक़ा यह है कि इस तरह की साँझी पहल इन कम्पनियों के लिए गुप्त दरवाज़े से सरकारी नीतियों को, अपने पक्ष में, प्रभावित करने की राह खोलती है।

जिसे पहले 'हितों का टकराव' (अंग्रेज़ी में 'कॉन्फ्लिक्ट ऑफ़ इंटरेस्ट') कहकर दरकिनार कर दिया जाता था, वह आज 'विन-विन' फ़ॉर्मूले (यानी दोनों पक्षों को लाभ मिलेगा) के रूप में ख़ुद को फिर से स्थापित कर रहा है (अध्याय 10 में इस मुद्दे पर विस्तृत चर्चा है)। पोषण अभियान में भी इसका प्रमाण मिलता है। इसके बजट का 70% से अधिक हिस्सा सामुदायिक कार्यक्रमों और सूचना और संचार प्रौद्योगिकी (आईसीटी) द्वारा 'रियल टाइम' निगरानी पर बीएमजीएफ़ के सहयोग से विकसित आईसीडीएस-सीएएस सॉफ़्टवेयर पर ख़र्च किया गया था। यानी, बच्चों के नाम पर जो ख़र्च दिखता है, वह वास्तव में इन कम्पनियों की जेब में भी जाता है।

दिसम्बर 2017 में, आईसीडीएस-सीएएस के लिए 9,000 करोड़ रुपये आवंटित किये गए थे, आधा भारत सरकार से और दूसरा आधा विश्वबैंक ऋण के रूप में। यह उन हस्तक्षेपों पर ख़र्च किया जा सकता था जिनके स्वास्थ्य और पोषण लाभ पूर्ण रूप से स्थापित हैं : बच्चों को पौष्टिक भोजन देना, अधिक आईसीडीएस कर्मचारियों को काम पर रखना (आँगनवाड़ी में चाइल्ड डेवलपमेंट प्रोग्राम ऑफ़िसर—की रिक्तियाँ 6-8 फ़ीसदी से 25 फ़ीसदी तक रह चुकी हैं), बेहतर वेतन का भुगतान करना, इत्यादि। इसके बजाय, इसे उन हस्तक्षेपों पर ख़र्च किया गया जिनके लाभ स्पष्ट नहीं हैं : स्मार्टफ़ोन, सॉफ़्टवेयर, और 'व्यवहार परिवर्तन' के लिए 'पोषण माह' के दौरान बड़े सम्मेलनों का आयोजन। इस 9,000 करोड़ रुपये के बजट से आँगनवाड़ियों में नामांकित लगभग 10 करोड़ बच्चों के लिए एक वर्ष में 150 अंडे ख़रीदे जा सकते हैं।

राजनीतिक मुद्दा

छह वर्ष से कम के बच्चे देश का भविष्य हैं, लेकिन देश के नीतिकारों में उनकी ख़ास पूछ नहीं। चाहे हम आँगनवाड़ियों की बात करें, या स्कूली शिक्षा की। लगातार बजट कटौती की कोशिश, बार-बार भ्रष्टाचार सम्बन्धी ख़बरों और तीन वर्ष तक के बच्चों के लिए घर पर राशन के बदले पहले से ही पैक खाना या नक़दी देने सम्बन्धी मंत्रालय की घोषणा से यह संकेत मिलता है कि इन कार्यक्रमों को लेकर राजनीतिक प्रतिबद्धता, जो शुरू से ही कम रही है, पिछले वर्षों में और घटी है।

बच्चों को अंडा या काला चना देने की राज्यों की सफल पहलक़दमियों (ओडिशा एवं तमिलनाडु में) की उपेक्षा की जा रही है। इन योजनाओं के मेन्यू में अंडा देने के प्रस्ताव को कुछ राज्यों ने रिजेक्ट कर दिया है।[15]

याद रखने की ज़रूरत है कि भाजपा ने एक कमज़ोर खाद्य सुरक्षा क़ानून लाने के लिए यूपीए-2 सरकार की आलोचना की थी। भाजपा के दिग्गजों मुरली मनोहर जोशी और सुषमा स्वराज ने इसे मज़बूत करने के लिए संसद में कुछ संशोधन सुझाए थे; गुजरात के तत्कालीन मुख्यमंत्री नरेन्द्र मोदी ने प्रधानमंत्री मनमोहन सिंह को खुला पत्र लिखकर एनएफ़एसए को अपर्याप्त बताया था।

अब वही भाजपा सत्ता में है, तो इस क़ानून को और भी कमज़ोर करने जा रही है। संदिग्ध आधार पर पौष्टिक खाद्य वस्तुओं पर प्रतिबन्ध लगाया जा रहा है, मातृत्व हक़ प्रावधान को लागू करने में चार साल की देरी फिर भी आधे-अधूरे रूप में क्रियान्वयन (अध्याय 2 देखें)। इसके अलावा इन कार्यक्रमों के केन्द्रीय बजट में कटौती की कोशिश भी हो रही है।

सन्दर्भ

1. साथ ही, हर गर्भवती महिला को और बच्चे पैदा होने के छह महीने बाद तक, आँगनवाड़ी पर भोजन दिया जाएगा। हालाँकि 4 (a) में 'भोजन' लिखा है, शेड्यूल 2 में केवल 'टेक होम राशन' की व्याख्या की है (नेशनल फूड सिक्युरिटी ऐक्ट, 2013)।
2. यदि दूसरा बच्चा लड़की हो तो रु. 6000 एक ही क़िस्त में दिये जाने का प्रावधान है जबकि PMMVY में तीन क़िस्तों में पैसे दिये जाते रहे थे।
3. अन्तरराष्ट्रीय इतिहास के बारे में अधिक जानने के लिए सिएगल (2019) और जारविस (2010) पढ़ें।
4. 2024 तक कुछ राज्यों में गर्भवती और शिशुवती महिलाओं की योजनाएँ शुरू होने की ख़बरें आने लगी हैं, लेकिन इन पर व्यवस्थित सर्वेक्षण या रिपोर्ट उपलब्ध नहीं है।
5. इस सर्वे में, महिलाओं की स्थिति में, दो अपवाद थे—आदिवासी महिलाओं को और हिमाचली महिलाओं के हालात कुछ हद तक अलग थे, उन्हें मदद और आराम के अवसर मिल जाते।
6. अब पहले बच्चे के पैसे दो क़िस्तों में देने की बात है।
7. 2021 में राज्य के चुनाव के समय द्रविड मुनेत्र कड़गम, DMK ने अपने घोषणा पत्र में वादा किया था कि इसे बढ़ाकर रु. 24,000 किया जाएगा, लेकिन 2024 तक नहीं बढ़ाया गया।
8. 2019 के जच्चा-बच्चा सर्वे में भी ओडिशा में योजना की स्थिति अन्य राज्यों से बेहतर थी। पात्र महिलाओं में से 88% ने मातृत्व लाभ के लिए आवेदन दिया और 75% को पहली क़िस्त भी मिल गई थी।

9. असम में योजना लगभग चार साल पुरानी है; वहाँ शुरुआत में रु. 830 दिये जाते रहे, जिसे बढ़ाकर अब रु. 1250 कर दिया गया है (असम सरकार, 2020 और बिजनेस स्टैंडर्ड 2024)।
10. 300 से कम की जनसंख्या वाले गाँवों में 'मिनी आँगनवाड़ी' का प्रावधान है।
11. कुछ राज्यों में कुछ समय के लिए दो आँगनवाड़ी कार्यकर्ताओं के साथ भी प्रयोग हुए हैं।
12. टेक होम राशन गर्भवती और शिशुवती महिलाओं को भी दिया जाता है।
13. कुछ राज्यों में आँगनवाड़ी अच्छी तरह से कैसे काम करती हैं, लेकिन दूसरों में ऐसा नहीं है, इस पर विचार के लिए यह वीडियो देखें (हार्ड वर्क नो पे, 2019)।
14. कॉरपोरेट फंडिंग संसाधनों की उपलब्धता को बढ़ा सकती है, लेकिन वह पैसा किस पर ख़र्च किया जाता है?
15. अंडा महत्त्वपूर्ण इसलिए है क्योंकि उसमें विटामिन सी को छोड़कर बाक़ी सभी पोषक तत्त्व होते हैं।

अध्याय-4

मध्याह्न भोजन योजना

शिक्षा-पोषण के अलावा और भी

कभी-न-कभी सबको खाने के समय सरकारी स्कूल ज़रूर जाना चाहिए। ग्रामीण क्षेत्रों में, मेरा ख़ुद का मध्याह्न भोजन का पहला अनुभव 2002 का है जब राजस्थान में पहली बार सरकारी स्कूलों में पका हुआ खाना दिया जाने लगा था। सर्वोच्च न्यायालय ने 'राइट टू फ़ूड' केस में आदेश दिया कि सभी राज्यों को पका हुआ मध्याह्न भोजन देना होगा। राज्य सरकार इस आदेश के पालन में जुटी हुई थी।

सर्वोच्च न्यायालय के नवम्बर 2001 के आदेश के आने से पहले कुछ ही राज्यों में पका हुआ खाना मिलता था, जिसमें तमिलनाडु और गुजरात शामिल थे। ओडिशा और मध्य प्रदेश के कुछ (आदिवासी) क्षेत्रों में भी पका हुआ खाना दिया जाता था। अन्य राज्य मध्याह्न भोजन के नाम पर केवल सूखा राशन (3 किलो चावल या गेहूँ प्रति माह, यदि बच्चे की उपस्थिति 80 प्रतिशत से अधिक हो) देते थे।

माहौल ऐसा था कि राजस्थान में राज्य सरकार को लगा कि न्यायालय के आदेश का पालन करना चाहिए (बिहार को इस आदेश का पालन करने में कुछ साल लग गए), लेकिन प्रशासन द्वारा ख़ास तैयारी नहीं की गई थी। उस समय न स्कूलों में रसोइये थे न ही रसोई; न पानी-लकड़ी की व्यवस्था थी न बर्तनों की। सब कुछ अस्त-व्यस्त होने के बावजूद, 2002 की जुलाई में राजस्थान के प्राथमिक बच्चों को मध्याह्न भोजन मिलने लगा।

शुरू में मध्याह्न भोजन के नाम पर गेहूँ को उबालकर, कभी मीठी कभी नमकीन, 'घुघरी' दी गई। रसोई, रसोइयों, पानी और लकड़ी की कमी अध्यापक और बच्चों ने ख़ुद पूरी की। उस समय की अस्त-व्यस्तता के साथ-साथ एक और यादगार छवि है जो मन में बनी रही, वह थी घुघरी खाते हुए, उँगलियाँ चाटते हुए, बच्चों की चमकती आँखें। उनके चेहरों की ख़ुशी देखने लायक़ थी।

नक़्शा 4.1 : मध्याह्न भोजन में अंडा देने वाले राज्य, 2023-24

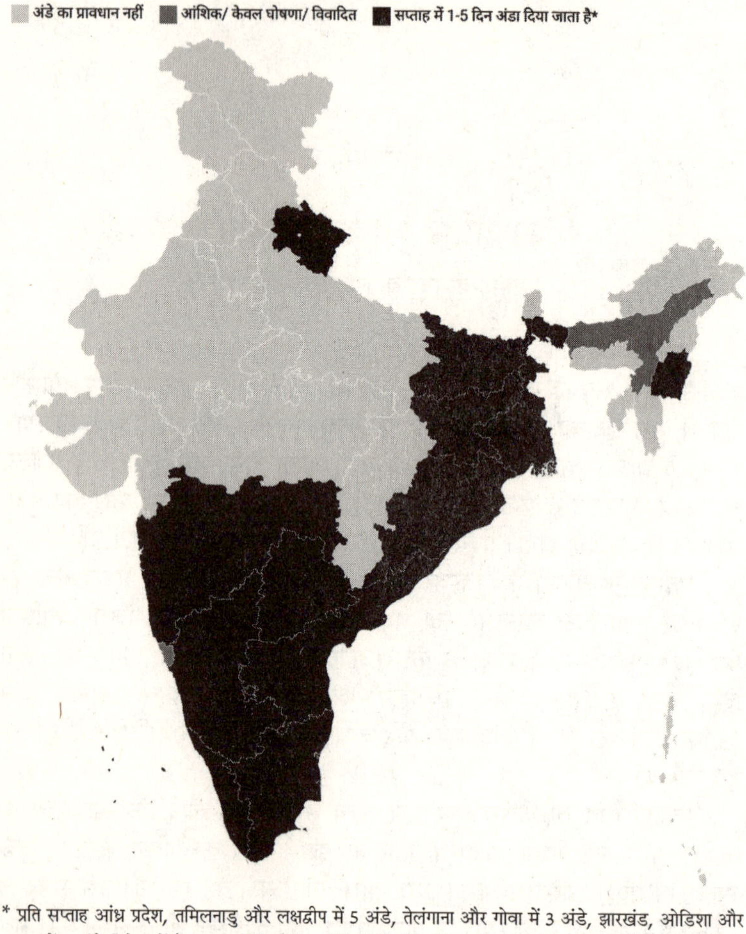

* प्रति सप्ताह आंध्र प्रदेश, तमिलनाडु और लक्षद्वीप में 5 अंडे, तेलंगाना और गोवा में 3 अंडे, झारखंड, ओडिशा और असम में 2 अंडे दिये जाते हैं। असम में केवल कुछ हिस्सों में, गोवा में विवादित, बाक़ी राज्यों—जहाँ अंडा दिया जाता है, वहाँ एक प्रति सप्ताह। इस नक़्शे का पुराना प्रारूप स्वाति नारायण द्वारा बनाया गया। यह नक़्शा 2023-24 में, पोषण मिनट्स से प्राप्त जानकारी पर आधारित है।

Source: सरकारी वेबसाइट से उपलब्ध जानकारी, https://pmposhan.education.gov.in/सांख्यिकीय परिशिष्ट देखें। Map Data: © OSM.Created with Datawrapper

कुछ वैसा ही अनुभव, जून 2019 में छत्तीसगढ़ के सरगुजा ज़िले में हुआ। मध्याह्न भोजन खानेवाले बच्चों से मैंने पूछा 'अंडा मिलेगा तो कौन खाएगा?' फिर से वही बड़ी-बड़ी चमकती हुई आँखें और ज़ोर-से, उत्तेजित, सर हिलाते हुए 'हाँ' ने मेरा स्वागत किया।

उन 17 वर्षों में (2002-2019) मध्याह्न भोजन में बहुत कुछ बदला है। स्कूलों में पकाने की व्यवस्था : रसोईघर, पकाने और परोसने के बर्तन, रसोइया, हेल्पर, पानी, कुछ राज्यों में गैस सिलिंडर, इत्यादि आम बात है।

अब यदि स्कूल में कुछ दिनों तक खाना न बने, खाना पकाने के बर्तन न हों, या रसोइया की नियुक्ति न हुई हो, तो अख़बार में 'ख़बर' बन जाती है।

जहाँ 2002 में मध्याह्न भोजन के नाम पर राजस्थान में गेहूँ को उबालकर बच्चों को खिलाया जा रहा था, आज ज्यादातर राज्यों में स्वादिष्ट और पौष्टिक मेनू मौजूद हैं। तमिलनाडु, आंध्र प्रदेश, केरल, यहाँ तक कि पूरब के ओडिशा और झारखंड जैसे ग़रीब राज्यों में भी बच्चों को अंडा दिया जाता है (नक़्शा 4.1 देखें)।

लेकिन बीस साल बाद, आज भी बच्चों के भोजन-पोषण के अधिकार और शिक्षा के अधिकार की लड़ाई अधूरी ही है।

मध्याह्न भोजन और शिक्षा

मध्याह्न भोजन बच्चों के शिक्षा के अधिकार से जुड़ा हुआ है। सरकारी स्कूलों में पढ़नेवाले बच्चे काफ़ी ग़रीब घरों से भी आते हैं। कइयों को सुबह भूखे पेट ही भेज दिया जाता था और वे स्कूल के बाद घर जाकर ही खाते थे। जिस बच्चे के पेट में चूहे दौड़ रहे हों, क्या उस बच्चे के लिए मन लगाकर पढ़ाई मुमकिन है? इस नज़रिये से देखें तो मध्याह्न भोजन योजना, शिक्षा का अभिन्न हिस्सा है। वह स्कूलों में नामांकन, उपस्थिति और पढ़ाई तीनों में मददगार है। पौष्टिक खाना मिले तो कुपोषण पर भी विजय पाई जा सकती है। हाल ही में तमिलनाडु में, कुछ सरकारी स्कूलों में, सुबह का नाश्ता भी देने लगे हैं।

जब स्कूल में खाने का समय होता है, तो बच्चे पहले हाथ धोते हैं, थाली धोते हैं, लाइन से बैठते हैं (या लाइन बनाकर खाना लेने जाते हैं), फिर एक साथ बैठकर खाते हैं। इस सबका अपना महत्त्व है। खाने से पहले हाथ धोना, स्वास्थ्य शिक्षा का एक सरल लेकिन बहुत ज़रूरी पाठ है। भारत में रहने वालों को लाइन बनाने की शिक्षा का महत्त्व बताने की ज़रूरत ही नहीं; हर जाति-वर्ग के बच्चे साथ बैठकर खाएँगे तो सामाजिक समरसता की ओर एक महत्त्वपूर्ण क़दम होगा जो लोकतंत्र का एक अहम पाठ है। मध्याह्न भोजन योजना इस तरह एक समाज की रचना में महत्त्वपूर्ण योगदान कर सकती है।

यदि बच्चों के साथ स्कूल में स्नेहपूर्वक व्यवहार न हो तो उन्हें स्कूल जाने के लिए राज़ी करना पड़ता है। कई बच्चों के लिए स्कूल ख़ुशी, आज़ादी और सीखने का स्थान है, तो कुछ ऐसे भी बच्चे हैं जिनका स्कूली अनुभव इतना सुखद नहीं होता—जातिगत भेदभाव के चलते उन्हें पीछे बैठा दिया जाता है, या सफ़ाई करवाई जाती है, या गाली-गलौच का सामना करना पड़ता है। ऐसे प्रतिकूल वातावरण में, स्कूल का गरम, स्वादिष्ट, पौष्टिक खाना उन्हें स्कूल का अनुकूल रूप देखने में मदद कर सकता है। (हालाँकि कहीं-कहीं मध्याह्न भोजन योजना में भी बच्चों के साथ जातिगत भेदभाव होने की ख़बरें आती रही हैं।)

कुछ साल पहले, मेरे सहकर्मी ने बताया कि उनके अपने बच्चे के लिए स्कूल के चयन में यह निर्णायक रहा कि स्कूल में खाना दिया जाता है कि नहीं। न सिर्फ़ अपनी सुविधा के लिए (माँ-बाप दोनों काम करते हैं) बल्कि इसलिए भी कि घर से लाए गए टिफिन की बच्चे आपस में तुलना करने लगते हैं, जिसका बच्चों पर बुरा असर पड़ता है। उदाहरण के लिए, किसी के टिफिन में दाल-सब्ज़ी हो और कोई मैगी लाए, तो बच्चे मैगी की तरफ़ आकर्षित होंगे, जबकि उसमें पोषण कम होगा।

बच्चे को सुबह स्कूल भेजना एक बड़ा काम है। सुबह-सुबह माँ-बाप (शायद ज़्यादातर माँओं पर ही यह ज़िम्मेदारी आती है) के लिए बच्चे को स्कूल के लिए तैयार करना कोई आसान काम नहीं। बच्चों को जगाना, नहला-धुलाकर तैयार करना, और साथ ही, खिलाना या खाना देना। स्कूल में यदि मध्याह्न भोजन मिले तो कामकाजी माँओं को कुछ राहत हो जाती है।

मध्याह्न भोजन योजना की चर्चा, महिलाओं की बात किये बिना अधूरी होगी। महिलाओं के लिए इस योजना का ख़ास महत्त्व है। यदि स्कूल के लिए खाना न देना पड़े तो काम करनेवाली माँओं के लिए मध्याह्न भोजन एक बहुत बड़ा सहारा है। दूसरी ओर, मध्याह्न भोजन में लगभग सभी कुक और हेल्पर महिलाएँ हैं। तालिका A4 (सांख्यिकीय परिशिष्ट) देखें तो केवल बिहार (59%) और गुजरात (69%), दो राज्य हैं जहाँ कुक और हेल्पर श्रेणी में महिलाओं का हिस्सा 80% से कम है। ग़ौरतलब है कि दुनिया-भर के ट्रेंड के विपरीत, भारत में कामकाजी महिलाओं का प्रपात, समय के साथ, बढ़ने के बजाय घटता जा रहा है। ऐसी परिस्थिति में, मध्याह्न भोजन योजना देश-भर में 20 लाख महिलाओं के रोज़गार का सहारा है। आश्चर्य की बात यह है कि आज भी देश में इस योजना की उपयोगिता को लेकर सवाल उठ रहे हैं।

दुनिया के कई विकसित और विकासशील देशों में, स्कूल के सभी बच्चों को मध्याह्न भोजन मुफ़्त मुहैया करवाया जाता है। इसमें फिनलैंड, ब्राज़ील जैसे देश हैं। फिर कई देशों में मध्याह्न भोजन है, लेकिन आर्थिक स्थिति के अनुसार वहाँ माँ-बाप भी कुछ ख़र्च उठाते हैं। इस श्रेणी में अमेरिका, इंग्लैंड, फ्रांस जैसे देश हैं।

भारत में 2013 में पारित खाद्य सुरक्षा क़ानून में स्कूल में मध्याह्न भोजन योजना भी शामिल है। भारत इकलौता ऐसा देश नहीं जहाँ इस तरह का क़ानून है। उदाहरण के तौर पर, जापान में 1954 में 'स्कूल मील लॉ' लाया गया; और फिनलैंड में 1948 के शिक्षा क़ानून में यह शामिल है।[1]

इस तरह की कल्याणकारी योजना के प्रति नेगेटिव धारणा को बदलने की ज़रूरत है। यह शायद इसलिए कि क्रियान्वयन में अन्तरराज्यीय स्तर पर काफ़ी अन्तर है, और कई लोगों के दिमाग़ में मध्याह्न भोजन योजना को लेकर जो छवि है वह ख़बरों में कवरेज से बनती है। 2013 में अन्तरराष्ट्रीय स्तर पर मीडिया का ध्यान इस योजना पर तब गया जब बिहार में बच्चों की मौत हुई थी (स्कूल में रसोईघर और बर्तन न होने की वजह से खाद्य तेल को कीटनाशक की डिब्बी में भरकर लाया गया था।) रोज़ जो 10-12 करोड़ बच्चे ख़ुशी-ख़ुशी खाना खाते हैं, उस पर न लोगों की नज़र जाती है, न पत्रकारों की।

लघु इतिहास

केन्द्र की तरफ़ से यह योजना 1995 में शुरू हुई थी। इससे पहले, 1982 में पका हुआ भोजन देने में तमिलनाडु ने पहल की थी। तब के वहाँ के मुख्यमंत्री एमजी रामचंद्रन, जगहँसाई और निंदा के बावजूद डटे रहे। (उनसे पहले, कुछ छोटे पैमाने पर कामराज ने शुरुआत की थी।) सब अड़चनों को सुलझाने पर ध्यान दिया (प्रभु 2014)। इसके बाद गुजरात (1984 में) और कुछ अन्य राज्यों के कुछ हिस्सों में (उदाहरण, मध्य प्रदेश, ओडिशा, इत्यादि के आदिवासी क्षेत्रों में) पका हुआ भोजन दिया जाने लगा।

केन्द्र की 1995 की मध्याह्न भोजन योजना की मंशा थी कि बच्चों को पका हुआ खाना मिले। इसके बजाय, कई राज्य बच्चों को सूखा अनाज दे दिया करते थे। यदि बच्चे की उपस्थिति 80% हो तो उन्हें प्रति माह 3 किलो अनाज दे दिया जाता। (इसमें चोरी भी काफ़ी हुआ करती थी।)

तालिका 4.1 मध्याह्न भोजन योजना के महत्त्वपूर्ण मोड़

वर्ष	मील का पत्थर
1982	तमिलनाडु में 'नून मील' के नाम से मध्याह्न भोजन योजना
1984	गुजरात में
15 अगस्त, 1995	केन्द्रीय नेशनल प्रोग्राम ऑफ़ न्यूट्रिशनल सपोर्ट टू प्राइमरी एजुकेशन की शुरुआत, 1-5 कक्षा के बच्चों के लिए
28 नवम्बर, 2001	सर्वोच्च न्यायालय का निर्देश कि सब राज्य पका हुआ भोजन दें

2009	मध्याह्न भोजन को 6-8 कक्षा के बच्चों तक बढ़ाया गया, योजना का नाम 'नेशनल प्रोग्राम ऑफ़ मिड डे मील्स इन स्कूल्स' हुआ
2013	राष्ट्रीय खाद्य सुरक्षा क़ानून 2013 में मध्याह्न भोजन योजना को शामिल किया गया, खाने में 450-700 कैलरी और 12-20 ग्राम प्रोटीन का प्रावधान
2021	योजना को 'प्रधानमंत्री पोषण शक्ति निर्माण' (पीएम पोषण) नाम दिया गया

स्रोत : भारत सरकार (2022)

लेकिन नवम्बर 2001 में सर्वोच्च न्यायालय के हस्तक्षेप के बाद, सभी राज्यों में हड़बड़ी मच गई। सुप्रीम कोर्ट ने आदेश दिया कि अगले वर्ष स्कूल खुलने तक सबको पका हुआ खाना देना होगा। वह ऐसा समय था जब सर्वोच्च न्यायालय के आदेश के उल्लंघन से प्रशासन डरता था।[2] यह माहौल बनाने में देश के 'राइट टू फूड' अभियान की अहम भूमिका रही। देश के कई हिस्सों में आदेश के पालन की निगरानी का ज़िम्मा अभियान की सदस्य संस्थाओं ने उठाया, जहाँ पालन नहीं हो रहा था, वहाँ आन्दोलन किया गया।

सर्वोच्च न्यायालय के आदेश के पालन के लिए कई राज्यों ने हड़बड़ी में किसी भी तरह मध्याह्न भोजन देना शुरू कर दिया। जैसा कि इस अध्याय की शुरुआत में व्याख्या की गई है, इसका मतलब यह था कि रसोई, बर्तन, रसोइया, इत्यादि व्यवस्था के बिना भी जैसे-तैसे बच्चों को खाने के लिए कुछ न कुछ दिया जाने लगा।

उस समय (2002 में) मैंने राजस्थान में एक छोटा-सा सर्वे किया। राज्य सरकार बिलकुल तैयार नहीं थी—अध्यापक और बच्चे ख़ुद मिलकर घुघरी (उबला हुआ गेहूँ, नमक या चीनी के साथ) पकाने में लग गए। इससे राज्य सरकार पर दबाव बना, तो धीरे-धीरे व्यवस्था बैठाई गई। रसोइये और हेल्पर की नियुक्ति, बर्तनों की ख़रीद, और बाद में केन्द्र सरकार की मदद से रसोई का निर्माण, पीने के पानी की व्यवस्था आदि, किया गया। कुछ राज्यों में (जैसे बिहार) लागू करते-करते भी दो-चार साल बीत गए।

मध्याह्न भोजन को नियमित रूप से लागू करना पहली पीढ़ी का मुख्य मुद्दा रहा। बच्चों को खाना मिले, खाना पकाने के लिए सही व्यवस्था हो इस पर 2002 से 2012 तक काफ़ी विकास हुआ। लगभग सभी सरकारी स्कूलों में मूल सुविधाएँ उपलब्ध होने लगीं। उदाहरण के तौर पर, सरकारी आँकड़ों के अनुसार 2013 में देश के 29 प्रतिशत स्कूलों में गैस से खाना पकता था; 2021-22 में यह बढ़कर 80% तक पहुँच गया।

शुरुआत में मध्याह्न भोजन योजना केवल प्राथमिक स्कूल के बच्चों तक सीमित थी। 2008-09 के बजट में घोषणा की गई कि इसका विस्तार उच्च प्राथमिक,

यानी आठवीं कक्षा तक किया जाएगा। तब से बच्चों के लिए स्तर के अनुसार मानदंड तय किये गए हैं। प्राथमिक बच्चों को रोज़ 100 ग्राम अनाज, 20 ग्राम दाल, 50 ग्राम सब्ज़ी और 5 ग्राम तेल मिलना चाहिए। उच्च प्राथमिक बच्चों के लिए, 150 ग्राम अनाज, 30 ग्राम दल, 75 ग्राम सब्ज़ी और 7.5 ग्राम तेल। खाद्य सुरक्षा क़ानून 2013 में बच्चों के लिए, स्तर के अनुसार 450-700 किलो कैलोरी और 12-20 ग्राम प्रोटीन का प्रावधान है।

दूसरे दशक के मुद्दे

अगली पीढ़ी, यानी योजना के दूसरे दशक (2013-2023) का एक बड़ा मुद्दा है भोजन की पौष्टिकता। पहले दशक में न राज्य सरकारें, न केन्द्र सरकारें मध्याह्न भोजन पर पैसा ख़र्च करने को राज़ी थीं। समय के चलते, लोगों के दबाव और इसकी लोकप्रियता के कारण, मध्याह्न भोजन योजना को नये रूप में लागू करने वाले राज्यों में समर्थन बढ़ा। बिहार, झारखंड और ओडिशा में अंडा देने की नीति इसी का नतीजा है।

इस सन्दर्भ में यह कहना ज़रूरी है कि देश के अलग-अलग राज्यों में स्थिति एकसमान नहीं है। कुछ राज्य पहले से ही आगे थे। तमिलनाडु के अलावा आंध्र प्रदेश और केरल में योजना की स्थिति अच्छी रही है। पिछले एक दशक में ओडिशा में कई सराहनीय चीजें हुई हैं। उदाहरण के लिए, ग़रीब राज्यों में गिने जाने के बावजूद, ओडिशा राज्य सरकार मध्याह्न भोजन में हफ़्ते में दो दिन अंडा देती है। बिहार में 15 अगस्त, 2014 में जब जीतन राम मांझी मुख्यमंत्री थे, तब अंडा देने की घोषणा हुई।

मध्य प्रदेश, छत्तीसगढ़ और 2022 तक कर्नाटक जैसे राज्यों में जब अंडे शुरू करने की बात आई, तो इसका कुछ मुट्ठी-भर लोगों ने ज़ोर-शोर से विरोध किया। कुछ लोग शाकाहारी होने की वजह से भी विरोध करते हैं। उदाहरण के लिए, मध्य प्रदेश में विरोध करने वाले जैन समाज के लोग रहे हैं। यहाँ गांधीजी की बात याद दिलाना ज़रूरी है—कि जो दूध पीते हैं, उन्हें स्टेराइल/जीवाणुहीन अंडे खाने में कोई अपत्ति नहीं होनी चाहिए। विरोध का परिणाम यह हुआ कि मध्य प्रदेश में अब अंडे की कोई बात ही नहीं कर रहा।

कर्नाटक में कुछ-कुछ समय में कोशिश होती रहती है, लेकिन 2021 तक विरोध से घबराकर जिस भी राजनीतिक पार्टी की सरकार रही, वह घुटने टेक देती। (कर्नाटक में अक्षय-पात्र नाम की संस्था मुख्य रही)। 2021 में उत्तर कर्नाटका के सात ज़िलों में अंडे को पाइलट के रूप में शुरू किया गया। 2022 में वित्त विभाग ने इसे सब ज़िलों में देने की अनुमति दे दी।

छत्तीसगढ़ में 2019 में उम्मीद की किरण जगी—हालाँकि राज्य ने आदेश निकाला है, लेकिन अंडा देने के लिए बजट में कोई प्रावधान नहीं होने की वजह से हर ज़िले को कहा गया है कि वह 'डिस्ट्रिक्ट मिनरल फ़ाउंडेशन फ़ंड' से अंडा शुरू करे। इस पर भी कुछ विरोध हुआ है, लेकिन कुछ आनाकानी के बाद राज्य सरकार ने अपने फ़ैसले को क़ायम रखा है।

उत्तर भारत के कई राज्य आज भी मध्याह्न भोजन के क्रियान्वयन में पिछड़े हुए हैं। उदाहरण के लिए, दक्षिण और पूरब के ज़्यादातर राज्यों में मध्याह्न भोजन के मेनू में अंडे के साथ-साथ अन्य पौष्टिक खाद्य पदार्थ दिये जाते हैं, लेकिन उत्तर प्रदेश, मध्य प्रदेश और राजस्थान में आज भी अंडे के नाम पर बेतुकी राजनीति चल पड़ती है।

अंडे पर इतना ज़ोर क्यों? अंडे को, पोषण के नज़रिये से 'सुपर फ़ूड' मान सकते हैं। इसमें विटामिन सी के अलावा सभी पोषक तत्त्व होते हैं, ख़ास कर प्रोटीन जो हमारे विकास के लिए बहुत ज़रूरी है, और जिसकी भारतीय डाइट में बहुत कमी है (नक़्शा 4.2 देखें)। दूध या सोयाबीन में भी प्रोटीन अच्छी मात्रा में होता है, लेकिन वह अंडे की तुलना में फीके पड़ जाते हैं।

दूध के साथ एक और समस्या यह है कि उसके ख़राब होने का डर रहता है, ख़ासकर गर्मियों में। अंडे कई दिनों तक ख़राब नहीं होते और इन्हें फ्रिज में रखने की ज़रूरत भी नहीं। दूध, दाल, सोयाबीन इत्यादि में चोरी की गुंजाइश (जैसे कि, दाल या दूध में पानी डालकर पतला कर देना) ज़्यादा है। दूध-दाल की तरह अंडों को पानी घोलकर पतला भी नहीं किया जा सकता। अंडे पौष्टिकता के नज़रिये से तो ज़रूरी हैं ही, इन्हें ग्रामीण क्षेत्रों में पहुँचाना भी ज़्यादा व्यावहारिक है।

अंडे पर कई लोग एतराज़ करते हैं कि बहुत बच्चे शाकाहारी भी होते हैं; भले हों, लेकिन बाक़ी जो नहीं हैं, कम-से-कम उन्हें तो अंडा मिलना चाहिए। जिस तरह स्कूल में ज़बरदस्ती अंडा खिलाने की नीति नहीं लाई जा सकती, वैसे ही जो खाते हैं, उनको रोका भी नहीं जाना चाहिए।

कुछ साल पहले ग्रामीण बेंगलुरु की कुछ आँगनवाड़ियों में मैंने पाया कि शाकाहारी घरों से लिंगायत समाज की माँएँ आँगनवाड़ी टीचर से आग्रह करती हैं कि उनके बच्चे को अंडा खिलाएँ क्योंकि वे (माँएँ) घर पर नहीं खिला सकतीं। इससे उम्मीद बनती है कि जागरूकता आने से अंडे पर नुक़सानदेह राजनीति करना मुमकिन नहीं रहेगा।

मध्याह्न भोजन योजना में, सर्वोच्च न्यायालय के 2001 के आदेश के बाद के पहले दशक में, जातिगत मुद्दे भी गम्भीर रहे। जातिगत मुद्दों के दो अहम पहलू रहे : एक, खाते समय बच्चों में जातिभेद और दो, खाना पकानेवालों की नियुक्ति में जाति-भेद।

बच्चों के साथ भेदभाव की कई ख़बरें आतीं जिनमें। जाति के अनुसार बच्चों को बैठाने, उनकी अलग थाली रखने, दलित बच्चों को घर से थाली लाने के लिए कहने, पानी के लिए अलग घड़ा होने, इत्यादि की बातें होतीं। कहीं पर अपने आप को 'ऊँची जाति' मानने वाले अभिभावकों ने बच्चों के साथ बैठकर खाने पर आपत्ति भी जताई।

दूसरी ओर, कुक (रसोइये) और हेल्पर की नियुक्ति में भी कभी-कभी लोगों ने दलित कुक की नियुक्ति पर सवाल उठाए।[3] 2004 में सर्वोच्च न्यायालय ने अपने आदेश में कहा कि कुक और हेल्पर की नियुक्ति में दलितों और आदिवासियों को प्राथमिकता मिलनी चाहिए।[4]

नक़्शा 4.2 : बच्चे (%) जिन्हें पिछले दिन या रात में अंडा मिला, 2019-21

6 से 30 महीने की आयु के बच्चे

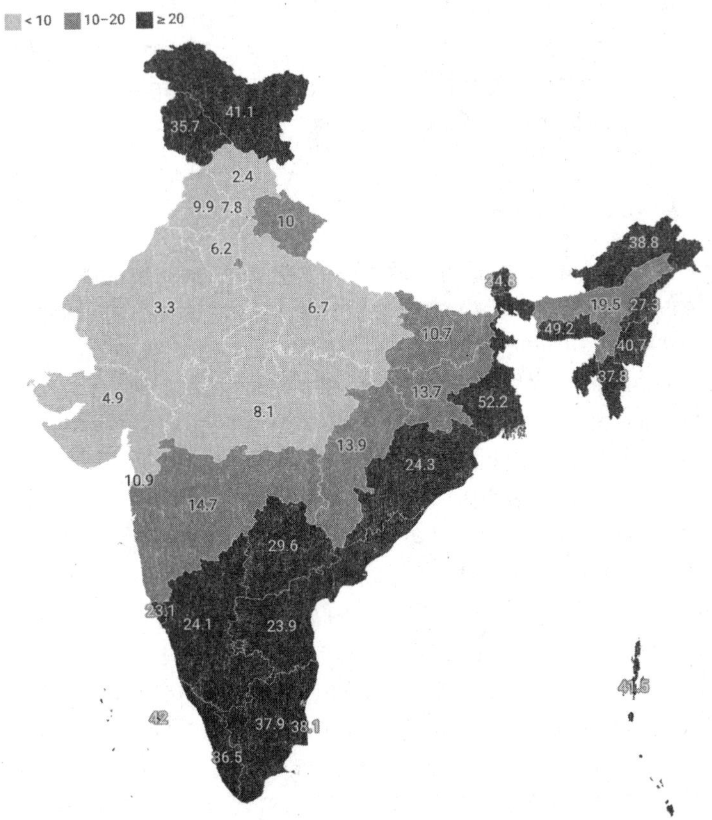

स्रोत : नेशनल फ़ैमिली हेल्थ सर्वे, 2019-21 से, Map data: © OSM. Created with Datawrapper

इस तरह का भेदभाव कितना व्यापक है, यह कहना मुश्किल है। लेकिन चूँकि ऐसे मुद्दे ख़बरों में आते रहे हैं, इससे कम-से-कम यह आश्वासन तो है कि कहीं-कहीं पर लोग इस तरह के बर्ताव के ख़िलाफ़ आवाज़ उठा रहे हैं। कहीं पर इन मुद्दों को सुलझाने के लिए ज़िला कलेक्टर ने ख़ुद हस्तक्षेप किया, गाँव गए, ख़ुद दलित रसोइये के हाथों बना खाना खाया और स्थानीय लोगों को राज़ी किया। यदि नहीं माने, तो यह भी कहा गया कि कोई ज़बरदस्ती नहीं है, उनके बच्चे अगर स्कूल में अन्य जाति के बच्चों के साथ बैठकर नहीं खाना चाहते, तो न खाएँ।

सरकारी आँकड़ों के अनुसार, 2021-22 में कुल कुक और हेल्पर्स में से 14% अन्य जातियों के थे। इसमें ओबीसी मिला लें तो दोनों की संख्या 56% हो जाती है। यानी, कुल में से 44% दलित, आदिवासी और अल्पसंख्यक समुदायों से थे। देश के तीन राज्यों में मध्याह्न भोजन योजना के कुक और हेल्पर में दलित और आदिवासियों का अनुपात उनकी जनसंख्या में हिस्से से कम है। यह तीन राज्य हैं हिमाचल प्रदेश, उत्तराखंड और राजस्थान। 2013-14 से 2021-22 के बीच, तमिलनाडु, महाराष्ट्र और पंजाब में उनकी हिस्सेदारी बढ़ी है (तालिका A4)।

योजना में जातिगत भेदभाव के ख़िलाफ़ लड़ाई अभी भी जारी है।

मुद्दों से भटका नीतियों का फोकस

पिछले दस सालों में भारत की मध्याह्न भोजन योजना, जापान जैसे विकसित देश की ऐसी ही एक योजना के समान हो सकती थी, यदि इस योजना को राजनीतिक और प्रशासनिक आशीर्वाद प्राप्त होता। लेकिन कुछ हद तक, केन्द्र सरकार फोकस खो बैठी। केन्द्र सरकार द्वारा मिड डे मील योजना पर सबसे ज़्यादा ख़र्च (बतौर जीडीपी का प्रतिशत) 2007-8 और 2008-9 में रहा जब वह जीडीपी का 0.15% था। आज यह घटकर जीडीपी का मात्र 0.03% रह गया है।

यह बात ज़रूर है कि सरकारी स्कूलों में बच्चों के नामांकन की संख्या कुछ हद तक थम गई (ख़ासकर उन राज्यों में जहाँ जनसंख्या की बढ़त की दर कम हुई है) और कुछ कम इसलिए भी हुई क्योंकि निजी स्कूलों में नामांकन बढ़ा है। लेकिन आज भी केन्द्र सरकार के मानदंड के अनुसार हर प्राथमिक स्कूल के बच्चे पर रु. 6 प्रतिदिन ख़र्च होता है और उच्च प्राथमिक बच्चों के लिए रु. 8 प्रतिदिन है। कुछ राज्य जैसे केरल, तमिलनाडु, तेलंगाना अपनी तरफ़ से कुछ ज़्यादा सहयोग करते हैं, तो इन राज्यों में प्रति बच्चा प्रतिदिन रु. 8-9.5 ख़र्च हो रहा है।[5]

स्कूल में भोजन पकानेवाली महिलाओं का वेतन भी काफ़ी कम है। कुछ राज्यों में तो सरकारी न्यूनतम मज़दूरी से भी कम। इन सब मुद्दों को छोड़कर नीति बनाने वालों का ध्यान अनुचित टेक्नोलॉजी और केन्द्रीकृत किचन पर भटक गया है।

मध्याह्न भोजन या आधार?

28 फ़रवरी, 2017 को मानव संसाधन विकास मंत्रालय ने आधार अधिनियम के अनुच्छेद 7 को लागू करते हुए मिड डे मील से जुड़ी एक अधिसूचना जारी की (भारत सरकार, 2017)। अधिसूचना के मुताबिक़, अगर किसी बच्चे का नामांकन आधार के लिए नहीं कराया गया है तो उसे मिड डे मील पाने के योग्य बने रहने के लिए अपनी आधार नामांकन पर्ची के अलावा दो अन्य तरह के दस्तावेज़ भी पेश करने होंगे। इन बेहद कठोर नियमों पर सवाल उठे तो एक सप्ताह के बाद प्रेस रिलीज निकालकर आधार डेटाबेस में बच्चों के नामांकन के प्रावधान को बदलकर 'स्वैच्छिक' प्रकृति का कर दिया गया। वास्तव में नियमों में किसी क़िस्म की ढील नहीं दी गई है, बस सुर्खियों का प्रबन्धन किया गया, 'सरकार ने आधार नियमों में ढील दी, दूसरे पहचान पत्रों को सब्सिडी योजना के लिए स्वीकार्य बनाया' (प्रेस ट्रस्ट ऑफ़ इंडिया, 2017)।

दो कारणों से आधार को मिड डे मील से जोड़ने का यह क़दम सवाल खड़े करता है। पहली बात, अपने मौजूदा रूप में बच्चों को ज़बरदस्ती नामांकन करने के लिए बाध्य करने का मतलब है कि पूरी ज़िन्दगी उन पर निगरानी रखी जा सकती है (वह भी उनकी रज़ामंदी के बग़ैर, क्योंकि अभी वे नाबालिग हैं)। और भविष्य में उनके पास बाद के जीवन में आधार से बाहर निकलने का विकल्प भी नहीं रहेगा (अधिनियम में ऐसा कोई प्रावधान ही नहीं है)। कई अभिभावकों ने ट्वीट किया है कि किस तरह उन्हें उनके बच्चे को आधार के लिए नामांकन कराने के लिए बाध्य किया गया।[6]

दूसरी बात, मिड डे मील योजना में आधार की कोई भूमिका नहीं है। सरकारी अधिसूचना कहती है कि सरकार सिर्फ़ बच्चों का आधार के लिए नामांकन कराना चाहती है। यानी इस क़दम से मध्याह्न भोजन योजना को बेहतर बनाने में कोई मदद नहीं मिलेगी।

वैसे बच्चे जो सरकारी स्कूलों में मिड डे मील लेते हैं, वे वहाँ पहले से ही नामांकित हैं और वे बिना किसी अतिरिक्त प्रमाण के इसे पाने का हक़ रखते हैं। इस तरह देखें, तो आधार के पक्ष में जहाँ यह तर्क दिया जाता है कि यह पहुँच को बाधा-मुक्त बनाने वाला औज़ार है, उसके उलट पंजीकरण पहुँच की राह में अवरोध उत्पन्न कर रहा है।

जहाँ तक पंजीकरण के लिए दबाव बनाने का सवाल है, तो इसके परिणाम भी बेहद अवरोधकारी साबित हो सकते हैं—यह न केवल मिड डे मील कार्यक्रम को पटरी से उतार सकता है बल्कि स्कूलों में शिक्षा सम्बन्धी गतिविधियों को भी नुक़सान पहुँचा सकता है। शिक्षकों और पहले से ही काम का काफ़ी दबाव झेल रहे स्कूल प्रशासन को अलग से आधार रजिस्ट्रेशन के लिए व्यवस्था करनी होगी।

एक बार यह काम कर लिया जाए तो पूरी व्यवस्था में आधार के हिसाब से बदलाव लाना होगा, जिससे समय की काफ़ी बर्बादी होगी।[7]

अगर सरकार की योजना यह है कि सभी बच्चों का (ज़बरदस्ती) आधार के लिए नामांकन कराने के बाद, भोजन परोसने से पहले, उनका बायोमेट्रिक सत्यापन किया जाएगा, तो ज़ाहिर है यह क़दम मिड डे मील कार्यक्रम को बेहद नुक़सान पहुँचाएगा।

निश्चित तौर पर सबसे पहले यह सवाल उठता है कि आख़िर सरकार बायोमेट्रिक सत्यापन के ज़रिये किस समस्या का समाधान करना चाह रही है! इसके पक्ष में एकमात्र तर्क दैनिक उपस्थिति में हेर-फेर करके की जाने वाली बढ़ोतरी को रोकना हो सकता है : यानी, कुछ बच्चों की हाज़िरी तब भी दर्ज करना, जब वे स्कूल से ग़ैरहाज़िर हों।

अगर इस तरह से वास्तविक उपस्थिति से ज़्यादा हाज़िरी लगती हो, तो इसके दो कारण हो सकते हैं :

एक, यदि आधिकारिक दैनिक आवंटन मेन्यू के आधार पर भोजन उपलब्ध कराने से हिसाब से अपर्याप्त हो। उदाहरण के लिए वर्तमान में प्रति छात्र दैनिक आवंटन लगभग पाँच रुपये है और ऐसे दिनों में जब मिड डे मील में अंडे के साथ चावल और दाल दिये जाने की अपेक्षा की जाती है, यह आवंटन नाकाफ़ी होता है। इस कमी की भरपाई, जहाँ सम्भव हो, ज़्यादा हाज़िरी दिखाकर की जाती है। (जब ऐसा नहीं होता है, तब शिक्षक कम क़ीमत पर वस्तुओं की ख़रीद करने के लिए काफ़ी मोल-भाव करते हैं और कई मामलों में तो ऐसा भी देखा गया है कि इसके लिए समुदायों की मदद भी ली जाती है।)

मिड डे मील का फ़ंड बढ़ाने की जगह, सरकार सिस्टम को और कस रही है। उदाहरण के लिए, 7 अगस्त, 2015 केन्द्र को सरकार ने मिड डे मील के लिए स्कूलों को दी जाने वाली एलपीजी सब्सिडी समाप्त कर दी। क्या सरकारी स्कूलों में पढ़ रहे बच्चों से बेहतर कोई और एलपीजी सब्सिडी का लाभार्थी हो सकता था? इतना ही नहीं, 2015-16 के केन्द्रीय बजट में मध्याह्न भोजन योजना के बजट में बड़ी कटौती हुई : रु. 13,215 करोड़ से रु. 9145 कर दिया गया, यानी, 2014-15 की तुलना में इसका बजट 30% घटा। आम तौर पर, महँगाई की वजह से बजट हर साल बढ़ता है, साथ ही, जैसे-जैसे देश का जीडीपी बढ़ता है उम्मीद की जाती है कि इन योजनाओं के लिए बेहतर प्रबन्धन होगा।

हाज़िरी को बढ़ाकर दिखाने का एक अन्य कारण फ़ंड के साथ हेरा-फेरी करना भी है। ऐसे मामलों में प्रशासकों (शिक्षक, आयोजनकर्ता, रसोइये और सहायक) के द्वारा झूठा रिकॉर्ड बनाया जाता है। यदि सज़ा देनी है तो इन्हें दी जानी चाहिए, न कि बच्चों को। बायोमेट्रिक सत्यापन की शुरुआत करने का अंजाम छात्रों को बिना उनकी ग़लती के सज़ा देना होगा।

इसका एक पहलू और भी है कि बायोमेट्रिक अटेंडेंस की टेक्नोलॉजी विश्वसनीय नहीं है। 2017-18 में झारखंड के सरकारी आवासीय स्कूलों में इंटरनेट से बायोमेट्रिक अटेंडेंस लेकर, उसे ऑनलाइन उपलोड करने के लिए इस्तेमाल किया। उस समय हमने आठ स्कूलों में बायोमेट्रिक उपस्थिति देखी। ताज्जुब की बात यह है कि जब हम स्कूलों में गए तब ऑनलाइन हाज़िरी के अनुसार, वहाँ 100-130 बच्चे थे। खाने के समय हमने बच्चों से गिनती करवाई तो वहाँ लगभग 230 बच्चे उपस्थित थे! स्कूल शिक्षकों ने बताया कि 238 की स्वीकृत सीट और नामांकन है, लेकिन लगभग सभी स्कूलों में कुल बच्चों में से लगभग 40 बच्चों का आधार रजिस्ट्रेशन नहीं हुआ, इसलिए वो उपस्थिति नहीं लगा सकते। बाक़ी 190 बच्चों में से (जिनका आधार है), बायोमेट्रिक मशीन 130-132 का अँगूठा पहचान रही थी। अगले स्कूल में, 187 में से केवल 100 के आस-पास बच्चों का अँगूठा पहचाना जा रहा था। संक्षेप में : काग़ज़ी हाज़िरी 230 के आसपास, वास्तव में लगभग 230 बच्चे और ऑनलाइन अटेंडेंस में केवल 100-190 बच्चे।

इसके कुछ महीनों पहले, ख़बर छपी थी कि स्कूल में 'फ़र्ज़ी' बच्चों को मध्याह्न भोजन खिलाया जा रहा है; उन रिपोर्ट्स में बताया गया कि मास्टर बढ़ा-चढ़ा कर हाज़िरी बनाते हैं, और इस तरह मध्याह्न भोजन का पैसा चोरी होता है। उस ख़बर के अनुसार नामांकन से आधार नम्बर को जोड़ने से फ़र्ज़ी बच्चे 'पकड़े' गए हैं। आधार से फ़र्ज़ी बच्चे कैसे उपजे जाते हैं, उसका अन्दाज़ा ऑनलाइन आधार अटेंडेंस से आप ख़ुद लगा सकते हैं: कुछ बच्चों का आधार है नहीं और कुछ ऐसे हैं, जिनका आधार है, लेकिन मशीन उनकी उँगलियों के निशान नहीं पहचानती। ऑनलाइन और पेपर उपस्थिति में जो अन्तर है, वो 'फ़र्ज़ी' कहलाएँगे।

बढ़ी हुई हाज़िरी की समस्या से जुड़े आँकड़े जुटाना आसान नहीं। एक स्वतंत्र सर्वे में पाया गया कि 82% बच्चे मध्याह्न भोजन प्राप्त करते हैं और 64% बच्चे सरकारी स्कूलों में पढ़ते हैं। जनगणना के अनुसार 2011 में 6-14 साल के बच्चों की संख्या थी 19 करोड़। यानी, 12 करोड़ बच्चे सरकारी स्कूलों में पढ़ते हैं, और उसमें से 82%, या, 10 करोड़ को मध्याह्न भोजन प्राप्त होता है। सरकारी आँकड़ों के अनुसार, 10.5 करोड़ बच्चे मध्याह्न भोजन खाते हैं।

यदि 6-14 साल के बच्चों की संख्या के बजाय 1-8 तक की कक्षाओं में नामांकित बच्चों की संख्या लें, तो 12.3 करोड़ बच्चे होते हैं। इसमें 87% बच्चों ने कहा कि उन्हें मध्याह्न भोजन प्राप्त है, यानी, 10.7 करोड़, जो सरकारी आँकड़ों से कुछ अधिक है, कम नहीं (यादव, 2017)।

जहाँ तक मध्याह्न भोजन में चोरी रोकने की बात है, उसे रोकने के लिए दूसरे आसान और बेहतर उपाय हैं। उदाहरण के लिए, यदि रोज़ स्कूल अपनी उपस्थिति को प्रखंड/ब्लॉक शिक्षा अधिकारी के दफ़्तर भेज दे, और रोज़ ब्लॉक स्तर पर

लॉटरी से 2-3 स्कूलों का, आकस्मिक निरीक्षण के लिए चयन किया जाए, तो इससे बढ़ा-चढ़ा कर उपस्थिति बनाने वाले स्कूल पकड़े जा सकते हैं।

मिड डे मील से होनेवाले लाभ काफ़ी हैं, ख़ासकर स्कूल हाज़िरी, बाल पोषण, शिक्षण आदि में। मिड डे मील से जुड़ी हुई सबसे अहम समस्याओं (बेहतर मेन्यू, सुरक्षित भंडारण मुहैया कराना, खाना पकाने के लिए उपयुक्त स्थान प्रदान करना, फ़ंड को सही समय पर निर्गत करना आदि) का समाधान आधार-लिंकेज से नहीं किया जा सकता। मिड डे मील को लेकर सरकारी अधिसूचना हमारी पहले से ही कमज़ोर स्कूली प्रणाली को और धक्का पहुँचा सकती है।

मिड डे मील योजना में केन्द्रीकृत किचन की ज़रूरत है?

मिड डे मील योजना देश के 10-12 करोड़ बच्चों तक पहुँचती है। हालाँकि इसमें अभी भी सुधार की ख़ूब गुंजाइश है, फिर भी यह सामाजिक नीतियों में सबसे सफल योजनाओं में से एक है। बीच-बीच में ख़बर आती रहती है कि दूध या दाल को पानी में घोलकर बच्चों को परोसा जाता है। भ्रष्टाचार की भी शिकायतें हैं।

एक दिक़्क़त यह है कि कहीं-कहीं राज्य सरकार ने खाना बनाने की ज़िम्मेदारी निजी संस्थाओं को दे रखी है। देश-भर में, मध्याह्न भोजन पकाने के लिए प्रमुख मॉडल है स्कूल में खाना पकाने की व्यवस्था करवाना, जिसमें किचन शेड, चूल्हा, बर्तन, इत्यादि शामिल है। इस विकेन्द्रीकृत मॉडल में हर स्कूल में एक से तीन लोगों की टोली खाना बनाने के लिए ज़िम्मेदार है। इसमें कुक और हेल्पर के साथ कुछ राज्यों में एक 'ऑर्गनाइज़र' (यानी प्रबन्धक) को भी नियुक्त किया गया है। योजना में रसोइया और हेल्पर के रूप में 20 लाख महिलाओं को रोज़गार मिल रहा है।

कुछ राज्यों में, कुछ वर्षों से, विकेन्द्रीकृत किचन के साथ-साथ, केन्द्रीकृत किचन की प्रथा भी दिखने लगी है। पहले यह शहरी क्षेत्रों में दिखी जहाँ स्कूल की घनता अधिक है और वहाँ तक वाहन से पहुँचना आसान भी है। कुछ शहरी स्कूलों में शायद नये सिरे से किचन बनाना भी मुमकिन न हो। ऐसे में दिल्ली और अन्य घनी स्कूली-आबादी वाले शहरों में केन्द्रीकृत किचन एक विकल्प के तौर पर उभरे। खाना एक ही जगह बनाकर, गाड़ियों में स्कूलों तक पहुँचा दिया जाता है। दिल्ली जैसे राज्य में 2013-14 में भी लगभग सभी स्कूलों में केन्द्रीकृत किचन से खाना भेजा जाता था।

2021-22 में कर्नाटक में मिड डे मील योजना के लगभग 45 लाख लाभार्थी बच्चों में से क़रीब 8 लाख (17% प्रतिशत) को अक्षय-पात्र फ़ाउंडेशन जैसी संस्थाएँ भोजन मुहैया कराती हैं। इस संस्था को कई लोग जानते हैं, क्योंकि यह इस्कॉन मन्दिर से जुड़ी हुई है और कई लोगों ने कभी-न-कभी इन मन्दिरों में खाना खाया है।

हाल ही में अक्षय-पात्र फ़ाउंडेशन संस्था में धाँधली के आरोप लगे हैं। यह संस्था अंडे जैसे पौष्टिक आहार को भी इस योजना से जोड़ने के ख़िलाफ़ रही है।

मिड डे मील योजना के लिए अक्षय-पात्र को सरकारी स्कूलों की तरह अनाज और पैसा, दोनों मिलते हैं। लेकिन लोगों की अवधारणा यह है कि अक्षय-पात्र ही, पूरी तरह से, बच्चों को खाना खिलाती है। इस छवि को क़ायम करने का राज़ शायद विज्ञापन पर उसके द्वारा किया जा रहा ख़र्च भी है। इंटरनेट पर 'मिड डे मील' ढूँढ़ेंगे तो कई लिंक इस संस्था के बारे में मिलेंगे, जिससे आप अन्दाज़ा लगा सकते हैं कि यह विज्ञापन पर कितना ज़ोर देती है।

राज्य सरकार को अक्षय-पात्र की ज़रूरत नहीं है। 80 प्रतिशत से अधिक बच्चों को सरकारी स्कूलों की रसोई में बना खाना मिल रहा है। शायद अक्षय-पात्र को ही मिड डे मील योजना की ज़रूरत है। इस काम के दम पर उसे बड़ी मात्रा में निजी दान प्राप्त होता है। सरकार से प्राप्त राशि में कुछ हद तक शायद दान का पैसा जोड़ा जाता है।

कुछ साल पहले CAG की रिपोर्ट में अक्षय-पात्र संस्था पर कुछ सवाल उठे थे। उस समय किसी ने ख़ास ध्यान नहीं दिया और कोई कार्यवाही नहीं हुई। 2020 में यह संस्था फिर ख़बरों में रही। इसके निजी ऑडिट में कुछ ऐसे सवाल उठाए गए हैं जिनकी वजह से संस्था के स्वतंत्र ट्रस्टी ने इस्तीफ़ा दे दिया। सवाल गम्भीर थे। एक आरोप है कि आधे किचन में पैसों और अनाज की धाँधली हुई है। प्रति बच्चे पर ख़र्च बहुत ज़्यादा है—सरकारी स्कूलों की तुलना में यहाँ दोगुनी लागत दर्ज की जा रही थी। किचन को इस्कॉन मन्दिरों के लिए भी इस्तेमाल किया गया, लेकिन अनाज और पैसों का सही रूप से हिसाब नहीं रखा गया।

आरोपों से निष्कर्ष यह निकल रहा था कि जो सरकारी अनाज और पैसा अक्षय-पात्र को बच्चों के लिए दिया जा रहा था, उसका इस्तेमाल इस्कॉन मन्दिरों को चलाने में भी किया गया। स्वतंत्र जाँच करवाने के बजाय इस्कॉन मन्दिर के ट्रस्टी, जो अक्षय-पात्र संस्था में कार्यरत हैं, जाँच को रोक रहे थे।

अक्षय-पात्र जैसी संस्थाओं को सरकारी योजना में शामिल करने से जवाबदेही तय करने में भी अड़चन आती है। जब किसी संस्था को सरकारी पैसा मिल रहा है तो उस पर कैग और आरटीआई दोनों लागू होना ज़रूरी है।

इसके अलावा अक्षय-पात्र कर्नाटक में अंडे जैसे पौष्टिक आहार को मिड डे मील योजना के मेनू में जोड़ने के ख़िलाफ़ रहा है, जिसकी वजह से न सिर्फ़ वह बच्चे प्रभावित होते हैं जहाँ अक्षय-पात्र द्वारा भोजन दिया जाता है, बल्कि राज्य के सरकारी स्कूलों में पढ़ने वाले 40 लाख बच्चों पर भी इसका असर दिखता है। 2020 में अपनी आस्था के अनुसार उन्होंने भोजन में प्याज़ और लहसुन भी नहीं देने का इरादा ज़ाहिर किया। यदि पूरा ख़र्च अक्षय-पात्र द्वारा ही दिया जा रहा होता,

तब इसमें कोई अपत्ति नहीं होती, लेकिन सरकारी पैसा है तो उसे सरकारी मेनू और जनहित के अनुसार चलना चाहिए, न कि अपनी आस्था के अनुसार।

2021 से जब राज्य ने आख़िरकार अंडा देने की नीति तय कर ली, तब अक्षय-पात्र ने अंडा देने से मना कर दिया। जिन स्कूलों में अक्षय-पात्र द्वारा खाना उपलब्ध करवाया जाता है, वहाँ राज्य अलग से अंडा पहुँचाने का बन्दोबस्त करेगा।

दिलचस्प बात यह है कि कर्नाटक में, 2021 तक चाहे किसी भी पार्टी की सरकार रही हो, उनसे सवाल नहीं पूछे गए। ऐसा क्यों? अक्षय-पात्र में निजी ट्रस्टी धनी लोग हैं और बाक़ी इस्कॉन मन्दिर के धार्मिक गुरु हैं। क्या धर्म और धन के लिए देश के बच्चों के पोषण की आहुति देना सही था?

धीरे-धीरे इसका चलन ग्रामीण इलाक़ों तक भी पहुँचा। झारखंड, राजस्थान और ओडिशा के ग्रामीण क्षेत्रों में भी अब इस तरह की संस्थाएँ मध्याह्न भोजन के काम में जुटी हैं। हाल में झारखंड के चाईबसा में हुए सर्वेक्षण में पाया गया कि बच्चों को केन्द्रीकृत किचन से आया हुआ भोजन स्वादिष्ट नहीं लग रहा और कई बच्चे इसे फेंक भी रहे थे। इससे कई साल पहले, 2015 में राजस्थान में एक शोधकर्ता ने पाया कि अक्षय-पात्र द्वारा सरकार द्वारा निर्धारित मेनू का पालन नहीं किया जा रहा था (विकेन्द्रीकृत स्कूलों में बच्चों को सप्ताह में एक बार फल दिया जाता था, लेकिन अक्षय-पात्र द्वारा सप्लाई होने वाले स्कूलों में नहीं), बच्चों तक जब तक रोटी पहुँचती तो खाने लायक़ नहीं रहती। इसके अलावा, अक्षय-पात्र की रसोइयों में लहसुन और अदरक इस्तेमाल नहीं हो रहा था, जिसकी वजह से स्वाद में भी फ़र्क़ आ जाता है। (व्हिट्टेकर, 2015)।

इससे भी पुराने (2006) दिल्ली के अध्ययन में शोधकर्ताओं ने पाया कि केन्द्रीकृत किचन में महिलाओं को रोज़गार कम मिलता है, जबकि विकेन्द्रीकृत किचन में महिलाएँ बड़ी संख्या में होती हैं (सैमसन, नोरोन्हा, और डे, 2007)। कुछ हद तक शिक्षकों ने यह भी कहा कि यदि कोई शिकायत हो तो उसके लिए किसके पास जाएँ, उन्हें भी नहीं समझ आता।

इन समस्याओं के बावजूद, 2020-21 में केन्द्रीकृत किचन से मध्याह्न भोजन प्राप्त करने वाले बच्चों की संख्या 2013-14 में 4 प्रतिशत से बढ़कर 5% तक पहुँच गई है। गुजरात, आंध्र प्रदेश, हरियाणा और कर्नाटक जैसे राज्यों में वहाँ के 14-17% बच्चों को केन्द्रीकृत किचन से खाना प्राप्त करवाया जा रहा है। इन दस सालों में, गुजरात और आंध्र प्रदेश में इसका चलन काफ़ी व्यापक हुआ है (उदाहरण के तौर पर, गुजरात में 7% से 14%, यानी, दुगुना हुआ है)।

दस साल पहले की तुलना में, आज ज़्यादा राज्यों में केन्द्रीकृत किचन देखने को मिलेंगे। इस समय कम-से-कम 15 बड़े राज्यों में यह मौजूद हैं, 2013-14 में यह 10 बड़े राज्यों में थे। दूसरी ओर, ग्रामीण क्षेत्रों में भी इसका चलन बढ़ा है जहाँ इससे जुड़ी समस्याएँ अधिक हैं, लेकिन इस पर कोई ख़ास ध्यान नहीं दिया गया।

"मध्याह्न भोजन ने स्कूल को दाल-भात केन्द्र तक सीमित कर दिया है", "शिक्षक पढ़ाएँ कि बच्चों को खाना खिलाएँ?" मध्याह्न भोजन योजना के बारे में इस तरह की प्रतिक्रिया आज भी सुनने में आती है, हालाँकि मध्याह्न भोजन योजना की वास्तविकता इससे काफ़ी अलग है।

बेशक आपको आज भी ऐसे स्कूल मिलेंगे जहाँ टीचर को मध्याह्न भोजन की देखरेख में शामिल होना पड़ता है, लेकिन इस तरह की स्थिति अपवाद है। जहाँ तक स्कूल में पढ़ाई-लिखाई पर ज़ोर देने की बात रही, यह ज़रूर चिन्ता का विषय है कि जितना समय शिक्षकों को पढ़ाई पर देना चाहिए उतना नहीं दे पाते। लेकिन इसके लिए मध्याह्न भोजन योजना ज़िम्मेदार नहीं; इसके पीछे आधार पंजीकरण और अन्य रिकॉर्ड कीपिंग जैसे अन्य कारण हैं।

मध्याह्न भोजन योजना बच्चों की पढ़ाई, शिक्षा और पोषण के लिए तो मददगार है ही, साथ ही वह महिलाओं की सहायता व एक समाज की रचना में भी योगदान दे रही है।

सन्दर्भ

1. *इकोनॉमिस्ट* (2022) और वर्ल्ड पॉपुलेशन रिव्यू (2024)। इस योजना की क्या भूमिका हो सकती है उसे समझने के लिए जापान के मध्याह्न भोजन का वीडियो ('स्कूल लंच इन जापान, इट्स नॉट जस्ट अबाउट ईटिंग' ज़रूर देखें)।
2. पिछले कुछ सालों से तुलना कीजिए; सुप्रीम कोर्ट के इस आदेश का—कि बच्चों को आधार की वजह से किसी लाभ से वंचित नहीं रखा जा सकता—न सिर्फ़ अन्तरिम आदेश, आख़िरी निर्णय का भी खुलेआम उल्लंघन है—इस हद तक, कि आज वह 'ख़बर' लायक़ भी नहीं। इस पर और आगे भी पढ़िए।
3. इसमें कुछ ऐसे भी क़िस्से थे जहाँ कुक के मुसलमान होने पर भी लोगों ने आपत्ति जताई। जाति-आधारित भेदभाव पर थोरात और ली (2005) देखें।
4. सुप्रीम कोर्ट ने 20 अप्रैल, 2004 को आदेश दिया कि "कुक और हेल्पर की नियुक्ति में दलितों और आदिवासियों को प्राथमिकता दी जाएगी" (राइट टू फूड कैम्पेन, अदिनांकित)।
5. इसके अलावा केन्द्र सरकार की तरफ़ से अनाज मुफ़्त दिया जाता है।
6. जिन पाठकों की रुचि हो, वे कृतिका भारद्वाज (2016) के इस लेख "इंडिया इज़ एनरोलिंग इन्फेंट्स एंड चिल्ड्रेन इन आधार—बट वॉट अबाउट देयर कन्सेंट?" को पढ़ सकते हैं।
7. ठीक यही स्थिति मनरेगा और पीडीएस (जन-वितरण प्रणाली) को लेकर पैदा हुई है, जहाँ कार्यक्रम से जुड़े कर्मचारी आधार के बोझ के कारण अपने रोज़ के कामों को अंजाम देने में दिक़्क़त महसूस कर रहे हैं। इसने कई जगहों पर मनरेगा के कार्यों पर भी ब्रेक लगा दी है। पेंशन, पीडीएस और मनरेगा में आधार को लागू किये जाने से दिखता है कि इस तकनीक की असफलता की आशंका काफ़ी ज़्यादा है (खेरा, 2019C)।

अध्याय-5

जन-वितरण प्रणाली : खाद्य-सुरक्षा से पोषण की ओर

जन-वितरण प्रणाली का इतिहास

इस किताब में चर्चित सात कल्याणकारी योजनाओं में से जन-वितरण प्रणाली सबसे पुरानी है। इसका इतिहास स्वतंत्रता से पहले, दूसरे विश्वयुद्ध तक जाता है। उस समय युद्ध से उत्पन्न खाद्य पदार्थों की कमी की वजह से 'राशनिंग', यानी नियंत्रित वितरण की व्यवस्था शुरू की गई। जिन खाद्य पदार्थों की पर्याप्त आपूर्ति नहीं हो पा रही थी, उसके लिए शहरों में, उनका नियंत्रित वितरण किया जाने लगा। ग़ौरतलब है कि जन-वितरण प्रणाली का इतिहास शहरों से शुरू होता है हालाँकि आज के दौर में इसकी पहुँच और अहमियत ग्रामीण क्षेत्रों में ज़्यादा है।

स्वतंत्रता के बाद, जन-वितरण प्रणाली में बड़ा बदलाव हरित क्रान्ति के फलस्वरूप आया। हरित क्रान्ति ने जन-वितरण प्रणाली (अंग्रेज़ी में, पब्लिक डिस्ट्रीब्यूशन सिस्टम या पीडीएस) में नई जान फूँक दी। जैसे-जैसे हरित क्रान्ति के चलते गेहूँ और चावल की उत्पादकता और कुल उत्पाद बढ़े, उनके लिए ख़रीद की व्यवस्था बैठाना ज़रूरी होने लगा ताकि जिन किसानों ने नये बीज, खाद, कीटनाशक, इत्यादि में निवेश किया है, उन्हें अपनी बढ़ी हुई फ़सल के ठीक पैसे मिलें। सरकार का हस्तक्षेप इसलिए ज़रूरी था क्योंकि यदि इसे बाज़ार पर छोड़ देते तो, बढ़े हुए उत्पाद से बाज़ार में दाम गिर जाते और किसानों को, हरित क्रान्ति से फ़ायदा होने के बजाय, नुक़सान हो जाता।

साठ के दशक में भारतीय खाद्य निगम ने 'न्यूनतम समर्थन मूल्यों' पर गेहूँ और चावल ख़रीदना शुरू किया। अनाज के भंडारण के तीन मुख्य उद्‌देश्य हैं—देश में अनाज के दामों पर नियंत्रण (यदि महँगाई हो तो सरकार खाद्य निगम का अनाज बाज़ार में बेचकर, दाम घटाने की कोशिश करती है), बफ़र स्टॉक (यानी अकाल या युद्ध जैसी आपदा में इस्तेमाल के लिए) और पब्लिक डिस्ट्रीब्यूशन सिस्टम (पीडीएस) द्वारा खाद्य सुरक्षा के लिए वितरण।

जैसे-जैसे उत्पादकता और उत्पाद बढ़ते गए, ख़रीद और भंडारण भी बढ़े। दूसरी ओर, पीडीएस के विस्तार के लिए भी दबाव बना। 1980 के दशक में पीडीएस में 'अर्बन बायअस'—शहरी क्षेत्रों की तरफ़ ज़्यादा झुकाव—होने पर भी सवाल उठने लगे क्योंकि ग्रामीण क्षेत्रों में भी भूख और ग़रीबी बहुत थी।

बहुत विस्तार हो इससे पहले नब्बे के दशक में उदारवाद की नीतियाँ आने लगीं जिन्होंने केवल उद्योग को ही प्रभावित नहीं किया, बल्कि सरकारी सामाजिक समर्थन पर भी सवाल उठने लगे। इस दौर में जो सैद्धान्तिक रूप से (वास्तव में नहीं) यूनिवर्सल पीडीएस था उसे 'टारगेटिड' बनाने के लिए क़दम उठाए गए। पहले 1992 में 'ग़रीब' क्षेत्रों को टारगेट करने की कोशिश हुई। फिर 1999 और 2002 में 'बिलो पॉवर्टी लाइन' ('बीपीएल'), अर्थात ग़रीबी रेखा से नीचे, परिवारों को चिह्नित करने के लिए सर्वे किये गए, जिसके आधार पर लोगों को बीपीएल और 'एपीएल' ('अबव पॉवर्टी लाइन', ग़रीबी रेखा से ऊपर) के राशन कार्ड दिये गए। सोच यह थी कि जिनके पास बीपीएल कार्ड हैं, उन्हें पीडीएस के सस्ते अनाज के लिए टारगेट किया जाएगा। एपीएल के लिए सब्सिडी ख़त्म कर दी गई।

फ़ोटो 5.1 (2010, सरगुजा, छत्तीसगढ़) : इन छह महिलाओं में से तीन को बीपीएल कार्ड मिला और तीन को एपीएल की श्रेणी में डाल दिया गया। क्या आप पहचान सकते हैं कि बीपीएल कौन हैं और एपीएल कौन? बीपीएल-एपीएल राशन कार्ड का वितरण लॉटरी के समान हुआ करता था।

जन-वितरण प्रणाली में सुधार (2002-2013)[1]

नब्बे के दशक में जन-वितरण प्रणाली में हो रहे भ्रष्टाचार पर भी ध्यान आकर्षित किया गया। वास्तव में देखा जाए तो पीडीएस में भ्रष्टाचार सबसे बड़ा मुद्दा रहा। चार्ट 5.1 में 1999-2000 से 2022-23 तक पीडीएस के अनाज की 'चोरी' दर्शाई गई है। 'चोरी' का अर्थ है अनाज की सरकारी आपूर्ति और लोगों को वास्तव में मिले अनाज के बीच का अन्तर। खाद्य मंत्रालय द्वारा प्रकाशित मासिक 'मंथली फूडग्रेन बुलेटिन' में राज्यवार गेहूँ-चावल के उठान के आँकड़े छपते हैं जिससे खाद्य निगम द्वारा राज्यों को आपूर्ति की जानकारी मिल सकती है। 'नेशनल सैम्पल सर्वे' से अनुमानित प्रति व्यक्ति प्रति माह पीडीएस से अनाज की ख़रीद की जानकारी मिलती है। इन दोनों को मिलाने से अनुमान लगाया जा सकता है कि कितना अनाज 'ग़ायब' या 'चोरी' हुआ। दोनों में अन्तर के पीछे, चोरी के अलावा, अन्य कारण भी हो सकते हैं (उदाहरण के लिए, गोदामों में अनाज सड़ जाता है, लाने-ले जाने में अनाज की ख़राबी, इत्यादि), लेकिन अभी के लिए हम उसे नज़रअन्दाज़ कर सकते हैं।

चार्ट 5.1 में केवल 'भारत' और 'बिहार' में चोरी के आँकड़े दर्शाये गए हैं। साफ़ दिखता है कि किस तरह पिछले 15 वर्षों में अनाज की चोरी घटी है। बिहार में सबसे प्रभावशाली सुधार आया है। कई साल पहले जब किसी सर्वे के दौरान एक उत्तरदाता से पूछा कि क्या आपको पीडीएस से अनाज मिलता है, तो उन्होंने ज़ोर देकर जवाब दिया, "क्यों नहीं! हर दीवाली और होली पर अनाज मिलता है।" जानकारी के अभाव में उन्हें यह भी नहीं पता था कि क़ायदे से उन्हें हर महीने अनाज मिलना चाहिए, केवल होली-दीवाली पर ही नहीं। आज बिहार जैसे राज्य में भी ऐसी स्थिति नहीं रही। कई राज्यों में कटौती (हर महीने 5 किलो प्रति व्यक्ति की जगह, प्रति व्यक्ति केवल 4.5 या 4 किलो मिलता है) अभी भी जारी है; लेकिन जहाँ बिहार में 90% अनाज चोरी हो रहा था, 2022-23 में उसकी मात्रा गिरकर 27% पर आ गई। भारत में (अनुमानित) आधे से ज़्यादा अनाज चोरी हो रहा था, 2022-23 में यह 22% हो गया।

चार्ट 5.1 : जन-वितरण प्रणाली से अनुमानित अनाज की चोरी, 1999-2000 से 2022-23 तक

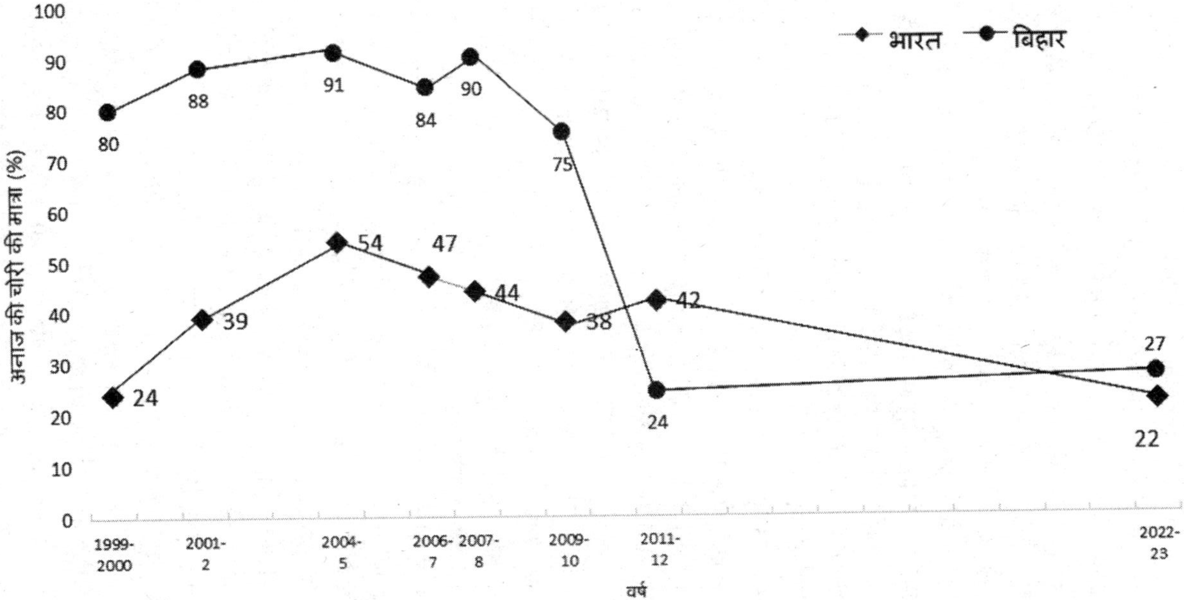

स्रोत : खेरा (2011a), ड्रेज़ और खेरा (2015b), खेरा (2024)

यह कैसे हुआ? सरगुजा ज़िला (छत्तीसगढ़) में जन-वितरण प्रणाली में आए बदलाव को क़रीब से देखने का मौक़ा 2010 में मिला। लोगों से बात करने पर ज्ञात हुआ कि उन्हें हर महीने, नियमित रूप से, 35 किलोग्राम अनाज का पूरा कोटा मिल रहा था, वह भी सही मूल्य पर—राशन कार्ड के प्रकार के आधार पर एक या दो रुपये प्रति किलो। अनाज हर महीने की सातवीं तारीख़ को समय पर गाँव पहुँच जाता और उसे तुरन्त वितरित कर दिया जाता। धोखाधड़ी की कोई शिकायत नहीं थी। यह एक ऐसा क्षेत्र था जहाँ कुछ ही समय पहले जन-वितरण प्रणाली में बहुत चोरी हो रही थी (सांख्यिकी परिशिष्ट A5 देखें)। इस तरह का बदलाव एक बड़ी उपलब्धि थी।

पीडीएस सुधार में शुरुआती क़दमों में से एक राशन की दुकानों के निजीकरण को पलटना था। छत्तीसगढ़ में, निजी डीलरों को 2001 से पीडीएस दुकानों के लिए लाइसेंस प्राप्त करने की अनुमति थी। इससे पहले, पीडीएस दुकानें राज्य सहकारी समितियों के नेटवर्क द्वारा चलाई जाती थीं। निजी लाइसेंस देने से राशन की दुकानों के नेटवर्क को व्यापक बनाने में मदद मिली, लेकिन भ्रष्ट खिलाड़ियों का एक नया गठजोड़ भी सामने आया। डीलरों ने लाइसेंस प्राप्त करने के लिए, और भ्रष्ट प्रथाओं में लिप्त होने पर, इस पर कार्यवाही से बचने के लिए, राजनेताओं को भी भ्रष्टाचार में शामिल कर लिया। 2004 में, डीलरों के उग्र विरोध के बावजूद, सरकार ने इस आदेश को पलट दिया। निजी डीलरों के बजाय ग्राम पंचायतों, स्वयं सहायता समूहों, वन सुरक्षा समितियों और अन्य सामुदायिक संस्थानों को राशन की दुकानों का प्रभारी बना दिया गया। राशन की दुकानों को लोगों के घरों के क़रीब लाने के अलावा, इससे पीडीएस में कुछ जवाबदेही लाने में भी मदद मिली। जब लोग अपनी राशन की दुकान पंचायत या समूह द्वारा ख़ुद चलाते हैं, तो अनाज की चोरी की गुंजाइश घटती है, क्योंकि यह ख़ुद को धोखा देने जैसा होगा। ग्राम पंचायतों जैसी सामुदायिक संस्थाएँ वास्तविक रूप से लोगों की संस्थाएँ नहीं हैं, लेकिन फिर भी, भ्रष्ट बिचौलियों या सरकार की नौकरशाही की बाजीगरी की तुलना में यह बेहतर हैं।

पीडीएस अनाज की 'डोरस्टेप डिलिवरी' सुनिश्चित करना छत्तीसगढ़ का एक और बड़ा सुधार था। इसका मतलब यह है कि राज्य की एजेंसियों द्वारा हर महीने राशन की दुकान पर अनाज पहुँचाया जाने लगा, बजाय इसके कि डीलरों को निकटतम गोदाम से अपना कोटा उठाना पड़े। इससे क्या मदद मिलती है? यह सर्वविदित है कि भ्रष्ट डीलरों में कार्डधारकों को कम मात्रा में देने ('कटौती' जिसे डीलर 'बचत' कहते हैं) और 'काले' (बल्कि खुले) बाज़ार में, बाज़ार के दामों पर, कटौती/बचत वाले अनाज को बेचकर पैसा कमाने की प्रवृत्ति आम है।

यह कम लोग जानते हैं कि जब डीलर ख़ुद खाद्य निगम के गोदाम से अनाज उठाते थे तब गाँव में अनाज पहुँचने से पहले अक्सर अनाज का डायवर्ज़न हो जाता था। डीलर असहाय होकर अपने हाथ खड़े कर देते, और अपने ग्राहकों को यह

कहकर बच निकलते कि 'पीछे से कम आया है' (गोदाम में कमी थी)। गाँव में जब अनाज राशन की दुकान तक पहुँचाया जाता है, तो डीलरों के लिए इसे चोरी करना कठिन हो जाता है। डोरस्टेप डिलिवरी में गोदामों से राशन की दुकानों तक ट्रकों की आवाजाही की कड़ी निगरानी की जाती है, और अगर कोई ट्रांसपोर्टर धोखा दे, तो डीलरों को शिकायत करने के लिए स्थानीय समर्थन जुटाने के लिए प्रोत्साहन मिलता है।

राशन की दुकानों को सामुदायिक संस्थाओं को सौंपने और डोरस्टेप डिलिवरी के साथ कड़ी निगरानी भी हुई, जिसमें अक्सर प्रौद्योगिकी का रचनात्मक उपयोग शामिल था। उदाहरण के लिए, अनाज की आवाजाही की जानकारी इच्छुक नागरिकों को 'एसएमएस अलर्ट' द्वारा देने की एक प्रणाली शुरू की गई। साथ ही, आपूर्ति, बिक्री, समय-सीमा आदि से सम्बन्धित सभी रिकॉर्ड कम्प्यूटरीकृत किये गए। डिलिवरी के ट्रकों को पीले रंग से रँग दिया गया। इससे अनाज की चोरी पकड़ने में मदद हुई—यदि पीला ट्रक अनाज को पीडीएस दुकान के अलावा किसी और स्थान पर ख़ाली करता हुआ दिखा, तो लोग तुरन्त समझ सकते थे कि कुछ गड़बड़ है और टोल फ्री नम्बर (जो इन ट्रकों पर लिखा हुआ था) पर शिकायत कर सकते थे।

सुधार की प्रक्रिया में काफ़ी कुछ करते-करते आया। उदाहरण के लिए, एक समय राज्य सरकार ने धोखाधड़ी को रोकने के लिए 35 किलोग्राम की पहले-से पैक बोरियों को वितरित करने की कोशिश की, लेकिन इस प्रथा को बन्द करना पड़ा क्योंकि पाया गया कि इन बोरियों के साथ भी छेड़छाड़ की जा रही थी। बाद में, इलेक्ट्रॉनिक वज़न मशीनों को लगाना शुरू किया गया।

शायद सबसे महत्त्वपूर्ण क़दम शिकायत निवारण में सुधार था। उदाहरण के लिए सक्रिय हेल्पलाइन शुरू की गई। हेल्पलाइन का उपयोग अक्सर कार्डधारकों द्वारा किया गया, और यदि कोई शिकायत दर्ज की जाती तो समय पर प्रतिक्रिया की उम्मीद थी—यह नहीं कि सरकारी सिस्टम में शिकायत कहीं पड़ी रह गई। कार्रवाई जाँच तक ही सीमित नहीं रहती—कई मामलों में, भ्रष्ट बिचौलियों के ख़िलाफ़ एफआईआर दर्ज की गई और उनके लिए जेल में जाना असामान्य नहीं है। जो अनपेक्षित स्थानों पर अपने स्टॉक को उतारते हुए पकड़े गए, उन ट्रकों से भी अनाज बरामद किया गया।

भ्रष्टाचारमुक्त प्रशासन की दिशा में अधिक पारदर्शिता एक महत्त्वपूर्ण क़दम है। पारदर्शिता लाने में सूचना दीवारों की सहायता ली गई।[2] छत्तीसगढ़ में जाली राशन कार्ड ख़त्म करने के लिए पारदर्शिता के सरल उपाय अपनाए गए। उदाहरण के लिए, हर घर के दरवाज़े के बग़ल में एक बड़ा गोल बोर्ड लगा होता था, जिस पर परिवार के राशन कार्ड के प्रकार और सम्बन्धित पात्रता (मूल्य और मात्रा) को प्रदर्शित करना होता था। यह अधिकारों के बारे में जागरूकता पैदा करने और उन

लोगों को 'नेम एंड शेम' (नाम लेकर शर्मिंदा करना) करने के दोहरे उद्देश्य को पूरा करता था जिनके पास राशन कार्ड (जैसे अंत्योदय कार्ड) थे, लेकिन जिसके लिए वे पात्र नहीं थे।

छत्तीसगढ़ में जन-वितरण प्रणाली के सुधार का 'डिमांड साइड' पहलू भी अहम था। यहाँ, सबसे महत्त्वपूर्ण क़दम पीडीएस के कवरेज में एक बड़ा विस्तार था। रमन सिंह (भाजपा नेता और तत्कालीन मुख्यमंत्री) ने 2007 के राज्य चुनावों से पहले पीडीएस को नया रूप दिया—सभी एससी/एसटी परिवारों सहित लगभग 80 प्रतिशत ग्रामीण आबादी एक या दो रुपये प्रति किलो की दर से पीडीएस अनाज की हक़दार बने। इससे अधिकांश ग्रामीण परिवारों की पीडीएस में मज़बूत हिस्सेदारी बनी, जिससे वितरण के लिए (विशेष रूप से राशन की दुकानों पर) भारी दबाव पैदा हो सका।

विस्तारित पीडीएस कवरेज और मूल्य कम करना—इन दोनों क़दमों ने, अन्यथा ग़रीब और शक्तिहीन, ग्रामीण कार्डधारकों की आवाज़ बढ़ाने में योगदान दिया। राजीव जायसवाल (संयुक्त निदेशक, खाद्य और नागरिक आपूर्ति) ने इसे सटीक रूप से इस तरह समझाया : "फ़िलहाल हम केवल 80% ग्रामीण समुदाय की आवाज़ का उपयोग कर रहे हैं। जब पीडीएस यूनिवर्सल हो जाएगा, तो बेहतर शिक्षित और मुखर वर्गों सहित पूरा समुदाय सिस्टम पर दबाव डालना शुरू कर देगा।"

छत्तीसगढ़ में जन-वितरण प्रणाली में सुधार राजनीतिक लाभ की दृष्टि से किया गया। रमन सिंह को 'चावल वाले बाबा' की उपाधि मिली। 2000 से 2019 तक, राज्य में भाजपा के बार-बार चुने जाने में, कुछ हद तक, इनका भी योगदान रहा। इन सफलताओं को और राज्य में बार-बार चुनावी जीत को देखते हुए, अगल-बगल के राज्यों में भी इन सुधारों में रुचि पैदा हुई। इसमें ओडिशा, झारखंड, बिहार और अन्य राज्य भी शामिल थे।

2000-10 के दशक में राज्यों ने पीडीएस को सुधारने के लिए जोरों से काम किया है। इससे छत्तीसगढ़ में (2004-05 में) चोरी की मात्रा 50 प्रतिशत से घटकर 2011-12 में केवल 9 प्रतिशत रह गई। बिहार में 90 फ़ीसदी से 24 फ़ीसदी और ओडिशा में 76 से 25 फ़ीसदी अनाज की चोरी घटी। हिमाचल (लगभग 27 प्रतिशत) और दक्षिण के राज्यों में (उदाहरण के लिए तमिलनाडु में 10% के आसपास) तो पहले से ही जन-वितरण प्रणाली काम कर रही थी।

राष्ट्रीय खाद्य सुरक्षा क़ानून 2013 की भूमिका

2009 के आम चुनाव से पहले कांग्रेस पार्टी ने अपने घोषणा-पत्र में खाद्य सुरक्षा क़ानून लाने का वादा किया। चुनाव जीतने के बाद, इस वादे को पूरा करने के नाम

पर क़ानून का जो मसौदा तैयार हुआ उसमें खाद्य सुरक्षा को लेकर कांग्रेस की सोच छोटी प्रतीत हुई। केवल 'बीपीएल' परिवारों के लिए, केवल अनाज, छोटे बच्चों की उपेक्षा, इत्यादि। साथ ही एक नई बहस छिड़ गई—लोगों की खाद्य सुरक्षा सुनिश्चित करने का सबसे प्रभावशाली तरीक़ा क्या है—जन-वितरण प्रणाली द्वारा सस्ता अनाज बाँटना कि लोगों को बैंक में नक़द देना। इस बहस पर विस्तार से इस अध्याय में आगे चर्चा है।

राष्ट्रीय खाद्य सुरक्षा अधिनियम (अंग्रेज़ी में, नेशनल फूड सिक्युरिटी ऐक्ट, या एनएफएसए) 2013 में पारित हुआ। क़ानून में चार मुख्य योजनाएँ हैं—जन-वितरण प्रणाली, मध्याह्न भोजन (अध्याय 4), समेकित बाल विकास योजना (आइसीडीएस) (अध्याय 3) और मातृत्व लाभ के लिए प्रधानमंत्री मातृ वन्दना योजना (अध्याय 2)। इसके द्वारा 10 से 12 करोड़ बच्चों को मध्याह्न भोजन मिलता है, आँगनवाड़ी के बच्चों को पोषण और स्वास्थ्य सुविधाएँ पहुँचाई जाती हैं। मातृत्व लाभ के प्रावधान के साथ, इस सबकी क़ीमत है देश के जीडीपी का लगभग दो प्रतिशत।[3]

क़ानून से जन-वितरण प्रणाली में तीन बड़े बदलाव आए—पहला, देश की आबादी में राशन कार्डधारकों का अनुपात बढ़ा। खाद्य सुरक्षा क़ानून के तहत देश की दो-तिहाई जनसंख्या को पीडीएस में शामिल किया गया। अधिनियम में ग्रामीण क्षेत्र में 75% और शहरी क्षेत्र में 50% लोगों को राशन कार्ड द्वारा सस्ता अनाज पाने का हक़ दिया गया है। खाद्य सुरक्षा क़ानून लागू होने के बाद पीडीएस के तहत 80 करोड़ लोग आते हैं। इसके साथ ही, अविश्वसनीय 'बीपीएल' श्रेणी (फ़ोटो 5.1 देखें) को ख़त्म करने की कोशिश की गई जो कुछ हद तक ही कामयाब हुई।

दूसरा बड़ा बदलाव गेहूँ-चावल के दामों को लेकर हुआ था। उदाहरण के लिए, क़ानून के आने से पहले, बीपीएल परिवारों के लिए केन्द्र सरकार रु. 4.65 प्रति किलो के मूल्य पर राज्यों को अनाज दे रही थी। खाद्य सुरक्षा क़ानून के तहत 'प्राथमिकता' श्रेणी वाले परिवारों को रु. 1 (मोटा अनाज), रु. 2 (गेहूँ) और रु. 3 (चावल), प्रति किलो के दामों पर अनाज मिलता है।

तीसरा बदलाव था कि अब प्राथमिकता की श्रेणी में आने वाले परिवार के सदस्यों को प्रतिमाह 5 किग्रा. प्रति व्यक्ति अनाज मिलता है। अंत्योदय परिवारों को 35 किग्रा. प्रतिमाह अनाज मिलता है। पहले, प्रति बीपीएल परिवार (राज्य के अनुसार) 20-35 किलो अनाज मिलता था। क़ानून ने औपचारिक रूप से बीपीएल की श्रेणी ख़त्म कर दी (हालाँकि आज भी कई राज्यों में 'प्राथमिकता' वालों को 'बीपीएल' ही कहा जाता है और कुछ राज्यों में बीपीएल की श्रेणी अभी भी चलन में है)।

जिन्होंने इस अध्याय का पिछला खंड ध्यान से पढ़ा है उन्हें तुरन्त 2000-2010 तक के राज्यों के पीडीएस में प्रयोग और सुधारों की झलक राष्ट्रीय खाद्य सुरक्षा अधिनियम में दिखने लगेगी। जन-वितरण प्रणाली का विस्तार और दामों में कटौती सीधे-सीधे उन सुधारों के बूते ही इस क़ानून में शामिल हुए। इसके अलावा, अन्य सुधारों को भी इस क़ानून में जोड़ा गया—जैसे कि राशन कार्ड की सूची में पारदर्शिता, व्यवस्था का कम्प्यूटरीकरण एवं वितरण की तारीख़ निर्धारित करना, इत्यादि।

बिहार एनएफ़एसए को लागू करने वाले शुरुआती राज्यों में शामिल था।[4] जिन राज्यों में पीडीएस की स्थिति सबसे ख़राब थी, बिहार भी उनमें शामिल था (चार्ट 5.1 देखें)। एनएफ़एसए लागू होने के बाद पात्र परिवारों की सूची पहले की बीपीएल लिस्ट की तुलना में कहीं ज़्यादा विश्वसनीय, युक्तिसंगत और समावेशी हुई है। पीडीएस को सुचारु ढंग से चला पाने के लिहाज़ से बिहार को अभी बहुत कुछ करना शेष है, फिर भी, बिहार ने इस दिशा में जितनी प्रगति की, एक दशक पहले तक वह नामुमकिन ही मानी जाती।

मध्य प्रदेश का अनुभव भी बड़ा दिलचस्प है। बिहार की तरह मध्य प्रदेश में भी जन-वितरण प्रणाली बहुत खस्ता हुआ करती थी। योग्य परिवारों की सूची में दोष थे, नाम छूटने की ग़लतियाँ बहुत ज़्यादा थीं, वितरण अनियमितता का शिकार था और चोरबाज़ारी बहुत ज़्यादा थी। *पब्लिक इवोल्यूएशन ऑफ़ एंटाइटलमेंट प्रोग्राम ('पीप')* 2013 के सर्वेक्षण से पता चला कि मध्य प्रदेश के बीपीएल परिवारों को अपनी हक़दारी का महज़ 37 प्रतिशत अनाज ही हासिल हो रहा था। हालाँकि सर्वेक्षण में सैम्पल छोटा था (मंडला और शिवपुरी ज़िले के आठ गाँवों के तक़रीबन 200 परिवार) लेकिन सर्वेक्षण के निष्कर्ष नेशनल सैम्पल सर्वेक्षण के निष्कर्षों से मेल खाते थे।

स्थिति बदली कि नहीं यह देखने के लिए मंडला और शिवपुरी के उन्हीं गाँवों में, जुलाई 2015 में हमने फिर से, उन्हीं परिवारों का जायज़ा लिया। इस बीच की अवधि में मध्य प्रदेश ने एनएफ़एसए को लागू करना शुरू कर दिया था। ग्रामीण इलाक़े की 80 प्रतिशत आबादी को पात्र परिवारों की नई सूची बनाकर एनएफ़एसए में शामिल किया गया। क्रियान्वयन के साथ-साथ राज्य सरकार ने पीडीएस को भी दुरुस्त करने के लिए गम्भीर प्रयास किये।

अन्य राज्यों की तरह मध्य प्रदेश में भी एनएफ़एसए के अन्तर्गत पीडीएस के विस्तार के साथ नाम छूट जाने की भूलों में भारी कमी आई है। पीप सर्वे 2013 में तक़रीबन 50 फ़ीसदी परिवार जन-वितरण प्रणाली से बाहर थे। इन परिवारों के पास या तो एपीएल श्रेणी का राशनकार्ड था या फिर किसी क़िस्म का भी राशनकार्ड नहीं था। बहुत से ग़रीब परिवार ऐसे थे जो ग़लत प्रक्रिया की वजह से बीपीएल कार्ड से वंचित रह गए। वजह थी, बीपीएल सर्वेक्षण का गड़बड़ और अविश्वसनीय होना।

2015 तक, पीप सर्वेक्षण में शामिल ज़्यादातर परिवारों के पास, जिनमें अनुसूचित जाति और जनजाति के तक़रीबन सभी परिवार शामिल हैं, खाद्य सुरक्षा अधिनियम के तहत नया राशनकार्ड था। पीडीएस का विस्तार-क्षेत्र 80 प्रतिशत आबादी तक होने तथा पुरानी बीपीएल सूची की जगह राज्य के सामाजिक सुरक्षा मिशन के अन्तर्गत तैयार ज़्यादा विश्वसनीय डेटासेट के इस्तेमाल से, बहुत ही कम परिवार पीडीएस प्रणाली से बाहर रहे।

दूसरी बात यह कि पीडीएस के अनाज के वितरण की नियमितता और विश्वसनीयता में बहुत सुधार हुआ। सरकारी राशन दुकानों के लिए अनाज वितरण का एक नियमित समय निर्धारित किया गया और भले ही इसका कड़ाई से पालन नहीं हुआ हो, फिर भी महीने में समय से अनाज का वितरण एक मानक बना। वितरण में निरन्तरता ना होने से असुविधा और अनिश्चितता के हालात तो पैदा होते ही, भ्रष्टाचार की भी गुंजाइश पैदा होती क्योंकि लोगों के लिए अपनी हक़दारी पर नज़र रख पाना कठिन हो जाता।

तीसरे, पीडीएस की अपनी हक़दारी हासिल करने और धोखाधड़ी से बचने की लोगों की क्षमता में बहुत ज़्यादा सुधार हुआ। सर्वेक्षण में नमूने के तौर पर शामिल परिवारों को स्पष्ट पता था कि राशनकार्ड पर छपी जानकारी के अनुसार उन्हें कितनी मात्रा में अनाज हासिल करने का हक़ है। ख़रीद की क़ीमत एक रुपये प्रति किलो होने की वजह से लोग इस बात का ख़ूब ध्यान रखने लगे हैं कि उन्हें अपने कोटे का पूरा राशन मिले। सिर्फ़ मध्य प्रदेश ही पहला राज्य नहीं जिसे यह महसूस हुआ हो कि विस्तार-क्षेत्र बड़ा हो, हक़दारी स्पष्ट हो और ख़रीद की क़ीमत कम रखी जाए तो इन सरल से उपायों (साथ ही पीडीएस में व्यापक सुधार) से चोरबाज़ारी पर काफ़ी हद तक लगाम लगाई जा सकती है। एपीएल कोटा को चरणबद्ध ढंग से समाप्त करने के कारण भी कमियों को दुरुस्त करने में मदद मिली है। एपीएल कोटा में पारदर्शिता सम्बन्धी बड़े दोष थे और उसमें चोरबाज़ारी भी व्यापक थी (इस मुद्दे पर द्रेज़ और खेरा, 2015a देखें)।

इस सुधार का मतलब यह नहीं कि लोगों की शिकायतें और चिन्ताएँ ख़त्म हो गईं। कइयों की शिकायत थी कि नये राशनकार्ड के लिए उन्हें रिश्वत (100 से 2000 रुपये के बीच) देनी पड़ी। सामाजिक सुरक्षा मिशन का डेटाबेस इस तरह बनाया गया कि जन्म या मृत्यु के पंजीकरण की स्थिति में परिवार के सदस्यों की सूची उसी हिसाब से अद्यतन हो जाए। इस प्रक्रिया ने स्थानीय अधिकारियों को रिश्वतख़ोरी का अवसर दिया। पीडीएस के अनाज की गुणवत्ता एक-सी नहीं है। तक़रीबन एक-तिहाई उत्तरदाताओं की शिकायत थी कि पीडीएस से पिछली दफ़े जो चावल मिला वह घटिया क़िस्म का था, जबकि तक़रीबन 20 प्रतिशत उत्तरदाताओं ने पीडीएस से हासिल गेहूँ और मक्के के बारे में यही बात कही। इन सारी शिकायतों तथा अन्य

बातों के बावजूद ज़्यादातर उत्तरदाताओं का कहना था कि उन्हें दो साल पहले की तुलना में अभी पीडीएस से ज़्यादा अनाज हासिल हो रहा है।

बहरहाल, यह महत्त्वपूर्ण संकेत मिला कि ख़स्ताहाल प्रशासन वाले राज्य भी जन-वितरण प्रणाली को दुरुस्त करने और खाद्य सुरक्षा अधिनियम को क्रियान्वित करने में सक्षम हैं।

इन सकारात्मक बदलाव के साथ-साथ क़ानून में विस्तार की और भी गुंजाइश थी—उदाहरण के लिए, बहुत समय से माँग रही है कि तमिलनाडु, हिमाचल प्रदेश और आंध्र प्रदेश जैसे राज्यों की तरह राशन कार्ड द्वारा दाल और खाद्य तेल का वितरण भी होना चाहिए। इसका कारण है कि लोगों की ख़ुराक में प्रोटीन की बहुत कमी है जो दालें पूरा कर सकती हैं, लेकिन जिसे महँगाई की वजह से लोग नियमित रूप से खा नहीं पाते। इस तरह खाद्य तेल 'फैट' का स्रोत है, जो महँगा होने की वजह से ग़रीब परिवारों की ख़ुराक में कम खाया जाता है। इस सुझाव को दरकिनार कर दिया गया, लेकिन क़ानून में 12.2 (f) में स्पष्ट लिखा है कि समय के साथ जन-वितरण प्रणाली द्वारा दी जाने वाली खाद्य सामग्री में और खाद्य पदार्थ जोड़े जाएँ।

इसके अलावा, गेहूँ और चावल के साथ, या इनके बजाय, बाजरा, मक्का, रागी/मडुवा जैसे अनाज देने पर भी चर्चा हुई। बाजरा, रागी, इत्यादि गेहूँ-चावल से तीन तरह से बेहतर हैं—अधिक पोषण, सूखे इलाकों में कम पानी में उपज, सस्ते दाम। क़ानून में इन्हें देने का प्रावधान है, जो कुछ राज्यों में (उदाहरण के लिए, ओडिशा और कर्नाटक) दिखने भी लगा है।

नक़द या अनाज पर वाद-विवाद

जैसा कि पहले ज़िक्र किया गया है, जब खाद्य सुरक्षा क़ानून पर चर्चा शुरू हुई, यह सवाल उठा कि खाद्य सुरक्षा सुनिश्चित करने का सबसे कारगर तरीक़ा क्या है—जन-वितरण प्रणाली के द्वारा सस्ते अनाज की आपूर्ति या लोगों के खातों में नक़द पैसा डालना। दुनिया के तमाम देशों में सरकारें 'इन-काइन्ड ट्रांसफ़र' (वस्तुओं के हस्तान्तरण) की व्यवस्था अपनाती हैं। भारत में पीडीएस इसका एक महत्त्वपूर्ण उदाहरण है, जिसके तहत सस्ते दाम पर अनाज और कुछ राज्यों में दालें और खाद्य तेल बेचे जाते हैं। कई देशों में नक़द द्वारा भी लोगों का समर्थन किया जाता है (खेरा, 2014 देखें)।

भारतीय खाद्य निगम को प्रभावी रूप से चलाने के लिए सरकार ने शांता कुमार कमेटी का गठन किया। अपनी 2015 की रिपोर्ट में कमेटी ने खाद्य सुरक्षा क़ानून पर भी सुझाव दिये, जो न सिर्फ़ उसके कार्यक्षेत्र से बाहर है, बल्कि ये सुझाव आँकड़ों

के ग़लत विश्लेषण के सहारे दिये गए। कमेटी ने जन-वितरण प्रणाली से सस्ता अनाज देने के बजाय नक़द हस्तान्तरण (कैश ट्रांसफ़र) का सुझाव दिया। इसको उचित ठहराने के लिए कहा गया है कि पीडीएस में लम्बे समय से चल रहे भ्रष्टाचार की समस्या (जो सत्य है, इसका इस अध्याय में भी विश्लेषण किया गया है) में कोई सुधार नहीं हो रहा (जो सही नहीं था, चार्ट 5.1 और सांख्यिकीय परिशिष्ट A5 देखें)। लेकिन सरकारी आँकड़ों के दोषपूर्ण विश्लेषण के कारण जन-वितरण प्रणाली में हुए सुधार को बिलकुल नज़रअन्दाज़ कर दिया था।[5]

राज्यों के उन सफल प्रयासों से अछूते, ग्रामीण क्षेत्रों की वास्तविकताओं को नकारते हुए, सरकारी गल्ले पर आधारित लोगों की ज़रूरतों से अनजान, दिल्ली में कैश ट्रांसफ़र को ऐसी जादुई छड़ी के रूप में प्रस्तुत किया गया, जिससे भ्रष्टाचार और खाद्य असुरक्षा से छुटकारा मिल सकेगा।

इस सुझाव में दम है या नहीं, इसे समझने के लिए हमने 2011 में नौ राज्यों के 1,500 ग्रामीण राशन कार्डधारियों का सर्वे किया और उनसे पूछा कि अनाज और नक़द में से वे किसे पसन्द करेंगे और क्यों। सवाल यह था कि यदि राशन की दुकान को बन्द कर दें, और उसके बजाय जो सामग्री वहाँ से ख़रीदते हैं उसके लिए पर्याप्त नक़द बैंक खाते में डाला जाए, तो इन दोनों विकल्पों में से वह क्या चुनेंगे। उत्तरदाताओं में से दो-तिहाई ने अनाज पाना पसन्द किया (खेरा, 2015 पढ़ें)।

पैसा होने पर भी अनाज की चिन्ता क्यों थी उन्हें? ग्रामीण क्षेत्रों में बाज़ार व्यवस्था कमज़ोर है। लोगों को बाज़ार की अनिश्चितताओं से बचाना ऐसे हस्तान्तरणों का सबसे महत्त्वपूर्ण कारण होता है। दिक़्क़त यह है कि देश के बहुत से ग्रामीण इलाक़ों में बाज़ार उस तरह से काम नहीं करते जैसा कि मिल्टन फ्रीडमैन (एक ऐसे अर्थशास्त्री जिन्हें बाज़ार की क्षमता पर कुछ ज़्यादा ही भरोसा था) मानते थे। लोगों को व्यापारियों के हाथों शोषण का शिकार होना पड़ता है, जो अपने मुनाफ़े के लिए कई हथकंडे अपनाते हैं।

अगर बाज़ार ठीक ढंग से भी काम करें तो भी राशन कार्डधारक आश्वस्त नहीं होते। ग्रामीणों की दूसरी चिन्ता महँगाई से जुड़ी हुई थी। अनाज के दाम स्थिर नहीं रहते। जब महँगाई बढ़ेगी, तो क्या सरकार पैसा बढ़ाएगी? उन्होंने बुज़ुर्ग, विधवा और विकलांगों को मिलने वाली पेंशन का उदाहरण दिया, जो 2006 से 2011 के सर्वे तक, और कुछ पेंशनधारकों के लिए आज भी, 200 रुपये पर अटकी हुई है। अगर पेंशन की रक़म को महँगाई से नहीं जोड़ा गया, तो लोगों का मानना है कि अनाज के पैसों को भी नहीं जोड़ा जाएगा। एक उत्तरदाता ने कहा, 'हमें पता है सरकार पैसे तभी बढ़ाएगी, जब चुनाव होंगे, उसके अलावा नहीं बढ़ाएगी!'

और भी कई सवाल थे : क्या सरकार के पास क़ीमतों की पर्याप्त जानकारी रहेगी? नक़द राशि महँगाई के हिसाब से क्या तुरन्त बढ़ेगी? यदि स्थानीय दुकानदार

मुनाफ़ा कमाने की नीयत से, जानबूझकर कमी पैदा करें या क़ीमतें बढ़ाएँ, तो सरकार कुछ करेगी या कर पाएगी?

पीडीएस के ज़रिये चावल, गेहूँ और दालों की आपूर्ति दूसरे उपयोगी उद्देश्यों की भी पूर्ति होती है। पीडीएस अनाज का विश्वसनीय स्रोत बन चुका है। लोगों के लिए नक़दी आकर्षक विकल्प इसलिए भी नहीं थी, क्योंकि बैंक खाता हो, तो भी न सिर्फ़ बैंक और पोस्ट ऑफ़िस दूर थे (और हैं),बल्कि बाज़ार भी हमेशा पास नहीं होते। बैंकों और बाज़ार की तुलना में पीडीएस केन्द्र लोगों के घरों के ज़्यादा नज़दीक होते हैं। आने-जाने के साधन कम हैं, ख़र्च अलग से होगा, समय की बर्बादी, बैंकों में भीड़, दुर्व्यवहार आदि। जन-वितरण प्रणाली से लोगों का समय और ख़र्च बचता है।

छत्तीसगढ़ में किसी ने कहा कि आज अनाज की ख़रीद, भंडारण, ट्रांसपोर्ट, सब सरकार की ज़िम्मेदारी है। अगर पैसा दिया गया, तो यह सब टेंशन वाले काम और ख़र्च ग़रीबों के माथे मढ़ दिये जाएँगे। उनके असुरक्षित जीवन में और अनिश्चितता पैदा करेंगे। पैसा नहीं आया, तो बैंक हाथ खड़े कर देंगे। ये सब केवल डराने की बातें नहीं, विधवा पेंशनधारियों या अन्य कैश ट्रांसफ़र लाभार्थियों के आम अनुभव थे।

उत्तरदाताओं ने बताया, राशन की जगह पर पैसा देने से एक और दिक़्क़त आ सकती है। घर में नक़द आने पर ख़र्च पर सबकी अलग राय हो सकती है, जिससे तनाव पैदा हो सकता है।

कुछ अर्थशास्त्री कहते हैं कि यह सब बदलाव से पैदा घबराहट को दर्शाता है और इस विरोध को जायज़ कारण नहीं माना जा सकता। पर बदलाव सभी के लिए, शहरी-शिक्षितों के लिए भी, असुविधा पैदा करता है। 2013 से एलपीजी सब्सिडी के लिए जो प्रक्रिया चली, उससे लोगों को परेशानी की काफ़ी ख़बरें आईं। जब तक नई व्यवस्था पूरी तरह से स्थिर नहीं हो जाती, उस दौरान की समस्याओं से जूझने की क्षमता ग़रीबों में शायद न हो। एक महीने की एलपीजी सब्सिडी जमा न होने पर सिलेंडर ख़रीद पाने की क्षमता शायद सबमें न हो। लेकिन कई राशन कार्ड धारकों के लिए एक महीने में राशन का पैसा न आए, तो वह ज़िन्दगी और मौत का सवाल बन जाता है।

कैश ट्रांसफ़र के प्रयोग

कई बार जब अर्थशास्त्रियों ने दोनों विकल्पों पर अपने तर्क पेश किये, तो दो असमान तंत्रों की तुलना करते—जन-वितरण प्रणाली की वास्तविक, ज़मीनी, स्थिति का मुक़ाबला सैद्धान्तिक, टेक्स्ट्बुक वर्णन जैसी काल्पनिक, कैश ट्रांसफ़र व्यवस्था के साथ करते। ऐसे में ज़ाहिर है कि पीडीएस का विकल्प फीका लगता।

उदाहरण के लिए, जॉर्ज और सुब्रमनियन (2015) ने नक़द हस्तान्तरण को लेकर ज़्यादा ही सरल और आशावादी विश्लेषण प्रस्तुत किया है। नक़द हस्तान्तरण की वर्तमान व्यवस्था में इतनी त्रुटियाँ हैं, जिन्हें दूर किये बग़ैर खाद्य हस्तान्तरण को नक़द व्यवस्था में बदलने का सपना देखना मूर्खता होगी। दिलचस्प बात है कि 'जेएएम' (जनधन, आधार, मोबाइल) से जुड़े नक़द हस्तान्तरण की वर्तमान व्यवस्था से उपजी किसी एक नाकामयाबी को दरकिनार कर दिया जाता। जेएएम को अचूक हथियार की तरह पेश किया गया, जबकि ज़मीनी हक़ीक़त कुछ और ही थी।

लेख में कई तरह के हस्तान्तरणों को एक साथ मिला दिया गया है। मसलन, चावल, गेहूँ, दालों और चीनी का उल्लेख एक साथ हुआ है। जबकि चीनी को अर्थशास्त्री 'नॉन मेरिट' वस्तु मानते हैं, क्योंकि इसका पोषण मूल्य न के बराबर है, बल्कि यह नुक़सानदेह भी होती है। दूसरी ओर दालों और अनाज पर सब्सिडी देना वाजिब है, क्योंकि ये खाद्य सुरक्षा सुनिश्चित करने के साथ भारतीय भोजन में पोषण का भी सुधार करते हैं।

नक़द हस्तान्तरण योजना के क्रियान्वयन में जिन दिक़्क़तों का सामना करना पड़ रहा है, उन पर एक शब्द भी नहीं है। राष्ट्रीय ग्रामीण रोज़गार गारंटी क़ानून (नरेगा) में भ्रष्टाचार पर काबू पाने में आधुनिक बैंकिंग व्यवस्था की भूमिका को कइयों ने सराहा है। मसलन, 2009 से 2014 के बीच नरेगा जॉबकार्ड धारकों के लिए खोले गए बैंक और पोस्ट ऑफ़िस खातों की संख्या की तुलना जन धन योजना के खातों से की जा सकती है (10 करोड़ बनाम 12 करोड़)। नरेगा मज़दूरी सीधे खातों में जमा होने से 2009-10 में 2007-08 की तुलना में भ्रष्टाचार काफ़ी कम हुई है (आधे से घटकर लगभग बीस प्रतिशत)। 2016 से सरकार इन बैंक खातों को आधार नम्बर से जोड़ने लगी। भुगतान और दूसरे कग़ज़ी काम को करने वाले फ़ील्ड-स्टाफ़ पर यह काम थोप दिया गया। इससे नरेगा के क्रियान्वयन में भारी दिक़्क़तें आईं, जिसकी वजह से भुगतानों में देरी की समस्या भी बढ़ती गई। इसकी क़ीमत ग़रीब लोगों को चुकानी पड़ी।

ऐसे उदाहरणों की कोई कमी नहीं है। अपनी रु. 200 की पेंशन के लिए, ठीक से चल भी न पाने वाले बुज़ुर्गों को नये बैंक खातों को खुलवाने के लिए दौड़ाया गया। दलित-आदिवासी बच्चों को जो स्कॉलरशिप अब तक बैंक खातों में ठीक-ठाक मिल रही थी, उन्हें अभी आधार से जोड़ने, आधार पंजीयन करवाने का काम बैंक पर थोपा गया। एलपीजी नक़द हस्तान्तरण की व्यवस्था भी सुचारु ढंग से चलती नहीं पाई। हस्तान्तरण में देरी और अनियमितताओं की शिकायतें आए दिन सुनने में आईं। लोगों को यह भी नहीं मालूम कि ऐसी सूरत में अपनी शिकायत कहाँ दर्ज कराएँ। गैस एजेंसी वाले उन्हें बैंकों में भेजते, और बैंक, गैस एजेंसी का रास्ता दिखाने लगते।[6]

केरोसीन के लिए ऐसा ही प्रयोग अलवर के कोटकासिम में यूपीए-2 की सरकार ने किया। हुआ यह कि लोगों के खाते खुले नहीं, जिनके खुले थे, उसमें भी कइयों में पैसा नहीं आया, लोगों ने मजबूरन केरोसीन ख़रीदना छोड़ दिया। केरोसीन ख़रीद में 80 प्रतिशत गिरावट आई। सरकार ने इसका प्रचार यह कहकर किया कि 80 प्रतिशत चोरी हो रही थी, वह कैश ट्रांसफ़र करने से रुक गई![7]

2017-18 में राँची (झारखंड) के नगड़ी प्रखण्ड में राशन के बदले नक़द का एक प्रयोग किया गया। लोगों के खाते नहीं थे, पैसा किस खाते में जा रहा है; 13% उत्तरदाताओं का खाता था तो पैसा नहीं आया, यह नहीं पता चल रहा था, इसके पीछे लोगों को इधर से उधर भटकना पड़ रहा था, समय की बर्बादी हो रही थी (लोगों ने बताया कि पैसा निकासी में उन्हें औसतन 13 घंटे लगते), इत्यादि। इस प्रयोग में इतनी दिक़्क़तें आईं, कि दस महीनों बाद इसे वापस ले लिया गया (रंजन 2018)।

अन्त में, खाद्य सुरक्षा क़ानून जब पारित हुआ तो उसमें नक़द का दरवाज़ा खुला रखा गया। इसके तहत एक प्रयोग चंडीगढ़, दादरा और नगर हवेली और पुदुससेरी में 2015 में भी किया गया। यहाँ, एक अन्तरिम रिपोर्ट ने पाया कि चंडीगढ़ में 20% को पैसा नहीं मिला; पुदुससेरी में पहले चरण और दूसरे चरण के बीच, स्थिति बिगड़ी—पैसा नहीं मिलने वालों का अनुपात 25% से बढ़कर 37% हो गया (खेरा, 2017)।

अफ़सोस की बात है कि दिल्ली के टेक्नोक्रेट्स के लिए कल्याण आधारित कार्यक्रम किसी खिलौने की मानिंद हो गए हैं, जो एक खिलौने की कमियों को दूर करने के लिए उसे दूसरे से बदल देते हैं। पीडीएस द्वारा खाद्य उपलब्ध कराने के बदले उनका सबसे नया खिलौना है, 'नक़द हस्तान्तरण'। कुछ नक़द हस्तान्तरण ज़रूर स्वागत योग्य हैं—वृद्धों और विधवाओं को मिलने वाली सामाजिक सुरक्षा पेंशन (अध्याय 6), मातृत्व लाभ (अध्याय 2), स्कॉलरशिप इत्यादि लेकिन उन योजनाओं पर सरकार की ओर से कोई ख़ास प्रस्ताव नहीं आए।

नये चोंचले या सकारात्मक पहल?

'वन नेशन वन राशन'

मार्च 2020 में जब पहला कोविड लॉकडाउन हुआ तो शहरों में दिहाड़ी पर काम करने वाले, और जो मासिक वेतन पाते थे लेकिन किराए के मकानों में रहते थे, शहर छोड़कर अपने गाँवों की ओर निकल पड़े। जो नहीं जा पा रहे थे और जो पैदल ही निकल पड़े—सबके हालात बहुत ही ख़राब थे। खाद्य सुरक्षा के अलावा गुज़ारा करने का भी कोई ख़ास ठिकाना नहीं था। उनकी दुर्दशा देखकर मुख्यधारा

के मीडिया ने उनकी व्यथा को उजागर किया, तो सरकार पर दबाव बना कि उनके लिए कुछ करें।[8] कुछ सप्ताह बीत जाने के बाद, केन्द्र सरकार ने घोषणा की कि आगे जाकर ऐसे मज़दूरों के लिए वह 'वन नेशन, वन राशन' (ONOR) लाने जा रही है।

वन नेशन, वन राशन क्या है? जन-वितरण प्रणाली में हर उस परिवार को, जिसका राशनकार्ड है, अपने गाँव की या पड़ोस की किसी एक राशन की दुकान के साथ जोड़ दिया जाता है। उस परिवार के राशन की सप्लाई उस दुकान पर ही जाती है, और वहीं से वह अपना सस्ता (या मुफ़्त) राशन उठा सकते हैं (खेरा, 2020A)।

वन नेशन, वन राशन में प्रस्तावित है कि कोई भी व्यक्ति (जिसका राशन कार्ड है) देश की किसी भी जन-वितरण प्रणाली के डिपो से अपना राशन उठा सकेगा। चाहे आप बिहार से हों, आपको आपका राशन दिल्ली-मुम्बई किसी भी शहर में मिल सकता है। इससे उम्मीद की जा रही है कि शहर में पलायन करके आए मज़दूरों को राहत मिल सकती है।

वन नेशन, वन राशन सुनने में तो बहुत बढ़िया क़दम लगता है, लेकिन इसकी वास्तविकता पेचीदा है। पहली बात, शहर में फँसे कई मज़दूरों का राशन कार्ड है ही नहीं, ना शहर में ना गाँव में—वह उस 60% में है ही नहीं जिनका राशन कार्ड बना हो (खेरा और सोमांची, 2020)।[9] उन्हें ONOR से क्या फ़ायदा?

दूसरी बात, जिन मज़दूरों के कार्ड हैं भी उनमें से सब परिवार को लेकर शहर काम करने नहीं आते। वह अपना राशन कार्ड घर/गाँव में रखकर आते हैं, क्योंकि घरवाले उसे गाँव में इस्तेमाल करते हैं। जिसके हाथ में राशन कार्ड न हो, उसे वन नेशन, वन राशन का फ़ायदा नहीं मिलेगा। हो सकता है कि इसे मुमकिन करने के लिए कोई तकनीक हो लेकिन, क्या यह व्यावहारिक होगी?

एक उदाहरण लीजिए : चार लोगों के परिवार से एक सदस्य मज़दूरी के लिए शहर जाता है। यदि वह मज़दूर शहर में अपना राशन (यानी 5 किलो अनाज) लेने जाए और डीलर केवल उसका चढ़ाने के बजाय चारों का चढ़ा दे, तो? जब घरवाले गाँव में ख़रीदने जाएँगे, तो उन्हें कहा जाएगा कि चारों का कोटा उठा लिया गया है। ऐसी परिस्थिति में परिवार वाले फँस जाएँगे। मज़दूर और उनका परिवार शिकायत कहाँ करेंगे? वह ठोकरें खाते रह जाएँगे।

तीसरा बिन्दु : तमिलनाडु, हिमाचल प्रदेश, केरल, आंध्र प्रदेश में जन-वितरण प्रणाली से लोगों को दाल और तेल भी मिलते हैं। यह राज्य के बजट से दिये जाते हैं। जब झारखंड का मज़दूर तमिलनाडु में अपने राशन कार्ड का सामान ख़रीदने जाएगा, क्या उसे यह मिलेगा? एक ही राज्य में क्या तमिल और बिहारी मज़दूर के बीच भेदभाव करेंगे या फिर तमिलनाडु की तरह बिहार के मज़दूर को भी तेल और दाल प्राप्त होगा?

इससे जुड़ा हुआ सवाल। कुछ राज्य खाद्य सुरक्षा क़ानून का अनाज क़ानून द्वारा निर्धारित दामों पर देते थे (रु. 2 प्रति किलो गेहूँ और रु. 3 प्रति किलो चावल), लेकिन कुछ राज्य इसके ऊपर अपनी तरफ़ से सब्सिडी देते हैं। उदाहरण के लिए, तमिलनाडु में प्रधानमंत्री ग्रामीण कल्याण अन्न योजना के आने से पहले से ही चावल मुफ़्त था, बिहार में रु. 3/किलो, ओडिशा में एक रुपये प्रति किलो।

अभी मुफ़्त अनाज को 2025 तक देने की गारंटी है, लेकिन उसके बाद जब खाद्य सुरक्षा क़ानून के दाम फिर से लागू होंगे, तब चेन्नई में काम कर रहे बिहारी मज़दूर को बिहार की तरह सेंट्रल रेट से दिया जाएगा या मुफ़्त? यदि नहीं, और यदि तमिलनाडु में बिहारी को भी फ्री दिया जाए तो इसका ख़र्च कौन उठाएगा—केन्द्र या राज्य? राज्य सरकारों में समन्वय कैसे बैठाया जाएगा?

चौथी बात : राजस्थान में गेहूँ ही दिया जाता है। बिहार, झारखंड, ओडिशा के मज़दूर चावल खाते हैं और उनके राज्यों में जन-वितरण प्रणाली में चावल मिलता है। तो क्या इन मज़दूरों को राजस्थान में गेहूँ से काम चलाना होगा?

पाँचवाँ मुद्दा राशन की सप्लाई से जुड़ा है—अभी की प्रणाली में हर राशन दुकान को एक निश्चित मात्रा में राशन आता है। एक राशन दुकान से कितने राशन कार्ड और व्यक्ति जुड़े हुए हैं, उससे राशन की सप्लाई निर्धारित होती है। यदि दिल्ली की राशन दुकान पर राजस्थान का मज़दूर राशन लेने पहुँचता है तो डीलर के पास अपने कार्ड धारकों के लिए राशन घट जाएगा। क्या इसमें उनके साथ ठगी की जा सकती है (डीलर कह सकता है, 'माल ख़तम हो गया')? जब उसके निर्धारित कोटे से ज़्यादा लोग राशन की दुकान पर आएँगे—आज प्रवासी मज़दूर दिल्ली काम कर रहे हैं, कल वह गुड़गाँव चल पड़ेंगे—तो डायनामिक सप्लाई की क्या व्यवस्था होगी?

छठा मुद्दा है तकनीक का। तकनीकी रूप से यह सम्भव है, लेकिन इसकी व्यावहारिकता पर प्रश्नचिह्न लगता है। वन नेशन वन राशन का तकनीकी में आधार की अहम् भूमिका रहेगी। जिन राज्यों की जन-वितरण प्रणाली में आधार को जोड़ा गया है, वहाँ लोगों का नुक़सान हुआ है (द्रेज़, खालिद, खेरा और सोमांची, 2017 देखें)। इसलिए संवेदनशील राज्य सरकारों ने कोरोना संकट के आते ही, राशन लेते समय आधार की अनिवार्यता को हटा दिया। क्या अब उसी नुक़सानदेह आधार-बॉयोमीट्रिक्स को, लोगों की मदद करने के नाम पर वापस लाया जाएगा?

देश-भर से सर्वे रिपोर्ट आ रही हैं कि आधार से लोग अपने हक़ों से वंचित हो रहे हैं। उदाहरण के लिए, लोकनीति के सर्वे में पाया गया कि 28% उत्तरदाता आधार की वजह से राशन से वंचित हुए हैं। क्यों केन्द्र सरकार 'वन नेशन वन राशन' (जो आधार पर ही चल सकता है) पर ज़ोर दे रही है। स्मार्ट कार्ड जैसे विकल्प का प्रयोग क्यों नहीं कर रही?

अग्रवाल और अग्निहोत्री (2022) और तुम्बे और झा (2024) ने वन नेशन वन राशन के सरकारी आँकड़ों के विश्लेषण में पाया कि इसका इस्तेमाल काफ़ी कम है—लगभग 10% कार्डधारकों ने इसे प्रयोग किया। 2022 में, 19 करोड़ में से केवल 5.6 लाख (यानी 0.02%) कार्डधारकों ने वन नेशन वन राशन का इस्तेमाल किया; 7% पीडीएस राशन की दुकानों ने दूसरे राज्य के कार्डधारक को राशन बेचा। वन नेशन वन राशन पूरे देश में लागू होने के बाद के डेटा का तुम्बे और झा (2024) ने आकलन किया—इसमें भी अन्तरराज्यीय ख़रीद केवल 0.3% और राज्य के भीतर, लेकिन अपनी राशन दुकान पर नहीं, ख़रीद भी कम लोगों ने की (12%)। ज़्यादातर वन नेशन से ख़रीदने वाले उत्तर प्रदेश और बिहार के कार्डधारक थे; और ज़्यादातर ख़रीद हरियाणा, दिल्ली, महाराष्ट्र और गुजरात में हुई (अग्रवाल और अग्निहोत्री, 2022)। इसमें भी अपने ही राज्य में, लेकिन अपनी दुकान पर नहीं, ख़रीदने वाले कार्डधारक अधिक थे। क्या यह जानकारी के अभाव की वजह से है, कि ज़रूरत न होने की वजह से, या फिर टेक्नोलॉजी नहीं चलने की वजह से? इन मुद्दों पर रिसर्च कम है। आईआईटी दिल्ली के छात्रों ने चार राज्यों के 8 शहरों में अक्टूबर 2021 में सर्वे किया जिसमें कुछ पीडीएस डीलरों ने बताया कि मशीन में सत्यापन या सर्वर की वजह से दिक़्क़तें आती हैं।

दिल्ली में डोर-स्टेप डिलिवरी

दिल्ली की लगभग 2500 राशन की दुकानों में से 42 पर, दिल्ली सरकार ने 2016 में प्रयोग के रूप में पॉइंट ऑफ़ सेल (पॉस) मशीन और आधार सत्यापन शुरू किया। तब सर्वे में पाया गया कि सुप्रीम कोर्ट के पास जन-वितरण प्रणाली की दुकान पर एक-तिहाई राशन कार्डधारक अगस्त में राशन नहीं उठा पाए। जो राशन उठा पाए, उन्हें उनके हक़ से कम अनाज (86%) मिल रहा था, और दाम ज़्यादा वसूला जा रहा था।

बावजूद आधार सम्बन्धित दिक़्क़तों के—सम्भवत: केन्द्र सरकार के दबाव के चलते—जनवरी 2018 में दिल्ली सरकार ने आधार सत्यापन को सभी 2500 दुकानों में लागू किया। पहले महीने में एक रिपोर्ट आई जिससे पता चला कि हज़ारों परिवारों का, आधार के चलते, राशन रुक गया है। पॉस मशीन उनकी उँगलियों के निशान नहीं पहचान पा रही थी, और कोटेदार उन्हें राशन नहीं दे पा रहे थे। तब दिल्ली सरकार ने तुरन्त सही उपाय निकाला : आधार सत्यापन को हटा दिया गया।

लेकिन उस समय से दिल्ली सरकार ज़िद्द पकड़कर बैठी है : अनाज की 'डोर स्टेप डिलिवरी' हो (खेरा 2020B)। इसका मतलब यह कि लोगों को दुकान के बजाय घर पर राशन पहुँचाया जाएगा। सुनने में तो यह बहुत अच्छा लगता है,

लेकिन इसकी बारीकियों में जाएँ तो अनेक जटिल सवाल उठते हैं। घर पर पिज़्ज़ा डिलिवरी कहने के लिए फ्री होती है, लेकिन उस ख़र्च की वसूली कहीं न कहीं से की जाती है। घर पर राशन की डिलिवरी के ख़र्च की वसूली किससे और कैसे होगी?

यदि घर पर राशन देंगे तो इस बात की पुष्टि कैसे होगी कि राशन पहुँचा है। इसके लिए दो विकल्प हो सकते हैं। पहला, घर पर आधार से सत्यापन हो। लेकिन इससे फिर 2018 वाली दिक़्क़त आ जाएगी—जिसकी उँगलियों के निशान नहीं चलते, वह छूट जाएँगे। दूसरा विकल्प है कि तमिलनाडु जैसे दुकान पर बिना बायोमेट्रिक्स के स्मार्ट-कार्ड का उपयोग हो। इससे हम टेक्नोलॉजी की ताक़त का फ़ायदा उठा पाएँगे और उसकी कमज़ोरी (सत्यापन में दिक़्क़तें) से निजात पा सकेंगे। अब तक इन विकल्पों पर स्पष्टीकरण नहीं दिया गया।

जब दुकान पर वितरण होता है, तब एक साथ कई लोगों के उपस्थित होने से चोरी कठिन हो जाती है। तोल में बेईमानी करने पर (20 किलो का सत्यापन/हस्ताक्षर करवाकर केवल 15 किलो देने पर), हल्ला करने वाले बीसियों लोग खड़े हो जाते हैं। यदि घर पर अनाज का वितरण होगा, तो बेईमानी रोकने के लिए हल्ला करने कौन साथ होगा?

दिल्ली सरकार का प्रस्ताव है कि वह गेहूँ के बजाय आटा देगी, जबकि यह स्पष्ट नहीं कि दिल्ली के कार्डधारक गेहूँ चाहते हैं कि आटा? खाद्य सुरक्षा क़ानून में गेहूँ का दाम रु. 2 प्रति किलो निर्धारित है। आटा रु. 4 प्रति किलो देने का प्रस्ताव था। यानी, पिसाई का थोक-भाव का ख़र्च, सरकार फूटकर के दाम से लोगों से वसूलेगी। आटा देने में और बड़ी दिक़्क़त है। जब लोग गेहूँ लेते हैं तो उन्हें उसकी गुणवत्ता परखने में आसानी होती है। यदि आटा दिया जाएगा (और वह भी प्री-पैक्ड थैलों में) लोग उसकी गुणवत्ता की परख कैसे करेंगे? पश्चिम बंगाल में आटा दिया जाता था, और राज्य सरकार गुणवत्ता पर नियंत्रण नहीं रख पाई थी।

जन-वितरण प्रणाली में अनाज की बोरी कोटेदारों के लिए कमाई का बड़ा स्रोत है। यदि बोरियाँ नहीं रहेंगी, तो इस काम में नुक़सान होने की गुंजाइश है। यदि डोर-स्टेप डिलिवरी होगी, तो क्या गारंटी है कि घर पर पहुँचनेवाले कर्मी कोटेदार की तरह भ्रष्ट नहीं होंगे? पैसे ज़्यादा नहीं वसूलेंगे? उनकी जवाबदेही कैसे तय होगी?

वन नेशन वन राशन और डोर स्टेप डिलिवरी जैसी घोषणाएँ लोगों का दिल बहलाने के लिए और असली मुद्दे से ध्यान बहकाने के लिए बढ़िया उपाय हैं। जन-वितरण प्रणाली लोगों का रोज़मर्रा का मुद्दा है, लेकिन वह सुर्ख़ियों में तब ही आता है जब इस तरह की घोषणाएँ होती हैं। आम जनता की प्राथमिकताएँ (चोरी, अपवर्जन, अनाज की गुणवत्ता) डिबेट से बाहर रह जाती हैं। इस तरह की नीतियों से आज जो जन-वितरण प्रणाली देश-भर में लोगों के लिए जीवनरेखा बनी हुई है, उसके कल पटरी से उतर जाने का डर हमेशा मँडराता रहता है।

सन्दर्भ

1. द्रेज़ और खेरा (2010) और खेरा (2011) में विस्तृत चर्चा देखें।
2. यह सीख नरेगा से मिली—गाँव के सभी जॉबकार्ड धारकों के नाम और रोज़गार विवरण ग्राम पंचायत कार्यालय की दीवारों पर पेंट किये जाते हैं, यह जाली जॉबकार्ड और जाली मस्टर रोल को समाप्त करने में मदद कर सकता है। नरेगा की निगरानी और सूचना-प्रणाली (एमआईएस), जो सभी अभिलेखों को कम्प्यूटरीकृत करती है और उन्हें इंटरनेट पर उपलब्ध कराती है, एक और महत्त्वपूर्ण पारदर्शिता उपाय है जिसका लोग धीरे-धीरे उपयोग करना सीख रहे हैं।
3. वहीं ज़्यादातर अमीरों को लाभान्वित करनेवाली कर माफ़ी का देश के जीडीपी में हिस्सा चार प्रतिशत है। जिस देश की सबसे बड़ी सम्पत्ति उसके लोग हैं, क्या वहाँ लोगों पर इतना भी ख़र्च नहीं कर सकते?
4. बिहार और मध्य प्रदेश के अनुभव के बारे में द्रेज़ और खेरा (2015A) में विस्तार से लिखा है।
5. बिहार में लगभग 25% अनाज की चोरी हो रही थी, लेकिन कमेटी के दोषपूर्ण आकलन में इसे 68% बताया गया।
6. ज़्यादातर राज्यों में कई वर्षों से नरेगा मज़दूरी, पेंशन और स्कॉलरशिप के सीधे बैंक खातों में पहुँचने की व्यवस्था है। पैसे के हस्तान्तरण के मामले में आधुनिक बैंकिंग प्रणाली सुरक्षित मानी जाती है। फिर इसे आधार नम्बर से जोड़ने की ज़रूरत क्यों है? 'फर्जी' लाभार्थी एक समस्या हैं, मगर हमारे कार्यक्रमों में इनकी तादाद कितनी है? 2015 में सरकार की रिपोर्ट ने पाया कि जब आधार को एलपीजी से जोड़ा गया तो ऐसे कनेक्शन केवल 2% थे।
7. जन-वितरण प्रणाली में भ्रष्टाचार रोकने में कई राज्यों के प्रयासों से सुधार आया है, जिनकी इस अध्याय में चर्चा हुई है। वैसे भी भ्रष्टाचार का सही जवाब है उससे लड़ना, न कि मुँह मोड़कर कहना कि योजना बन्द कर दी जाए।
8. हालाँकि केन्द्र सरकार के खाद्य निगम के पास 2020 में 'बफर स्टॉक' मानदंड से लगभग तीन गुना राशन था, फिर भी, केन्द्र सरकार ने प्राथमिकता कार्डधारकों को मिलने वाला पीडीएस राशन दोगुना किया, लेकिन केवल उनके लिए जिनके पास राशन कार्ड थे। शहरी मज़दूर जिनके पास राशन कार्ड नहीं था, उनके लिए राहत का ऐलान नहीं किया गया। लॉकडाउन में हमने देखा कि शहरी क्षेत्रों में फँसे कई कामगारों के पास राशन कार्ड नहीं था, न शहर में, न ही गाँव में।
9. खाद्य सुरक्षा क़ानून 2013 में प्रावधान है कि देश की दो-तिहाई आबादी को राशनकार्ड दिया जाए। जब क़ानून लागू हुआ तो 2011 की जनगणना के हिसाब से 80 करोड़ लोगों को राशन कार्ड दिया गया जिससे उन्हें सस्ता अनाज मिले। तब से आज तक आबादी बढ़ी है तो 66% कवरेज होने के बजाय आज केवल 60% लोगों को जन-वितरण प्रणाली का फ़ायदा मिलता है।

अध्याय-6

नरेगा : परिकल्पना और क्रियान्वयन

मनरेगा क़ानून 2005 में पारित हुआ और 6 फ़रवरी, 2006 से क्रियान्वित हुआ। उस दिन कुछ सामाजिक कार्यकर्ताओं के साथ, हमने डूंगरपुर ज़िला (राजस्थान) की पंचायतों का दौरा किया। हमारा मक़सद था कि यह देखें कि क़ानून का लागू होना केवल घोषणा ही रह जाएगी कि ज़मीन पर भी कुछ होगा। जिन पंचायतों में हम गए, वहाँ मेले जैसा माहौल था। गाँव-गाँव में लोगों के नरेगा 'जॉबकार्ड' बनाने की प्रक्रिया चल रही थी। अप्रैल 2006 में फिर से डूंगरपुर लौटे तो देखा कि 6 फ़रवरी का उत्साह केवल एक ही दिन का मेला नहीं था। सैकड़ों लोगों ने डूंगरपुर की अलग-अलग पंचायतों में पदयात्रा निकाली। काम बड़ी मात्रा में खुले हुए थे, और हमने ज़्यादातर नरेगा मज़दूरों से कार्यस्थल पर ही मुलाक़ात की, उन्हें उनके हक़ों के बारे में बताया।

उनके लिए यह मानना मुश्किल था कि रोज़गार पर जो ताला लगा हुआ था और जिसकी चाबी किसी अनजानी 'सरकार' के पास थी, क़ानून के लागू होने के बाद उस ताले को खोलने की चाबी अब उनके हाथों में आ गई है। 2025 में महात्मा गांधी राष्ट्रीय ग्रामीण रोज़गार गारंटी अधिनियम (मनरेगा) के बीस साल पूरे होंगे। क्या वाक़ई रोज़गार के ताले की चाबी मज़दूरों के हाथों में आई?

परिकल्पना

इस अध्याय में हमने नरेगा का विज़न क्या था—क्या है—उसका उल्लेख किया है। देश में, एक तरफ़, काम करने को तैयार लेकिन रोज़गार प्राप्त करने में असफल बहुत लोग हैं। दूसरी ओर, ग्रामीण इलाक़ों में 'विकास' के कई कार्यों की सख़्त ज़रूरत है—चाहे वह सड़क हो, या पगडंडी, कुएँ-तालाब हों या सिंचाई की नहर, जंगल में मिट्टी रोकने के कार्य इत्यादि। सोच यह थी कि बेरोज़गार लोगों के लिए सरकार की तरफ़ से एक मुहिम चलनी चाहिए, और क्यों न इन बेरोज़गारों की

मेहनत से ग्रामीण इलाक़ों में, स्थानीय ज़रूरतों के अनुसार, विकास कार्य किये जाएँ? मनरेगा पंचायती राज संस्थाओं में प्राण फूँकने का काम भी कर सकता है क्योंकि क़ानून के अनुसार कार्यों का चयन ग्राम पंचायत द्वारा होना है और बजट भी (कम-से-कम 50%) ग्राम पंचायतों को ही दिया जाएगा (खेरा, 2011 और नारायणन, 2020 देखें)।

लोगों को ग्रामीण इलाक़ों में रोज़गार मिलेगा तो ग्रामीण क्षेत्रों में मज़दूरी की दरें बढ़ेंगी। ग्रामीण मज़दूर गाँव में ही रहेंगे, तो शहरों की तरफ़ पलायन घटेगा और शहरी मज़दूरों को भी शायद बेहतर मज़दूरी मिल पाएगी। इस तरह के कामों में मज़दूरी दरों के बढ़ने से ग़रीबी पर सीधा वार होगा, क्योंकि इसी श्रेणी के मज़दूरों की कमाई सबसे कम होती है।

नरेगा महिला सशक्तीकरण में भी अहम भूमिका निभा सकता है। देश के ग्रामीण इलाक़ों में महिलाओं के लिए घर से बाहर नक़द कमाई के बहुत कम विकल्प हैं। चूँकि इस क़ानून द्वारा गाँव में ही रोज़गार उपलब्ध करवाए जाने का प्रावधान है, तो महिलाओं के लिए भी नये अवसर उत्पन्न होंगे।

जब 2004-05 में इस तरह का क़ानून पारित होने पर चर्चा हो रही थी, तब कई लोगों ने कई आपत्तियाँ व्यक्त कीं। "क़ानून की क्या ज़रूरत है? किसी योजना से भी इन उद्देश्यों को प्राप्त कर सकते हैं", "नरेगा में ख़ूब भ्रष्टाचार होगा और लोगों को अपना पैसा नहीं मिलेगा।" आदि बातें कही गईं। यह भी कहा गया कि इस तरह की सरकारी रोज़गार योजनाओं में लोग "गड्ढे खोदने और फिर उन्हें भरने का काम करते हैं" या "हर मॉनसून में ये सड़कें बह जाएँगी" यानी कोई भी उपयोगी या स्थायी संसाधन नहीं बन पाएगा, ऐसे आरोप लगे। यह भी कि "निजी किसानी करनेवालों को मज़दूर नहीं मिलेगा।" कई लोगों का यह भी मानना है कि मनरेगा की वजह से लोग आलसी हो गए हैं।[1] इस तरह के मनगढ़ंत तर्कों-कुतर्कों की बौछार को झेलते हुए, ख़ुद की नरेगा के प्रति ढुलमुल प्रतिबद्धता के बावजूद, उस समय की यूपीए सरकार ने 'कुत्ते भौंकें हज़ार, हाथी चले बाज़ार' वाला रवैया अपनाया और सख़्त विरोध का सामना करते हुए क़ानून पारित हुआ।

इसी तरह की शंकाशील सोच रखने वाले वर्ल्ड बैंक ने 2009 में मनरेगा को 'विकास में एक बाधा' करार दिया था लेकिन, उसी वर्ल्ड बैंक ने पाँच साल बाद 2014 में अपनी एक रिपोर्ट में इसे 'ग्रामीण विकास का एक शानदार उदाहरण' कहा। ऐसा क्या हुआ कि वर्ल्ड बैंक नरेगा के बारे में नये सुर में अलापने लगा? जिस सरकार के प्रधानमंत्री ने 2015 में इसे यूपीए सरकार की विफलताओं का स्मारक करार दिया, उसी प्रधानमंत्री की सरकार को कोविड महामारी में मनरेगा बजट बढ़ाना पड़ा। नरेगा वह निवाला है जिसे एनडीए ना निगल सकी ना उगल पाई। इस अध्याय में नरेगा की लव-हेट यात्रा को समझने की कोशिश की जा रही है।

मज़दूरों के हक़

इस क़ानून के तहत प्रत्येक ग्रामीण परिवार के वयस्कों को (कुल मिलाकर) 100 दिनों का रोज़गार, न्यूनतम या निर्धारित नरेगा मज़दूरी पर, देने का वादा किया गया है। लोग काम माँग सकते हैं और क़ानून के तहत 15 दिनों में उन्हें रोज़गार दिया जाना है। अगर सरकार काम देने में नाकाम रहती है, तो आवेदक बेरोज़गारी भत्ता पाने के हक़दार होंगे। इस 'माँगने पर काम' के हक़ की वजह से माना गया कि रोज़गार की चाबी अब मज़दूरों के हाथों में है।[2]

क़ानून के अनुसार काम आवेदक के गाँव में या फिर पाँच किलोमीटर के दायरे में मिलेगा। कार्यस्थल पर मूल सुविधाओं, जैसे कि पीने का पानी, आराम के लिए छाया की व्यवस्था, का भी प्रावधान है। महिलाओं के लिए इस क़ानून में ख़ास प्रावधान हैं—एक-तिहाई काम का आरक्षण, कार्यस्थल पर पाँच साल से कम उम्र के बच्चों के लिए देखरेख की सुविधा। (नरेगा के तहत ही किसी नरेगा मज़दूर को कार्यस्थल पर बच्चों की देखरेख के लिए रखा जा सकता है।)

मज़दूरी के भुगतान के लिए या तो खेतिहर मज़दूर की न्यूनतम मज़दूरी दर लागू होगी या फिर नरेगा के लिए मज़दूरी दर निर्धारित करने का प्रावधान है। मज़दूरी काम के 15 दिनों के भीतर-भीतर दिये जाने का प्रावधान है। भुगतान में देरी होने पर, मुआवज़े का हक़ है।

क़ानून में मज़दूरों के बचाव के लिए और भी प्रावधान हैं—सामग्री पर 60% से अधिक ख़र्च नहीं किया जा सकता (ताकि ज़्यादा से ज़्यादा बजट रोज़गार के सृजन पर ख़र्च हो), मशीनों के इस्तेमाल पर रोक है और क्रियान्वयन में ठेकेदारों पर भी रोक है।

भ्रष्टाचार पर रोक लगाने के लिए पारदर्शिता के मानदंड तय किये गए हैं। उदाहरण के लिए, सरकारी वेबसाइट पर देश के हर गाँव के हर परिवार की नरेगा सम्बन्धित जानकारी उपलब्ध है, ताकि लोग ख़ुद अपने नाम पर हो रहे ख़र्च पर नज़र रख सकें।

'कल्याणकारी' कार्यक्रम

ग़रीब देशों में सामाजिक सुरक्षा की ज़रूरत को सभी मानते हैं लेकिन लोगों में (अर्थात, अर्थशास्त्रियों में) इस बात को लेकर भी आम राय रही है कि विकासशील देशों की स्थिति ऐसी नहीं है कि वे व्यापक तौर पर कोई 'कल्याणकारी' कार्यक्रम चला सकें जैसे कि यूरोप में बेरोज़गारी भत्ता दिया जाता है।

मनरेगा जैसे कार्यक्रमों का सबसे बड़ा फ़ायदा ये है कि जो ग़रीब नहीं हैं, वे ख़ुद-ब-ख़ुद इसके दायरे से बाहर हो जाते हैं। अर्थशास्त्री इसे 'सेल्फ़-सिलेक्शन' या 'सेल्फ़-टार्गेटिंग' कहते हैं। नरेगा के तहत रोज़गार के लाभ के लिए लोग ख़ुद-ब-ख़ुद छँट जाते हैं।

ऐसा कैसे होता है? यदि मुझे नरेगा मज़दूरी से अधिक दर पर काम प्राप्त हो रहा है तो मैं नरेगा कार्यस्थल पर काम नहीं माँगूँगी; जब नरेगा की मज़दूरी दर से कम पर काम प्राप्त हो या वो भी नहीं, तभी मैं नरेगा के विकल्प का इस्तेमाल करूँगी। काम से जुड़ी शर्तों और कम मज़दूरी की वजह से अपेक्षाकृत बेहतर परिस्थिति वाले मज़दूर जिनके पास रोज़गार के अन्य अच्छे अवसर हैं, वे मनरेगा के अलावा विकल्प तलाश लेते हैं।

सरकार को छँटनी पर कोई समय या पैसा ख़र्च करने की ज़रूरत नहीं है। लाभार्थियों के चयन के इस तरीक़े के कारण, अलग-अलग विचारधारा से जुड़े कई अर्थशास्त्री मनरेगा जैसे हस्तक्षेप के पक्ष में रहते हैं। यहाँ तक कि 'द इकोनॉमिस्ट' (जो आम तौर पर सरकारी ख़र्च को सीमित रखने के पक्ष में होता है) ने भी मनरेगा जैसे सरकारी ख़र्च का समर्थन किया।

क्रियान्वयन

क्रियान्वयन का मूल्यांकन करने के लिए कई मानदंड हो सकते हैं। कितना रोज़गार उत्पन्न हुआ? किसे रोज़गार मिला और किसे नहीं—क्या सबसे कमज़ोर वर्ग को रोज़गार मिला? नरेगा का मज़दूरी की दरों पर क्या असर पड़ा? ग़रीबी, आर्थिक असुरक्षा, पलायन आदि मुद्दों पर क्या प्रभाव पड़ा? संसाधनों का निर्माण हुआ कि नहीं? इस तरह नरेगा के मूल्यांकन के कई पहलू हैं।

इस कार्यक्रम को चलाने में आनेवाला ख़र्च हमेशा से चिन्ता का कारण रहा है। 2008-09 और 2009-10 में मनरेगा का बजट अपने चरम पर था—जीडीपी का 0.53-0.54 प्रतिशत।[3] तब से घटते-घटते 2015-16 में यह जीडीपी का केवल 0.27 प्रतिशत ही रह गया।[4] याद रहे कि 2015-16 में राजग सरकार का वह पहला पूर्ण बजट था, जब प्रधानमंत्री ने नरेगा पर संसद में ऐतिहासिक हमला किया। इसके बाद, कोविड के वर्षों के अलावा (2019-20, 2020-21 और 2021-22) नरेगा का बजट जीडीपी के 0.33% से अधिक नहीं हुआ (चार्ट 6.1 और 6.2 देखें)।

सरकारी आँकड़ों के अनुसार ग्रामीण क्षेत्रों के लगभग एक-चौथाई परिवारों को नरेगा के तहत काम प्राप्त हुआ है। प्रति जॉबकार्ड प्रति वर्ष 100 दिनों के रोज़गार का हक़ दिया गया है, लेकिन नरेगा में आज तक ज़्यादा से ज़्यादा प्रति जॉबकार्ड का औसत 25 दिन रहा, वह भी कोविड-19 (2020-21) में। राज्यों में भी काफ़ी अन्तर है (2022-23 में प्रति जॉबकार्ड औसत दिनों के लिए, नक़्शा 6.1 देखें)। 2023-24 में पूरे 100 दिनों का काम 5% जॉबकार्ड पर मिला।

इसके दो कारण हो सकते हैं—पहला, सभी जॉबकार्ड/परिवारों को प्रति वर्ष शायद 100 दिनों के रोज़गार की ज़रूरत नहीं पड़ती और दूसरा, जहाँ प्रति वर्ष 100 दिनों की माँग है भी, वहाँ बजट की कमी की वजह से सरकार सबको काम दे नहीं पा रही है।

चार्ट 6.1 : नरेगा पर ख़र्च, जीडीपी का प्रतिशत (%)
2008-9 से 2023-24 तक

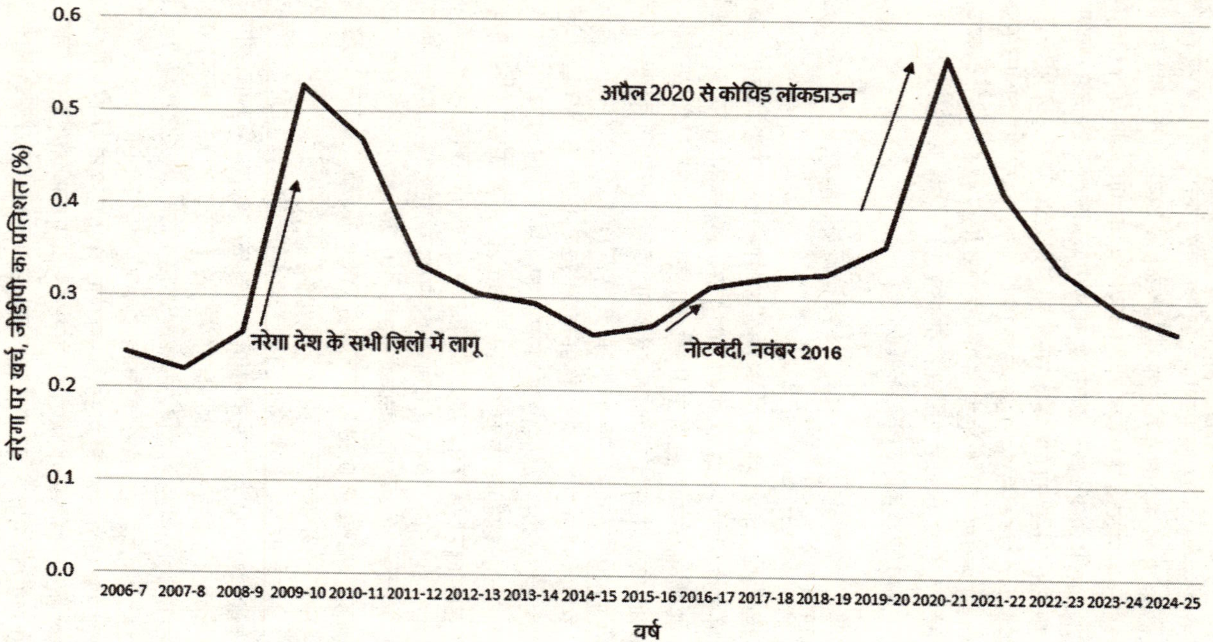

स्रोत : भारत सरकार (विभिन्न वर्ष), व्यय बजट (बजट विभाग : वित्त मंत्रालय), https://www.indiabudget.gov.in/doc/eb/allsbe.pdf

चार्ट 6.2 : नरेगा पर ख़र्च और सृजित रोज़गार

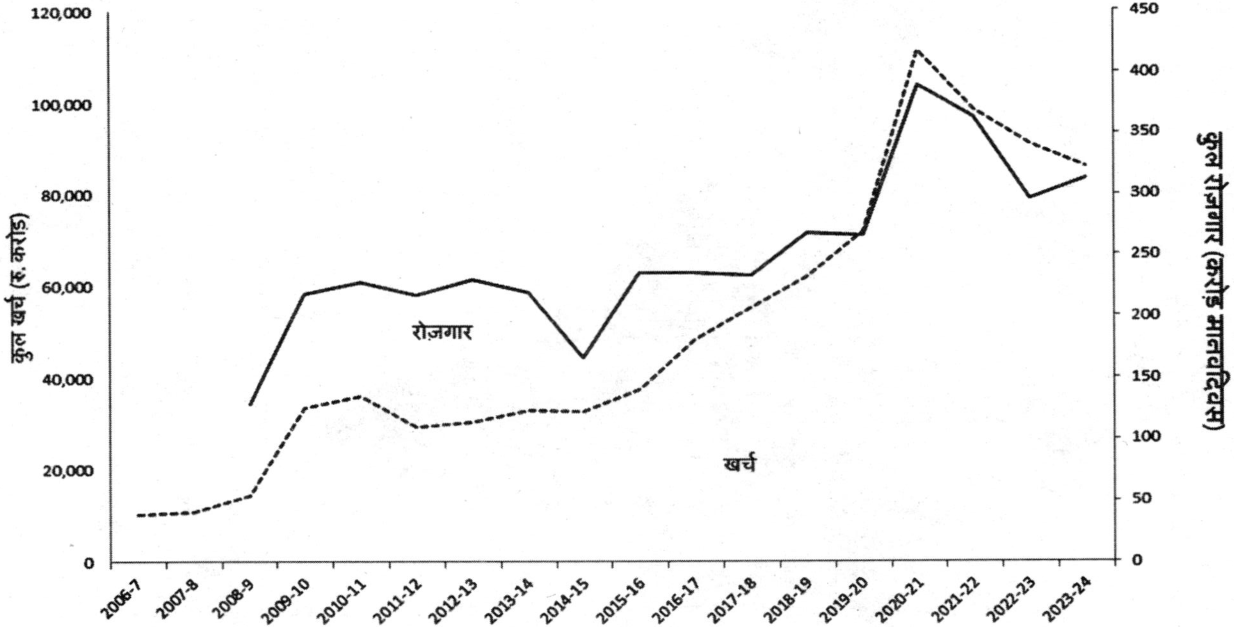

स्रोत : भारत सरकार (विभिन्न वर्ष), रिपोर्ट नंबर R.5.1.1, nrega.nic.in और भारत सरकार (विभिन्न वर्ष) व्यय बजट, बजट विभाग, वित्त मंत्रालय), https://www.indiabudget.gov.in/doc/eb/allsbe.pdf

नक़्शा 6.1 : प्रति जॉबकार्ड नरेगा कार्यदिवस, 2023-24

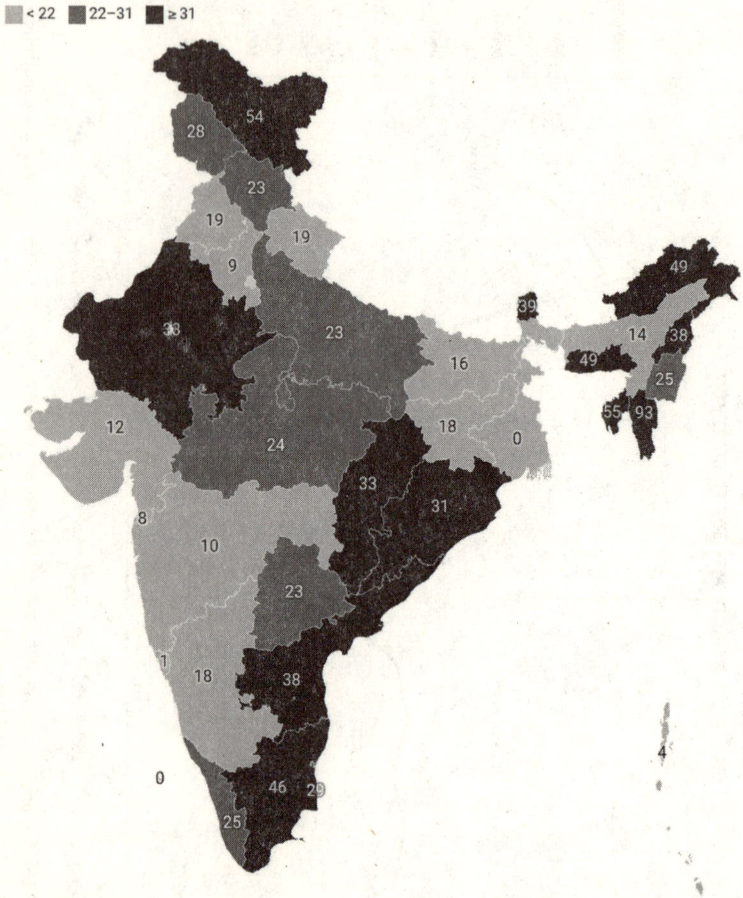

स्रोत : 2023-24 में प्रति जॉबकार्ड नरेगा कार्यदिवसों का देश-भर का औसत 22 दिन है। नक़्शे में भारत के कार्यदिवसों के औसत से कम वाले राज्यों को सबसे हल्के रंग में दर्शाया गया है।

Source: https://nrega.nic.in/MGNREGA_new/Nrega_home.axps से प्राप्त जानकारी से अनुमति, Map data: © OSM. Created with Datawrapper

सेल्फ़-सिलेक्शन

हालाँकि क़ानून में परिकल्पना यह थी कि काम की माँग के अनुसार पैसा उपलब्ध करवाया जाएगा, लेकिन वास्तव में ऐसा कभी हुआ नहीं। उदाहरण के लिए, वर्ष 2008 में छह राज्यों के नरेगा सर्वे में, 98% उत्तरदाताओं ने बताया कि उन्हें 100 दिन काम चाहिए, लेकिन वास्तव में उनमें से केवल 14% को ही 100 दिन काम मिल सका था। नरेगा के बजट से अधिक काम की माँग होने की वजह से नरेगा में हमेशा काम को 'राशन' करना पड़ा है। इस कारण ज़मीन पर नरेगा की 'सेल्फ़-सिलेक्शन' की ख़ूबी का फ़ायदा नहीं उठाया जा सका। किसी न किसी को यह निर्णय लेना पड़ा कि किसे काम मिलेगा और किसे नहीं।

इसके बावजूद, नरेगा के कार्यों में कमज़ोर समाज और वर्गों के लोगों की भागीदारी सबसे अधिक रही है। कुल नरेगा रोज़गार में महिलाओं का हिस्सा हमेशा 50% से अधिक रहा है, हालाँकि क़ानून में 30 फ़ीसदी 'आरक्षण' है (चार्ट 6.3 देखें)। महिलाओं की हिस्सेदारी पर आगे विस्तृत रूप से चर्चा है।

दलित और आदिवासी समुदाय के लोगों ने भी अच्छी मात्र में नरेगा में रोज़गार प्राप्त किया है; उन्हें कुल सृजित कार्यदिवसों में से हर वर्ष, लगभग 40% कार्यदिवस प्राप्त हुए (चार्ट 6.3)। क्रियान्वयन के शुरुआती सालों में विकलांगता से जूझ रहे लोगों को शामिल करने के भी कई प्रयास हुए (उदाहरण के लिए उन्हें कार्यस्थल पर पानी पिलाने का कार्य, बच्चों की देखरेख, इत्यादि में लगाया गया)। हर राज्य में बहुजन समाज की और महिलाओं की भागीदारी नक़्शा 6.2 और 6.3 में दर्शाई गई है।

सेल्फ़-सिलेक्शन के पैमाने पर नरेगा सफल रहा है (काम प्राप्त करनेवाले लोग कमज़ोर समुदायों से हैं), लेकिन सेल्फ़-सिलेक्शन को अन्तरराज्यीय नज़रिये से देखें तो ठीक-ठाक हालात वाले क्षेत्रों में भी मनरेगा प्रभावशाली रूप से चला है। केरल, आंध्र प्रदेश और तमिलनाडु जैसे समृद्ध राज्यों ने उत्तर प्रदेश या बिहार जैसे ग़रीब राज्यों की तुलना में मनरेगा में अधिक ख़र्च किया और ज़्यादा रोज़गार का सृजन हुआ।[5]

चार्ट 6.3 : वंचित समूहों की नरेगा में भागीदारी, 2008-9 से 2023-24 तक

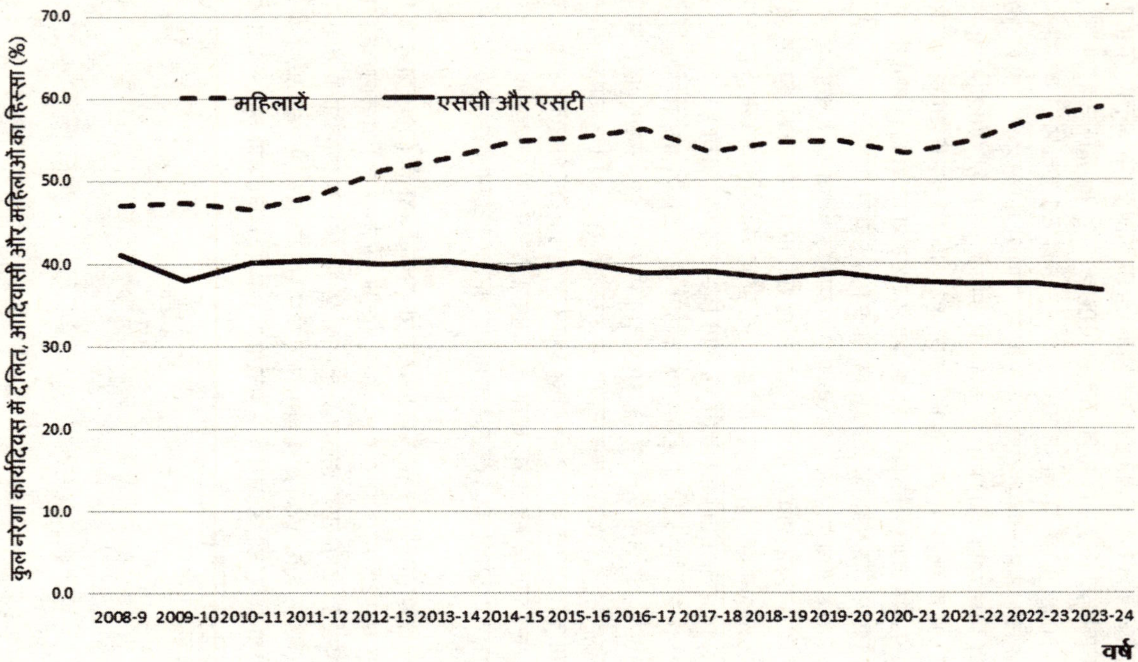

स्रोत : भारत सरकार (विभिन्न वर्ष), रिपोर्ट नंबर R.5.1.5 सोशल कैटेगरी वाइज एंप्लॉयमेंट जेनरेटेड, ग्रामीण विकास मंत्रालय

नक़्शा 6.2 : दलित और आदिवासी मज़दूरों की नरेगा में भागीदारी, 2023-24

कुल कार्यदिवसों में दलित और आदिवासी मज़दूरों का हिस्सा (%)

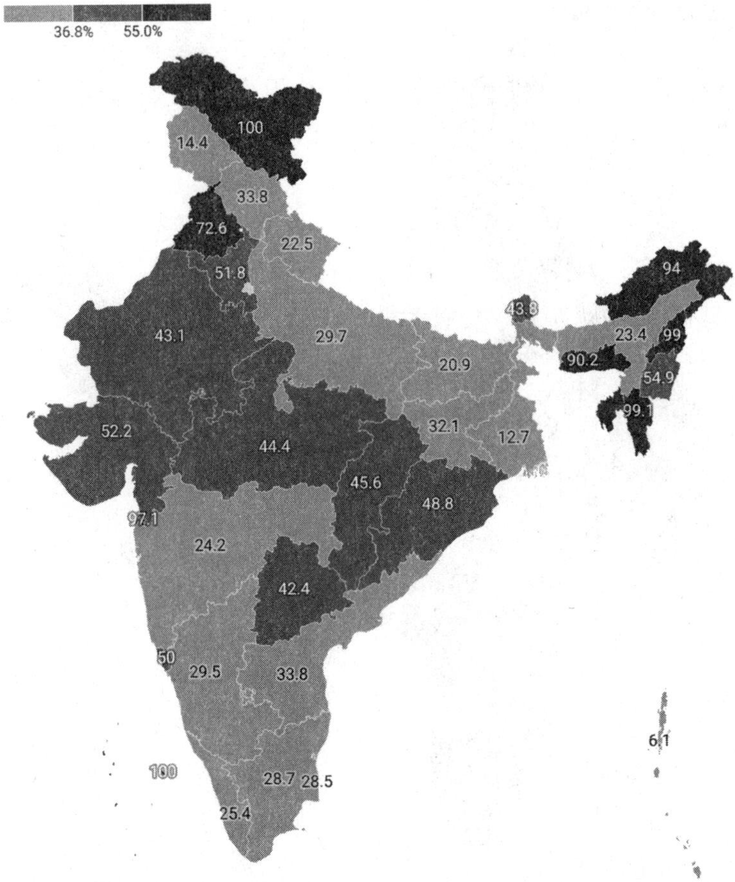

अखिल भारतीय स्तर पर दलित और आदिवासी मज़दूरों की औसत भागीदारी 36.8% है। अखिल भारतीय औसत से कम दतिल और आदिवासी मज़दूरों की भागीदारी वाले राज्यों को सबसे हल्के रंग में दर्शाया गया है।

स्रोत : सरकारी वेबसाइट से प्राप्त जानकारी पर आधारित, Map data: © OSM. Created with Datawrapper

नक्शा 6.3 : नरेगा में महिलाओं की भागीदारी, 2023-24

कुल कार्यदिवसों में महिलाओं का हिस्सा (%)

अखिल भारतीय स्तर पर महिलाओं की औसत भागीदारी 58.9% है। अखिल भारतीय औसत से अधिक महिला भागीदारी वाले राज्यों को सबसे गहरे रंग में दर्शाया गया है।

स्रोत : सरकारी वेबसाइट से प्राप्त जानकारी पर आधारित, Map data: © OSM. Created with Datawrapper

सेल्फ़-सिलेक्शन का एक और पहलू है—जब-जब आर्थिक संकट बढ़ा है, तब-तब नरेगा बचाव के लिए उभरा है—चार्ट 6.1 भी यह झलकता है जहाँ नरेगा पर ख़र्च जीडीपी के प्रतिशत के रूप में दर्शाया गया है। 2008-9 को छोड़कर, बढ़ोतरी उन वर्षों में दिखती है जब आर्थिक संकट की स्थिति थी—नवम्बर 2016 की नोटबन्दी के बाद और 2020-2022 के कोविड लॉकडाउन के समय। नोटबन्दी के बाद की बेरोज़गारी और गाँवों की तरफ़ पलायन की ख़बरों से माना जा रहा था कि ये लोग आर्थिक सहारे के लिए नरेगा कार्यस्थलों पर काम करना चाहेंगे। लेकिन वह 'सबसे बड़ा' आवंटन भी अपर्याप्त साबित हुआ।[6] उससे पिछले साल का बजट एस्टिमेट रु. 38,500 करोड़ का था, लेकिन संशोधित बजट में मनरेगा पर ख़र्च रु. 48,215 करोड़ हुआ। उस समय के वित्तमंत्री अरुण जेटली को बाद में और बजट देना पड़ा—2017-18 में नरेगा पर रु. 55,167 करोड़ ख़र्च हुए।

चार्ट 6.4 में, 2014-2020 में मासिक औसत और कोविड के सालों की (2020-22) मासिक औसत कार्यदिवस दर्शाए गए हैं। दोनों की लाइनों में साफ़ अन्तर दिखता है—कोविड के वर्षों का औसत, प्रति माह, कोविड से पहले के वर्षों के औसत से अधिक है।

आर्थिक संकट वाले वर्षों में सरकार को नरेगा का बजट बढ़ाना पड़ा, लेकिन बढ़ा हुआ बजट भी काम की माँग की पूर्ति के लिए अपर्याप्त था। फिर भी, कम-से-कम, नरेगा के होने की वजह से सरकारी तंत्र के पास एक तैयार ढाँचा मौजूद है, जिस पर संकट के समय भरोसा किया जा सकता है।

महिलाओं का सशक्तीकरण

जैसा कि पहले ज़िक्र किया गया है, नरेगा में महिलाओं के लिए ख़ास प्रावधान हैं—30% आरक्षण, एक समान मज़दूरी, घर के 5 किलोमीटर के दायरे में काम और कार्यस्थल पर 6 साल से कम उम्र के बच्चों की देखभाल के लिए सुविधा (खेरा और नायक, 2009)।

चार्ट 6.3 और नक़्शा 6.3 में महिलाओं की भागीदारी दर्शाई गई है। चार्ट 6.3 से पता चलता है कि नरेगा के पूरे इतिहास में महिलाओं ने हमेशा अच्छी मात्रा में काम किया है। कुल सृजित कार्यदिवसों में से लगभग 50% उन्हें प्राप्त हुए। नक़्शा 6.3 में अन्तरराज्यीय अन्तर साफ़ नज़र आता है—तमिलनाडु, केरल और राजस्थान जैसे राज्यों में महिलाओं ने नरेगा को मानो अपना लिया है। केरल और तमिलनाडु जैसे राज्यों में 2023-24 में, महिलाओं की भागीदारी 85% से भी अधिक रही।

चार्ट 6.4 : नरेगा में मासिक औसत कार्यदिवस (करोड़ में)

कोविड से पहले और कोविड वर्षों का औसत

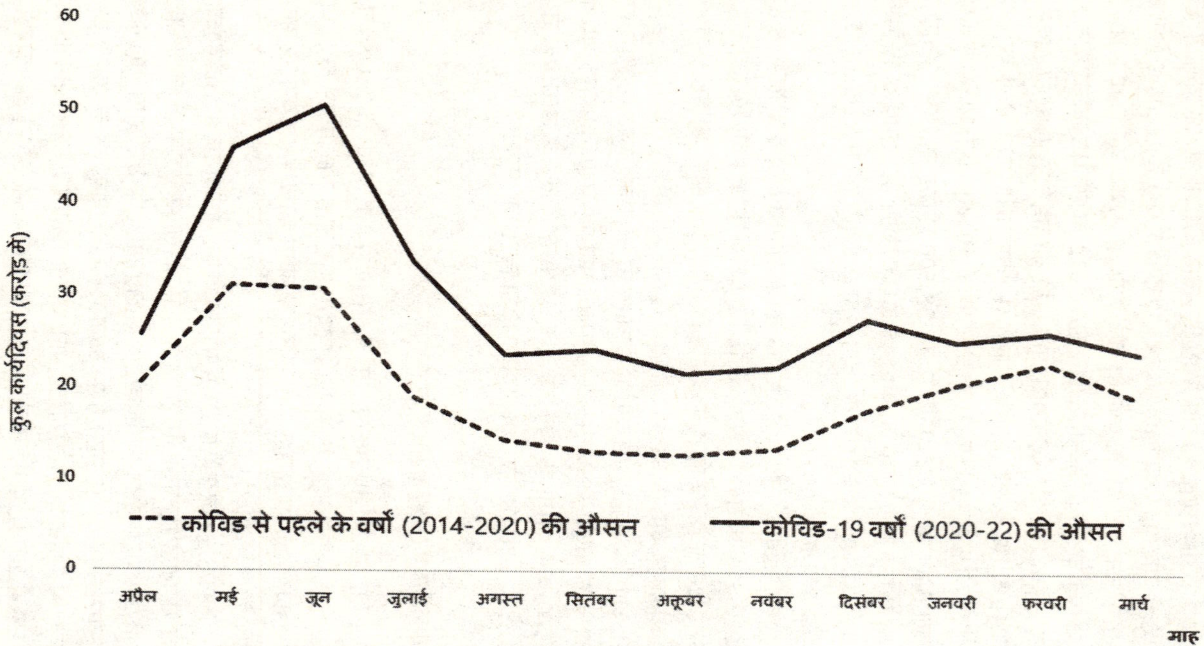

स्रोत : भारत सरकार (विभिन्न वर्ष), रिपोर्ट नम्बर R.2.2.2 प्रोजेक्टेड एंड पर्सन डेज़ जेनरेटेड, ग्रामीण विकास मंत्रालय

2008 में नरेगा के छह राज्यों के सर्वे में जब महिलाओं से बात हुई तब नरेगा के तहत काम करने वाली औरतों ने बताया कि नरेगा का काम उन्हें इसलिए पसन्द है क्योंकि वह घर के पास है, उसमें काम के घंटे निर्धारित हैं, शोषण की सम्भावना कम है। इसके अलावा, घर-परिवार में इसे 'सरकारी' काम के रूप में देखा जाता है इसलिए उन परिवारों में जहाँ महिलाओं के घर से बाहर काम करने पर प्रतिबन्ध हैं, वहाँ भी परिवारजन नरेगा काम के लिए राज़ी हो जाते हैं। सरकारी नरेगा काम उनकी नज़र में गरिमापूर्ण है।

महिलाओं के लिए नरेगा एक आर्थिक हस्तक्षेप भी है। भारत के ज़्यादातर राज्यों में घर से बाहर के काम में महिलाओं की भागीदारी बहुत कम है। यदि महिलाएँ घर के बाहर काम में पिछड़ जाती हैं, तो स्वाभाविक है कि उनकी ख़ुद की कमाई नहीं होती, जिसका उनकी आर्थिक स्वाधीनता पर सीधा असर पड़ता है। गाँव की महिलाओं के लिए, नरेगा गाँव में ही कमाई का अवसर प्रदान करता है, और महिलाओं ने इसका पूर्ण रूप से फ़ायदा भी उठाया है।

नरेगा में महिलाओं की भागीदारी के पीछे यह वजह भी है कि यदि वह किसी निजी व्यक्ति का काम करतीं तो मर्दों से कम मज़दूरी पातीं लेकिन नरेगा में महिलाओं और पुरुषों को एकसमान मज़दूरी मिलती है। इसलिए भी जब किसी महिला को घर से बाहर काम करना हो तो नरेगा एक आकर्षक विकल्प के रूप में उभरता है। कुछ अर्थशास्त्रियों की रिसर्च से पता चलता है कि मनरेगा से निजी मज़दूरी की दरें बढ़ी हैं, और इस बढ़त का मुख्य हिस्सा महिलाओं की मज़दूरी बढ़ने की वजह से है (इम्बर्ट और पैप, 2015 और बर्ग, और अन्य, 2018 देखें)।

एकल महिलाओं के लिए नरेगा के ख़ास मायने हैं। एकल महिलाओं की आर्थिक स्थिति काफ़ी नाज़ुक होती है और इसे देखते हुए निजी काम में उनके आर्थिक और अन्य शोषण होने की सम्भावनाएँ भी बढ़ जाती हैं। जब परिवार में कमाने वाली एक ही हो तो उन्हें जोखिम भरे, कठिन और कम पैसों पर—जो भी मिले, काम करना पड़ता है। इसलिए उनके लिए, उनकी ज़बानी, नरेगा के लाभ और भी ज़्यादा हैं—गाँव में काम (यानी पलायन से बचाव), पहले (निजी काम में मिल रही मज़दूरी) से अधिक मज़दूरी और आत्मविश्वास—यह सब लाभ उन्हें हुए हैं।

परिसम्पत्तियों का निर्माण

संसाधनों का निर्माण मनरेगा का अहम उद्देश्य है। बेशक शुरुआती वर्षों में इस पर ज़्यादा ध्यान नहीं दिया गया, फिर भी, मनरेगा के तहत कुछ संसाधन ज़रूर विकसित किये गए हैं।

मनरेगा में सामग्री पर ख़र्च का प्रावधान 40 फ़ीसदी तक है। इसकी वजह से लोगों (ख़ासकर शहरी) को लगता है कि यह सब 'मिट्टी के काम' हैं, जो बेकार या निष्फल होंगे। लेकिन बिना किसी सामग्री ख़र्च के भी, मिट्टी के काम भी बहुत उपयोगी हो सकते हैं।

मसलन, सड़कों के किनारे पानी निकासी की नालियाँ, तालाब की खुदाई और उसे गहरा करना, आदि। पश्चिम बंगाल के नदिया ज़िले में लोगों के खेत के बीचोबीच मनरेगा द्वारा नाली खोदी गई, जिससे अब वह खेत पानी में डूबने से बच जाते हैं। वहाँ सब्ज़ियों की खेती होती है। बूँदी (राजस्थान) में नहरें तो थीं, लेकिन उनकी कभी सफ़ाई नहीं हुई, जिससे पानी का बहाव रुक जाता था। उस क्षेत्र के गाँवों के बीच हर साल पानी को लेकर लड़ाई होती थी, जिला प्रशासन को पुलिस भेजनी पड़ती थी। मनरेगा से इनकी सफ़ाई की गई, कृषि उत्पादन बढ़ा, झगड़े कम हुए, प्रशासन को भी राहत मिली।

शहरी लोग चार लेन वाली सड़कों के आदी हैं, सो कच्ची सड़कों का महत्त्व नहीं समझ सकते। लेकिन गाँव के लोग, जो फुटपाथ के लिए भी तरसते हैं, मनरेगा से बनी ऐसी सड़कों को तवज्जो देते हैं। कहीं मृतकों के अन्तिम संस्कार के लिए मृतक को श्मशान घाट या क़ब्रिस्तान तक पहुँचाना मुश्किल था, वहाँ अब बीमार व्यक्ति को साइकिल या मोटरसाइकिल पर बिठाकर अस्पताल ले जाया जा सके ऐसी सड़कें नरेगा के तहत बनी हैं।

सार्वजनिक रास्ता बन जाने से दलित समुदाय को भी राहत मिली है, क्योंकि सड़क एक्सेस/दाख़िले का अधिकार भी झगड़े का मुद्दा बनता है। सुन्दरवन में मिट्टी के कार्य से ही लोगों की जान बचाने का काम हुआ है—तटबन्ध के कार्यों के चलते अब बाढ़ और ज्वार का पानी बस्तियों में नहीं आता। साथ ही, लम्बे समय के लिए मनरेगा द्वारा मैनग्रोव रोपने का कार्य भी किया गया है। इससे जानें भी बचेंगी और पर्यावरण भी।

मनरेगा के ज़रिये वृक्षारोपण के कार्य भी ख़ूब हुए हैं। सड़कों के किनारे, जंगल और पंचायत की ज़मीन पर, सरकारी परिसरों में और निजी ज़मीन पर फलदार पेड़ लगाए गए हैं।

पिछले कुछ वर्षों से क़ानून में संशोधन करके निजी ज़मीनों पर भी काम करने की अनुमति है। छत्तीसगढ़ में किसानों ने अपनी ज़मीन का समतलीकरण करवाया है, मेंड़बन्दी का काम हुआ है। इनसे उपज बढ़ी है। झारखंड में बड़े पैमाने पर निजी ज़मीनों पर कूप निर्माण भी करवाया गया है। जहाँ कूप निर्माण हुआ वहाँ कहीं-कहीं कुछ वर्षों बाद, नरेगा के तहत ही आम के बाग़ तैयार किये गए हैं।

मछली पालने के लिए तालाब निर्माण जैसे कुछ ऐसे कार्य हैं, जिनमें सामग्री पर भी ख़र्च हुआ है। जो मछली-तालाब हमने देखे, उनमें अंडे, मछलियों का भोजन और पानी-बिजली पर ख़र्च घटाकर हमने पाया कि 1.08 से 3.2 लाख रुपये तक का मुनाफ़ा होता है।

बेशक मनरेगा के बहुत से काम विफल हुए हैं—उदाहरण के तौर पर, सोनभद्र (उत्तर प्रदेश) के एक गाँव में एक तालाब को ढलान के ऊँचे छोर पर बनाया गया, जिसके चलते उसमें पानी इकट्ठा होने के बजाय उसमें से बह जाता था।

लेकिन उपरोक्त अन्य उदाहरणों से पता चलता है कि तकनीकी समर्थन हो, तो सामग्री के बिना भी अच्छे संसाधन विकसित किये जा सकते हैं।[7] परिसम्पत्तियों के निर्माण के लिहाज़ से नरेगा को नाकाम मान लिया गया है। ऐसा मानने वाले लोगों की कमी नहीं है लेकिन अभी तक इस पर जितने अध्ययन हुए हैं, उनसे इस मान्यता की पुष्टि नहीं होती है।

परिसम्पत्तियों के निर्माण का कोई विस्तृत ब्योरा नहीं रखा गया है लेकिन ऐसे अध्ययन हुए हैं जो मौजूदा परिस्थितियों में ही बेहतर सम्भावनाओं के बनने के संकेत देते हैं। महाराष्ट्र में मनरेगा के तहत जिन 4100 जगहों पर काम किया गया, वहाँ के अध्ययन में पाया, "60 फ़ीसदी काम से कृषि क्षेत्र को मदद मिली है जबकि 75 फ़ीसदी काम प्रत्यक्ष या परोक्ष तौर पर कृषि से जुड़ा हुआ था।" (कुलकर्णी, रानावरे, नारायणन और दास, 2015)। एक अनुमान के अनुसार, आम की बागबानी में निवेश पर 20% प्रतिफल प्राप्त होता है (द्रेज़ और नायर, 2023)। कुओं पर 2-6% अनुमानित प्रतिफल रहा है (भास्कर, गुप्ता और यादव, 2016 और गुप्ता, कुमार और अगगर्वल, 2012)।

भ्रष्टाचार

भ्रष्टाचार की समस्या तो है ही। मनरेगा से पहले अकाल-राहत के काम के ज़माने में, 'घोस्ट वर्क्स' (यानी वो कार्य जो केवल काग़ज़ों में हुए ज़मीन पर नहीं) हुआ करते थे। उस 'काल' में सामग्री और लेबर दोनों का पैसा ग़ायब हो जाता था।

लेकिन धीरे-धीरे, टेक्नोलॉजी का सहारा लेकर, लोगों की भागीदारी बढ़ाकर पारदर्शिता के प्रावधानों को लागू करने से नरेगा में भ्रष्टाचार घटा। मज़दूरी में भ्रष्टाचार की प्रक्रिया इस प्रकार थी—किसी मज़दूर ने यदि एक दिन काम किया हो, तो मस्टर रोल (हाज़िरी खाते) में '1' के आगे '0' लगाकर उसे '10' दिन कर दिया जाए। मस्टर रोल को कभी भी किसी के हाथ ना लगने दिया जाए। फिर, ब्लॉक स्तर पर 10 दिन की मज़दूरी स्वीकृत करवाकर, एक दिन का पैसा मज़दूर को दे दिया जाता (जब अधिकारी 'ईमानदार' होते) और बाक़ी नौ दिन की मज़दूरी सरकारी तंत्र के लोग आपस में 'पीसी सिस्टम' के अनुसार बाँट लेते। पीसी सिस्टम का अर्थ है 'पर्सेंटेज सिस्टम' जिसमें हर स्तर के अधिकारी का हिस्सा (पर्सेंटेज) पहले से तय हुआ करता है। नरेगा में पारदर्शिता के कई प्रावधान हैं, जिनमें कार्यस्थल पर मस्टर रोल की उपलब्धता भी एक है। इससे मज़दूर अपने नाम पर लग रही हाज़िरी देख सकते हैं और अपने हक़ के लिए लड़ सकते हैं।

2008-09 में बैंक खाते में पैसा डालने से भी पीसी सिस्टम को धक्का लगा। अब यदि कोई '1' को '0' लगाकर '10' दिन कर भी देता है तो मज़दूरी के पैसे उसके हाथ नहीं लगते, सीधे मज़दूर के खाते में जाते हैं। इससे भ्रष्टाचार घटा। एक सर्वे अनुमान के अनुसार, 2007-08 में जहाँ 42-56% मज़दूरी पर ख़र्च, लोगों तक पहुँच रहा था, 2009-10 में यह 70 प्रतिशत हुआ और 2011-12 में और बढ़कर 68-78% हो गया था।

फिर चोरों ने चोरी के नये रास्ते अपनाए—उदाहरण के लिए, मज़दूरों को कहा गया कि उन्हें एक भी दिन काम करने की ज़रूरत नहीं—केवल अपना जॉबकार्ड मज़दूरी खींचने में इस्तेमाल करने दें। या फिर पोस्ट ऑफ़िस और बैंक वालों के साथ साँठ-गाँठ करके, मज़दूर को बताए बिना, उसके खाते से पैसा निकाल लिया। तीसरा रास्ता था 'डकैती'—जब मज़दूर अपनी मज़दूरी निकालने जाते तो भ्रष्ट लोग बैंक के बाहर लठैत लेकर हाज़िर हो जाते, ताकि मज़दूर से पैसा छीन लिया जाए। कुछ सालों तक बैंक खाते ने भ्रष्टाचार रोकने में मदद की, लेकिन साथ ही उसने मज़दूरी देने की प्रक्रिया को कम पारदर्शी बना दिया है, जिसकी वजह से अब भ्रष्टाचार कहाँ और कैसे हो रहा है, इसका आकलन करना मुश्किल हो गया है।

अब फिर से भ्रष्टाचार का ज़िक्र होने लगा है। आधार और फ़ोन नम्बर द्वारा लोगों के खातों से, उनकी अनुमति के बिना, पैसों की निकासी के मामले सामने आ रहे हैं।

नरेगा को लगने वाले ग्रहण

2002-03 में, राजस्थान में ग्रामीण परिवारों को सूखे से निपटने में मदद करने के लिए राज्य की भूमिका का आकलन करने के लिए एक पीएचडी छात्र के रूप में मैं 400 परिवारों का एक फ़ील्ड अध्ययन कर रही थी। नमूने के तौर पर लिए गए आठ गाँवों (बाड़मेर, बीकानेर, जयपुर और उदयपुर) में सूखा राहत कार्यों का पैमाना प्रभावशाली था। सूखाग्रस्त राज्य होने के नाते, राजस्थान—गुजरात और महाराष्ट्र की तरह—में इस तरह के कार्यों को शुरू करने का एक लम्बा इतिहास था।

उस समय, गाँव में एक सार्वजनिक कार्यस्थल खोला जाता था, और हर कोई जो चाहता, उसे अपना नाम मस्टर रोल (एक उपस्थिति पत्रक, जिसे बोलचाल की भाषा में 'मस्टर रोल' कहा जाता था) में शामिल करने की अनुमति थी। पखवाड़े के अन्त में, कुछ कार्य माप (चाहे केवल सांकेतिक रूप से) किया जाता और भुगतान की प्रक्रिया के लिए मस्टर रोल को ब्लॉक कार्यालय में भेजा जाता।

'मेट' (एक कार्यस्थल पर्यवेक्षक) या पंचायत सचिव ब्लॉक कार्यालय से नक़द लेकर निर्दिष्ट दिन पर, श्रमिकों के नाम कार्यस्थल पर पुकारते और पैसे देते जाते। भुगतान आंशिक रूप से नक़द और बाक़ी अनाज के रूप में होता था।

जब महाराष्ट्र में राज्य अधिनियम पर आधारित, राजस्थान रोज़गार गारंटी अधिनियम की माँग हुई, तो मुख्यमंत्री गहलोत लड़खड़ा गए और केन्द्र पर ज़िम्मेदारी डाल दी। (नवम्बर 2003 में वह चुनाव हार गए।) सूखा राहत कार्यों को लागू करने में राजस्थान की सफलता का राष्ट्रीय ग्रामीण रोज़गार गारंटी अधिनियम (नरेगा) की माँग को पुनर्जीवित करने में बड़ा योगदान रहा।

नरेगा 1.0 (2006-12)

2005 में, महाराष्ट्र की रोज़गार गारंटी योजना के अनुकूल, नरेगा अधिनियम पारित हुआ। राजस्थान में ज़मीनी स्तर से सीखे गए महत्त्वपूर्ण सबक़ नरेगा में शामिल किये गए थे : कार्यस्थल पर मस्टर रोल, और कार्यस्थल पर ही सार्वजनिक रूप से मज़दूरी का भुगतान। उन्होंने पारदर्शिता बढ़ाई और भ्रष्टाचार के स्तर को नियंत्रण में रखा। इन पाठों को अन्य राज्यों में दोहराने के प्रयास किये गए जिसके मिश्रित नतीजे मिले। तमिलनाडु और छत्तीसगढ़ जैसे राज्य ठीक-ठाक काम करने में सक्षम थे, जबकि कई अन्य राज्यों में भ्रष्टाचार एक बड़ी समस्या थी।

2006-2012 नरेगा के उम्मीद भरे वर्ष थे—लोगों को काम अच्छे पैमाने पर मिला, जिसकी वजह से निजी लेबर मार्केट में वर्षों से स्थिर मज़दूरी की दरें कुछ हद तक बढ़ीं, ख़ासकर महिलाओं के लिए (खेरा 2011 देखें)। नरेगा के तहत क्या काम हो इस पर मंथन हुआ, जिसके फलस्वरूप गाँवों में विकास कार्य हुए, जिनमें मिट्टी-मुर्रम रोड, तालाब, चेक-डैम और निजी ज़मीनों पर कुओं का निर्माण, फलों के बगीचे इत्यादि बने।

2008 में, केन्द्र सरकार ने भ्रष्टाचार को कम करने के लिए बैंक और डाकघर में भुगतान का आदेश दिया। वास्तव में, शुरुआत में भ्रष्ट प्रथाओं पर इसका भारी सकारात्मक प्रभाव पड़ा, हालाँकि मज़दूरों को तकलीफ़ भी हुई। कुछ समय के लिए, उन्हें तब तक काम नहीं मिल सका, जब तक कि उन्होंने खाते नहीं खोले, मज़दूरी भुगतान में देरी आम हो गई, और श्रमिक लोग ग्रामीण क्षेत्रों में बैंक पहुँच के मुद्दों से जूझते रहे (अधिकारी और भाटिया, 2010)।

नरेगा की मुश्किलें यूपीए के दूसरे टर्म में ही शुरू हो चुकी थीं। हालाँकि राजनीतिक पंडितों ने मनरेगा को मनमोहन सिंह सरकार के दूसरी बार सत्ता में आने का एक प्रमुख कारण बताया था। यूपीए 2009-2014 में नरेगा टेक्नोक्रैटिक चपेट में फँस गया।

तकनीकी समर्थन के साथ-साथ राजनीतिक समर्थन भी ज़रूरी है। इस दृष्टि से तमिलनाडु उम्मीद की राह दिखाता है। वहाँ तकनीकी का सही उपयोग किया गया है। साथ ही मनरेगा क्रियान्वयन में मज़दूरों को प्राथमिकता दी गई।

वर्ष 2014-15 में (जब नरेगा तकनीकीकरण के मर्ज़ से कुछ हद तक बचा हुआ था) हर जॉबकार्ड धारक परिवार को 32 दिन काम मिला। महिलाओं को 85 फ़ीसदी रोज़गार मिला। यह सफल क्रियान्वयन के लिए माने जाने वाले राज्यों से बेहतर था : राजस्थान और आंध्र प्रदेश में जॉबकार्ड धारक परिवार को औसतन 17 दिन काम मिला और महिलाओं की भागीदारी क्रमश: 68 और 59 फ़ीसदी रही। यही नहीं, तमिलनाडु में कुछ रचनात्मक काम भी हुए, जैसे दो हज़ार ग्राम पंचायतों में मनरेगा के ज़रिये ठोस कचरे का निष्पादन किया जाता है। तमिलनाडु ने काफ़ी समय तक ई-मस्टर रोल (ईएमआर) के उपयोग को टाला, और वहाँ आम तौर पर भुगतान सात दिनों में हो रहा था।

दूसरे दशक (2014 से 2024) के राजनीतिक बादल

2014 में भारतीय जनता पार्टी के नेतृत्व में बनी राजग की सरकार के सत्ता में आने के बाद, नरेगा की मुश्किलें कई गुना बढ़ गईं। 2014 के बाद, नरेगा पर राजनीतिक प्रहार भी होने लगे। फ़रवरी 2015 में प्रधानमंत्री नरेन्द्र मोदी ने संसद में नरेगा को यूपीए सरकार की विफलता का 'जीता-जागता स्मारक' बताया था। दूसरी ओर, राजस्थान की मुख्यमंत्री ने इसकी ज़रूरत पर ही सवाल उठा दिया था (उनका कहना था कि "क़ानून की क्यों ज़रूरत है, केवल योजना से काम क्यों नहीं चल सकता")। यही नहीं, ग्रामीण विकास मंत्री ने प्रस्ताव रखा कि इसे 600 में से मात्र 200 ज़िलों में चलाया जाए।

मनरेगा को दौ सौ ज़िलों तक सीमित करने का वह सरकारी प्रस्ताव समझदारी से परे था। अगर नरेगा को कुछ ही ज़िलों तक सीमित कर दिया जाता तो ज़िलों और प्रखंडों के चयन में पक्षपात होना तय था जो नरेगा के 'सेल्फ़-सिलेक्शन' डिज़ाइन की ख़ूबी को ख़त्म करने का काम करता। कुछ लोग कहते हैं कि बेहतर परिस्थितियों वाले इलाक़ों में मनरेगा की कोई माँग नहीं है। लेकिन ज़मीनी हक़ीक़त कुछ और है। जैसा कि हमने देखा, तमिलनाडु और आंध्र प्रदेश जैसे विकसित राज्यों ने नरेगा को बहुत अच्छे से लागू किया है।

साथ ही, यह लोगों के अधिकारों में कटौती होती। वह कार्यक्रम जो लोगों को अधिकार देते हैं, उनकी मंशा लोगों को सुरक्षा देने की होती है लेकिन अगर ऐसे अधिकार एकतरफ़ा तरीक़े से वापस लिये जाते हैं तो क़ानून का मक़सद ही बेमानी हो जाएगा। इस अध्याय की शुरुआत में ज़िक्र किया था कि कुछ लोगों ने सवाल उठाए कि केवल योजना से काम क्यों नहीं चला लेते, रोज़गार गारंटी क़ानून की क्या ज़रूरत है। जब 2014-15 में नरेगा पर राजनीतिक प्रहार होने लगे, तब क़ानून के होने का फ़ायदा अच्छे से समझ आने लगा—दोनों प्रस्ताव कुछ दिन बाद ठंडे पड़ गए क्योंकि नई सरकार ने इसे संसद में लाने की हिम्मत ही नहीं की।

संशोधन तो नहीं हुए, लेकिन इसका अर्थ यह नहीं कि नरेगा का भविष्य सुरक्षित हो गया। दूसरी ओर, सारी गलती राजग सरकार की ही नहीं है। यूपीए-दो (2009-2014) के कार्यकाल में, 2010 से नरेगा को एक के बाद दूसरा ग्रहण लगने लगा। नरेगा के मूल उद्देश्यों (काम माँगने पर मज़दूरी, समय पर भुगतान, आदि) को मज़बूत करने के बजाय इस पर कन्वर्जेंस, स्वच्छता, स्वयं सहायता समूह, फ़ाइनेंशल इन्क्लूशन जैसे कई तरह के लक्ष्यों को थोप दिया गया, हालाँकि यह क़ानून के उद्देश्य में शामिल नहीं हैं। क़ानून में लिखा है कि इसे 'जीविका सुरक्षित' करने के मक़सद से लागू किया जा रहा है।

2010 से नरेगा 2.0 का मुख्य लक्षण टेक्नोक्रेट द्वारा इसका 'अधिग्रहण' था। ग्रामीण विकास मंत्रालय टेक्नोक्रेट का अड्डा बन गया, जो मानते थे कि रियल-टाइम ई-(लेक्ट्रोनिक) से नरेगा की सभी समस्याओं का समाधान हो सकता है। ई-मस्टर रोल (eMRs), ई-फ़ंड मैनेजमेंट सिस्टम (e-FMS) और GPS-सक्षम बायोमेट्रिक्स उपस्थिति से लेकर जियो-टैग की गई नरेगा सम्पत्तियों तक, ग्रामीण मंत्रालय एक तकनीकी-तांडव का स्थल बन गया।

मज़दूरों के लिए प्रक्रिया को आसान बनाने के लिए प्रौद्योगिकी को तैनात करने के बजाय, टेक्नोक्रेट अपने स्वयं के जीवन को आसान बनाने के लिए इसका उपयोग करने लगे। प्रशासकों को इसके कार्यान्वयन की निगरानी के लिए गाँवों का दौरा करने की आवश्यकता नहीं रही : वे केवल नरेगा रीयल-टाइम पोर्टल पर नज़र डालते, जिससे 'आल इज़ वेल' की तसल्ली मिल जाती। श्रमिकों और उनके अधिकारों की परवाह किसी को नहीं रही।

नरेगा 2.0 पर आधार की ओर से ग्रहण लगा। मज़दूरों को डराया गया कि यदि वह आधार नहीं बनवाएँगे तो आगे उन्हें काम नहीं मिलेगा। फिर धमकाया गया कि उसे नरेगा जॉबकार्ड से जोड़ना होगा। अगला शिकार भुगतान प्रणाली थी। अगर आधार नम्बर जॉबकार्ड या बैंक खाते से लिंक नहीं थे तो भुगतान रोक दिया जाता था (द *हिन्दू*, 2021)। ग्रामीण विकास मंत्रालय ने चुपके से नरेगा बैंक खातों को आधार संख्या से जोड़ना अनिवार्य कर दिया।

आधार को अपने शुरुआती वर्षों में नामांकन संख्या बढ़ाने के लिए रेडीमेड डेटाबेस की आवश्यकता थी। कमज़ोर और अपने अधिकारों को खोने के बारे में चिन्तित श्रमिक, नामांकन के लिए लाइनों में लग गए। सुप्रीम कोर्ट के स्पष्ट निर्देशों के बावजूद, ग्रामीण विकास मंत्रालय ने आधार को अनिवार्य बनाने के गुप्त तरीक़े ढूँढ़े। उदाहरण के लिए, जब ब्लॉक कार्यालय में सॉफ़्टवेयर में 'काम की माँग' दर्ज की जाती थी, तो यह केवल उन श्रमिकों को लेता जिन्होंने अपना आधार नम्बर जमा किया हो।

बिना आधार नम्बर वाले जॉबकार्ड रद्द कर दिये गए। ध्यान रहे, यह सब राजनेताओं, नौकरशाहों और टेक्नोक्रेट्स द्वारा किया गया था जो नरेगा के बड़े समर्थक थे।

ग्रामीण विकास मंत्रालय बार-बार सुप्रीम कोर्ट के आदेशों को दरकिनार करने की कोशिश करता रहा। आधार और बायोमेट्रिक्स प्रमाणीकरण का मनरेगा में ख़ास लाभ नहीं होने पर भी राज्यों पर दबाव डाला जाता रहा कि डेटाबेस में मज़दूरों के आधार नम्बर डाले जाएँ। कर्नाटक के चित्रदुर्ग ज़िले में 2014-15 में रु. 10-15 करोड़ का भुगतान इसलिए रुक गया, क्योंकि मज़दूरों द्वारा काम करने के बाद डेटा इंट्री ऑपरेटर ने उनका नाम डेटाबेस से हटा दिया। पूछताछ पर पता चला कि उन मज़दूरों के आधार नम्बर नहीं थे और प्रशासन की ओर से दबाव था कि सौ फ़ीसदी मज़दूरों के आधार नम्बर डाले जाएँ। इसलिए ऑपरेटर ने बिना आधार नम्बर वाले मज़दूरों के नाम हटा दिये।

भ्रष्टाचार से सम्बन्धित तथ्यों के बावजूद, 2012 में एक नैरेटिव बनाया गया कि नरेगा में भ्रष्टाचार को रोकने के लिए आधार की ज़रूरत है। इस नैरेटिव के अनुसार बिना आधार के लोगों के बैंक खाते नहीं खुल सकते, जो भ्रष्टाचार के ख़िलाफ़ लड़ाई के लिए बेहद ज़रूरी है। यह बात सही है कि बैंक खाते में मज़दूरी जमा करने से भ्रष्टाचार में कमी आई, लेकिन वास्तविकता यह भी थी कि नरेगा मज़दूरी मज़दूरों के बैंक खातों में 2008 से ही जा रही थी, जब आधार की कल्पना भी नहीं की गई थी।

बात आधार पर ही नहीं रुकी। नित नई तकनीक को नरेगा पर थोपा जा रहा था। नरेगा मज़दूरों की उपस्थिति 'मस्टर रोल' में लगाई जाती थी। काग़ज़ी मस्टर रोल की जगह इलेक्ट्रॉनिक मस्टर रोल्स ('ईएमआर') को लाया गया। तर्क यह था कि ईएमआर से मज़दूरों के पास काम माँगने की रसीद रहेगी और काम न मिलने की स्थिति में वे बेरोज़गारी भत्ते की माँग कर सकेंगे। यह भी दावा किया गया कि ईएमआर से भ्रष्टाचार रुकेगा, लेकिन इससे इन दोनों में से किसी भी समस्या का हल नहीं निकला। कुछ जगहों को छोड़कर, ईएमआर से नुक़सान ही हुआ है।

इससे पहले कि श्रमिकों को काम माँगने के उनके अधिकार के बारे में जागरूक किया जाता; उनके आवेदन को स्वीकार करने के लिए जवाबदेही तय करने से पहले, काम के लिए आवेदन करना अनिवार्य कर दिया गया। मज़दूरों का कार्यस्थल पर काम पाने का हक़ चला गया—जब साधारण मस्टर रोल इस्तेमाल होते थे, तब गाँव में काम खुलने पर, कोई भी जाकर अपना नाम लिखवाकर काम से जुड़ सकता था। लेकिन, ईएमआर पर केवल वो ही श्रमिक काम कर सकते थे जिनका नाम पीछे से उस पर छपकर आया हो। ईएमआर से काग़ज़ी काम बढ़ गया और कहीं-कहीं बिचौलियों की वापसी भी हुई—क्योंकि काम की माँग अनिवार्य हुई तो आवेदन प्रक्रिया में बिचौलियों ने अपने लिए भूमिका निकाल ली।

पहले हाज़िरी मस्टर रोल पर दर्ज होती थी, फिर सप्ताह के अन्त में ऑनलाइन डाली जाती थी। भ्रष्टाचार को रोकने के नाम पर 2021-22 में इसे रोज़ कार्यस्थल

पर मोबाइल ऐप पर लेना अनिवार्य हो गया है, हालाँकि पाइलट में इसके क्रियान्वयन में कई ख़ामियाँ भी पाई गईं। सबसे ताज़ा रुकावट यह है कि यदि मज़दूरों की सामूहिक फ़ोटो कार्यस्थल से सुबह निर्धारित समय तक सर्वर पर अपलोड नहीं की जाएगी तो उस दिन की मज़दूरी नहीं मिलेगी। फ़ोटो अपलोड करने में ग्रामीण इलाक़ों में कई दिक़्क़तें आ रही हैं, जिसके चलते मज़दूरी कट कर मिल रही है।

मनरेगा में टेक्नोक्रेसी एक बोझ बन गई है। मनरेगा की पूरी प्रशासनिक क्षमता पहले बैंक अकाउंट नम्बर डालने के काम में डूबते-डूबते बची, कि तभी आधार-रूपी तूफ़ान आ गया। बजाय इसके कि नरेगा अधिकारी मनरेगा काम खोलें, वे नापी और भुगतान का काम करने में लगे रहे, उन्हें बार-बार आदेश दिये जाते हैं कि सभी मज़दूरों का आधार नम्बर सिस्टम में डाला जाए। आधार कैंसर की तरह मनरेगा को खोखला बनाता जा रहा है।

केन्द्रीकरण की समस्या

किसी न किसी रूप में, केन्द्रीकरण की समस्या मनरेगा में शुरू से रही है। शुरुआती दिनों में तब के ग्रामीण मंत्री चाहते थे कि मनरेगा के तहत राजीव गांधी भारत निर्माण सेवा केन्द्रों को बनाने की अनुमति दी जाए। कुछ लोगों का मानना था कि चूँकि मनरेगा की मज़दूरी से चोरी करना मुश्किल हो रहा है तो, लोग चाहते थे कि मनरेगा में ज़्यादा सामग्री वाले काम जोड़े जाएँ। तब, कार्यों की सूची के केन्द्रीकरण का जमकर विरोध हुआ, क्योंकि मनरेगा क़ानून के तहत इस सूची को ग्राम पंचायत द्वारा बनाया जाना चाहिए। लेकिन उन सालों में ऐसी स्थिति पैदा हुई कि केन्द्रीय मंत्रालय से कार्यों की सूची सुझाई जाने लगी। कभी-कभी तो कार्य की लम्बाई-चौड़ाई-गहराई भी केन्द्र द्वारा निर्मित की जाती! इस तरह के केन्द्रित टारगेट-आधारित संसाधन पैदा करने के प्रयास से नुक़सान होने के संकेत आने लगे।

टेक्नोलॉजी, जो शुरुआती सालों में मनरेगा की सबसे अच्छी दोस्त रही, आज उसकी सबसे बड़ी दुश्मन बन गई है। आज वो ही मनरेगा पुराने ज़माने के काग़ज़ी-काम और नये ज़माने की डिजिटल माँगों का मिला-जुला 'डिजिटल रेड टेप' बन गया है—एक बुरा-सपना जिसके सामने मनरेगा घुटने टेक चुका है।

वित्तीय ग्रहण

नरेगा पर अकेला तकनीकी ग्रहण ही नहीं लगा, भारी वित्तीय ग्रहण भी रहा है, जो सीधे-सीधे राजनीतिक समर्थन की कमी से जुड़ा है। वास्तविकता यह है कि क़ानून के प्रावधानों के बावजूद, नरेगा को कभी भी डिमांड आधारित बजट नहीं मिला।

पिछले कई सालों से, नरेगा में एक घातक पैटर्न दोहराया जाता रहा है। बजट में आवंटित पैसे उस वित्तीय वर्ष के अक्टूबर तक ख़र्च हो जाते हैं; नवम्बर के बाद काम करनेवालों की मज़दूरी बकाया रहने लगती है, तब तक जब तक सरकार संशोधित बजट या अगले साल के बजट में आवंटन नहीं बढ़ाती। अगले साल के बजट का बड़ा हिस्सा पिछले साल की बकाया मज़दूरी पूरी करने में ख़र्च हो जाता है; फिर से अक्टूबर तक बजट की राशि ख़त्म हो जाती है और नवम्बर के बाद की मज़दूरी बकाया रहने लगती है।

यह घातक क्यों है इसे समझना मुश्किल नहीं। यदि आपकी तनख़्वाह महीनों तक बकाया रहेगी, तो आप भी दूसरी नौकरी ढूढ़ने लगेंगे। नरेगा मज़दूर सबसे कमज़ोर आर्थिक वर्ग (आम तौर पर भूमिहीन या लघु और सीमांत कृषि) से आते हैं। उनके लिए नियमित रूप से मज़दूरी मिलना बहुत ज़रूरी है।

सरकार ने इस पैटर्न को सुधारने की एक भी बार कोशिश नहीं की। सुधारना तो दूर, कभी-कभी नरेगा का बजट पिछले साल से भी कम कर दिया गया। लोगों के मन में यह अवधारणा है कि नरेगा का बजट बहुत बड़ा है। लेकिन जैसा कि चार्ट 6.1 में दर्शाया गया है, यह जीडीपी का केवल 0.2-0.5% रहा है।

कम बजट को लेकर सरकार का जवाब है कि जहाँ नरेगा का बजट घटा है, वहाँ प्रधानमंत्री आवास योजना का बजट बढ़ा है। यह तर्क स्वीकारना मुश्किल है क्योंकि आवास योजना का बड़ा हिस्सा मैटेरियल पर ख़र्च होता है और वैसे भी लेबर का बड़ा हिस्सा पहले से नरेगा से ही आ रहा है।

वित्तीय संकट का एक और चेहरा है 'डबल इंजन' की सरकार। जिन राज्यों में राजग की पार्टियों की सरकार नहीं है वहाँ, केन्द्र की तानाशाही नज़र आती है। इसका सबसे भयावह उदाहरण है जो पश्चिम बंगाल में 2019 से हुआ। वहाँ भ्रष्टाचार के आरोपों की आड़ में केन्द्र ने ना केवल आगे का बजट रोक दिया, बल्कि हज़ारों मज़दूरों की बक़ाया मज़दूरी भी रिलीज नहीं की। भ्रष्टाचार मज़दूरों ने नहीं किया, जिन्होंने किया उन पर कोई कार्यवाही नहीं हुई, लेकिन दंडित मज़दूरों को किया गया।

मनरेगा की समस्याएँ

इन मुश्किलों के साथ-साथ मनरेगा में जो पुरानी कमियाँ थीं, उनमें से अभी तक दो ऐसी समस्याएँ हैं, जिन्हें तुरन्त सुधारने की जरूरत है। मज़दूरी दरों में ठहराव या स्टैगनेशन और विलम्बित यानी देरी से भुगतान। कहने को तो हर साल मज़दूरी की दरें महँगाई के अनुसार बढ़ाई जाती हैं, लेकिन यह काम बहुत असन्तोषजनक तरीक़े से होता है। 2016 में मई दिवस पर झारखंड में मनरेगा मज़दूरों ने बढ़ोतरी के मुद्दे पर नाराज़ होकर प्रधानमंत्री को लौटाने का फ़ैसला किया।

उस वर्ष सरकार ने झारखंड के लिए नरेगा मज़दूरी रु. 5 प्रतिदिन बढ़ाई थी। (देवघरिया 2016)। जबसे सरकार ने यह माना कि हर साल महँगाई के अनुसार मज़दूरी दर को बढ़ाया जाएगा, तबसे रियल टर्म्स में मज़दूरी दर नहीं बढ़ी। इसे समझने के लिए चार्ट 6.5 देखें, जिसमें नरेगा की मज़दूरी की दरों के साथ महँगाई भी दर्शाई गई है। चार्ट 6.5 से स्पष्ट हो जाता है कि महँगाई का ग्रोथ रेट नरेगा मज़दूरी के ग्रोथ रेट से अधिक होने की वजह से रियल टर्म्स में नरेगा मज़दूरी स्थिर (अंग्रेज़ी में, स्टैग्नेट कर रही) है। दूसरी ओर, नरेगा मज़दूरी, बाज़ार में कम-से-कम कमाने वाले खेतिहर मज़दूर से भी कम है फिर भी मज़दूरी बढ़ाने पर कोई चर्चा नहीं हो रही।

मज़दूरी भुगतान में देरी भी 2009 के आसपास से चली आ रही पुरानी बीमारी है (जिसका ज़िक्र पहले भी हुआ है) जब मनरेगा भुगतान को बैंक खातों से जोड़ा गया। दो या तीन राज्यों के अलावा सभी राज्यों में भुगतान 15 दिनों में नहीं हो पा रहा है। तकनीकीकरण और केन्द्रीयकरण से स्थिति और ख़राब हुई है। जैसा कि पहले ज़िक्र किया गया है, कर्नाटक और झारखंड में कुछ मनरेगा मज़दूर जो काम कर चुके थे, लेकिन जिनका भुगतान होना बाक़ी था, उनके नाम मनरेगा एमआईएस से हटा दिये गए। बाद में पता चला कि चूँकि डेटा एंट्री ऑपरेटर पर दबाव था कि वो शत-प्रतिशत 'आधार-सीडिंग' करे, अपना टारगेट प्राप्त करने के लिए उसने उनके नाम डिलीट कर दिये।

प्राय: नरेगा पर लगे विभिन्न ग्रहणों में से मज़दूरी से जुड़ी समस्याएँ सबसे घातक हैं, क्योंकि जब मज़दूरी कम होगी और उसे पाने की कोई गारंटी नहीं होगी, या तो वह देरी से आए, तो मज़दूर हारकर दूसरे विकल्प ढूँढ़ेंगे। इस तरह से नरेगा रोज़गार की डिमांड ख़त्म कर दी जाएगी।

जाते-जाते

नरेगा में फिर से जान फूँकना बहुत मुश्किल नहीं—हर पंचायत में कम-से-कम एक कार्यस्थल हो, ताकि जिस किसी को भी काम करना हो, उसे बिना किसी शर्त के, बिना आवेदन के, काम मिले। मनरेगा को टेक्नो-ब्यूरोक्रेटिक प्रणाली से मुक्ति दी जाए, प्रक्रियाओं का सरलीकरण (उदाहरण के तौर पर, नेशनल मोबाइल मॉनीटरिंग सिस्टम को हटाया जाए), मज़दूरी की दर को बढ़ाया जाए और समय पर भुगतान सुनिश्चित हो, इस तरह नरेगा को बचाया जा सकता है।

चार्ट 6.5 : नरेगा मज़दूरी और बुवाई, खेतिहर और गैर खेतिहर मज़दूरी
(रियल टर्म्स में, 2014-15=100)

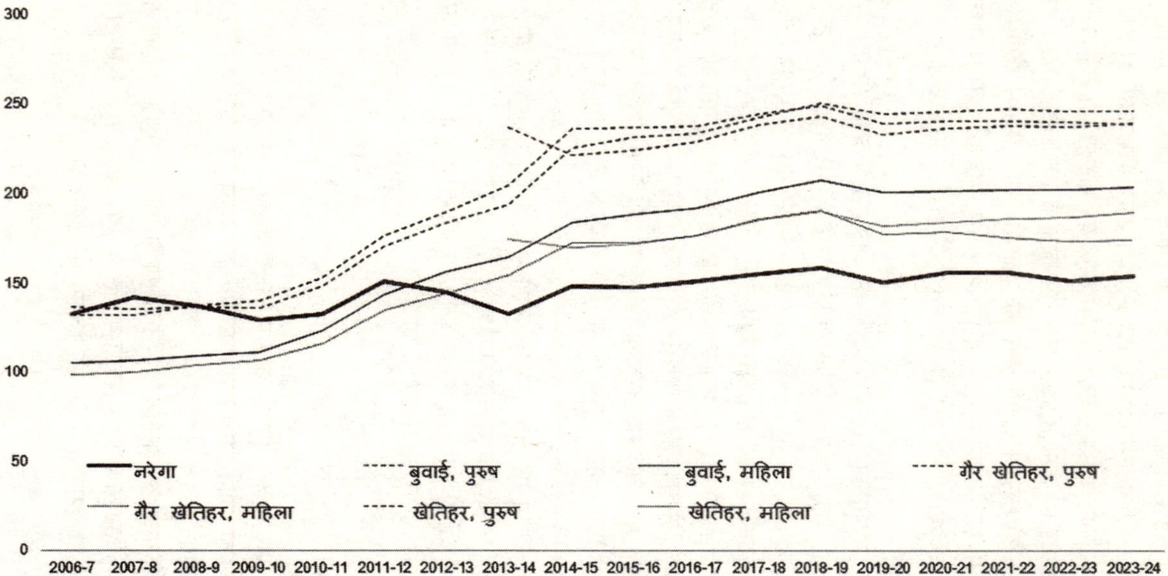

स्रोत : नरेगा मज़दूरी www.nrega.nic.in; कन्ज्यूमर प्राइस इंडेक्स रिजर्व बैंक ऑफ इंडिया; बुवाई में मज़दूरी अरिंदम दास द्वारा संगृहीत https://labourbureau.gov.in/rural-wages

सन्दर्भ

1. हक़ीक़त ये है कि मनरेगा में मज़दूरी का आधार हाज़िरी बन जाना नहीं, बल्कि निर्धारित काम का पूरा हो जाना है। उसके बाद उन्हें न्यूनतम वेतन मिलता है। इसलिए अगर वे बैठ जाते हैं और उनकी उत्पादकता निर्धारित मानकों के अनुरूप नहीं होती तो उन्हें न्यूनतम मज़दूरी से भी कम पैसे मिलते हैं।
2. जागरूकता की कमी के कारण क़ानूनन रोज़गार माँगने के अधिकार का कम ही इस्तेमाल किया गया।
3. शुरुआती वर्ष (2005-06) में जब नरेगा लागू हुआ तब केवल 200 ज़िलों में लागू हुआ। अगले वर्ष 130 और ज़िले जोड़े गए और 2008 तक देश के सभी ज़िलों में लागू हो गया। इसलिए भी 2008-09 का बजट उससे पिछले वर्ष से काफ़ी कम था।
4. 2015 में उद्योग को दी जाने वाली कर-छूट जीडीपी का तक़रीबन तीन फ़ीसदी थी। केवल सोने और हीरे की कम्पनियों को मनरेगा ख़र्च से तकरीबन दुगुनी (रु. 65,000 करोड़) कर-छूट दी गई। वाणिज्य और उद्योग मंत्रालय की वेबसाइट के मुताबिक़ इस उद्योग में 30 लाख लोगों को रोज़गार मिला, जबकि मनरेगा ने 4.5 करोड़ लोगों को रोज़गार दिया।
5. जब नरेगा को कुछ ज़िलों में सीमित करने की बात आई तब इस पहलू, या फिर असफलता, पर ज़ोर दिया गया। एक सरकारी नोट में ये कहा गया कि मनरेगा का राजनीतिक इस्तेमाल किया गया है। इसका दूसरा पहलू है कि यह आंध्र प्रदेश और तमिलनाडु की बेहतर प्रशासनिक क्षमता को भी जतलाता है।
6. बजट 2017-18 में मनरेगा के लिए 'सबसे बड़े' आवंटन (रु. 48,000) का दावा किया गया। इससे प्रतीत होता है कि शयाद मोदी सरकार ने माना है कि मनरेगा नोटबन्दी जैसी आर्थिक आपत्ति से निपटने के लिए एक सहयोगी हस्तक्षेप है।
7. सरकार का दूसरा प्रस्ताव परिसम्पत्तियों के निर्माण की ज़रूरत के मद्देनज़र किसी काम में श्रम से इतर होने वाले ख़र्चों को बढ़ाने का है।

अध्याय-7

सामाजिक सुरक्षा पेंशन : असहायों का सहारा

2013 में सर्वे के दौरान राजस्थान में हम अन्तर कुँवर से मिले। वे बूढ़ी और विधवा थीं। उस समय राजस्थान में सामाजिक सुरक्षा पेंशन का दायरा काफ़ी सीमित था। अन्तर कुँवर को ना वृद्धावस्था पेंशन मिल रही थी, ना विधवा-पेंशन। उन्होंने बताया कि जीवनयापन के लिए वह कभी गोबर बेचती हैं, कभी कटाई के समय ज़मीन पर बिखरे गेहूँ को समेटती हैं, कभी भाई (भाभी से छुपाकर) कुछ पैसे दे देते हैं और कभी अपनी जातिवालों से खाना माँगकर खाती हैं। उनके बयान से एहसास होता है कि बुढ़ापे में विधवाओं की कितनी कठिन ज़िन्दगी होती है।

इस तरह की व्यथा से एक नारा निकला 'हर हाथ को काम दो, बुढ़ापे में आराम दो'। ज़िन्दगी-भर असंगठित क्षेत्र में, कम मज़दूरी पर काम करने के बाद जब कामगार वर्ग अपने जीवन के आख़िरी पड़ाव पर पहुँचते हैं तो उनके पास बचत के नाम पर कुछ नहीं होता। एक तरफ़ उनकी शारीरिक ज़रूरतें बढ़ जाती हैं (बच्चों की तरह हो जाते हैं), उन्हें काफ़ी मदद की ज़रूरत पड़ती है तो दूसरी तरफ़ वे आर्थिक स्वतंत्रता खो बैठते हैं क्योंकि कमाई करने लायक़ नहीं रहते। कुछ हद तक, परिवार उनकी ज़रूरतों को पूरा करने की कोशिश करते हैं लेकिन जो ख़ुद का घर चलाने के लिए ही संघर्ष कर रहे हों उनके लिए घर के बूढ़ों को भूल जाना बहुत मुश्किल नहीं।

भारत में 2011 में साठ वर्ष से अधिक उम्र के लोगों का आबादी में हिस्सा 9% था, और अनुमान है कि 2036 में यह 18% हो जाएगा (द्रेज़ और डुफ्लो, 2022)। राजन और मिश्रा (2024) के अनुसार वृद्ध लोगों में 20% ऐसे लोग हैं जिन्हें इन चारों चुनौतियों का सामना करना पड़ता है—कोई आय नहीं, ग़रीबी, एक से अधिक बीमारी, और दैनिक गतिविधियाँ करने में परेशानी।

भारत में अलग-अलग क्षेत्रों में काम करने वाले लोगों के लिए पेंशन सुविधा अलग है और कुछ लोगों के लिए तो है ही नहीं। तालिका 7.1 में चार प्रकार अंकित हैं—रोज़गार के क्षेत्र के अनुसार और नियुक्त व्यक्ति पेंशन में योगदान (कॉन्ट्रिब्यूशन) करते हैं या नहीं। सरकारी नौकरी में लगे हुए लोगों के लिए दो प्रकार

की पेंशन व्यवस्था है—ओल्ड पेंशन स्कीम उनके लिए जिनकी नियुक्ति 2004 तक हुई (तालिका 7.1 में 1बी), और न्यू पेंशन स्कीम उनके लिए जो 2004 के बाद नौकरी में लगे (1ए)। यह उन लोगों के लिए लागू हैं जिनकी पक्की नौकरियाँ हैं। असंगठित क्षेत्र में भी दो प्रकार की पेंशन है—जिसमें मुलाज़िम या स्वरोज़गार वाले अपनी पेंशन के लिए हर महीने कुछ योगदान करते हैं (2ए), और फिर सामाजिक सुरक्षा पेंशन जो उन्हें दी जाती है जो बिलकुल असहाय हैं (2बी)। इस अध्याय में इन सब पर चर्चा होगी लेकिन हमारी प्रमुख रुचि राष्ट्रीय सामाजिक सुरक्षा पेंशन में है जो समाज के सबसे कमज़ोर वर्ग के लोगों को मिलती है।

तालिका 7.1 : पेंशन के प्रकार

	(1) संगठित क्षेत्र	(2) असंगठित क्षेत्र
(ए) कॉन्ट्रिब्यूटरी	न्यू पेंशन स्कीम, 2004 के बाद (1.7 करोड़)[1]	अटल पेंशन योजना (4.8 करोड़)[1], पीएम मानधन पेंशन योजना (0.7 करोड़)[2]
(बी) नॉन कॉन्ट्रिब्यूटरी	ओल्ड पेंशन स्कीम	राष्ट्रीय सामाजिक सुरक्षा पेंशन (7 करोड़)[3]

स्रोत : 1. भारत सरकार (2023), अध्याय 5, पृ. 256–257। 2. प्रधानमंत्री मानधन पेंशन योजना, श्रम एवं रोज़गार मंत्रालय तथा कृषि एवं किसान कल्याण मंत्रालय के डैशबोर्ड से जानकारी प्राप्त। 3. लेखक के अनुमान, सरकारी आँकड़ों पर आधारित (सांख्यिकीय परिशिष्ट देखें)।

सरकारी पेंशन से जुड़े सवाल

2022 से न्यू पेंशन स्कीम (एनपीएस) और ओल्ड पेंशन स्कीम (ओपीएस) पर बहस फिर से छिड़ी। राजस्थान में कांग्रेस सरकार ने ओपीएस लागू करने का वादा किया। उसके बाद, अन्य राज्यों में भी (पंजाब, हिमाचल प्रदेश, झारखंड, छत्तीसगढ़, इत्यादि), राजनीतिक दलों ने इसे अपने घोषणा-पत्रों और नीतियों में शामिल किया है। इस तरह की पेंशन स्कीम केवल फ़ॉर्मल क्षेत्र के मुलाज़िमों को प्रभावित करती है। कुल रोज़गार में फ़ॉर्मल क्षेत्र का हिस्सा 10 प्रतिशत से कम है। पक्की नौकरी वाले कुछ सरकारी मुलाज़िम (उदाहरण के लिए यूनिवर्सिटी प्रोफ़ेसर, आईएएस अफ़सर, जज, इत्यादि), देश में सबसे ज़्यादा तनख़्वाह प्राप्त लोगों में हैं। उनकी तनख़्वाह उन्हें देश के सबसे अमीर 5-10% में पहुँचा देगी। सातवें वेतन आयोग में न्यूनतम सरकारी तनख़्वाह रु. 18,000 प्रति माह रखी गई थी। वर्ल्ड इनइक्वालिटी डेटाबेस के अनुसार यह देश में मीडियन आय है, यानी 50% लोग इससे कम कमाते हैं।

एनपीएस और ओपीएस में फ़र्क़

एनपीएस में 'डिफाइंड कॉन्ट्रिब्यूशन' (निर्धारित योगदान) है, यानी हर महीने मुलाज़िम और उनके नियोक्ता, तनख़्वाह का कुछ हिस्सा (10-15%) पेंशन फ़ंड में डालते हैं।[1] इस पेंशन फ़ंड में जमा राशि को विभिन्न जगहों पर निवेश (म्युचुअल फ़ंड, बॉन्ड, इत्यादि) किया जाता है, और जब आप रिटायर होंगे तब स्टॉक मार्केट की स्थिति के अनुसार हर महीने इन इनवेस्टमेंट्स (निवेशों) पर कमाई गई राशि प्राप्त होगी। एनपीएस में दिक़्क़तें हैं। अमेरिका में इसी तरह की पेंशन व्यवस्था है। 2007-08 की वित्तीय आपदा के दौरान हज़ारों टीचरों की पेंशन, पेंशन फ़ंड के निर्णयकर्ताओं ने, डुबा दी।

एनपीएस की सबसे बड़ी ख़ामी है जोखिम (रिस्क)। इसका उपाय है निवेश को सुरक्षित रखना और उनसे होनेवाली कमाई को जोखिम से बचाना। इसके लिए उन पर नियंत्रण रखनेवालों की निगरानी और निवेश के निर्णय में पारदर्शिता लाना ज़रूरी है। नियामक संस्थाओं को पारदर्शी बनाना और उनका नियंत्रण कहने में आसान है, लेकिन अमेरिका का तज़ुर्बा बताता है कि इसे करना बहुत मुश्किल है।

ओपीएस में 'डिफ़ाइंड बेनेफिट' (निर्धारित लाभ) थे, यानी, जब आप सेवा निवृत्त होते हैं, आपको आपके आख़िरी पद पर मिलनेवाली तनख़्वाह का 50% पेंशन के रूप में प्राप्त होगा। साथ ही, इसमें महँगाई से बचाने के उपाय हैं। इसके लिए पैसा कहाँ से आएगा? इस पेंशन का दायित्व राजस्व से प्राप्त राशि से पूरा किया जाएगा। एक अनुमान के अनुसार, राज्य स्तर पर पेंशनधारियों पर ख़र्च करों से प्राप्त राजस्व का एक-चौथाई है।

ओपीएस से उठते सवाल

क्या यह न्यायसंगत व्यवस्था है? प्रति माह कुछ हज़ार से लाखों में तनख़्वाह प्राप्त करनेवाले मुलाज़िम की पेंशन का ख़र्च देश की जनता से प्राप्त प्रत्यक्ष और अप्रत्यक्ष करों से आता है, जिसमें ग़रीब से ग़रीब का भी योगदान है। इस नज़रिये से देखें तो ओपीएस पेंशन प्राप्त लोग ग़रीबों द्वारा चुकाए कर पर भी निर्भर हैं। क्या यह उचित है कि देश के सबसे सम्पन्न वर्ग की पेंशन का ख़र्च सबसे ग़रीब वर्ग से जमा टैक्स राशि से निकाला जाए?

दूसरा सवाल यह कि यदि हम एनपीएस हटाकर ओपीएस लागू करते हैं, तो आज सरकार की बचत होगी क्योंकि पेंशन फ़ंड में नियोक्ता के रूप में जो कॉन्ट्रिब्यूशन सरकार की तरफ़ से जा रहा है, वह बच जाएगा। लेकिन जब आज के कर्मचारी रिटायर होंगे तब उन्हें पेंशन तो देनी होगी। यानी आज का आर्थिक बोझ टालकर, भविष्य पर मढ़ दिया जाएगा।

तीसरा, दीर्घावधि में चूँकि एनपीएस की तुलना में ओपीएस का बोझ सरकार पर ज़्यादा है, प्रति कर्मचारी आर्थिक बोझ बढ़ेगा और हर अतिरिक्त नियुक्ति पर सरकार ज़्यादा सोचेगी। भारत में पहले से ही सरकारी कर्मचारी-जनसंख्या का अनुपात (यानी, प्रति हज़ार लोगों पर कितने डॉक्टर, नर्स, शिक्षक, पुलिस, इत्यादि हैं) अन्तरराष्ट्रीय मानदंड की तुलना में कम है। आर्थिक बोझ बढ़ने के डर से इनकी नियुक्तियों पर लगाम लगेगी, जिससे आम लोगों का नुक़सान होगा।

चौथा, देश के बजट में कमज़ोर तबक़े के लोगों के लिए राजस्व की कमी रहती है। जैसा कि अध्याय 1 में हमने देखा, सरकारी ख़र्च में सामाजिक सुरक्षा की योजनाओं का हिस्सा बहुत कम है। यदि सरकार पर ओपीएस पेंशन देने की ज़िम्मेदारी न होती, तो शायद स्वास्थ्य, शिक्षा, सामाजिक सुरक्षा जैसे अन्य कार्यों के लिए, सरकार के पास राजस्व रहता।

आगे की राह

शिक्षा, स्वास्थ्य और सामाजिक सुरक्षा जैसे मूल कर्तव्यों के लिए राजस्व के लिए एक विकल्प है, वह यह कि राजस्व के स्रोत—जैसे कि सम्पत्ति पर कर, प्रॉपर्टी कर, कॉरपोरेट टैक्स, आयकर इत्यादि—बढ़ाए जाएँ (अध्याय 11 देखें)। इसके विपरीत, 2017-18 में एंट्री लेवल आयकर को (10% से 5%) घटा दिया गया।

क्या ओपीएस और एनपीएस का मिला-जुला उपाय निकल सकता है? क्यों नहीं पेंशन स्कीम में एनपीएस की तरह डिफाइंड कॉन्ट्रिब्यूशन हो और उसके साथ, ओपीएस की तरह पेंशनधारी को डिफ़ाइंड बेनेफिट मिले? यह शायद दोनों के बीच का रास्ता हो सकता है।

इस पर कम लोग चर्चा कर रहे हैं क्योंकि ओपीएस वालों को कॉन्ट्रिब्यूशन करने के लिए मनवाना नामुमकिन के बराबर है। कोई भी सरकार उन्हें यह समझाने की कोशिश नहीं करेगी और न ही उन पर इस निर्णय को थोपने की जुर्रत, हालाँकि यह विकल्प दुनिया के विकसित देशों में सामान्य है। आंध्र प्रदेश से एक सुझाव है कि एनपीएस वालों को फिक्स्ड रिटर्न की गारंटी हो, जिसमें सरकार गेरेंटर बनेगी। लघु समय में यह एनपीएस को बचा सकता है। हाल ही में केन्द्र सरकार ने केन्द्रीय मुलाजिमों के लिए 'यूनीफिएड पेंशन स्कीम' की घोषणा की है जिसमें एनपीएस वालों के लिए ओपीएस की तरह डिफ़ाइंड बेनेफिट होंगे।

लेकिन लम्बी अवधि के लिए ऊँचे सरकारी पे ब्रेकेट में ओपीएस वालों को भी कॉन्ट्रिब्यूशन करना चाहिए, जैसे अन्य विकसित देशों में होता है। एक समय था जब सबसे ऊँची सरकारी पे ब्रेकेट वालों की तनख़्वाह ख़ास नहीं थी, लेकिन सातवें वेतन आयोग के बाद स्थिति बदल गई। अब सरकारी मुलाज़िमों के लिए कॉन्ट्रिब्यूशन करना मुश्किल नहीं।

कोई कारण नहीं है कि साधारण नागरिक, जिसमें केन्द्र से वृद्धावस्था या विधवा पेंशन के रूप में प्रति माह रु. 500 प्राप्त करने वाले लोग भी शामिल हैं, सबसे अच्छे वेतन-प्राप्त ओपीएस पेंशनभोगियों का (अप्रत्यक्ष कर द्वारा) आर्थिक समर्थन करें।

चार्ट 7.1 में केन्द्र सरकार द्वारा विभिन्न प्रकार की पेंशनों के कुल ख़र्च को तीन हिस्सों में बाँटकर फ़ीसदी के रूप में दर्शाया गया है—कितना हिस्सा 1(ए) और 1(बी) पर मिलाकर ख़र्च होता है और कितना 2(ए) को और 2(बी), यानी राष्ट्रीय सामाजिक सुरक्षा पेंशन को। जिन बीस वर्षों का चार्ट 7.1 में वर्णन है, उसमें हमेशा, सरकारी पेंशन (1ए और 1बी) पर 90% से अधिक ख़र्च हुआ। जहाँ तक 2 (बी) का सवाल है, उस पर पहले दस सालों में (यानी यूपीए की दो सरकारों के दौरान) 5.6% से लेकर 12.0% रहा, लेकिन उसके बाद लगातार घटते-घटते यह 3.9% रह गया है। एनडीए की सरकार ने 2(ए) श्रेणी की पेंशन योजनाएँ लागू की हैं, लेकिन उन पर ख़र्च ना के बराबर (1% से भी कम) रहा है—चार्ट 7.1 में उसकी लकीर पूरे समय शून्य से अलग नहीं दिखती। उपरोक्त चर्चा 1(ए) और 1(बी) पर थी, अब 2(बी), यानी असंगठित क्षेत्र के लिए नॉन-कॉन्ट्रिब्यूटरी पेंशन पर ध्यान डाल देंगे।

चार्ट 7.1 : अनेक प्रकार की पेंशनों पर सरकारी ख़र्च की बनावट

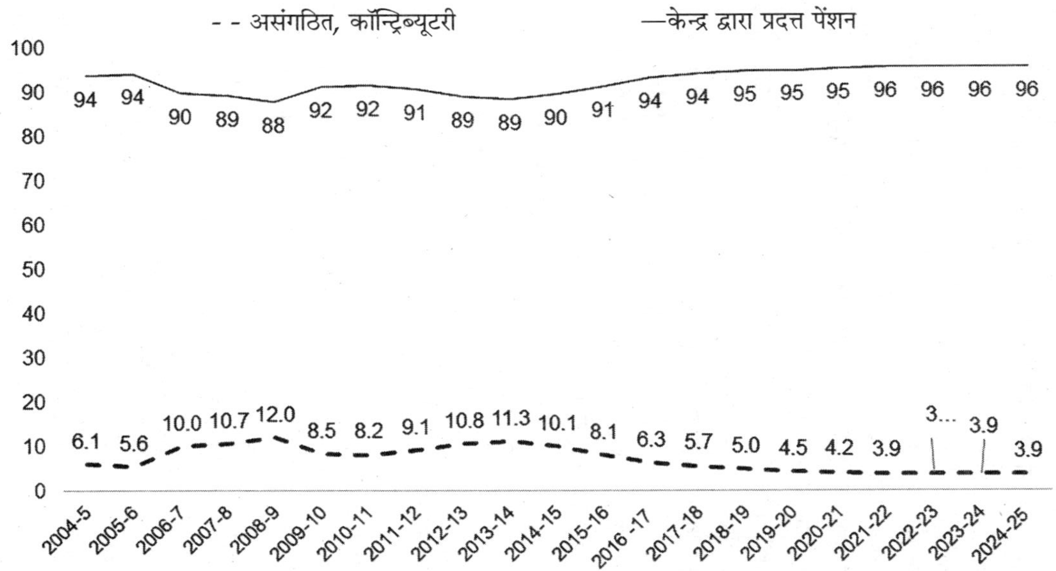

नोट : असंगठित, बिना कॉन्ट्रिब्यूशन (राष्ट्रीय सामाजिक सहायता कार्यक्रम, NSAP); असंगठित, कॉन्ट्रिब्यूटरी पेंशन (स्वावलम्बन योजना, अटल पेंशन योजना, पीएम श्रमयोगी/किसान मानधन/एनपीएस (व्यापारी और स्व-रोज़गार) शामिल हैं; केन्द्र द्वारा प्रदत्त पेंशन व्यय।

स्रोत : भारत सरकार (विभिन्न वर्ष), बजट विभाग। https://www.indiabudget.gov.in/budget2021-22/doc/Budget_at_Glance/bag7.pdf और https://www.indiabudget.gov.in/budget2021-22/doc/eb/allsbe.pdf

सामाजिक सुरक्षा पेंशन : एक उपाय

कई वर्षों से भारत में 'डेमोग्रैफिक डिविडेंड' की बात चल रही है। डेमोग्रैफ़िक डिविडेंड माने भारत में पॉपुलेशन पिरामिड (जनसंख्या पिरामिड) का रूप हमारे पक्ष में है। यदि भारत की आबादी में उम्र के हिसाब से लोगों का अनुपात देखें तो 2021 से लेकर 2036 तक अनुमान है कि 15-59 उम्र के लोग 60% से ज़्यादा हैं। साथ ही, 60 साल से ज़्यादा उम्र का हिस्सा 2021 में 10% से बढ़कर 2036 तक 18% होने की सम्भावना है। और 15 वर्ष से कम बच्चों का हिस्सा 26% से गिरकर 20% तक पहुँचने का अनुमान है। यानी, जैसे-जैसे फ़र्टिलिटी रेट गिर रहा है, वैसे-वैसे जनसंख्या पिरमिड का ऊपरी हिस्सा भारी ('टॉप हेवी') होता जाएगा और वृद्ध लोगों का हिस्सा बढ़ेगा। जब कामकाजी आबादी (15-59 वर्ष) घटकर वृद्धों की आबादी बढ़ेगी तो वृद्धों को समर्थन देने के लिए कुछ उपाय ढूँढ़ने होंगे। इस पर अधिक ग़ौर करने की ज़रूरत है।

सरकार की राष्ट्रीय सामाजिक सहायता योजना द्वारा तीन तरह की सामाजिक सुरक्षा पेंशन दी जाती है—वृद्धावस्था, एकल नारी (जिसमें विधवा, परित्यक्ता शामिल हैं) और विकलांगता पेंशन। यह पेंशन योजना सरकारी नौकरों की पेंशन से भिन्न है क्योंकि सरकारी पेंशन में मुलाज़िम अपने वेतन में से पेंशन के लिए योगदान करते हैं। सामाजिक सुरक्षा पेंशन नॉन-कॉन्ट्रिब्यूटरी होती है, जिसका पूरा ख़र्च सरकार उठाती है।

केन्द्रीय स्तर पर उदासीनता : 'केन्द्रीय' योजना नाम-मात्र ही

नियमानुसार सामाजिक सुरक्षा पेंशन योजना को केन्द्र की ओर से शत प्रतिशत आर्थिक समर्थन प्राप्त होना चाहिए। 2016 में 'कोर ऑफ़ द कोर' योजना घोषित होने के बाद, इस योजना का पूरा ख़र्च केन्द्र सरकार द्वारा उठाया जाना है। कॉम्पट्रोलर एंड ऑडिटर जनरल (CAG) की रिपोर्ट ने सरकार की स्टैंडिंग कमेटी की चार रिपोर्टों का हवाला देते हुए कहा कि हालाँकि इन्होंने बार-बार रक़म के न बढ़ाए जाने पर चिन्ता व्यक्त की, सरकार ने जवाब में कहा कि वह रक़म को बढ़ाने में असमर्थ है क्योंकि "सबसे उच्च-स्तर पर निर्णय लिया गया है कि इसे वर्तमान रूप में ही चलाया जाए" (कॉम्पट्रोलर एंड ऑडिटर जनरल, 2023)।

आज की तारीख़ में, केन्द्र की ओर से 2001 की जनसंख्या के अनुसार वृद्ध पेंशन धारकों की संख्या को 3 करोड़ तक सीमित रखा गया है। राज्यों की ओर से, अपने संसाधनों से लगभग 3.5 करोड़ और लोग जोड़े गए हैं। लेकिन पॉपुलेशन प्रोजेक्शन के अनुसार, साठ वर्ष से अधिक की कुल आबादी 14 करोड़ के आसपास है। यानी, केवल (लगभग) 40% लोगों को पेंशन का लाभ मिल रहा है।

इसके चलते, राज्य सरकारें चुनौती पर खरी उतर रही हैं। पिछले कुछ सालों में राज्य स्तर पर पेंशन योजना का विस्तार हुआ है। विस्तार के दो पहलू हैं—पेंशनधारकों की संख्या में वृद्धि और पेंशन की रक़म में भी बढ़ोतरी। विस्तार के दोनों पहलुओं में पहल राज्य सरकारों ने की है।

राज्यों ने अपनी ओर से अतिरिक्त पेंशनधारकों को योजना में शामिल किया है। कुछ राज्यों में राज्य द्वारा समर्थनप्राप्त पेंशनधारकों की संख्या, केन्द्रीय पेंशनधारकों की संख्या से कई गुना ज़्यादा है। उदाहरण के तौर पर, ओडिशा में 58% पेंशनधारक पूर्ण रूप से राज्य योजना से पेंशन पाते हैं; राजस्थान में 87%!

केन्द्र सरकार की तरफ़ से मासिक पेंशन राशि रु. 200 (80 साल से कम उम्र के वृद्धों के लिए), रु. 300 (विधवा, एकल नारी और विकलांगता के साथ जी रहे लोगों के लिए) और रु. 500 (80 वर्ष से अधिक वृद्धों के लिए) है। 2012 से इस रक़म में केन्द्र सरकार की तरफ़ से कोई वृद्धि नहीं हुई।[2] क्योंकि रु. 200-500 में गुज़ारा करना सम्भव नहीं, लगभग सभी राज्य अपनी तरफ़ से इस पेंशन राशि में बढ़ोतरी करते हैं। केवल असम, गोवा और मणिपुर में राज्य की तरफ़ से कोई योगदान नहीं।

80 साल से कम उम्र के लाभार्थियों को, राज्य सरकार अपनी तरफ़ से रु. 150-200 (छत्तीसगढ़ और बिहार) से लेकर रु. 2300 (हरियाणा और आंध्र प्रदेश में) जोड़कर देती है, ताकि पेंशनधारकों को कुल रु. 350-2500 प्रति माह प्राप्त होते रहे (सांख्यिकीय परिशिष्ट तालिका A7 देखें)। याद रहे, इनके लिए 2007 से केन्द्र सरकार केवल रु. 200 दे रही है।

राज्य स्तर पर हुए विस्तार के चलते, इस 'केन्द्रीय' योजना का रुख़ बिलकुल बदल गया है। CAG की 2023 की इस योजना पर ऑडिट रिपोर्ट में चौंकाने वाले तथ्य दिखाई देते हैं। उदाहरण के लिए, CAG रिपोर्ट के अनुसार 2017-21 में केन्द्र सरकार ने रु. 34,432 करोड़ खर्च किये और सब राज्य सरकारों ने मिलकर रु. 109,044 करोड़—यानी कुल ख़र्च में से केवल 24% ख़र्च केन्द्र की ओर से है! यह केवल नाम मात्र के लिए एक केन्द्रीय योजना रह गई है।

राज्य स्तर पर विस्तार

नक़्शा 7.1 में विभिन्न राज्यों में निर्धारित पेंशन राशि दर्शाई गई है, और नक़्शा 7.2 में उस राज्य में पेंशनप्राप्त वृद्ध जनों के अनुपात को दर्शाया गया है। देश में सबसे अधिक पेंशन (केन्द्र और राज्य का योगदान मिलाकर), आंध्र प्रदेश (रु. 4000) और हरियाणा (रु. 3000) में है। ज़्यादातर राज्यों में पेंशन रु. 1000-2000 प्रति माह है (नक़्शा 7.1 और तालिका A7 देखें)।

यदि किसी राज्य में प्रति माह पेंशन रु. 1000 है और उस राज्य की 100% वृद्ध आबादी को पेंशन मिल रही है तो नक़्शा 7.1 और 7.3 में कोई अन्तर नहीं होगा। लेकिन कहीं पेंशन रु. 1000 है लेकिन केवल 50% वृद्धों को पेंशन प्राप्त है, तो उस राज्य में नक़्शा 7.3 में 'वेटेड औसत' केवल रु. 500 होगी। नक़्शा 7.3 में यह बदली हुई छवि दर्शाई गई है। इस नक़्शे में दो पहलू शामिल हैं—पेंशन राशि और वृद्धावस्था पेंशनधारकों का अनुपात। आम तौर पर दक्षिण के राज्य, ख़ास कर तमिलनाडु, सामाजिक सुरक्षा के क्षेत्र में आगे हुआ करते हैं लेकिन वृद्धावस्था पेंशन के मामले में आज आंध्र प्रदेश, हरियाणा, यहाँ तक कि उत्तर भारत के ग़रीब प्रदेशों—राजस्थान, ओडिशा और झारखंड—का प्रदर्शन तमिलनाडु से बेहतर है।

पेंशन योजना में कई राज्यों के प्रयोग प्रशंसनीय हैं (खेरा 2024)। राजस्थान में पहले चरण में वहाँ की सरकार ने पेंशनधारकों की संख्या पर ध्यान दिया और पेंशन रक़म बढ़ाई। दूसरे चरण में राज्य सरकार ने एक 'राजस्थान गारंटीड मिनिमम इनकम क़ानून 2023' लागू किया। इस क़ानून के दो हिस्से हैं—एक, ग्रामीण और शहरी इलाक़ों में रोज़गार और दूसरा, वृद्ध, विकलांग, विधवा, व एकल महिलाओं के लिए पेंशन। इस क़ानून के तहत राज्य में सामाजिक सुरक्षा पेंशन योजना को यूनिवर्सल कर दिया गया। राजस्थान में वैसे भी कुल सामाजिक सुरक्षा पेंशनधारकों का 86% राज्य सरकार से पेंशन आता है, केवल 14 फ़ीसदी पेंशनधारक केन्द्रीय योजना के अधीन हैं। राजस्थान में अनुमानित वृद्धों की जनसंख्या 68-82 लाख है (2021 और 2026 की संख्या, जनगणना के अनुमान)। राजस्थान राज्य के आँकड़ों के अनुसार 58.6 लाख वृद्धों को पेंशन दी जा रही है—यानी राजस्थान में 71-86% वृद्धों को पेंशन प्राप्त है। वास्तव में पेंशन योजना यूनिवर्सल नहीं हो पाई है, लेकिन पहले की तुलना में बहुत सुधार आया है—2013 में हुए एक छोटे सर्वे में हमने पाया था कि उन परिवारों में जहाँ कोई भी 60 वर्ष से अधिक उम्र के वृद्ध थे, वहाँ राजस्थान में केवल 31% परिवारों में वृद्धों को पेंशन मिल रही थी।

कई सामाजिक सुरक्षा योजनाओं में यह दिक़्क़त रही है कि वित्तीय आवंटन को महँगाई की दर से नहीं जोड़ा जाता, इसलिए कई वर्ष बीत जाते हैं और (पेंशन या अन्य वित्तीय आवंटन की) दरों में वृद्धि नहीं होती। पेंशन योजना में इस दिक़्क़त का उल्लेख कर ही चुके हैं—2007 से पेंशन की रक़म रु. 200 प्रति माह पर फँसी हुई है। राजस्थान के 'गारंटीड मिनिमम इनकम' क़ानून में प्रावधान है कि हर वर्ष पेंशन की रक़म में 15 प्रतिशत वृद्धि की जाएगी। इस प्रावधान से पेंशनधारकों का महँगाई से बचाव होगा।

सामाजिक सुरक्षा पेंशन के मामले में ओडिशा, जो एक ग़रीब राज्य है, से भी काफ़ी कुछ सीखा जा सकता है। ओडिशा की वृद्धों की अनुमानित जनसंख्या है 52-62 लाख, जिसमें से 48.5 लाख को पेंशन मिल रही है, यानी वृद्धों में 78-92

फ़ीसदी लोग पेंशन के दायरे में हैं। 2013 के सर्वे में 79% वृद्धों वाले परिवारों में पेंशन आ रही थी। ओडिशा अपने राज्य बजट से 58% पेंशन धारकों का समर्थन कर रही है। पेंशन की राशि भी रु. 500 हुआ करती थी, और 2024 के बजट में इसे रु. 1000 प्रति माह करने की घोषणा की गई। इसके अलावा, पेंशन भुगतान में भी ओडिशा ने अच्छे प्रयोग किये हैं। पेंशन के नक़द भुगतान में एक दिक़्क़त यह हुआ करती थी कि भुगतान करने वाले कर्मचारी (चाहे डाकिया हो या पंचायत सेक्रेटरी) कुछ कटौती करते थे। इस कटौती को रोकने का उपाय ओडिशा ने निकाला—उन्होंने नक़द भुगतान को पंचायत भवन में सबके सामने देने का आदेश निकाला। भुगतान सबके सामने होने से पंचायत सेक्रेटरी के लिए किसी से भी पैसा माँगना मुश्किल हो गया।

ज़मीनी हक़ीक़तें[3]

2013 में दस राज्यों में सर्वे किया गया। अन्य सामाजिक सुरक्षा योजनाओं के साथ-साथ, बूढ़ों की स्थिति समझने के लिए, वृद्धावस्था पेंशन के लाभार्थियों से भी बात की गई।

यह योजना कई दशकों से चल रही है, लेकिन पहले के कुछ दशकों में केन्द्रीय योजना का दायरा काफ़ी सीमित रहा। केन्द्र द्वारा पेंशनधारियों की संख्या को 2001 की जनगणना और ग़रीबी रेखा से नीचे रहने वालों की संख्या के आधार पर फिक्स कर दिया गया। तब से अब तक इसमें कोई बढ़ोतरी नहीं हुई। इस वजह से, केन्द्र की तरफ़ से केवल 3.19 करोड़ पेंशनधारियों को पेंशन प्राप्त हो सकती है। CAG रिपोर्ट ने पाया कि यह कोटा भी पूरी तरह से इस्तेमाल नहीं हो रहा।

जैसा कि पहले जिक्र हुआ है, पेंशन की रक़म भी बहुत कम रही है। पेंशन के नाम पर केन्द्र सरकार 80 साल से कम उम्र के लोगों को रु. 200 दे रही है, विधवा और विकलांग को रु. 300 और 80 साल से अधिक उम्र के लोगों को रु. 500 मिलते हैं।

इन कमज़ोरियों के बावजूद 2013 के सर्वे में पेंशनधारक वृद्धों और विधवाओं (कुल 898) से साक्षात्कार में इस छोटी-सी सरकारी पहल की अहमियत स्पष्ट दिखाई दी। लगभग आधे उत्तरदाता या तो अकेले रह रहे थे, या केवल अपने पति/पत्नी के साथ या फिर केवल अविवाहित बच्चों के साथ। ज़्यादातर लोग कमाई वाले काम करने में अक्षम थे। ख़ुशी की बात यह है कि केवल 3% ऐसे थे जिनका नाम पेंशन सूची में होने के बावजूद उन्हें पेंशन नहीं मिल रही थी। इनमें भी कुछ ऐसे थे जिनकी पेंशन स्वीकृत हो चुकी थी, लेकिन शुरू नहीं हुई थी। ज़्यादातर उत्तरदाताओं ने बताया कि उन्हें पूरी पेंशन राशि मिल रही थी। लेकिन 20% ऐसे थे जिन्हें पूरी

राशि नहीं मिल रही थी, और इनमें अधिकतर ऐसे थे (ख़ासकर राजस्थान और तमिलनाडु में) जिन्हे पेंशन निकालते वक़्त पोस्ट मास्टर या अन्य बिचौलिए (जैसे कि ई-मित्र केन्द्र के व्यक्ति) को रिश्वत के रूप में, कुछ-न-कुछ देना पड़ रहा था।

ख़ुशी की बात यह भी थी कि आम तौर पर पेंशनधारकों को अपनी पेंशन के बारे में मौलिक जानकारी थी—उदाहरण के लिए उन्हें पता था कि उन्हें कितने पैसे मिलने चाहिए। जागरूकता और जानकारी होने की वजह से भी लोगों को लगभग पूरे पैसे मिल रहे थे।

कुछ लोगों का मानना है कि पेंशन जैसी व्यवस्था होने से पारिवारिक सहायता की परम्परा कमज़ोर हो सकती है। इसके विपरीत सर्वे में पेंशनधारकों ने हमें बताया कि उन्हें ऐसा लगता है कि यदि उन्हें पेंशन न मिलती तो परिवार में उनकी दशा और कमज़ोर हो जाती। अभी चूँकि उनके हाथ में कुछ पैसे हैं, वह ख़र्चों में कुछ योगदान कर पाते हैं जिसकी वजह से उन्हें, एक तरह से 'बर्दाश्त' कर लिया जाता है।

पेंशनधारक अपनी पेंशन का पैसा खाने-पीने पर, दवाइयों और स्वास्थ्य पर, और अन्य ज़रूरतों पर ख़र्च करते हैं। 2013 के सर्वे में एक-तिहाई उत्तरदाताओं ने बताया कि पेंशन के पैसे को दूसरों की मदद में भी कभी-कभी इस्तेमाल किया गया। सीधी बात करें तो पेंशन लोगों को अपनी मजबूरियों के बावजूद सशक्त होने का अहसास दिलाती है।

सुधार की गुंजाइश

हालाँकि पेंशन योजना ज़मीन पर दिखती है, लोगों को इसका लाभ भी पहुँच रहा है, इसमें सुधार की सख़्त ज़रूरत है। सुधार के दो मुख्य कार्यक्षेत्र हैं। पहला पेंशन भुगतान की प्रक्रिया के बारे में सोचने की ज़रूरत है और दूसरा इसकी कार्यशैली में सुधार की भी आवश्यकता है जिसमें आवेदन की प्रक्रिया और समयबद्ध भुगतान शामिल हैं।

भुगतान में दिक़्क़तें

पेंशन योजना में भुगतान की प्रक्रिया एक बड़ा मुद्दा है। दस राज्यों में 2013 में सर्वे के समय, अलग-अलग राज्यों में भुगतान के विभिन्न तरीक़े थे। कहीं बैंक खाते द्वारा भुगतान हो रहा था, कहीं पोस्ट ऑफ़िस में, कहीं डाकिया घर पर मनीऑर्डर लेकर आता और कुछ राज्यों में नक़द भुगतान भी हो रहा था।

ओडिशा के अलावा बाक़ी राज्यों ने, केन्द्र के दबाव में आकर, कटौती रोकने के लिए बैंक द्वारा भुगतान का रास्ता अपना लिया। इससे यह दिक़्क़त हुई कि

वृद्धों, विधवाओं, एकल स्त्रियों व विकलांग लोगों को बैंक खाते खुलवाने के लिए भाग-दौड़ करनी पड़ी।

सरकार के लिए कह देना आसान है कि लोग 'डायरेक्ट बेनिफिट ट्रांसफ़र' (DBT) के लिए खाते खुलवाएँ और यह भी कि लोगों की सुविधा के लिए बैंकिंग कॉरेस्पॉन्डेंट की व्यवस्था है, लेकिन ज़मीनी स्तर पर काम सरलता से नहीं हो पाता।

उसी दौर की बात है, हम राँची के रातू प्रखंड के किसी गाँव गए तो ऐसे ही पेंशनधारक पेंशन के लिए पंचायत के सामुदायिक भवन में बैंकिंग कॉरेस्पॉन्डेंट द्वारा अपना खाता खुलवाने आए हुए थे। किसी काग़ज़ की कमी की वजह से उनका काम नहीं हो पाया तो निराश होकर लौट गए। बैंकिंग कॉरेस्पॉन्डेंट से खाता खोलने की प्रक्रिया की जानकारी लेकर कुछ समय बाद जब हम सामुदायिक भवन से निकले तो 100-200 मीटर दूरी पर वही वृद्ध व्यक्ति सड़क किनारे बैठे हुए थे—उम्र और कमज़ोरी के कारण वह थक गए, तो कुछ देर आराम करने बैठ गए थे। बुढ़ापे में रु. 200-1000 के लिए इन पेंशनधारकों के लिए इस तरह भाग-दौड़ करना कितना कष्टकारी है!

ऐसा भी नहीं कि उन्हें यह केवल एक ही बार करना पड़ा हो और आगे सब आसानी से हो जाता हो—हर महीने बैंक या बैंकिंग कॉरेस्पॉन्डेंट के पास जाना भी उनके लिए काफ़ी संघर्षपूर्ण होता है। अलवर में जब यह नया सिस्टम शुरू हुआ तब कुछ महिलाओं से बातचीत में पता चला कि बैंक तक पहुँचने में ही उनका काफ़ी ख़र्च हो जाता है। बस पर वह चढ़ नहीं पाते; टेम्पो महँगा होता है। कुछ अपने किसी परिवारजन की मोटरसाइकिल पर सवार होकर जा रहे थे, तो परिवार जन भी उनसे कुछ इनाम की उम्मीद रखते थे। जहाँ पेंशन का पैसा बैंकिंग कॉरेस्पॉन्डेंट द्वारा दिया जा रहा था वहाँ कहीं-कहीं कटौती की भी शिकायतें थीं। महिलाओं और पुरुष दोनों ने बैंक पर भीड़ की वजह से होने वाली परेशानियों का भी उल्लेख किया।

नरेगा की तरह (अध्याय 4 देखें), बैंक खाते में पेंशन का भुगतान तो DBT का केवल पहला क़दम था। उसके बाद पेंशनधारकों के खाते को आधार से जोड़ने के लिए मशक़्क़त करनी पड़ी। कई राज्यों में कई पेंशनधारकों को इसकी सूचना नहीं दी गई, तो आधार लिंक नहीं कर पाए; ऐसे लोगों को राज्य सरकारों ने 'डुप्लिकेट' या 'मृत' घोषित कर उनके नाम काट दिये। तब राजस्थान से ही ख़बर आई कि 'मृत' घोषित लोग वास्तव में जीवित हैं और उन्हें समझ नहीं आ रहा था कि उनकी पेंशन क्यों बन्द हो गई है। (2024 में इस किताब को लिखते समय सैकड़ों ऐसे क़िस्से फिर से राजस्थान से सामने आए।) झारखंड के खूँटी ज़िले में एक सर्वे में पाया गया कि 'डुप्लिकेट' घोषित करके काटे गए (16%) लोगों में से 20% ऐसे थे जिन्हें खोजा नहीं जा सका; एक-तिहाई से अधिक ऐसे थे जो आधार-सम्बन्धित काग़ज़ी कार्यवाही नहीं कर पाए थे, इसलिए उनके नाम काट दिये गए (मल्होत्रा और सोमांची, 2018)।

पेंशनधारकों को आधार से जुड़ी और भी परेशानियाँ हुई हैं—यदि आधार कार्ड पर जन्मतिथि ग़लत हो तो आधार को बैंक खाते या पेंशन विभाग से जोड़ने पर उन्हें आधार में सुधार करने का आदेश मिला (वरना पेंशन रुक जाने का डर होता है)। आधार में अपनी जानकारियाँ सुधारना हमेशा आसान नहीं होता—इसमें भी पैसे ख़र्च होते हैं, आधार केन्द्र पर जाने की परेशानी अलग होती है और फिर यह टेंशन कि सुधार हो भी पाएगा या नहीं। याद रहे, पेंशनधारकों में से कई ऐसे भी हैं जिनके पास जन्म तिथि का प्रमाण शायद ना हो। कुछं ऐसे भी क़िस्से आए जहाँ पेंशन का आवेदन रिजेक्ट इसलिए हुआ कि आधार कार्ड में लिखी जन्मतिथि के अनुसार अभी वह पेंशन के पात्र नहीं हुए थे। जिन राज्यों में पेंशन निकालते समय आधार द्वारा उँगलियों का सत्यापन होता है, वहाँ वृद्धों के लिए एक और मुसीबत आ खड़ी होती है—मशीन उनकी उँगलियों के निशान सत्यापित नहीं कर पाती, क्योंकि मज़दूरी करनेवालों और बूढ़ों की उँगलियों के छाप बदल जाते हैं।

इस सबको देखकर सवाल ज़रूर उठता है कि DBT प्रक्रिया किसकी ज़िन्दगी आसान कर रही है—पेंशनधारकों की या फिर सरकार की?

पेंशन योजना में भुगतान से जुड़ी अन्य समस्याएँ भी हैं—इनमें मुख्य है भुगतान में देरी। CAG (2023) रिपोर्ट में पेंशन देने में देरी का मुद्दा उठाया गया है। 2001 में सर्वोच्च न्यायालय ने आदेश दिया था कि हर महीने की 7 तारीख़ तक पेंशन का भुगतान हो जाना चाहिए। CAG रिपोर्ट के अनुसार केवल 11 राज्य हैं जो पेंशन भुगतान प्रति माह कर रहे हैं। चार राज्य ऐसे हैं जो हर तीन महीने बाद पेंशन देते हैं। जिन राज्यों में प्रति माह भुगतान हो भी रहा है, वहाँ भी कई ऐसे हैं जहाँ 7 तारीख़ तक। भुगतान की तारीख निश्चित होने पर पेंशनधारकों को भुगतान नहीं हो पाता बैंक का फ़ालतू चक्कर काटना पड़ता है। इससे उन्हें तकलीफ़ होती है, समय की बर्बादी होती है, और दूर-दराज़ के इलाक़ों में ख़र्च भी काफ़ी हो जाता है।

आवेदन प्रक्रिया

पेंशन योजना में, विधवा होने पर, या वृद्धावस्था पेंशन पाने की उम्र प्राप्त होने पर, पेंशन ख़ुद-ब-ख़ुद नहीं शुरू होती। इसके लिए भी उन्हें आवेदन करना पड़ता है और आवेदन-प्रक्रिया उतनी सरल, पारदर्शी या समयबद्ध नहीं है। इसका फ़ायदा भी बिचौलिए उठाते हैं। 2013 के दस राज्यों के पेंशन सर्वे में कई पेंशनधारकों ने बताया कि पेंशन मंजूर करवाने के लिए उन्हें पैसे देने पड़े थे। हिमाचल प्रदेश में 10% से भी कम लोगों ने यह शिकायत की, लेकिन तमिलनाडु और उत्तर प्रदेश में आधे उत्तरदाताओं ने इसकी शिकायत की।

नक़्शा 7.1 : वृद्धावस्था मासिक पेंशन राशि (रु.)

80+ वर्ष को, राज्य के योगदान सहित, 2017-24

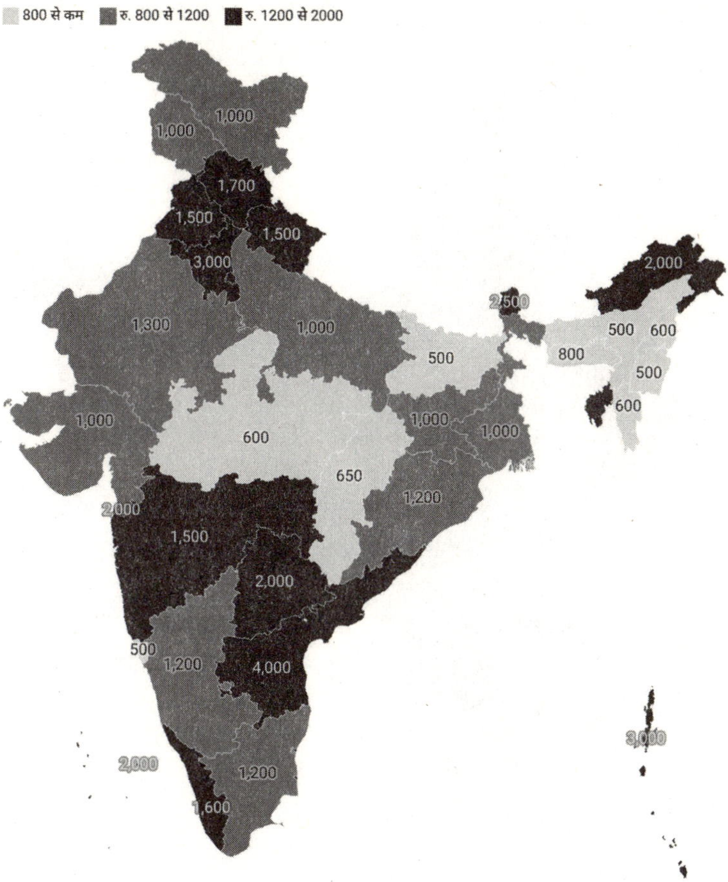

केन्द्र सरकार 60-80 वर्ष के पेंशनधारकों को प्रति माह रु. 200, विधवाओं, एकल महिलाओं और विकलांगों को रु. 300 और 80 वर्ष से अधिक के बुज़ुर्गों को रु. 500 देती है। राज्य सरकारें ख़ुद के बजट से पेंशन बढ़ाकर देती हैं। इस नक़्शे में 80 वर्ष से अधिक के बुज़ुर्गों के लिए केन्द्रीय और राज्य सरकार के स्रोतों से सबसे ताज़ा (2017-24 तक की) जानकारी दर्शाई गई है।

Map data: © OSM. Created with Datawrapper

नक़्शा 7.2 : वृद्धावस्था पेंशन प्राप्त वृद्धों का हिस्सा (%), 2021-24

केन्द्रीय और राज्य स्तरीय वृद्धावस्था पेंशन योजना के वृद्ध (साठ साल से अधिक उम्र) लाभार्थी

भारत के स्तर पर 48% को पेंशन मिलती है। नक़्शे में सबसे हल्के रंग में वह राज्य हैं जहाँ कवरेज भारत की औसत से कम है। पेंशनधारकों की संख्या केन्द्रीय और राज्य स्तरीय योजनाओं की संख्या पर आधारित है। इसे 2021 में प्रोजेक्टेड जनसंख्या से भाग किया गया है। असम को छोड़कर, पूर्वोत्तर के राज्यों का मिला-जुला औसत सभी राज्यों के लिए इस्तेमाल किया गया है क्योंकि प्रोजेक्टेड संख्या राज्य स्तर पर उपलब्ध नहीं है। लद्दाख में जम्मू-कश्मीर की संख्या दर्शाई गई है। वर्ष 2021-24 के बीच की जो सबसे अप-टू-डेट जानकारी प्राप्त हो पाई, वह यहाँ प्रस्तुत है।

Source: केन्द्रीय कवरेज केन्द्र सरकार की वेबसाइट से और राज्य की कवरेज राज्य की वेबसाइटों या राज्य की रिपोर्ट से। Map data: © OSM. Created with Datawrapper

नक़्शा 7.3 : राज्य से समर्थन प्राप्त वृद्धावस्था पेंशनधारक, 2021-24

राज्य योजना से लाभान्वित बुज़ुर्ग पेंशनधारकों का प्रतिशत (%)

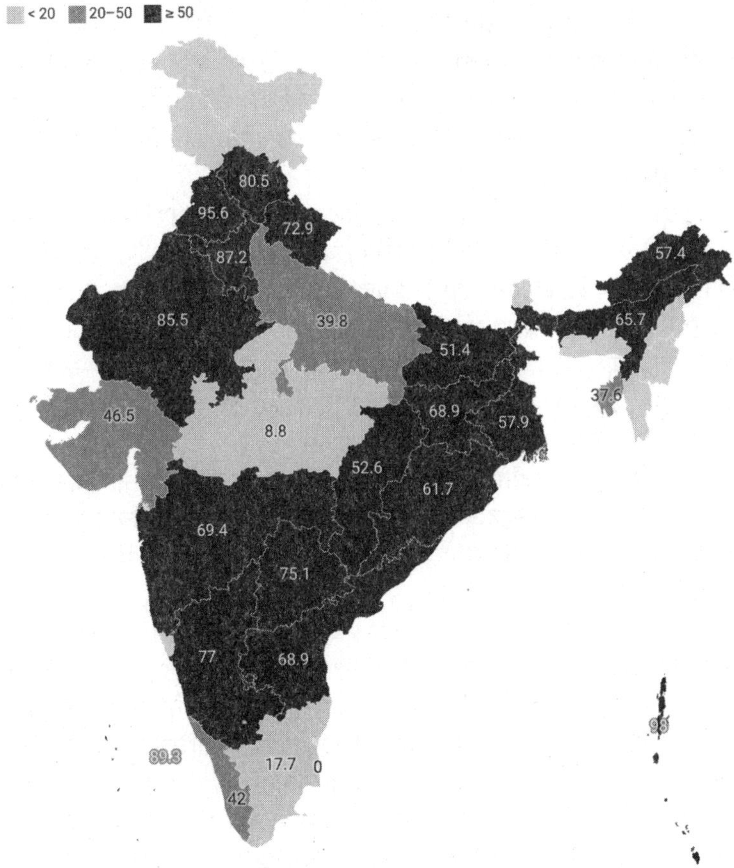

राज्य सरकार की वृद्धावस्था पेंशन योजनाओं से लाभान्वित होने वाले 55 से अधिक आयु के पेंशनभोगियों का अनुपात। अलग-अलग राज्यों में अलग-अलग हिस्सेदारी है, और मानचित्र पर रिक्त संख्या वाले कुछ राज्यों में राज्य सरकार की वृद्धावस्था पेंशन योजना का कोई लाभार्थी नहीं है, क्योंकि वे अपने राज्य में वृद्धावस्था पेंशन योजना में कोई योगदान नहीं करते हैं। यह पूरी तरह से केन्द्र सरकार द्वारा प्रायोजित है। इसी तरह, विभिन्न राज्यों में आयु सीमा अलग-अलग है, कुछ राज्यों में 55 और उससे अधिक से शुरू होती है, जबकि केन्द्रीय वृद्धावस्था पेंशन योजना में 60 या उससे अधिक की पात्रता है। वर्ष 2021-24 के बीच की जो सबसे अप-टू-डेट जानकारी प्राप्त हो पाई, वह यहाँ प्रस्तुत की गई है।

Source: केन्द्र और राज्य स्तर की पेंशन वेबसाइट। Map data: © OSM. Created with Datawrapper

असंगठित क्षेत्र के लिए कॉन्ट्रिब्यूटरी पेंशन योजना

केन्द्रीय स्तर पर असंगठित क्षेत्र के लोगों के लिए चार कॉन्ट्रिब्यूटरी पेंशन हैं—अटल पेंशन योजना, प्रधानमंत्री श्रम योगी मानधन योजना, प्रधानमंत्री किसान मानधन योजना और नेशनल पेंशन स्कीम फ़ॉर ट्रेडर्स एंड सेल्फ़ एम्प्लॉएड। चारों योजनाएँ एनडीए सरकार की हैं और चारों का बजट (चार्ट 7.1 देखिए) एवं कवरेज बहुत मामूली हैं। इसका एक कारण यह हो सकता है कि इसके तहत मिलने वाली पेंशन भी बहुत मामूली है।

2015-16 में राजग सरकार ने अटल पेंशन योजना की घोषणा की। इसके तहत व्यक्ति को प्रति माह रु. 100 का योगदान करना होता है, और 60 वर्ष की उम्र होने पर सरकार रु. 1000-5000 प्रति माह पेंशन देगी (अरोड़ा और कुंडु, 2018)। 2019 में केन्द्र अटल पेंशन योजना से ऊबकर प्रधानमंत्री श्रमयोगी मानधन योजना लेकर आई, जो अटल पेंशन योजना की तरह ही कॉन्ट्रिब्यूटरी पेंशन है—लोगों को प्रति माह रु. 50-100 योगदान करना है और फिर 60 वर्ष प्राप्त होने पर उन्हें प्रति माह रु. 3000 पेंशन मिलेगी (लालवानी, 2019)।

इन योजनाओं में और भी दिक़्क़तें सामने आई हैं। लोगों का नामांकन करने के लिए बैंकों पर दबाव होने की वजह से बैंक कर्मचारियों ने बिना लोगों की अनुमति के उन्हें इन योजनाओं में जोड़ दिया और प्रति माह उनका पैसा कटने लगा (गैरोला, 2022)।[4]

अटल पेंशन योजना पर शुरू से 2024 तक कुल ख़र्च रु. 3113 करोड़ रहा है जो किसी एक वर्ष में ज़्यादा से ज़्यादा रु. 725 करोड़ था (2022-23 में)। अर्थात, ऐसा नहीं कि पुरानी (राष्ट्रीय सामाजिक सुरक्षा) पेंशन योजना के बदले अब किसी नई पेंशन योजना पर ख़र्च हो रहा हो। इसलिए राष्ट्रीय सामाजिक सुरक्षा पेंशन पर घटते ख़र्च, और केन्द्र की ओर से सिमटते दायरे की फ़िक्र जायज़ है।

2024 के लोक सभा चुनाव में भी वृद्ध, विधवा और विकलांग की बहुत कम पूछ थी। कांग्रेस के घोषणा पत्र में केन्द्रीय पेंशन रक़म को रु. 200 से बढ़ाकर रु. 1000 करने का वादा है, लेकिन संख्या बढ़ाने पर उसमें कुछ नहीं कहा गया। भाजपा के घोषणा पत्र में इस योजना का कोई ज़िक्र नहीं।

अन्तर कुँवर की तरह, राष्ट्रीय सामाजिक सहायता योजना के पात्र लोगों की ज़िन्दगी बहुत कठिन हैं। वे नि:सहाय हैं और कभी भूखे, कभी भीख के सहारे, जीने पर मजबूर है। पर्याप्त बजट न देकर केन्द्र सरकार उनकी जीवनरेखा उनसे छीन रही है।

सन्दर्भ

1. एनपीएस के अन्तर्गत सरकारी मुलाज़िम अपनी तनख़्वाह और डीए का 10% योगदान के रूप में देते हैं और सरकार वेतन और डीए का 14% मुलाज़िम के टिएर-1 खाते में जमा करती है। (भारत सरकार, 2023, पृ. 254)
2. पेंशन रक़म को बढ़ाने के लिए कई वर्षों से अर्थशास्त्रियों के समूह ने वित्त मंत्री को चिट्ठियाँ लिखी हैं लेकिन वित्त मंत्रियों ने उनकी अनसुनी की है।
3. यह भाग चोपड़ा और पुडुसेरी (2014) में प्रस्तुत 2013 के सर्वे के निष्कर्ष पर आधारित है। गुप्ता (2013), दत्त और अन्य (2010) भी देखें।
4. 2017 में सरकार में एक ऐसा प्रस्ताव कुछ उद्योगों के कर्मचारियों के लिए विचाराधीन था। (पीटीआई 2017, द इंडियन एक्सप्रेस में प्रकाशित)

अध्याय-8

सामुदायिक रसोइयाँ : 80 करोड़ लोगों के हाथ में राशन कार्ड, फिर भी कैन्टीन क्यों?

नवम्बर 2023 में, कैन्टीन सर्वे की तैयारियों के दौरान, मैंने जयपुर का सफ़र वन्दे भारत ट्रेन से किया। ट्रेन पर खाना भी खाया। अगले दिन, जयपुर की अलग-अलग कैन्टीन का दौरा किया। दोपहर का खाना जब राजस्थान यूनिवर्सिटी की इन्दिरा रसोई में खाया तो मन में ख़याल आया कि इन्दिरा रसोई की रोटियाँ वन्दे भारत में मिली रोटियों से बहुत बेहतर थीं![1]

इन्दिरा रसोई में, अम्मा उनवगम जैसी कैन्टीन योजना के तहत सस्ता, पका हुआ गर्म खाना उपलब्ध करवाया जाता है। उदाहरण के लिए, इन्दिरा रसोई में रु. 8 में 5-6 रोटियाँ, एक सब्ज़ी और दाल मिलती है। पिछले दशक में कैन्टीन योजनाएँ मानो दबे पाँव, देश-भर में व्यापक रूप से फैली हैं। 2013 में जब तमिलनाडु की मुख्यमंत्री सुश्री जयललिता ने 'अम्मा उनवगम' शुरू की तब देश-भर में इसकी चर्चा हुई। उससे देखते हुए देश की अन्य राज्य सरकारों ने भी कैन्टीन खोलना शुरू किया।

दुनिया में कैन्टीन योजनाएँ विभिन्न नामों से चलती हैं—कम्यूनिटी किचन (सामुदायिक रसोई) के अलावा, सूप किचन, फूड बैंक, आदि। इन सबका उद्देश्य उन लोगों की खाद्य सुरक्षा सुनिश्चित करना है जिन्हें जीवनयापन के लिए संघर्ष करना पड़ रहा है और/या खाद्य असुरक्षा से जूझ रहे हैं। ऐसी कैन्टीन सरकार समर्थित हो सकती है, या फिर धार्मिक निकायों या स्थानीय समुदायों/ग़ैर-सरकारी संगठनों द्वारा भी चलाई जाती हैं। उदाहरण के लिए, गुरुद्वारों में चलने वाला लंगर कैन्टीन का ही एक नमूना है। चर्च में कहीं-कहीं इन्हें सूप किचन के नाम से भी चलाया जाता है।

अन्तरराष्ट्रीय स्तर पर, कैन्टीन संकट की अवधि के दौरान सुर्खियों में आईं। 2008 का वित्तीय संकट, कोविड-19, युद्ध आदि। बड़े पैमाने पर सामुदायिक रसोई

कार्यक्रम है ब्राज़ील का 'पॉपुलर रेस्तराँ' जो वहाँ खाद्य सुरक्षा की गारंटी देना चाहता है जहाँ "बड़ी संख्या में लोग अपने घर के बाहर अपना भोजन खाते हैं" (फिनको, फिनको और कोएल्हो, 2012)। भारत की तरह, निम्न और मध्यम आयवाले देशों में सामुदायिक रसोई पर कम साहित्य उपलब्ध है।

भारत में कैन्टीन

कोविड-19 महामारी से पहले, ज़्यादातर कैन्टीन तब खोली गईं जब लोग महँगाई से परेशान थे, ताकि लोगों को महँगाई से कुछ राहत मिले। महामारी के दौरान जब केन्द्र सरकार ने अचानक लॉकडाउन की घोषणा की और एक मानवीय आपदा की स्थिति पैदा हुई, तो कैन्टीन की भूमिका फिर से सरकारों के ज़ेहन में आई और राहत पहुँचाने के लिए कैन्टीन का उपयोग किया गया। राजस्थान की इन्दिरा रसोई इसका सबसे पुख़्ता उदाहरण है। अगस्त 2020 में, राजस्थान सरकार ने 200 कैन्टीनों से शुरुआत की। 2023 तक राज्य में 1200 के आसपास रसोइयाँ थीं। केरल ने कुडुंबश्री समूहों द्वारा संचालित 'जनकीय होटलों' के नेटवर्क का विस्तार करना शुरू कर दिया। कोविड लॉकडाउन द्वारा पैदा किये गए मानवीय संकट के दौरान, भारत के सर्वोच्च न्यायालय ने 2019 की जनहित याचिका में सामुदायिक रसोई (या कैन्टीन) स्थापित करने के सम्बन्ध में 2020 में आदेश जारी किये।[2]

नक़्शा 8.1 में देश-भर के राज्यों में चल रही कैन्टीन योजनाओं की उपलब्धता को (प्रति करोड़ आबादी) दर्शाया गया है। इस नक़्शे को इंटरनेट से उपलब्ध जानकारी के आधार पर तैयार किया गया है। हालाँकि हम इस योजना पर नज़र रखते हैं, फिर भी हमारे लिए कैन्टीन का इतना व्यापक होना एक आश्चर्य की बात रही—पहाड़ी राज्यों को छोड़ दें तो मुख्य राज्यों में केवल गुजरात और बिहार ही ऐसे हैं जहाँ कभी भी कोई कैन्टीन खुलने की जानकारी नहीं प्राप्त हुई। बिहार में, दीदी की रसोई स्थापित की गई लेकिन इनमें भोजन सस्ता नहीं है, इसे महिलाओं को रोज़गार दिलवाने के मक़सद से शुरू किया गया, इसलिए नक़्शे में बिहार को भी 'बिना कैन्टीन' के रंग में रँगा गया है (जीविका, 2021)।

इस तरह के राज्य जहाँ ख़बरों के अनुसार कैन्टीन है, लेकिन अभी चल रही हैं कि नहीं, उसका पुष्टीकरण नहीं हो पाया, उन्हें गहरे/काले रंग में दिखाया गया है। आंध्र प्रदेश में टीडीपी (तेलुगु देशम पार्टी) की सरकार जाने के बाद, वहाँ की अन्ना कैन्टीन योजना को अगली राज्य सरकार ने लगभग बन्द कर दिया। पश्चिम बंगाल में, 'माँ कैन्टीन' की स्थिति पर ख़ास जानकारी उपलब्ध नहीं। इस श्रेणी में ऐसे राज्य भी हैं जहाँ समस्त राज्य में, प्राप्त जानकारी के अनुसार, केवल 1 कैन्टीन चल रही है—उदाहरण के लिए पंजाब और दिल्ली।

नक़्शा 8.1 : कैन्टीन योजनाएँ

प्रति 10 लाख आबादी पर कैन्टीन की उपलब्धता

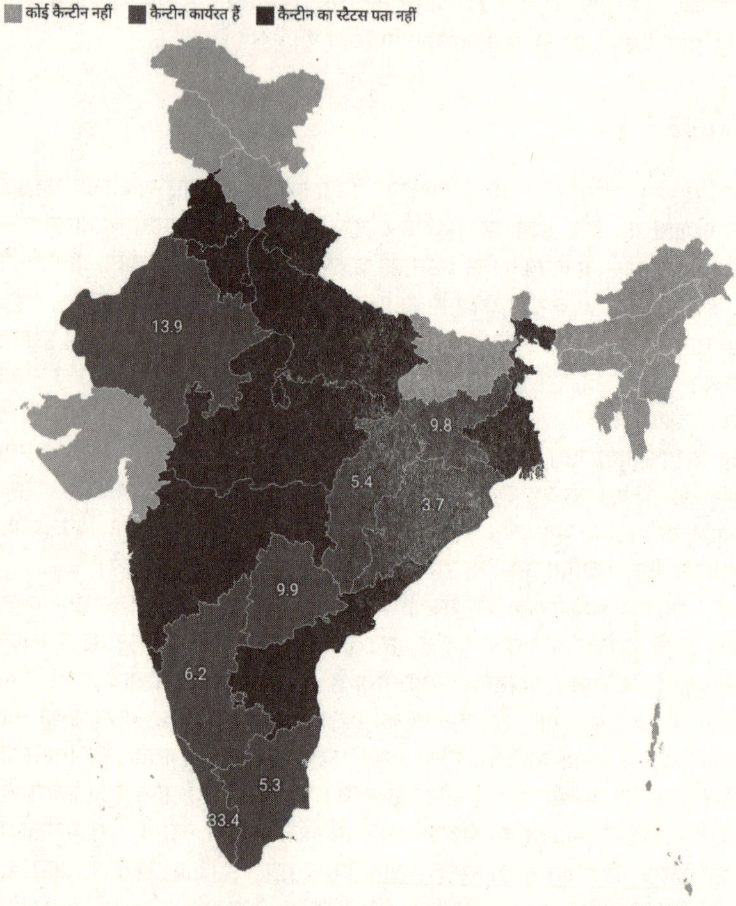

'कोई कैन्टीन नहीं' वे राज्य हैं जहाँ से कोई सूचना उपलब्ध नहीं हुई। 'कैन्टीन कार्यरत हैं' राज्यों में हमें लगभग पूरा विश्वास है कि कैन्टीन चल रही है, लेकिन इनकी संख्या की पुष्टि नहीं हो पाई। 'कैन्टीन का स्टेटस पता नहीं' राज्यों में ऑनलाइन प्राप्त जानकारी से पुष्टि नहीं हो पाई।

Map: रीतिका खेड़ा, Map data: © OSM. Created with Datawrapper

कई ऐसे राज्य हैं जहाँ 'कैन्टीन कार्यरत हैं', और काफ़ी व्यापक रूप से। इसमें केरल में प्रति 10 लाख 33 कैन्टीन हैं और सबसे कम (3.7 प्रति दस लाख) ओडिशा में हैं।

कैन्टीन सर्वे, 2023

कैन्टीन की वस्तुस्थिति पर अपनी समझ बनाने के लिए हमने नवम्बर-दिसम्बर 2023 में तीन राज्यों—कर्नाटक, राजस्थान और तमिलनाडु—में कैन्टीन सर्वे 2023 किया।[3]

कई राज्यों में कैन्टीन योजना के साथ राजनीतिक फुटबॉल खेला जा रहा है। तमिलनाडु में 2013 में शुरू हुई अम्मा कैन्टीन को 2021 तक लगातार राजनीतिक आशीर्वाद प्राप्त रहा क्योंकि उसे लानेवाली पार्टी (एआईएडीएमके) सत्ता में रही। जब से सरकार बदली है, लोगों का कहना है कि योजना की उपेक्षा हो रही है। इसी तरह, कर्नाटक में 2017 में कांग्रेस की सरकार ने इन्दिरा कैन्टीन शुरू की; फिर जब भाजपा की सरकार आई, तो बजट में कटौती, स्टाफ़ में कटौती और (कहीं-कहीं) खुलने के समय में भी कटौती हुई। हालत इतनी ख़राब थी कि जब हम कैन्टीन सर्वे करने गए, तो स्थानीय लोगों ने हमसे कहा कि सर्वे शुरू करने से पहले हमें इस बात की पुष्टि कर लेनी चाहिए कि कैन्टीन अभी भी खुलती है या नहीं।

राजस्थान की इन्दिरा रसोई योजना 2023 में महज़ तीन साल पुरानी थी, और नवम्बर 2023 में राज्य में चुनाव होने थे।[4] इससे आशंका पैदा हुई कि राजस्थान में भी आंध्र प्रदेश या कर्नाटक जैसी स्थिति पैदा हो सकती है—नई सरकार का चयन और कैन्टीन योजना की उपेक्षा। राजस्थान में ऐसा होने से पहले, और कर्नाटक और तमिलनाडु जैसे राज्यों में लम्बे अरसे से चल रही योजनाओं को समझने के लिए कैन्टीन सर्वे, 2023 किया गया।

राजस्थान में, हमने सर्वे के लिए छह शहरों को चुना—जयपुर, बीकानेर, उदयपुर, अजमेर, चित्तौड़गढ़ और चुरू। सरकारी 'जन सूचना पोर्टल' के अनुसार उस समय राजस्थान में कुल 1209 कैन्टीन थीं। इनमें से जयपुर में सिर्फ़ 107 हैं। इस प्रकार, राजस्थान में, राज्य के अर्बन लोकल बॉडी (यूएलबी) में कैन्टीन की काफ़ी व्यापक मौजूदगी है।

राजस्थान के विपरीत, कर्नाटक और तमिलनाडु में अधिकांश कैन्टीन राजधानी शहर में हैं।[5] राजधानी और अगले सबसे बड़े शहर में कैन्टीन की संख्या के बीच बड़ा अन्तर है। चेन्नई में 400 से अधिक कैन्टीन हैं जबकि अगले सबसे बड़े शहरों कोयंबटूर और मदुरै में केवल 10 के आसपास हैं। इसी तरह, बेंगलुरु में क़रीब 250 कैन्टीन थीं, लेकिन अन्य में लगभग 10 थीं। इन राज्यों में, हमने दो अन्य यूएलबी,

कर्नाटक में मैसूर और बेल्लारी और तमिलनाडु में कोयंबटूर और वेल्लोर के साथ राजधानी शहर (बेंगलुरु और चेन्नई) को सर्वे में शामिल किया। तीनों राज्यों में, सर्वेक्षण के लिए कैन्टीन का चयन करने के लिए 'सिम्पल रैंडम सैम्पलिंग' का उपयोग किया गया। कुल नमूनों में 174 कैन्टीन हैं, और इनमें कुल मिलाकर 704 अतिथियों से बात हुई, जिनमें से 92 कैन्टीन और 384 मेहमान राजस्थान के थे।

खाद्य सुरक्षा में कैन्टीन की भूमिका

कुछ लोगों के मन में सवाल उठता है कि जब 80 करोड़ ग़रीबों को सार्वजनिक वितरण प्रणाली (पीडीएस) के माध्यम से मुफ़्त या सस्ता राशन मिलता है तो लोगों को सब्सिडी पर भोजन प्रदान करने के लिए कैन्टीन की आवश्यकता क्यों है? उनका कहना है कि खाद्य सुरक्षा के लिए एक और योजना बनाने के बजाय पीडीएस कवरेज का विस्तार क्यों नहीं किया जाता।[6] एक और प्रतिक्रिया यह है कि हमें पीडीएस में 'वन नेशन, वन राशन' या 'पोर्टेबिलिटी' (पीडीएस अध्याय देखें) की व्यवस्था पर ध्यान देना चाहिए।

वास्तव में, कैन्टीन और जन-वितरण प्रणाली को पूरक के रूप में देखा जाना चाहिए, न कि एक दूसरे के विकल्प के रूप में। पीडीएस राशन उन लोगों को खाद्य सुरक्षा प्रदान कर सकता है जिनके पास खाना पकाने की सुविधा है। शहरी क्षेत्रों में हमेशा ऐसा नहीं होता है, ख़ास कर प्रवासी श्रमिकों में। हमारे सर्वे के 11% से 47% उत्तरदाताओं के घर पर खाना पकाने की सुविधा नहीं थी। उनके लिए पीडीएस का सूखा राशन, खाद्य सुरक्षा की गारंटी नहीं देता, चाहे वह व्यवस्था पोर्टेबल क्यों न हो जाए।

कैन्टीन के चार महत्त्वपूर्ण आयाम हैं। इनमें खाद्य सुरक्षा और खाद्य सब्सिडी सबसे स्पष्ट हैं। कैन्टीन की चर्चाओं में, कैन्टीन को निराश्रित, बेघर, आवारा और भिखारियों के लिए खाद्य सुरक्षा उपाय के रूप में जाना जाता है। सही में, ऐसे व्यक्तियों को कैन्टीन से बेहद लाभ होता है, और वे हमारे सर्वेक्षण में शामिल थे (लगभग 10% उत्तरदाता इन समूहों में से थे)। सर्वेक्षण से एक सप्ताह पहले भूखे सोने के बारे में चिन्तित होने की बात को 11% उत्तरदाताओं ने स्वीकारा। 18% उत्तरदाताओं ने अपने क्षेत्रों में कैन्टीन खुलने से पहले कभी-कभी भूखे सोने की सूचना दी। साथ ही ऐसे लोग भी थे जिनके लिए खाद्य सुरक्षा स्थायी चिन्ता तो नहीं थी, लेकिन कभी-कभी उन्हें इसका सामना करना पड़ता है। (जैसे चुरू में मिले उत्तरदाता, हारून, जो मज़दूरी से कमाकर खाते हैं, लेकिन एक्सीडेंट होने के कारण काम नहीं कर पा रहे थे, तब कैन्टीन उनका सहारा बनी)।

कैन्टीन में भारी सब्सिडी वाली क़ीमतों (आम तौर पर रु. 5-10 प्रति थाली) पर पके हुए भोजन का प्रावधान उन लोगों की मदद करता है जो पर्याप्त भोजन नहीं

ख़रीद पाते या जिनके लिए जीवनयापन एक संघर्ष है। उदाहरण के लिए, राजस्थान में थाली पर लागत रु. 25 थी, लेकिन लोगों को खाना रु. 8 में प्राप्त हो रहा था। कैन्टीन योजना गरिमा और बचत के साथ खाद्य सुरक्षा की गारंटी देती है, फिर भी अकेले इस नज़रिये से कैन्टीन को देखना ग़लत होगा।

यह योजना बाज़ार की कई विफलताओं को दूर कर सकती है। उदाहरण के लिए, महँगाई (इन्फ़्लेशन), स्ट्रीट फ़ूड विक्रेताओं द्वारा पौष्टिक भोजन की आपूर्ति में कमी और स्वच्छता की कमी। सबसे पहले, जब महँगाई अधिक होती है, तो कैन्टीन फिक्स्ड और नियंत्रित क़ीमतों पर भोजन की आपूर्ति सुनिश्चित करती हैं। दूसरा, स्ट्रीट फूड पर नियंत्रण की व्यवस्था कमज़ोर है और ज़रूरी नहीं कि वह स्वच्छ परिस्थितियों में तैयार किया गया हो। कुछ मानकों को निर्धारित करके, कैन्टीन यह भी सुनिश्चित कर सकती हैं कि सुरक्षित और स्वच्छ भोजन उपलब्ध हो। इसका स्ट्रीट फूड की निजी आपूर्ति पर सम्भावित स्पिलओवर प्रभाव पड़ सकता है। यानी, यदि घर से बाहर खाने की व्यवस्था में लोगों के पास दो विकल्प हों (कैन्टीन और स्ट्रीट फूड), और यदि कैन्टीन में स्वच्छता की गारंटी हो, तो स्ट्रीट फ़ूड विक्रेता को स्वच्छता बनाए रखने के लिए अपनी ओर से अधिक प्रयास करने पड़ेंगे। तीसरा, अगर राज्य सरकारें पोषण पर अधिक ध्यान दें, तो कैन्टीन स्ट्रीट फ़ूड विक्रेताओं द्वारा पौष्टिक भोजन की कमी को दूर कर सकती हैं।[7] पौष्टिक भोजन की सीमित उपलब्धता केवल लागत का सवाल नहीं है (उदाहरण के लिए, दालें, मांस, दही प्रोटीन-युक्त हैं, लेकिन महँगी भी), पोषण शिक्षा का अभाव भी इसका कारण हो सकता है। (कई लोग अपनी डायट में प्रोटीन की अहमियत नहीं जानते या फिर यह नहीं जानते कि अंडा प्रोटीन का काफ़ी सस्ता स्रोत है)।

महिलाओं के लिए भी इस योजना की ख़ास अहमियत है। पहला, महिलाओं के लिए रोज़गार के अवसर उत्पन्न करने में।[8] तमिलनाडु में अम्मा कैन्टीन का सर्वे विशेष रूप से उत्साहजनक था, जहाँ पूरी टीम में महिलाएँ शामिल थीं। अपने काम में गर्व की भावना तमिलनाडु में सबसे अधिक दिखी। कई बार उन्होंने बताया कि शहर में बाढ़ की स्थिति में भी उन्होंने चूल्हे को बन्द नहीं होने दिया। अन्य दो सर्वेक्षण राज्यों (राजस्थान और कर्नाटक) में, जबकि महिलाएँ कैन्टीन में कार्यरत हैं, वे पुरुषों के साथ काम करती हैं।[9]

इसके अलावा, यह योजना महिलाओं को घर के काम, विशेष रूप से खाना पकाने की ज़िम्मेदारी से राहत प्रदान कर सकती है, क्योंकि आम तौर पर पितृसत्तात्मक समाज में वे घर में खाना पकाने की प्रभारी होती हैं। अगर कभी-कभी परिवार के पुरुष कैन्टीन के खाने से अपना काम चला लें, तो महिलाओं के लिए घर का काम कुछ कम हो जाता है। जहाँ महिलाएँ घर और बाहर, दोनों जगह काम कर रही हैं, वहाँ तो महिला के लिए कैन्टीन एक वरदान है।

सामाजिक सामंजस्य बढ़ाने में सामुदायिक रसोई की भूमिका का उल्लेख पहले भी किया गया है। भारत में कैन्टीन ने शहरी क्षेत्रों में लोकतांत्रिक स्थानों को सृजित करने में महत्त्वपूर्ण योगदान दिया है। कैन्टीन कर्मचारियों के साथ-साथ मेहमानों की जाति, वर्ग और मिश्रित सामाजिक पृष्ठभूमि ध्यान देने योग्य है। मेहमान हर समूह के मिले। कर्नाटक के मेहमानों में दलितों, आदिवासियों और मुसलमानों की संख्या 16 फ़ीसदी, तमिलनाडु में एक-चौथाई और राजस्थान में एक-तिहाई थी।

कैन्टीन सर्वे में राजस्थान की केवल दस प्रतिशत कैन्टीनें ऐसी थीं जिनमें किसी अल्पसंख्यक समूह (यानी दलित, आदिवासी या मुसलमान) के सदस्य नहीं थे, और तमिलनाडु में, लगभग 30% कैन्टीनों में कोई अल्पसंख्यक समूह का सदस्य नहीं था।[10] अल्पसंख्यक समूह के लोगों को नियोजित किया जाता है, तो उन्हें सभी भूमिकाओं में रखा जाता है : रसोइया, सहायक, सफ़ाई करनेवाला और बिलिंग डेस्क। ज़िम्मेदारियों का कोई स्पष्ट सीमांकन नहीं था। यानी जाति या जेंडर आधारित भेदभाव के प्रत्यक्ष संकेत नहीं दिखे।

भारत में ऐसे सार्वजनिक स्थानों को ढूँढ़ना मुश्किल होगा, जहाँ झुग्गियों में रहने वाले, बेघर या बस स्टैंड आदि पर रहने वाले लोग (12-28% मेहमान) उन लोगों के साथ स्थान साझा करते और उनके साथ बैठकर भोजन करते हों जो शहर में पक्के मकानों में रहते हैं (हमारे सैम्पल में आधे से ज़्यादा उत्तरदाता), गाड़ी-मोटरसाइकिल चलाते हैं, पैदल चलकर या बस से सफ़र करते हैं। कैन्टीन सर्वे के दौरान कई मेहमानों ने इस पर गर्व से टिप्पणी की—"सरकारी कर्मचारियों से लेकर दैनिक मज़दूर तक, सभी यहाँ एक साथ भोजन करते हैं"; बेल्लारी में, एक अतिथि ने कहा, "हर कोई आता है—जिनके पास पैसा है और जिनके पास नहीं है।"

कैन्टीन पर कौन खाता है?

सर्वेक्षण से एक दिन पहले, कैन्टीन कर्मचारियों से प्राप्त जानकारी के अनुसार, औसतन 247 मेहमानों को सेवा दी गई थी। इस संख्या में राज्यों के बीच थोड़ा ही अन्तर था : तमिलनाडु में सबसे कम, 224 था। कैन्टीन में तीन प्रकार के मेहमान थे : नियमित रूप से हर दिन या लगभग हर दिन कैन्टीन में खानेवाले (आधे से अधिक मेहमान ऐसे थे), कभी-कभी खानेवाले और पहली बार खानेवाले। पहली बार और कभी-कभी खानेवाले मेहमानों में रोगियों के साथ अस्पतालों में जानेवाले, प्रशासनिक या क़ानूनी काम के लिए शहर के आगन्तुक, ट्रेन स्टेशनों और बस-स्टैंड के यात्री आदि शामिल होते हैं। नियमित रूप से आनेवालों में मुख्य रूप से निम्नलिखित पाँच समूह थे।

प्रवासी और कामकाजी पुरुष

हमारे उत्तरदाताओं में कामकाजी पुरुष सबसे बड़ा समूह थे। इस समूह के भीतर, बहुत विविधता थी। इनमें राज्य के भीतर से, और दूर के स्थानों से भी, प्रवासी थे। एक स्विगी डिलिवरी वर्कर (मूल रूप से असम से) ने कहा कि जब उसे खाने की ज़रूरत होती है, तो वह गूगल मैप पर इन्दिरा कैन्टीन ढूँढ़ लेता है। स्थानीय लोग जिन्हें नौकरियों के लिए दिन-भर घूमने की आवश्यकता होती है (ऑटोरिक्शा चालक, कूरियर) कैन्टीन को बहुत सुविधाजनक पाते हैं। शेख अहमद शरीफ की बृहत बेंगलुरु महानगर पालिका (बीबीएमपी) में ड्राइवर के रूप में स्थायी नौकरी है। उनकी पत्नी प्रसव के लिए घर गई हुई थी, इसलिए वह तीन महीनों से कैन्टीन का उपयोग कर रहे थे।

अन्य लोगों के आवास पर खाना पकाने की सुविधा नहीं थी या वे ख़ुद के लिए खाना पकाने के लिए समय न रहने की वजह से कैन्टीन पर निर्भर थे। इस समूह में प्रवासी मज़दूर भी हैं। उदाहरण के लिए, बेंगलुरु में, सुब्रमण्य (कोलार से) एक स्कूल बस चलाते हैं जो उनके आश्रय के रूप में भी काम करती है। वह हर रोज तीन में से दो टाइम का खाना इन्दिरा कैन्टीन में खाते हैं। एक अन्य अतिथि कैन्टीन में इसलिए खा रहे थे क्योंकि घर पर रसोई गैस ख़त्म हो गई थी। वी. रवि अपनी माँ की मृत्यु के बाद से नियमित रूप से कैन्टीन में खाते हैं। कैन्टीन आने का एक कारण यह भी है कि वहाँ आनेवाले लोग कैन्टीन में सेवारत कर्मचारियों को पसन्द करते हैं।

महिलाएँ

कैन्टीन सर्वे के दौरान खाना खाने वालों में महिलाओं की भागीदारी न के बराबर दिखी। हमारे सर्वे के तीन राज्यों में 9 से 13 प्रतिशत महिलाएँ थीं। जो महिलाएँ आती हैं, उनके लिए कैन्टीन कम-से-कम दो तरह से राहत प्रदान करती है। कैन्टीन में लिया गया प्रत्येक भोजन महिलाओं के खाना पकाने पर ख़र्च होने वाले समय को बचाता है, क्योंकि ज़्यादातर खाना पकाने की ज़िम्मेदारी महिलाओं की होती है। यह कामकाजी महिलाओं के लिए विशेष रूप से महत्त्वपूर्ण है जो घरेलू ज़िम्मेदारियों के साथ घर के बाहर भी कमाई में जुटी होती हैं।

उदाहरण के लिए, चेन्नई में रविवार सुबह को, कई पुरुष उत्तरदाता कैन्टीन में नाश्ता कर रहे थे। जब उनसे पूछा गया कि वे कैन्टीन में क्यों खा रहे हैं, तो उन्होंने बताया कि यह उनकी कामकाजी पत्नियों की साप्ताहिक छुट्टी थी, और वे उन्हें रविवार को नाश्ते के लिए परेशान नहीं करना चाहते थे। पत्नी और अन्य लोगों के लिए वह एक 'पार्सल' घर ले जानेवाले थे।

बेंगलुरु में, वनिता, जो एक घरेलू कामगार हैं, अपने परिवार में एकमात्र कमाने वाली सदस्य हैं। उनके पति का एक्सीडेंट हो गया था, इसलिए वह कमाने में असमर्थ है। वह अपने बच्चों के स्कूल गई थीं और इन्दिरा कैन्टीन में जल्दी से कुछ खाने के लिए रुक गई थीं।

बुज़ुर्ग

सभी सर्वेक्षण राज्यों में, टीमों ने बहुत कमज़ोर बुज़ुर्गों से मुलाक़ात की। तमिलनाडु में, मेहमानों का पाँचवाँ हिस्सा 60 वर्ष और उससे अधिक आयु का था, जो कर्नाटक (6%) और राजस्थान (8%) की तुलना में बहुत अधिक है। उनके लिए, कैन्टीनें सस्ती क़ीमत पर घर जैसा, आसानी से पचनेवाला भोजन प्रदान करती हैं। काफ़ी महत्त्वपूर्ण बात यह है कि कैन्टीन एक सुरक्षित और अनुकूल स्थान है, जहाँ अकेले पड़े हुए बुज़ुर्गों को अपनापन महसूस होता है। कई कैन्टीन कर्मचारी उन्हें पहचानते थे और उनके लिए अलग से खाना रख देते थे।

कठिन व्यक्तिगत परिस्थितियों वाले व्यक्ति

कैन्टीन में हम ऐसे लोगों से भी मिले जिन्होंने ख़ुद के मानसिक स्वास्थ्य के मुद्दों को खुले तौर पर स्वीकार किया या यह उनकी बातों में निहित था, जिनके पारिवारिक सम्बन्ध (विशेष रूप से पति-पत्नी के बीच) तनावपूर्ण थे। ये लोग हालाँकि संख्या में कम थे, फिर भी वे ध्यान देने योग्य हैं क्योंकि कैन्टीन उनके जीवन में महत्त्वपूर्ण भूमिका निभाती हैं। कैन्टीन ने उनके लिए गरिमा के साथ घर जैसा खाना, सम्भव बना दिया था। जो घर में तनाव के कारण किसी रिश्तेदार के साथ रह रहे थे, वे कैन्टीन की बदौलत अपने आप को मेज़बानों पर कम बोझ बनाने में सफल रहे।

चेन्नई में रहनेवाली कुप्पू 70 वर्षीय विधवा हैं। हालाँकि वह अपने परिवार के साथ रहती हैं, लेकिन घर पर झगड़े के कारण उनका रिश्ता बहुत तनावपूर्ण है। इसके अलावा, आर्थिक संकट भी है। जब उनकी ज़मीन क़र्ज़ देनेवाले के हाथों चली गई, तो उन्हें चेन्नई आना पड़ा; वह काम करती थीं लेकिन लकवे के दौरे के कारण काम छोड़ना पड़ा। अगर उन्हें घर पर खाना नहीं मिलता है, तो वह कैन्टीन का उपयोग करती हैं और अगर कैन्टीन में खाना नहीं होता, तो वह भूखे पेट ही सो जाती हैं।

चेन्नई में 72 साल के सेलियाह मिठाई बेचकर अपना गुज़ारा करते थे। वह अब काम नहीं करते, अपने परिवार से अलग रहते हैं, और उनका बेटा उन्हें हर महीने 1500 रुपये देता है। कैन्टीन में वह नियमित रूप से अकेले खाना खाते हैं। जब हम उनसे बात कर रहे थे उनकी आँखें छलक आई थीं।

सम्पन्न परिवार के बलुआ पत्थर के सप्लायर, जिनका अपने परिवार के साथ तनावपूर्ण सम्बन्ध है, अपनी बहन के साथ रह रहे थे। वह अपनी बहन पर बोझ कम करने के लिए कैन्टीन में नियमित रूप से खाते थे। सुधाकर कैन्टीन का इस्तेमाल तब करते थे जब घर में झगड़े होते थे। उन्होंने कहा कि उनके लिए इन्दिरा कैन्टीन "भगवान की तरह है, मन्दिर की तरह है और भोजन ही प्रसाद है।"

छात्र

सर्वेक्षण वाले अधिकांश शहरों में, हमें कुछ कैन्टीनें मिलीं जो कॉलेजों या विश्वविद्यालयों के पास स्थित थीं। उत्तरदाताओं में 10 प्रतिशत से अधिक छात्र थे। हॉस्टल या पेइंग गेस्ट आवास में रहने वाले छात्रों के लिए, कैन्टीन एक वरदान थी। किफ़ायती होने के अलावा, छात्रों ने इस बात की सराहना की कि कैन्टीन का भोजन घर के खाने जैसा है। वास्तव में, लगभग सभी प्रकार के मेहमानों ने कैन्टीन भोजन के इस पहलू का उल्लेख किया है।

चूरू में एक कैन्टीन में एक असामान्य मुलाक़ात हुई। चूरू स्पोर्ट्स स्टेडियम में दूर-दूर से युवा प्रशिक्षण लेने आते हैं। ऐसे ही दो नौजवानों ने बताया कि जब वह ग्वालियर और नागौर से चुरू आए तो उन्होंने खाने के लिए विभिन्न विकल्पों (कई इन्दिरा रसोई सहित) का सर्वेक्षण करने के बाद उस कैन्टीन को चुना जहाँ उनसे हमारी भेंट हुई। उस कैन्टीन को उन्होंने इसलिए चुना क्योंकि अच्छी दाल (प्रोटीन, एथलीटों के लिए आवश्यक है) और 'माँ का प्यार'—दोनों ही उन्हें उस कैन्टीन पर मिल जाते!

कुछ के लिए, यह विविधता एक चिन्ता का विषय हो सकती है और कुछ मेहमानों ने उल्लेख किया कि 'सभी' को कैन्टीन पर खाने की अनुमति नहीं दी जानी चाहिए क्योंकि यह उनके विचार में, उन लोगों के लिए है जो कहीं और भोजन नहीं कर सकते। तीनों राज्यों में, कैन्टीन का उपयोग करने वाले मेहमानों की विविधता आँखें खोलने वाला अनुभव था। कैन्टीन में मेहमानों का व्यापक स्पेक्ट्रम उनकी सफलता का एक महत्त्वपूर्ण संकेत है।

कैन्टीन पर अन्य मुद्दे

मेनू, खुलने का समय और क़ीमतें

कैन्टीन सर्वे के तीनों राज्यों में कैन्टीन निर्धारित मेनू का पालन कर रही थीं। राजस्थान और तमिलनाडु में मेनू पर कुछ विकेन्द्रीकृत नियंत्रण था—उदाहरण के लिए, राजस्थान में, सब्ज़ियों की कोई निर्धारित सूची नहीं थी जिसे किसी विशेष

दिन पकाया जाना चाहिए, लेकिन उम्मीद है कि प्रत्येक भोजन के साथ दाल या कढ़ी होती होगी। तमिलनाडु में, कैन्टीन के कर्मचारी तय करते हैं कि सांभर में कौन-सी सब्ज़ी डालें। कर्नाटक में केन्द्रीकृत रसोई से खाना सप्लाई होता है। रसोई के स्तर पर मेनू कौन निर्धारित करता है इसकी जानकारी नहीं मिल पाई, लेकिन दो आपूर्तिकर्ताओं में मेनू में थोड़ी भिन्नता थी (उदाहरण के लिए, शेफ़ टॉक कैन्टीन कभी-कभी नाश्ते के लिए इडली और केसरी भात प्रदान करती थी, जबकि अदम्या चेतना द्वारा इसकी आपूर्ति नहीं की जाती थी)।

पोषण के दृष्टिकोण से, कर्नाटक में इन्दिरा कैन्टीन में मेनू सबसे निराशाजनक था, हालाँकि अन्य दो राज्यों में भी भोजन का पोषण मूल्य बहुत सराहनीय नहीं था। कर्नाटक में, स्वाद के दृष्टिकोण से, नीरस मेनू के बारे में सबसे अधिक शिकायतें मिलीं। उसके बाद तमिलनाडु का स्थान है। कर्नाटक में राज्य सरकार ने मेनू में सुधार की घोषणा की थी और रागी मुड्डे, सैंडविच आदि को जोड़ने का उल्लेख किया गया था, लेकिन वह क्रियान्वित नहीं हुआ। अफ़सोस की बात है कि तमिलनाडु जैसे राज्य में भी, जहाँ बच्चों के लिए (आँगनवाड़ियों और स्कूलों में) अंडे का चलन है, अम्मा कैन्टीन में अंडे या अन्य पौष्टिक वस्तुएँ उपलब्ध कराने के लिए कोई क़दम नहीं उठाया गया है।

कर्नाटक में आपूर्ति के लिए केन्द्रीकृत रसोई पर निर्भरता एक समस्या थी। उदाहरण के लिए, इन्दिरा कैन्टीन में खाना फिर से गरम करने की सुविधा नहीं थी। दोपहर 12 बजे के आसपास आपूर्ति किये जाने वाले भोजन को एक घंटे के भीतर ठंडा परोसा जाना था। केन्द्रीकृत रसोई प्रति भोजन-समय पर एक निश्चित संख्या में भोजन की आपूर्ति करती है, और यह संख्या मनमाने ढंग से निर्धारित की गई थी। क्योंकि आपूर्ति तय मात्रा में होती है, अक्सर भोजन समाप्त हो जाता है।

योजना की सफलता के लिए कैन्टीन की विश्वसनीयता सुनिश्चित करना ज़रूरी है। विश्वसनीयता के लिए ज़रूरी है कि भोजन ख़त्म न हो। यदि मेहमानों को भोजन समाप्त हो जाने की वजह से लौटाया जाए, तो अगली बार वे कैन्टीन की तरफ़ मुश्किल से ही आते हैं। तमिलनाडु में कैन्टीन श्रमिकों ने, कर्नाटक की तुलना में, भोजन ख़त्म होने की बात को अधिक स्वीकारा (42 फ़ीसदी ने कहा कि यह 'कभी-कभी' या 'अक्सर' ख़त्म हो जाता है)। सर्वेक्षण टीमों द्वारा कर्नाटक में यह समस्या अन्य राज्यों से अधिक देखी गई।

कर्नाटक में, किसी को भी लौटाने का एकमात्र कारण यह रहा कि मेहमानों को परोसने के लिए भोजन उपलब्ध नहीं था। राजस्थान और तमिलनाडु में खाना ख़त्म होने की भी बात सुनी गई, लेकिन सर्वे टीम कैन्टीन के कर्मचारियों को नये सिरे से खाना बनाते हुए भी देख पाई। तमिलनाडु में, किसी को भी मना करने का यह सबसे कॉमन कारण था।[11]

राजस्थान में केवल 15 कैन्टीनों में, भोजन और/या रोटियों की आपूर्ति पास की कैन्टीन द्वारा की जाती थी। मेहमानों को मशीन से बनी रोटियाँ पसन्द नहीं थीं। इसके बारे में भी शिकायत मिली।

भौतिक स्थान

जैसा कि पहले उल्लेख किया गया है, स्ट्रीट फूड के बाज़ार में स्वच्छ खाना पकाने और खाने के तरीक़ों में कैन्टीन एक मानक निर्धारित कर सकती है। इसका निजी भोजनालयों पर भी स्पिलओवर असर होने की सम्भावना है। सर्वेक्षण टीमों के आकलन में राज्यों में 88 फ़ीसदी कैन्टीनों को, खाने के लिए, ख़ुशनुमा स्थान माना गया।

हालाँकि, स्वच्छता के सम्बन्ध में चिन्ताएँ थीं, विशेष रूप से राजस्थान में (वहाँ केवल 38 फ़ीसदी रसोइयों और 24 फ़ीसदी बर्तन आदि धोने वाले क्षेत्रों को टीम द्वारा साफ़ माना गया था)। तमिलनाडु में भी धोने की जगह में सफ़ाई केवल 58% कैन्टीनों में मिली। 7% (तमिलनाडु) से 10% (राजस्थान) कैन्टीनों में, टीम ने महसूस किया कि कैन्टीन तक का रास्ता गन्दा था। इसका एक कारण यह है कि इन राज्यों में, शहर के विभिन्न नुक्कड़ों पर कैन्टीन के लिए किसी-न-किसी तरह जगह बनाई गई हैं।

कर्नाटक में, सभी इन्दिरा कैन्टीनों की इमारत का एक समान और आकर्षक डिज़ाइन था। नगर निगम एक समान रूप से डिज़ाइन की गई कैन्टीन बनाने के लिए जगह खोजने में कामयाब रहा, जिसमें टोकन जारी करने, भोजन परोसने, बिल्डिंग के अन्दर और बाहर गोल खड़े टेबल के लिए एक काउंटर शामिल था। बाहर हाथ धोने की जगह बनी है और काउंटर के पीछे बर्तन धोने के लिए। कई कैन्टीनों के चारों ओर पेड़ों के साथ एक खुली जगह थी।

कर्नाटक की तरह, तमिलनाडु में मेहमान सामान्य रूप से खड़े होकर खाना खाते हैं। बैठने की जगह आम तौर पर कम थी। तमिलनाडु में, लोगों को बैठने और खाने के लिए फ़र्श का उपयोग करते देखना असामान्य नहीं था (ज़्यादातर कैन्टीनों में ऐसा करने के लिए पर्याप्त सफ़ाई थी)। दूसरी ओर, राजस्थान में खाने की थाली रखने और ख़ुद के बैठने के लिए बेंचें और मेज़ें भी हैं। अधिकांश कैन्टीनों (64%) में 11-25 लोगों के बैठने की जगह थी। मेहमानों ने बैठकर अपना भोजन करने की व्यवस्था की सराहना की।

कैन्टीन का स्थान मायने रखता है

सर्वेक्षण दल के आगमन के समय कैन्टीन में औसतन 4 मेहमान थे और सर्वेक्षण से एक दिन पहले 247 मेहमानों ने खाना खाया था। राज्यों के भीतर, कैन्टीन का स्थान इस बात के लिए निर्णायक था कि उस कैन्टीन का कितनी अच्छी तरह से उपयोग किया गया। सबसे लोकप्रिय और अच्छी तरह से उपयोग किये जानेवाले स्थान अस्पताल, रेलवे और बस स्टेशन थे—इन स्थानों पर सर्वेक्षण से एक दिन पहले औसत मेहमान 290 थे जो दूसरे स्थानों (बस्तियों में, यातायात जंक्शनों पर, आदि) की तुलना में अधिक थे (222)।

अस्पतालों में औसत और भी अधिक था, 382। विशेष रूप से सार्वजनिक अस्पतालों के पास कैन्टीन का होना अत्यंत महत्त्वपूर्ण है। गम्भीर बीमारियों से पीड़ित सार्वजनिक अस्पताल सबसे ग़रीब लोगों को आकर्षित करते हैं। वहाँ उपचार मुफ़्त होता है, लेकिन रोगी के परिचारक/देखभाल करने वालों को खाने पर बहुत ख़र्च करना पड़ जाता है। अस्पताल में मिले हमारे उत्तरदाताओं ने बताया कि यदि इन्दिरा रसोई बन्द होती तो उन्हें रु. 64-83 ख़र्च करने पड़ते, यानी प्रति भोजन उनकी रु. 55-75 की बचत हो रही थी।

जिन राज्यों में कैन्टीन योजना शुरू होने के बाद सरकार में बदलाव हुआ, वहाँ श्रमिकों (कर्नाटक में 43 फ़ीसदी और तमिलनाडु में 70 फ़ीसदी) ने बताया कि कैन्टीन का क्षमता की तुलना में 'कम उपयोग' हो रहा है। दूसरी ओर, राजस्थान में 80 फ़ीसदी श्रमिकों ने महसूस किया कि कैन्टीन का उपयोग 'बिलकुल सही' था।

कर्मचारी और वेतन

कर्नाटक में कैन्टीन की स्टाफ़ टीम सबसे छोटी थी (औसतन केवल तीन) क्योंकि खाना केन्द्रीकृत रसोइयों में बनाया जाता है। जब 2017 में कैन्टीन शुरू हुई थी, तो कैन्टीन में पाँच कर्मचारी हुआ करते थे। दिसम्बर 2023 में हमारे सर्वेक्षण के समय तक कर्मचारियों की संख्या घट चुकी थी। कैन्टीन कर्मचारियों ने कहा कि (सम्भवतः) भाजपा सरकार के दौरान, कुछ श्रमिकों को निकाल दिया गया था। इसके विपरीत, राजस्थान और तमिलनाडु में, टीमें बड़ी थीं (तमिलनाडु में 16 तक, औसतन 9)।

एक अपवाद के अलावा, राज्यों में भुगतान काफ़ी फ़्लैट था। सभी राज्यों में कैन्टीन में सबसे अधिक वेतन पानेवाले कर्मचारी बेंगलुरु के मार्शल थे, जिन्हें प्रति माह रु. 25,000 मिलते थे। अन्यथा, राजस्थान और कर्नाटक में कैन्टीन में कुछ कर्मचारियों का मासिक वेतन 7250 रुपये (प्रतिबन्धित संचालन वाली इन्दिरा कैन्टीन में) से लेकर 10,000 रुपये तक था। (कर्नाटक में 'भविष्य निधि' (अंग्रेज़ी में, प्रॉविडेंट फ़ंड)

के लिए कटौती की जाती है।) तमिलनाडु में, सभी को प्रतिदिन 300 रुपये (यानी, 9000 रुपये मासिक) का भुगतान किया जाता था।

मज़दूरों की कई शिकायतें थीं। तमिलनाडु में, अधिकांश श्रमिकों की नियुक्ति 2013 (जब कैन्टीन की स्थापना हुई) या 2015 में (योजना के विस्तार के दौरान) हुई। तब से, चेन्नई में श्रमिकों को कोई वेतन वृद्धि नहीं मिली थी।[12] उन्हें कोई अन्य लाभ (छुट्टी, बीमा, चिकित्सा लाभ, प्रॉविडेंट फ़ंड, आदि) भी नहीं दिये गए। अगर वे एक दिन की छुट्टी लेते हैं, तो उन्हें एक दिन की मज़दूरी से हाथ धोना पड़ता है।[13] भुगतान में देरी की भी शिकायतें थीं, लेकिन श्रमिक इस सबका सामना करने में सक्षम थे क्योंकि कैन्टीन में नौकरी के चलते उन्हें कैन्टीन में खाना खाने को मिल जाता था।[14]

बेंगलुरु में, सिर्फ़ एक स्टाफ़ वाली कैन्टीन में, मार्शल की नियुक्ति का अन्याय विशेष रूप से मार्मिक था। जबकि मार्शल कमोबेश अपना दिन अपने फ़ोन पर यूट्यूब देखने में बिताते थे, अकेला/अकेली कार्यकर्ता को हिसाब-किताब, खाना परोसना, बर्तन धोना और कैन्टीन परिसर की सफ़ाई, इन सभी को अकेले करना पड़ रहा था।

जहाँ महिलाओं और पुरुषों की मिश्रित टीम थी, (राजस्थान और कर्नाटक में), वहाँ कहीं-कहीं महिलाओं को पुरुषों की तुलना में कम भुगतान मिलने के संकेत थे। उदाहरण के लिए, राजस्थान में, पुरुष श्रमिकों का औसत वेतन रु. 9580 था और महिलाओं के लिए केवल रु. 9140।

सुधार की गुंजाइश

कैन्टीन योजना में कई तरह के सुधारों की सम्भावना है, लेकिन यहाँ तीन मूल मुद्दों को रेखांकित किया गया है क्योंकि इन पर ध्यान देने से व्यापक बदलाव लाया जा सकता है। पहला, पौष्टिक मेनू सुनिश्चित करना, दूसरा, ओछी राजनीति से कैन्टीन योजना को बचाना, और योजना में ऐसी निगरानी प्रथाओं को हटाना जो इस योजना के सबसे आकर्षक सिद्धान्त—सबके लिए गरिमा के साथ खाद्य सुरक्षा सुनिश्चित करना—को कमज़ोर करती हैं।

पौष्टिक और पर्याप्त भोजन

सबसे महत्त्वपूर्ण क्षेत्र जहाँ सुधार आवश्यक है, वह है मेनू, विशेष रूप से अधिक पौष्टिक भोजन जैसे अंडे, दही, छाछ, ताज़ी सब्ज़ियाँ और अनाज में अधिक विविधता का प्रावधान। कम-से-कम, इनमें से कुछ वस्तुओं को लागत मूल्य पर 'टॉप-अप' के रूप में प्रदान किया जा सकता है।

राजस्थान में, ज़्यादातर आबादी शाकाहारी है। इसका मतलब है कि कैन्टीन में भोजन शाकाहारी है। एक थाली में रोटी, दाल या कढ़ी और एक सब्ज़ी दी जाती है। कुछ कैन्टीनों में, हमने देखा कि कुछ मेहमान अपने आप छाछ या दही लाते हैं।

जब कर्नाटक में कैन्टीन शुरू हुई, तो उन्होंने निजी केन्द्रीकृत रसोई को बन्दोबस्त की ज़िम्मेदारी दी, सम्भवतः इसलिए कि राज्य पहले से ही कई सरकारी योजनाओं के लिए उन पर निर्भर था। केन्द्रीकृत रसोई के ठेकेदार (धार्मिक या अन्य) ऐसे सरकारी कार्यक्रमों के लिए उपयुक्त नहीं हैं, क्योंकि उनकी नज़र मुनाफ़े पर रहती है और वे ख़र्चों को कम करने की कोशिश में रहते हैं (अध्याय 10 भी देखें)।[15] शायद इसी वजह से इन्दिरा कैन्टीन में भोजन-समय पर सभी विकल्पों में चावल-आधारित मेनू है : सांभर-चावल, मसाला-भात, बिसबेली भात, आदि। इसके अलावा, जब ठेकेदार का धार्मिक जुड़ाव होता है (जैसा कि कर्नाटक में स्कूली भोजन के लिए जुड़ी संस्था का था), तो वे अंडे जैसे खाद्य पदार्थों का विरोध करते हैं और कर्नाटक में तो उसे मेनू से बाहर रखने के लिए राज्य सरकार पर वर्षों तक दबाव बनाने में सफल रहे।

तमिलनाडु में न तो ऐनिमल-प्रोटीन का विरोध है और न ही केन्द्रीकृत रसोई से उत्पन्न होने वाली समस्याएँ। अन्य सरकारी कार्यक्रमों (स्कूल भोजन और आँगनवाड़ी) में अंडे नियमित रूप से दिये जाते हैं।[16] कैन्टीन योजना में उपेक्षा का एक कारण यह हो सकता है कि वर्तमान राजनीतिक व्यवस्था एक असमंजस में है। वे एक लोकप्रिय योजना को बन्द भी नहीं करना चाहते और उस योजना में पैसा भी नहीं लगाना चाहते जिसकी पहचान उनके राजनीतिक प्रतिद्वंद्वी से जुड़ी हुई है।

निगरानी की प्रवृत्ति

कर्नाटक और राजस्थान में, भ्रष्टाचार को रोकने के नाम पर चल रही कुछ निगरानी प्रथाएँ परेशान करने वाली थीं। बेंगलुरु में कैन्टीन में मार्शल तैनात किये गए हैं। वे काफ़ी हद तक बेमानी थे—उन्हें आपूर्ति और उपभोग किये गए भोजन की मात्रा पर नज़र रखने का काम सौंपा गया था, जो अन्य कर्मचारी भी आसानी से कर सकते थे। वे कैन्टीन में सबसे अधिक वेतन पाने वाले कर्मचारी थे : उन्हें सेना की पेंशन के अलावा 25,000 रुपये प्रति माह मिलते थे। सर्वेक्षण टीम ने सेना के चौग़ा और जूते में, सामाजिक सुरक्षा योजना के स्थान पर, उनकी उपस्थिति को अटपटा पाया।

राजस्थान में, आगमन पर, मेहमानों को व्यक्तिगत विवरण (नाम, मोबाइल नम्बर, और पिता या पति का नाम) जमा करके पंजीकरण करना होता है और फ़ोटो खिंचवाना होता है (जिसे सर्वर पर अपलोड किया जाता है)। हमें बताया गया कि यह लोगों को खिलाए बिना जारी किये गए टोकन के अनाचार को रोकने के लिए है।

लेकिन सर्वे में देखा गया कि कई मेहमानों को अपना पेट भरने के लिए एक से अधिक टोकन की आवश्यकता होती है (हमारे उत्तरदाताओं में 28% ने एक से अधिक टोकन ख़रीदे थे)। ऐसे में, जारी किये गए टोकन की संख्या मेहमानों की संख्या से अधिक होगी, जिसमें कोई भ्रष्टाचार नहीं होगा। यानी भ्रष्टाचार रोकने की इस तरकीब में ख़ास दम नहीं था।

दोनों ही मामलों में, सुरक्षा उपायों को वास्तव में भ्रष्टाचार को नियंत्रित करने के बजाय नाम के लिए लागू किया जा रहा था। हमारा सर्वेक्षण भ्रष्ट प्रथाओं को पकड़ने के लिए नहीं था। भ्रष्टाचार एक गम्भीर मुद्दा हो सकता है, लेकिन उसे रोकने के लिए इन उपचारों के अलावा अन्य उपचारों की आवश्यकता है।

राजनीतिक उदासीनता

कैन्टीन के साथ राजनीतिक 'वन-डाउनमैनशिप' (ख़ुद नहीं करेंगे औरों को भी नहीं करने देंगे) का है, जिसे महाराष्ट्र की 1990 के दशक की कैन्टीन योजना झुणका भाकर केन्द्रों को भी झेलना पड़ा था। आंध्र प्रदेश इस राजनीतिक संलिप्तता का एक और उदाहरण है, जिसका पहले भी ज़िक्र किया है। जब वाईएसआरसीपी सत्ता में आई, तो (टीडीपी से सम्बन्धित) अन्ना कैन्टीन को सामूहिक रूप से बन्द कर दिया गया। 2024 में टीडीपी के सत्ता में वापस आने के साथ, इनकी बहाली की घोषणा की गई है। कर्नाटक में, भारतीय जनता पार्टी (भाजपा) के सत्ता में आने के बाद, इन्दिरा कैन्टीन की उपेक्षा की गई, कुछ कर्मचारियों को हटा भी दिया गया और कुछ में रात का खाना बन्द हो गया। कांग्रेस के सत्ता में लौटने के बाद भी, कुछ सुधार सम्बन्धित वादे किये गए (उदाहरण के लिए, रागी मुड्डे सहित एक नये मेनू की शुरुआत), लेकिन सर्वेक्षण के समय तक वे लागू नहीं हुए थे।

तमिलनाडु में, कई कैन्टीन कर्मचारियों को लगा कि द्रविड़ मुन्नेत्र कड़गम (डीएमके) सरकार कैन्टीन को बस 'बर्दाश्त' कर रही है और वे अपनी बात खुलकर बताने से घबरा रहे थे। चेन्नई में, श्रमिकों में रोष था कि 2013 या 2015 में नियोजित होने के बाद से, उनकी मज़दूरी में वृद्धि नहीं हुई थी।[17] कई कैन्टीनों का बुनियादी ढाँचा ख़राब स्थिति में था, पानी के फ़िल्टर सिस्टम और डीप फ्रीजर की मरम्मत नहीं की जा रही थी, धूल-भरे सूचना बोर्ड अपठनीय थे, और बैठने की व्यवस्था में कोई सुधार नहीं हुआ था।

कर्मचारियों ने वर्तमान सरकार को दोषी ठहराया, हालाँकि उपेक्षा सम्भवत: पहले से शुरू हो गई थी। आख़िर, जब जिस पार्टी ने श्रमिकों को काम पर लगाया था, वह सत्ता में थी (2013-2021) तब भी मेनू में कोई बदलाव नहीं हुआ और न ही मज़दूरी में वृद्धि हुई।

राजस्थान में सर्वेक्षण के तुरन्त बाद, राज्य के विधानसभा चुनाव में, भाजपा के नेतृत्व में नई सरकार सत्ता में आई। इसने योजना का नाम बदलकर श्री अन्नपूर्णा रसोई कर दिया है और दिन में जारी किये जा सकनेवाले टोकनों की संख्या पर मनमानी सीमा लगा दी। दिखने में अहानिकर इस नीति से योजना का काफ़ी नुक़सान हो सकता है। इससे ऐसी स्थिति पैदा हो सकती है जहाँ टोकनों की संख्या पूरी होने पर मेहमानों को वापस कर दिया जाए, कैन्टीन पर विश्वसनीय रूप से भोजन नहीं मिलेगा, तो जल्द ही लोगों का इस से भरोसा उठ जाएगा। इससे कैन्टीन पर आनेवाले लोगों की संख्या में गिरावट आने लगेगी, और सरकार इसे टोकन पर लगे कैप को सही ठहराने के लिए सबूत के रूप में इस्तेमाल करेगी।

चलते-चलते

कैन्टीन योजना ने लाखों लोगों के लिए गरिमापूर्ण भोजन की गारंटी देने में मदद की है, हज़ारों रोज़गार के अवसर पैदा किये हैं, और लोगों के बीच एकता और सद्भावना को बढ़ावा दिया है।

कैन्टीन योजना अधिक बजट के लायक़ सरकारी हस्तक्षेप है। 2023 में, इन्दिरा कैन्टीन के लिए कर्नाटक का बजट 100 करोड़ रुपये था, जो कि 2016 में तमिलनाडु ने कैन्टीन के लिए दिया था। (तुलना के लिए, एन चन्द्रबाबू नायडू ने 2016 में कथित तौर पर इतना ही ख़र्च फ़र्नीचर और हेलिकॉप्टर पर किया था)। आज, तमिलनाडु का कैन्टीन के लिए राज्य का बजट 2016 की तुलना में कम है।

कैन्टीन बजट इस लायक़ है कि उसे राजनीतिक हस्तक्षेप से सुरक्षित रखा जाए ताकि वे भारत में सामाजिक सुरक्षा ढाँचे की एक नियमित विशेषता बन सकें। 2023-24 में, राजस्थान ने इन्दिरा रसोई के लिए 700 करोड़ रुपये आवंटित किये। राजस्थान में सरकार बदलने के बाद, बजट आधा कर दिया गया है।[18]

कैन्टीन के लिए एक नया और विस्तारित मेनू प्रदान करके (जिसमें अंडे, दही-छाछ जैसे पौष्टिक टॉप-अप और चाय और कॉफ़ी शामिल हैं), बेहतर बुनियादी ढाँचा उपलब्ध करवाकर, और कर्मचारियों को उचित मज़दूरी प्रदान करके, आज की राज्य सरकारें न केवल राजनीतिक उदारता का प्रदर्शन कर सकती हैं, बल्कि एक बहुत ही उपयोगी योजना का श्रेय भी ले सकती हैं।

सन्दर्भ

1. यह अध्याय खेरा (2024) और खेरा (2016) पर आधारित है।
2. द *इंडियन एक्सप्रेस* (2021), यह सम्भव है कि 2024 में हरियाणा में कैन्टीन की स्थापना का इस आदेश से कुछ लेना-देना हो।

3. इस योजना पर कम शोध हुए हैं। राजेन्द्रण (2013) एक अपवाद है।
4. राजस्थान में 2016 में, कुछ समय के लिए, वसुन्धरा राजे की सरकार द्वारा 11 शहरों में 80 अन्नपूर्णा रसोई चलाई गईं।
5. राजस्थान के विपरीत, जहाँ इन्दिरा रसोई की पूरी सूची एक सरकारी पोर्टल पर उपलब्ध है, दो दक्षिणी राज्यों के मामले में, राज्य में सभी कैन्टीनों की कोई आधिकारिक सूची सार्वजनिक डोमेन में उपलब्ध नहीं है।
6. याद रहे कि अधिकतर राज्यों में जन-वितरण प्रणाली में केवल गेहूँ, चावल या मोटा अनाज ही दिया जाता है।
7. केरल के जनकीय होटलों को कैन्टीन सर्वेक्षण में शामिल नहीं किया गया था, लेकिन सार्वजनिक रूप से उपलब्ध जानकारी (यूट्यूब पर कई वीडियो सहित), वे नियमित रूप से 20 रुपये में मछली और मांस परोसते हैं।
8. कम-से-कम तीन राज्यों (ओडिशा, तमिलनाडु और केरल) में, कैन्टीन में रोज़गार, एक तरह से महिलाओं के लिए आरक्षित है क्योंकि कैन्टीन को चलाने की ज़िम्मेदारी स्वयं सहायता समूहों को दी गई है। हालाँकि केरल और ओडिशा इस सर्वे का हिस्सा नहीं थे, केरल के जनकीय होटल कुदुमाबाश्री समूहों द्वारा चलाए जाते हैं, जिनमें महिलाएँ शामिल हैं। ओडिशा में मिशन शक्ति के स्वयं सहायता समूह के द्वारा आहार केन्द्र चलाए जाते हैं (ओडिशा पोस्ट, 2021) और ओडिशा सरकार, 2021)।
9. राजस्थान में मुट्ठी-भर कैन्टीनों में केवल-महिला टीमें थीं और सर्वेक्षण जाँचकर्ताओं ने महसूस किया कि वे बेहतर थीं।
10. कर्नाटक में जाँचकर्ताओं ने पाया कि यह पूछना आसान नहीं था और कभी कैन्टीन वर्कर इस पर कुछ कहना नहीं चाहते थे, इसलिए वहाँ श्रमिकों के सामाजिक समूह के बारे में अधिक जानकारी प्राप्त नहीं हो सकी।
11. तमिलनाडु में 45 में से 23 कैन्टीनों में, श्रमिकों ने स्वीकार किया कि उन्हें भोजन की कमी के कारण लोगों को वापस भेजना पड़ा था। राजस्थान में कैन्टीन के कुल 92 नमूनों में से 35 कैन्टीनों में काम करने वालों ने बताया कि उन्होंने कई बार खाने से मना कर दिया और ऐसा अनियंत्रित व्यवहार (अक्सर शराब पीकर लोग अपशब्द कहते थे) के चलते करते हैं।
12. अन्य शहरों में, उन्हें 250 रुपये की दैनिक मज़दूरी पर रखा गया था, जहाँ एक वृद्धि हुई है (अब 250 रुपये से 300 रुपये तक)।
13. श्रमिकों को निगम द्वारा भुगतान किया जाता है। कुछ मामलों में, हमने सुना कि टीम के सिर्फ़ एक या दो सदस्यों के खातों में मज़दूरी का भुगतान किया जाता है, और उन्होंने अन्य श्रमिकों को भुगतान किया। यदि यह सच है, तो इसका मतलब यह होगा कि शेष श्रमिकों को प्रदान की गई सेवाओं के लिए इस काल्पनिक तरीक़े से भी मान्यता नहीं दी जा रही है।
14. तमिलनाडु और कर्नाटक में, अधिक स्पष्टता थी कि कैन्टीन में भोजन खाना कैन्टीन कर्मचारियों के लिए सेवा की शर्तों का हिस्सा था। राजस्थान में, केवल 76% ने बताया कि यह उनकी सेवा-शर्तों का हिस्सा था।

15. अन्य समस्याओं में भोजन समाप्त होने की सम्भावना शामिल है (भोजन केन्द्रीय रूप से तैयार किया जाता है और वहाँ से कैन्टीनों में पहुँचाया जाता है। भोजन की एक निश्चित संख्या प्रदान की जा सकती है। खाने को फिर से गरम करना भी सम्भव नहीं है (जब तक अन्तिम भोजन परोसा जाता है तब तक ठंडा होने की वजह से कम स्वादिष्ट लगता है)।
16. कैन्टीन के कर्मचारियों के पास छोटे-छोटे बदलावों के लिए कई विचार थे (उदाहरण के लिए, सांभर के बजाय इडली के साथ चटनी जोड़ना; दिन-भर फुटफॉल बढ़ाने के लिए चाय और कॉफ़ी परोसना, टॉप अप के रूप में अंडे का प्रावधान)। मेनू में किसी भी नवाचार की आधिकारिक तौर पर अनुमति नहीं है। किसी भी मामले में, इनमें से कुछ परिवर्तनों के लिए अधिक बजटीय सहायता की आवश्यकता होती है।
17. कैन्टीन सर्वे के कुछ ही महीनों बाद, वहाँ की मज़दूरी में वृद्धि की गई और वेतन को रु. 325 प्रतिदिन कर दिया गया।

अध्याय-9

कोविड : स्वास्थ्य और शिक्षा पर वार

असमानता के निराकरण के लिए सरकार की तरफ़ से मौलिक शिक्षा और स्वास्थ्य सुविधाओं को पर्याप्त रूप से उपलब्ध करवाना बहुत ज़रूरी है। शिक्षा और स्वास्थ्य आर्थिक सफलता के सबसे महत्त्वपूर्ण ज़रिये हैं। यदि व्यक्ति को अच्छी शिक्षा और स्वास्थ्य का सहारा हो, तो जीवन की दौड़ के लिए मानो उसकी दोनों टाँगें मज़बूत हो जाती हैं। क़ायदे से, स्वास्थ्य सेवाओं पर केन्द्रित अलग से एक किताब होनी चाहिए—एक अध्याय या एक अध्याय के एक प्रखंड में इस पर बात करना (जैसा कि यहाँ किया जा रहा है) सही नहीं। परन्तु सामाजिक नीतियों की किताब में स्वास्थ्य और शिक्षा की चर्चा बिलकुल ही न हो, यह भी उचित नहीं। इस नज़रिये से देखें तो देश के बजट में शिक्षा और स्वास्थ्य का सबसे पहला अधिकार होना चाहिए।[1]

कोविड महामारी के सन्दर्भ में स्वास्थ्य सेवाओं से जुड़े कुछ ही मुद्दों पर यहाँ चर्चा है। महामारी के चलते भारत में स्वास्थ्य सेवाओं की लचर हालत सामने आई, जिसे नॉर्मल समय में भी लोग झेलते हैं लेकिन चर्चा नहीं होती। उम्मीद यह है कि सामान्य समय में स्वास्थ्य सुविधाओं को सुधारने की ज़रूरत पर समझ और सहमति बनेगी। स्वास्थ्य सेवाओं की तरह, शिक्षा नीति की कमियाँ भी कोविड के दौरान तीव्र फोकस में उभरीं जिसकी वजह से, कुछ हद तक, सबके लिए इन त्रुटियों को समझना आसान हुआ।

आशा बनी कि जो 'ग़लती' आज़ादी के 70 सालों तक होती रही उसे, महामारी के चलते, सुधारा जाएगा। 'ग़लती' यह थी कि स्वास्थ्य क्षेत्र को सरकारी समर्थन नहीं मिला। उदाहरण के लिए, विकसित देशों में स्वास्थ्य के लिए सरकारी समर्थन उन देशों के जीडीपी का 5-10% रहा है (अध्याय 1, तालिका 1.2 देखें)। भारत में इसे हम मुश्किल से यूपीए सरकार के दौर में (2004-2014) में जीडीपी के 1% तक पहुँचा सके। बार-बार ऐलान और दावे किये गए हैं कि स्वास्थ्य को प्राथमिकता दी जा रही है, लेकिन अभी भी यह जीडीपी के 1% के आसपास ही है।

इन उम्मीदों के विपरीत कोरोना महामारी के चलते, शिक्षा और स्वास्थ्य, दोनों क्षेत्रों का बड़ा और स्थायी नुक़सान हुआ।

यूनिसेफ़ और यूनेस्को ने बयान जारी किया कि लॉकडाउन में स्कूल सबसे आख़िर में बन्द होने चाहिए और सबसे पहले खुलने चाहिए। कोविड के दौरान, दुनिया के कई देशों में या तो प्राथमिक स्कूल बन्द हुए ही नहीं या बन्द होने के बाद जल्द ही खोल दिये गए (मर्वोश, मिलर और पेरिस, 2024)। इसके विपरीत, भारत में कोरोना की वजह से मार्च 2020 में लॉकडाउन हुआ, तब से लगभग पूरे देश में और लगभग लगातार दो साल तक, प्राथमिक स्कूल बन्द रहे, हालाँकि प्राथमिक स्कूल को 'आवश्यक सेवाओं' (अंग्रेज़ी में, 'एसेंशियल सर्विस') की श्रेणी में आना चाहिए था। काफ़ी सर्वे हुए जिनसे पता चला कि सक्षम वर्ग (लगभग 10%) तुरन्त ऑनलाइन शिक्षा से जुड़ गया, लेकिन ग्रामीण और ग़रीब वर्ग का शिक्षा से जुड़ाव कमज़ोर हुआ। उनके लिए मोबाइल या कम्प्यूटर का ना होना, इंटरनेट के लिए पैसे ना होना, घर पर पढ़ाई का माहौल ना होना, इत्यादि पढ़ाई में बाधा बने। इससे आनेवाली पीढ़ियों के जीवन-अवसर प्रभावित होंगे।

एक टाइमलाइन

जनवरी से मार्च, 2020 तक दुनिया में कोविड-19 के मामले बढ़े। जनवरी के अन्त में भारत में पहला केस पकड़ा गया। शुरुआती हफ़्तों में केन्द्र सरकार का रवैया सुस्त रहा। उस समय विदेश से आनेवाले यात्रियों को दिल्ली एयरपोर्ट पर केवल बुख़ार के आधार पर स्क्रीन करना शुरू किया गया; मार्च तक सभी एयरपोर्ट पर यह व्यवस्था आई। टेस्टिंग की व्यवस्था 22 मार्च के बाद शुरू की गई। 19 मार्च, 2020 को एक दिवसीय लॉकडाउन, और फिर 24 मार्च, 2020 को अचानक देशव्यापी और पूर्ण लॉकडाउन घोषित कर दिया गया। फिर बढ़ाते-बढ़ाते, अगस्त तक लगभग पूर्ण लॉकडाउन की घोषणाएँ आती रहीं। मार्च के अन्त तक नर्सरी, स्कूल, कॉलेज भी बन्द हो गए।

उस समय सबमें एक भय-सा पैदा हुआ—सेनिटाइज़र, मास्क इत्यादि ख़रीदने की होड़ मच गई। दुकानों में यह सब चीजें ख़त्म होने लगीं। मज़दूर वर्ग की दुर्दशा एक मानवीय संकट के रूप में उभरी (अधिकारी और अन्य, 2020A, 2020B और जैन और नबिया, 2022)।

जनवरी 2021 में भारत में टीकाकरण शुरू हुआ, लेकिन उसके कुछ ही समय बाद, मार्च 2021 में डेल्टा वेव का आरम्भ हुआ, जिसका असर देश के कुछ हिस्सों में अगस्त तक रहा। नवम्बर 2021 में ओमिक्रॉन वेव का डर शुरू हुआ, लेकिन वह बहुत हल्का साबित हुआ। फ़रवरी 2022 में उत्तर प्रदेश विधान सभा चुनाव आयोजित

हुए और अप्रैल 2021 में कुम्भ मेला हुआ।[2] इस सबके बावजूद स्कूल या आँगनवाड़ी खोलने पर सवाल उठते रहे; जुलाई 2022 को दो साल बाद स्कूल खुले।

स्वास्थ्य व्यवस्था के मुद्दे

दुनिया में स्वास्थ्य व्यवस्था के अनेक प्रकार

एक बार किसी ने मुझे सलाह दी कि बड़ी स्वास्थ्य बीमा (अंग्रेज़ी में, हेल्थ इन्श्योरेंस) पॉलिसी ख़रीद लो। जैसे-जैसे उम्र बढ़ेगी, प्रीमियम बढ़ता जाएगा। जब मैंने कहा कि ज़रूरत पड़ने पर, AIIMS या सफ़दरजंग जैसे सरकारी अस्पताल में मुफ़्त इलाज हो सकता है, शुभचिन्तक ने मुझे शक की नज़र से देखा : सबके लिए गुणवत्तापूर्ण मुफ़्त स्वास्थ्य सेवाएँ? उनके लिए यह अकल्पनीय था।

वास्तव में, कई देशों में स्वास्थ्य सेवाएँ सबके लिए एकसमान और मुफ़्त हैं। छात्र के रूप में जब मेरा इंग्लैंड जाना हुआ तो माँ को एक ही फ़िक्र थी : बीमारी में क्या होगा? इंग्लैंड में 'नेशनल हेल्थ सर्विस' (एनएचएस) सबको मुफ़्त इलाज प्रदान करती थी। आप अपने पड़ोस के नर्स या डॉक्टर के पास कभी भी जा सकते हैं। ख़र्च पूरी तरह से सरकारी राजस्व से होता है। वहाँ ज़्यादातर डॉक्टर एनएचएस में काम करते हैं, जिसके लिए उन्हें सरकारी वेतन मिलता है। इटली और स्पेन में भी स्वास्थ्य के लिए इसी प्रकार की व्यवस्था है।

जर्मनी में निजी डॉक्टर हैं, लेकिन सबके पास सरकारी इन्श्योरेंस पॉलिसी होना अनिवार्य है। जो इन्श्योरेंस फ़ंड बीमा प्रदान करते हैं, वह नॉट-फ़ॉर-प्रॉफ़िट होते हैं। वह क़ानूनी तौर पर मुनाफ़ा नहीं कमा सकते। बीमा का ख़र्च व्यक्ति, काम देनेवाली कम्पनी और सरकार के बीच बाँटा जाता है। चूँकि पूरी आबादी योगदान देती है और बीमा कम्पनी मुनाफ़ा नहीं कमा सकती, लोगों को कम दाम में अच्छी स्वास्थ्य सेवाएँ प्राप्त होती हैं।

इन दो उदाहरणों से हम देख सकते हैं कि स्वास्थ्य व्यवस्था के अनेक विकल्प उपलब्ध हैं (रीड़, 2010)। इनमें निहित कुछ सिद्धान्तों और वाद-विवाद पर छोटा विश्लेषण ज़रूरी है।

भारत में स्वास्थ्य सेवाएँ

इंग्लैंड और जर्मनी जैसे विकसित देशों में सरकारें जीडीपी का आठ प्रतिशत स्वास्थ्य पर ख़र्च करती हैं। ब्राज़ील, रूस और दक्षिण अफ्रीका में स्वास्थ्य पर सरकारी ख़र्च जीडीपी का 3-5% है। हमारे पड़ोस में, नेपाल जीडीपी का लगभग डेढ़ प्रतिशत स्वास्थ्य पर ख़र्च करती है। भारत में हम मात्र 1% ख़र्च करते हैं।

2020-22 में महामारी के चलते उम्मीद थी कि देश में स्वास्थ्य पर सरकारी ख़र्च बढ़ेगा। आर्थिक सर्वेक्षण 2020-21 में स्वास्थ्य पर अध्याय है, जिसमें स्वास्थ्य ख़र्च को 1% से 3% तक लाने की बात थी (भारत सरकार, 2021)।[3]

अध्याय में चर्चा शुरू सही रास्ते पर होती है (स्वास्थ्य के लिए निजी क्षेत्र पर निर्भर रहने से किस तरह के नुक़सान हैं)। भारत की स्वास्थ्य नीतियों में पिछले दो दशकों से स्वास्थ्य बीमा पर काफ़ी ज़ोर दिया गया है (उदाहरण, राष्ट्रीय स्वास्थ्य बीमा योजना, आयुष्मान भारत)। तालिका 9.1 से दिखता है कि कुल स्वास्थ्य बीमा में शामिल परिवारों में, पिछले बीस सालों में, काफ़ी वृद्धि हुई है (5% से 41%); दिलचस्प बात यह है कि इनमें निजी स्वास्थ्य बीमा का हिस्सा घटा है (28% से 3%)। यह नीतियाँ निवारक सेवाओं से ज़्यादा उपचारक सेवाओं पर केन्द्रित रही हैं। इस तरह के स्वास्थ्य बीमा मॉडल पर निर्भरता का मतलब यह है कि सरकार पैर में छोटे से घाव पर (निवारक) ख़र्च नहीं करेगी। लेकिन यदि घाव गैन्ग्रीन से सड़ने लगेगा, और पैर को काटने की ज़रूरत होगी, तब सरकार उपचार पर ख़र्च करेगी। राष्ट्रीय स्वास्थ्य बीमा योजना और आयुष्मान भारत जैसी नीतियों में यही बड़ी त्रुटि है कि बड़ी बीमारी में और जब अस्पताल में दाख़िल होना पड़े, तब वह मददगार है, बीमारी से बचाव में उसकी कोई भूमिका नहीं।

सरकारी स्वास्थ्य ख़र्च को प्राथमिक चिकित्सा (जो निवारक होती है) की ओर मोड़ने की ज़रूरत है। जिस स्वास्थ्य मॉडल में उपचार पर, निवारक से ज़्यादा ख़र्च होता है, वह स्वास्थ्य ढाँचा महँगा भी होता है, और परिणाम भी अच्छे नहीं होते (श्रॉफ और अन्य, 2020)। बावजूद इसके, उपाय के रूप में निजी इन्श्योरेंस और सेवाओं पर निर्भर मॉडल बार-बार सुझाए जाते हैं।

लोगों के स्वास्थ्य से सम्बन्धित ज़रूरतों की बात करें तो हमें ज़्यादा नर्स, डॉक्टर, मुफ़्त दवाइयों और जाँच सेवाओं की आवश्यकता है।[4] यह इसलिए भी ज़रूरी है क्योंकि पिछले बीस सालों में लोगों की सरकारी स्वास्थ्य सेवाओं पर निर्भरता बढ़ी है। तालिका 9.1 से स्पष्ट है कि 2005-06 में एक-तिहाई परिवार आम तौर पर सरकारी अस्पताल जाते थे, 2019-20 तक उनका अनुपात बढ़कर आधा हो गया।

हिमाचल प्रदेश जैसे राज्यों में यह हमेशा से ज़्यादा था (80% के आसपास), वहीं कुछ राज्यों में काफ़ी सुधार भी हुआ है। उदाहरण के लिए, छत्तीसगढ़ में जहाँ 2005-06 में देश की औसत के समान थी (लगभग एक-तिहाई), लेकिन 2019-21 तक, छत्तीसगढ़ में 70% परिवारों ने कहा कि वे सरकारी उपचार पर निर्भर हैं (तालिका 9.2)। डिलिवरी में भी सरकारी हिस्सा काफ़ी है (और पिछले दो दशकों में बढ़ा है)। जहाँ तक अस्पताल में भर्ती होने की बात है, तो निजी क्षेत्र की व्यापक पकड़ स्पष्ट दिखती है, ख़ासकर बिहार-झारखंड जैसे राज्यों में।

तालिका 9.1 स्वास्थ्य उपचार के स्रोत

	एनएफ़एचएस-3	एनएफ़एचएस-4	एनएफ़एचएस-5
हेल्थ इन्श्योरेंस या योजना में शामिल परिवारों का हिस्सा (%)	4.9[1]	28.7[2]	41[3]
प्राइवेट इन्श्योरेंस का हिस्सा (जिनके पास किसी भी प्रकार की इन्श्योरेंस है)	27.5[1]	4.1[2]	3.4[3]
परिवारों का अनुपात (%) जिसके सदस्य, बीमार होने पर, आम तौर पर सरकारी स्वास्थ्य सेवा का इस्तेमाल करते हैं	34[4]	45[5]	50[6]

स्रोत : 1. तालिका 13.11 और 4. तालिका 13.13 एनएफ़एचएस-3; 2. तालिका 11.13 और 5. तालिका 11.17 एनएफ़एचएस-4; 3. तालिका 11.13 और 6. तालिका 11.17 एनएफ़एचएस-5 की इंडिया रिपोर्ट से।

तालिका 9.2 : चुनिन्दा राज्यों में सरकारी स्वास्थ्य सेवाएँ

	परिवारों का अनुपात (%) जिसके सदस्य, बीमार होने पर, आम तौर पर सरकारी स्वास्थ्य सेवा का इस्तेमाल करते हैं[1]			संस्था में प्रसव में सरकारी क्षेत्र का अनुपात (%)[2]	प्रसव के अलावा अस्पताल भर्ती में सरकारी अस्पतालों का हिस्सा (%)[3]
	2005-06	2015-16	2019-21	2019-21	2017-18
बिहार	7	22	20	75	38
झारखंड	22	28	38	75	41
छत्तीसगढ़	36	50	70	82	54
राजस्थान	70	65	74	81	50
हिमाचल प्रदेश	83	81	83	81	77
भारत	34	45	50	70	42

स्रोत : 1. ड्रेज़, खेरा और मल्होत्रा (2024), एनएफ़एचएस IIPS (2022A), तालिका 11.17, IIPS (2017), तालिका 11.17 और IIPS (2007), तालिका 13.13 पर आधारित। 2. प्रसव IIPS (2022A), तालिका 8.13 और IIPS (2022B), तालिका 51, एनएफ़एचएस डेटा पर आधारित। 3. अस्पताल भर्ती नेशनल स्टैटिस्टिकल ऑफ़िस (2019), तालिका A.13 पर आधारित।

इस पैटर्न—अस्पताल भर्ती के मामले में निजी क्षेत्र पर निर्भरता और बाक़ी सबके लिए सरकारी व्यवस्था पर—को समझने का एक तरीक़ा यह है—जहाँ लोगों को सस्ती और अच्छी सेवा मिल रही है, वह वहीं जा रहे हैं। चूँकि अस्पताल के इलाज के लिए इन्श्योरेंस का रास्ता लगभग आधे लोगों के पास उपलब्ध है, वह उसे इस्तेमाल कर रहे हैं। बाक़ी ज़रूरतों के लिए (जिसमें प्रसव भी शामिल है) वे सरकारी व्यवस्था का उपयोग कर रहे हैं।

कोविड के दो साल, स्वास्थ्य तीव्र फ़ोकस में

शुरुआत के कुछ महीनों में टेस्टिंग किट और टेस्टिंग लैब की कमी बड़ी समस्या थी। पहले केवल सरकारी लैब में टेस्ट हो रहे थे; फिर जब प्राइवेट में होने लगे, तो सवाल उठा कि उन्हें मनमानी क़ीमत लेनी चाहिए या उन पर सरकारी नियंत्रण होना चाहिए। स्थिति में सुधार बहुत धीरे हुआ या हुआ ही नहीं—उदाहरण के लिए, 2021 में, जब दूसरी लहर का अन्त हो रहा था, तब भी देश के 40% ज़िलों में लैब नहीं थी (बरनगरवाला, 2021)।

वायरस को फैलने से रोकने के लिए हाथ धोना ज़रूरी था; लेकिन कई लोगों के पास पानी की सुविधा भी नहीं थी। 'सोशल डिस्टैंसिंग', यानी औरों से कम मिलना, भी बीमारी को फैलने से रोकता है। लेकिन शहरी भारत की बड़ी आबादी झुग्गियों या छोटे घरों में रहती है, जिनके लिए घर पर रहकर भी यह मुमकिन नहीं था (जौहरी, 2020B)।

जब लोगों को आइसोलेशन में भेजा गया तो वह वहाँ से भागने की कोशिश करते थे क्योंकि सरकारी अस्पतालों की स्थिति बहुत ख़राब थी (दानियाल, 2020)। कुछ जगहों से ख़बर आई कि जब किसी का टेस्ट पाज़िटिव आया और उन्हें घर पर आइसोलेशन में रहने के लिए कहा गया तो उनके शरीर पर एक 'स्टाम्प' लगाया गया; किसी के घर के बाहर नोटिस लगाया, किसी को पड़ोसियों ने घर पर क़ैद कर दिया (लालवानी, 2020A और स्क्रॉल स्टाफ़)।

फिर जब लोग अस्पताल पहुँचने लगे, तब मौलिक सुविधाओं की कमी सामने आई—इनमें से एक थी बिस्तरों की कमी। निजी अस्पताल भी इस कमी को नहीं पूरा कर सके; बल्कि कहीं-कहीं वह कोरोना मरीज़ के इलाज से मना भी करने लगे—उनका तर्क था कि इससे बाक़ी मरीज़ों को कोविड हो सकता है (यमुनन और साइकिया, 2020)। भारत में प्रति एक लाख आबादी, केवल 2.3 क्रिटिकल बेड थे (वेंकटरामाकृष्णन, 2020), जबकि इटली जैसे देश में 12.5 थे (इटली की कोविड में बहुत बुरी हालत थी)। बेड की कमी को कम करने के लिए, राजस्थान, छत्तीसगढ़ और मध्य प्रदेश ने (कुछ अन्य देशों की तरह) निजी अस्पतालों को अपने

अधीन करने की कोशिशें कीं (चक्रवर्ती 2020)। मध्य प्रदेश में निजी अस्पतालों को आयुष्मान भारत के तहत इलाज के लिए मुआवज़ा देने का वादा किया गया। संसाधनों की कमी की वजह से, अहमदाबाद में दूसरी लहर के दौरान कुछ समय के लिए निजी वाहनों से आने वालों को अस्पताल में भर्ती नहीं किया जा रहा था (जौहरी, 2021)।

पर्सनल प्रोटेक्टिव इक्विपमेंट (पीपीई) को लेकर भी सरकार सुस्त थी (जौहरी, 2020d)। मौलिक चीज़ों की आपूर्ति—मास्क, दस्ताने प्रोटेक्टिव गियर से लेकर ऑक्सीजन, वेंटिलेटर—में भ्रष्टाचार की ख़बरें भी आईं (जौहरी, 2020A)। दवाइयों और ऑक्सीजन की कालाबाज़ारी होने लगी (शर्मा, 2021)।

इस सबके बीच में बाक़ी मरीज़ों—प्रसव, शुगर की बीमारी, दिल के मरीज़, इत्यादि—को भी दिक़्क़तें होने लगीं (लालवानी, 2020B और जौहरी, 2020C)। ग्रामीण इलाक़ों में और अधिक दिक़्क़तें आईं (साइकिया, 2020)। जब इक्विपमेंट पहुँचा तो इसे चलाने के लिए स्टाफ़ नहीं मिला (साइकिया, 2021)।

संक्षेप में सरकारी और निजी, दोनों व्यवस्थाएँ कमज़ोर थीं। सरकारी व्यवस्था की पहुँच कम थी, गुणवत्ता से सम्बन्धित मुद्दे भी उठे। निजी क्षेत्र में नियंत्रण और जवाबदेही के मुद्दे थे। महामारी से निपटने के लिए सरकार का कोई प्लान नहीं था, तात्कालिक नीतियाँ बनाई जा रही थीं।

वैक्सीन पर अस्तव्यस्तता

जब कोविड महामारी देश में जंगली आग की तरह भड़क उठी तो इसे स्थायी रूप से बुझाने का एक उपाय था टीका सब तक पहुँचाना। जब टीके पर काम हो रहा था, तब भारत तसल्ली से बैठा था क्योंकि यहाँ दो टीकों के विकल्प नज़र आ रहे थे—सीरम इंस्टिट्यूट ऑफ़ इंडिया (SII) को ऑक्सफ़ोर्ड में बनी आस्ट्रा-ज़ेनेका की कोविशील्ड और भारत बायोटेक की कोवैक्सीन।

फ्रंटलाइन वर्कर्स (डॉक्टर, नर्स, पुलिसकर्मी, सिविल डिफ़ेंस इत्यादि) और वृद्ध जनों (जिनमें जोखिम अधिक था) कोवैक्सीन के लिए प्राथमिकता की सूची में रखा गया। इस तरह से प्राथमिकता सूची की ज़रूरत इसलिए आई क्योंकि ज़रूरत के अनुसार आपूर्ति मुमकिन नहीं थी। SII ने दुनिया के अन्य देशों को सप्लाई करने का वादा किया और भारत सरकार ने कोविड वैक्सीन का निर्यात शुरू कर दिया। एक अनुमान के अनुसार, मार्च 2021 के मध्य तक जितने डोज़ यहाँ दिये गए उससे अधिक का निर्यात हुआ (चौधरी, 2021)। इसके चलते भारत में सप्लाई ज़रूरत से बहुत कम थी। दूसरी ओर, भारत बायोटेक को इतनी बड़ी मात्रा में वैक्सीन बनाने के लिए समय लगने वाला था। वैक्सीन की कमी की आशंकाएँ मार्च के पहले सप्ताह में ही उभरने लगी थीं (कुछ वैक्सीन सेंटर बन्द भी हुए)।[5]

मार्च में ही सरकार ने प्राथमिकता श्रेणी का दायरा बढ़ा दिया (सभी 60 साल से ज़्यादा और फिर 45 साल से ज़्यादा उम्र के लोग, इत्यादि)।

डेल्टा वेव के प्रकोप से बचने के लिए माँग आई कि 18 की उम्र से ऊपर सबको वैक्सीन का पात्र होना चाहिए। दूसरी लहर से और वैक्सीन की कमी सामने आने पर केन्द्र सरकार ने हड़बड़ाहट में एक 'उपाय' खोज निकाला : सब राज्य अपने लिए वैक्सीन की सप्लाई का बन्दोबस्त ख़ुद कर लें। 19 अप्रैल को केन्द्र सरकार ने ऐलान किया कि (1 मई से) नये नियमों के अनुसार 18 साल से ज़्यादा उम्र के लोग टीका लगवा सकते हैं। साथ ही, उन्होंने वैक्सीन बनानेवाली दोनों कम्पनियों को छूट दी कि वह राज्यों और निजी अस्पतालों के साथ, अपनी मर्ज़ी से क़ीमत तय करके ख़ुद समझौता कर लें।

SII कोविशील्ड तीन अलग दामों पर—केन्द्र सरकार को रु. 150, राज्य को रु. 450 और निजी क्षेत्र को रु. 600 और भारत बायोटेक रु. 600-1200 की क़ीमत पर वैक्सीन बेचना चाहते थे। इस निर्णय में कम्पनी और सरकार दोनों का दोष था। कम्पनी का इसलिए कि वह अपनी 'मोनोपॉली' का नाजायज़ फ़ायदा उठा रहे थे और जान बचाने की वस्तु पर मुनाफ़ाखोरी करने की कोशिश में थे।

राज्यों को पहले यह आश्वासन था कि केन्द्र सरकार वैक्सीन उपलब्ध करवाएगी और उन्हें बस इसे लोगों तक पहुँचाने का काम करना है। यकायक उन्हें कहा गया कि वैक्सीन का बन्दोबस्त भी ख़ुद कर लें। अमेरिका जैसे पूँजीवादी देश में भी ऐसा नहीं हुआ। राज्य सरकार के पास राजस्व के स्रोत कम होते हैं और वह केन्द्र पर निर्भर होती है। यदि वह केन्द्र की तरह देश के लोगों के लिए वैक्सीन ख़रीद रही है, तो उसे भी सस्ते दाम पर मिलनी चाहिए।

वैक्सीन की कमी से निबटने के लिए कई विशेषज्ञों ने सुझाव दिये थे। कोवैक्सीन (जिसे बनाने में सरकारी संस्थानों का भी हाथ रहा है) को बनाने की पद्धति देश की अन्य कम्पनियों से साझा हो ताकि इसकी सप्लाई जल्द से जल्द बढ़ाई जा सके।[6]

19 अप्रैल, 2021 की नई नीति के 1 मई को लागू होने पर राज्यों में निजी कम्पनी से वैक्सीन ख़रीदने की होड़ लग गई। लेकिन एक महीने बाद भी, एक भी राज्य किसी बाहर की कम्पनी से समझौता करने में कामयाब नहीं हो पाया। 7 जून को केन्द्र ने उस नीति को ख़ारिज कर दिया और पहले की नीति (जिसके अनुसार केन्द्र सरकार रु. 150 में कम्पनी से ख़रीदकर राज्यों को उपलब्ध करवा रही थी) फिर से लागू की (कुलकर्णी और नीलाकंटन, 2021)।

आपूर्ति और क़ीमत के अलावा, टीकाकरण को तुरन्त बढ़ाने में सरकार तीसरी बाधा खड़ी कर रही थी, वह यह कि मूल स्वास्थ्य सुविधाओं के लिए—ऑक्सीजन, अस्पताल में बेड, या टीका लगवाने के लिए, आधार पर और रजिस्ट्रेशन के लिए ऐप के उपयोग पर, ज़ोर डाला जा रहा था। हालाँकि टीके से डरने वालों की संख्या कम थी, जो नहीं ले रहे थे उन्हें धमकाया जा रहा था।

सरकारी व्यवस्था अपर्याप्त थी, गुणवत्ता की कमी भी थी। ऐसी स्थिति में क्या निजी स्वास्थ्य व्यवस्था इस चुनौती पर खरी उतरी?

निजी और इन्श्योरेंस स्वास्थ्य व्यवस्था की प्रभावहीनता

भारत में स्वास्थ्य में निजी क्षेत्र काफ़ी प्रभावी है और कोविड-19 के समय देश की कमज़ोर स्वास्थ्य व्यवस्था से जुड़े सब डर सच साबित हो गए। कोविड-19 महामारी के दौरान आई दिक़्क़तों तथा कमज़ोर स्वास्थ्य व्यवस्था और निजी सेक्टर पर निर्भरता से क्या नुक़सान हुआ, इसे एक केस स्टडी के रूप में पेश किया है।

स्वास्थ्य सेवाओं में 'निजी' या 'सरकारी' पर अर्थशास्त्रियों ने काफ़ी मंथन किया है (एरो 1963 और स्टिगलिट्ज़, 1986)। निष्कर्ष यह है कि मार्केट—और मुनाफ़ा-आधारित व्यवस्था के, इस क्षेत्र में, नाकाम होने की काफ़ी सम्भावना है। स्वास्थ्य सुविधाओं में मार्केट फ़ेल्योर के कई रूप और कारण हैं। स्वास्थ्य सेवा का ढाँचा बनाते समय आर्थिक नियमों के साथ-साथ मानव अधिकारों और समानता से जुड़े सिद्धान्तों का भी पालन करना ज़रूरी है।

एक, निजी, बाज़ार-आधारित व्यवस्था में जिसके पास पैसा होगा, वही इलाज करवा सकते हैं। यदि सरकार की 1-19 अप्रैल, 2021 की वैक्सीन नीति लागू होती तो कम्पनी वैक्सीन पहले उसे देती जो ऊँचा भाव देता। क्या मार्केट के सिद्धान्त पर, निजी क्षेत्र द्वारा ऊँचे दाम पर वैक्सीन देना ठीक है? इससे ज़्यादा से ज़्यादा आपूर्ति निजी और महँगे सेक्टर तक पहुँचती, न कि फ्रंटलाइन वर्कर बूढ़ों तक, जिन्हें इसकी ज़्यादा ज़रूरत थी। और भी उदाहरण हैं। कोविड महामारी के समय निजी क्षेत्र द्वारा मनमानी क़ीमतें माँगने के कई क़िस्से सामने आए—टेस्टिंग किट, ऑक्सीजन सिलेंडर, जान बचाने वाली दवाइयों के लिए, हर मोड़ पर ख़बरें आईं कि किस तरह निजी क्षेत्र के अस्पताल मनमानी क़ीमतें माँग रहे थे।

जब किसी स्वास्थ्य सेवा की कमी हो तो मार्केट व्यवस्था क़ीमतों के द्वारा लोगों में राशन करती है; जिसके पास पैसे हैं, वह लाइन में सबसे आगे होंगे, न कि वह जिसे सबसे अधिक ज़रूरत है।[7] इससे निजी नुक़सान है, उनका भी जो लाइन में सबसे आगे होंगे : जो चीज़ सस्ते में (रु. 150 में) मिल सकती है उसके लिए उन्हें ज़्यादा पैसा ख़र्च करना होगा। दूसरी ओर, जनहित का नुक़सान है—ग़रीबों का नुक़सान होगा क्योंकि वह उस भाव पर शायद टीका ना लगवा सकें।[8]

दो, स्वास्थ्य के क्षेत्र में कई बार ऐसा होता है कि जब तक सब स्वस्थ न हों, तब तक कोई भी स्वस्थ नहीं हो सकता। संक्रामक बीमारियाँ और टीकाकरण इसका सबसे अच्छा उदाहरण हैं। इस स्थिति को अंग्रेज़ी में, 'एक्सटर्नलिटीस' कहते हैं : यानी, किसी व्यक्ति का निजी बर्ताव औरों को भी प्रभावित करता है,

मेरा स्वास्थ्य केवल मेरे व्यवहार पर ही निर्भर नहीं, औरों का बर्ताव भी मेरे स्वास्थ्य को प्रभावित करेगा (उदाहरण के लिए, जब दूसरा कोई सिगरेट पीता है, तो इसका मुझ पर भी असर होगा) और मेरे बर्ताव से औरों के स्वास्थ्य पर असर होगा।

कोविड जैसी संक्रामक बीमारी में टीकाकरण तभी कारगर होगा जब सभी का टीकाकरण हो। यदि बाज़ार व्यवस्था में पैसों के अभाव के कारण, ग़रीब टीका न करवा सकें तो इससे अमीरों का भी नुक़सान है क्योंकि टीकाकरण सबसे प्रभावी तब होगा जब देश की 50-80% जनसंख्या को टीका लग जाएगा। ऐसे समय में सभी वर्गों का हित इस बात में है कि मुफ़्त में और व्यापक रूप से टीकाकरण हो। यदि सम्पन्न लोग निजी क्षेत्र में ज़्यादा क़ीमत पर टीका लगवा भी लें, वह ख़ुद की सुरक्षा नहीं कर पाएँगे। इस सन्दर्भ में भी टीकाकरण के निजीकरण का प्रयास जनहित में नहीं था।

जब एक्सटर्नलिटीस हों, बाहरी/सरकारी हस्तक्षेप की ज़रूरत पड़ती है। सार्वजनिक स्थलों पर सफ़ाई का उदाहरण ले लें। यदि मैं अपना कूड़ा सड़क पर नहीं डालती लेकिन मेरे पड़ोसी डालते हैं, तो मेरे अनुशासन से कोई फ़ायदा नहीं। स्वच्छ माहौल का लाभ तभी होगा जब सब मिलकर अनुशासित तरीक़े से कूड़ा फेंकने का बन्दोबस्त करें। इसे सार्वजनिक रूप से—उदाहरण के लिए, म्यूनिसपैलिटी द्वारा—सुलझाना होगा।

तीन, जब हम बीमार होते हैं, तो हमारे पास यह जानने का कोई तरीक़ा नहीं होता कि डॉक्टर कितने क़ाबिल हैं, वह जो टेस्ट करवाने की सलाह दे रहे हैं या जो दवाई दे रहे हैं, क्या हमें उसकी वाक़ई ज़रूरत है? ज़रूरत से अधिक दवाई या टेस्ट करवाने से उन्हें फ़ायदा हो सकता है (यदि टेस्ट या दवाई वालों के साथ साँठ-गाँठ हो)। इस तरह से उपलब्ध जानकारी में असमानता (अंग्रेज़ी में, 'इनफ़ार्मेशन असिमेट्री') की वजह से निजी/बीमा आधारित व्यवस्था कमज़ोर होती है। यदि सरकारी अस्पताल में डॉक्टर से मुफ़्त इलाज हो रहा हो, डॉक्टर हमसे कुछ कमाने की उम्मीद ना रखे, तो हम आश्वस्त हो सकते हैं कि फ़ालतू के टेस्ट और दवाइयाँ नहीं दी जा रहीं।

चार, बाज़ार व्यवस्था में एक ख़ूबी है—आपसी प्रतियोगिता। यदि एक ठेलेवाले के सब्ज़ी-फल ठीक न लगें, तो आप अगले ठेले से ख़रीद सकते हैं। लेकिन बाज़ार व्यवस्था की यह ख़ूबी स्वास्थ्य सेवा प्रदान करनेवालों में नहीं होती। बीमारी में, ख़ास कर आपातस्थिति में या ग्रामीण क्षेत्र में भी जहाँ अस्पताल एक दूसरे से दूर हों, व्यावहारिक रूप में, स्वास्थ्य सेवा में 'प्रतियोगिता' की गुंजाइश बहुत कम होती है। आपात स्थिति में जो मिल जाए उसी से ही काम चलाना होता है: जैसा कि कोविड के दौरान ऑक्सीजन को लेकर हुआ, या फिर किसी ग्रामीण गर्भवती महिला के लिए लेबर शुरू हो जाने पर होता है।

हालाँकि, अर्थशास्त्र में 'मोनोपॉली' को बुरा माना जाता है, किसी परिस्थिति में मोनोपॉली होने से जवाबदेही तय करना आसान होता है। उदाहरण के लिए,

जब ऑपरेशन कहाँ करवाना है इस पर निर्णय लेना हो, एकसमान सरकारी व्यवस्था होने से, यह निर्णय थोड़ा आसान हो जाएगा। कौन सा निजी अस्पताल अच्छा है, किसमें कितना ख़र्च होगा, इस पर रिसर्च नहीं करनी पड़ेगी। या फिर कोविड वैक्सीन का उदाहरण ले लीजिए—जब केवल केन्द्र द्वारा पूरी व्यवस्था थी, तब हमारी केवल टीका केन्द्र तक पहुँचने की ज़िम्मेदारी थी।

पाँच, कोविड में भारत के निजी क्षेत्र के सेवा-प्रदाताओं के नियंत्रण से जुड़ी कई कमियाँ सामने आईं। कुछ ने तो हद पार कर दी—शुरू में कुछ अस्पताल कोविड मरीज़ों को भर्ती करने से मना कर रहे थे, उन्होंने दामों को कई गुना बढ़ा दिया। निजी क्षेत्र कोविड टेस्ट के लिए भी बहुत दाम वसूल रहा था—जिससे यह हुआ कि कई लोग टेस्ट नहीं करा पाए और उन्होंने आगे औरों को संक्रमित कर दिया। यदि टेस्ट मुफ़्त होते, तो शायद वह अपने आप को टेस्ट करवाकर आइसोलेट कर लेते।

छह, निजी क्षेत्र में ज़्यादातर लोग मुनाफ़े पर काम करते हैं, हालाँकि नॉट-फ़ॉर-प्रॉफ़िट सेवाएँ भी हो सकती हैं। जब सेवा प्रदान करनेवाले मुनाफ़े के लिए काम कर रहे हों, तो मरीज़ के आर्थिक शोषण का डर होता है। उदाहरण, केवल पैसा बनाने के चक्कर में बेमतलब टेस्ट, नॉर्मल डिलिवरी की जगह सिजेरियन की सलाह देने की प्रवृत्ति के बारे में भारत में काफ़ी लिखा गया है। मुनाफ़े का लालच और इनफ़ार्मेशन असिमेट्री दोनों हों तो यह जानलेवा भी हो सकता है—उदाहरण के लिए, मुनाफ़े के लिए यदि किसी ऑपरेशन की सलाह दी जाए (उदाहरण के लिए, महिलाओं को यूटरस का ऑपरेशन करवाने की सलाह दी जाती है, जब ज़रूरत नहीं भी होती), तो मरीज़ आकलन नहीं क़र पाएँगे कि क्या वास्तव में उन्हें इसकी ज़रूरत है या नहीं।[9]

सात, जब स्वास्थ्य सेवाओं के लिए निजी बीमा पर निर्भर हों तब अलग तरह की दिक़्क़तें उभरती हैं। जो इन्श्योरेंस ख़रीदेंगे उनकी बीमारी से ग्रस्त होने की सम्भावना ज़्यादा है (वरना कोई प्रीमियम पर ख़र्च क्यों करे?); अर्थशास्त्री अंग्रेज़ी में इसे 'अडवर्स सिलेक्शन' कहते हैं। इससे इन्श्योरेंस कम्पनी का या तो धंधा चौपट हो जाएगा या इलाज महँगा हो जाता है (क्योंकि जो भी इन्श्योरेंस ले रहा है उसकी किसी-न-किसी इलाज में रुचि होगी)। दूसरी ओर, जब इन्श्योरेंस ले लेते हैं, तो इन्श्योरेंस द्वारा मुफ़्त इलाज की तसल्ली होने के कारण, शायद अपनी सेहत का कम ख़याल रखने लगेंगे, जिससे बीमारी और इलाज पर ख़र्च बढ़ने की सम्भावना है। इसे अंग्रेज़ी में 'मॉरल हैज़र्ड' कहा जाता है।

इन्श्योरेंस तभी कारगर होती है जब उसमें सभी—स्वस्थ और अस्वस्थ—शामिल हों (यानी, इन्श्योरेंस यूनिवर्सल हो)। यानी, जब मैं स्वस्थ हूँ, तब मेरे द्वारा भरा जाने वाला प्रीमियम, बीमार पड़ने वालों के इलाज में काम आएगा और जब मैं बीमार पड़ूँ तब स्वस्थ लोगों का प्रीमियम मेरे इलाज पर ख़र्च होगा।

आठ, स्वास्थ्य बीमा से जुड़े व्यावहारिक सवाल भी हैं। दुग्गल और हूदा (2021) के अनुमानों के अनुसार, 2017-18 में जिनकी बीमा पॉलिसी थी, उनमें से सबको कुछ न कुछ निजी ख़र्च करना पड़ा। जिनकी सरकारी बीमा पॉलिसी थी, उन्हें कुल अस्पताल ख़र्च का केवल 15% बीमा से मिला, बाक़ी तीन प्रकार के बीमा वालों को (निजी, निजी ग्रुप और सरकारी सीजीएचएस), 48-57% ख़र्च बीमा द्वारा मिला। इसके पीछे कुछ हद तक पेचीदा काग़ज़ी कार्यवाही है, जो मुश्किलें बढ़ाती और कभी-कभी पैसा नहीं भी मिलता।

स्वास्थ्य अन्ततः लोगों के हक़ का सवाल है। आज के दौर में वैक्सीन के दामों और निजी कम्पनियों की भूमिका के मुद्दे को उठानेवाले आदर्शवादी कहलाएँगे, हालाँकि यह मानवता का सवाल है।[10] भारत में स्वास्थ्य सेवाओं का ढाँचा निजी और सरकारी का मिश्रण है। इसकी वजह से भी दिक़्क़तें उठती हैं—मरीज़ दोनों के बीच ठोकरें खाते रहते हैं।

स्कूली शिक्षा

कुछ राग ऐसे होते हैं, जिन्हें बार-बार अलापना अच्छा है। निजी, सामाजिक, आर्थिक और राजनीतिक ज़िन्दगी में शिक्षा की अहमियत और शिक्षा के लिए साक्षरता की अहमियत—इनमें से एक है।

हमारे समाज में शिक्षा को कई बार केवल नौकरी के नज़रिये से देखा जाता है। शिक्षा एक ज़रिया तो है ही, लेकिन साथ-साथ, उसका ख़ुद में भी औचित्य है। यदि आप धनी व्यक्ति हैं, लेकिन पढ़-लिख नहीं सकते तो आपकी ज़िन्दगी में एक कमी रहेगी।

नीति निर्माताओं में भी काफ़ी हद तक यह सोच है कि शिक्षा का सबसे ज़्यादा महत्त्व नौकरी-कमाई के लिए है। इस वजह से, कोविड में जब भी स्कूल खोलने की बात चली, तब बड़ी कक्षाओं को खोलने पर ज़ोर दिया गया, क्योंकि वहाँ से कॉलेज एडमिशन, पढ़ाई और नौकरी का रास्ता गुज़रता है।[11]

बच्चे की शिक्षा में बचपन के वर्ष बहुमूल्य होते हैं, क्योंकि उनके जीवन की नींव इन्हीं वर्षों में पड़ती है। जब बच्चे वर्णमाला या गिनती सीख रहे होते हैं तब टीचर द्वारा दिये जानेवाले क्लास रूम शिक्षण की अलग अहमियत होती है। जब बच्चे इतना सीख लें, तब उनकी ख़ुद से पढ़ने की क्षमता बढ़ती है।

नब्बे के दशक के अन्त तक देश में नामांकन को यूनिवर्सल करना भी एक चुनौती थी। पिछले 20 सालों में देश की एक बड़ी उपलब्धि यह थी कि लगभग हर बच्चे का हर रोज़ स्कूल जाना एक आम बात हो गई। कोरोना महामारी ने इस अहम मानक को ठेस पहुँचाई। एनएफ़एचएस-5 का सर्वे 2019-21 के बीच हुआ,

और इसके दौरान ही (मार्च 2020 से) लगभग दो वर्ष तक का कोविड लॉकडाउन भी लागू हुआ। कुछ रिपोर्ट्स के अनुसार लॉकडाउन की वजह से काफ़ी बच्चों ने स्कूल छोड़ दिया, तो इसका असर तालिका 9.3 में नहीं दिखेगा। तालिका 9.3 से एक बात स्पष्ट है—2015-16 (एनएफ़एचएस-4) और 2019-21 (एनएफ़एचएस-5) के बीच नामांकन की दर में कोई सुधार नहीं हो पाया और स्कूली शिक्षा के औसत वर्षों में भी कोई ख़ास प्रगति नहीं हो पाई (लड़के और लड़कियों के लिए लगभग आधा अधिक वर्ष हुआ)।

बनर्जी और वध्वा (2023) ने पाया कि जहाँ 2018 में, ग्रामीण क्षेत्रों में 6-14 साल के बच्चों में 2.5% का स्कूल में नामांकन नहीं हुआ था, 2021 में वह बढ़कर 4.6% हो गया। उन्होंने पाया कि लड़कों पर ज़्यादा प्रभाव पड़ा—2021 में, 7-10 साल की उम्र के लड़कों में 4.7% का स्कूल में नामांकन नहीं हुआ था (जबकि 2018 में केवल 1.4% ऐसे लड़के थे)। 11-14 वर्ष के लड़कों में भी यह 2.9% से बढ़कर 4.3% तक पहुँचा। एक और दिलचस्प ट्रेंड देखा गया—2006 से ग्रामीण निजी स्कूलों में, 6-14 वर्ष के बच्चों में, नामांकन लगातार बढ़ रहा था और 2018 में यह 32.5% तक पहुँच गया था। लेकिन कोविड के चलते, इसमें काफ़ी गिरावट आई—2021 में निजी स्कूलों में नामांकन 24.4% ही रह गया।

तालिका 9.3 शिक्षा के कुछ मूल संकेतक

	एनएफ़एचएस-3	एनएफ़एचएस-4	एनएफ़एचएस-5
नामांकन, 6-17 वर्ष (प्राथमिक उम्र के बच्चे)			
महिला	66 (81)[1]	84 (95)[2]	87 (95)[3]
पुरुष	75 (85)[1]	86 (95)[2]	88 (95)[3]
साक्षरता की दर			
महिला	55.0[9]	68.4[11]	71.5[13]
पुरुष	77.5[10]	84.4[12]	83.2[14]
स्कूली शिक्षा के मीडिअन साल			
महिला	1.9[4]	4.4[4]	4.9[5]
पुरुष	4.9[4]	6.9[4]	7.3[5]
10 साल से अधिक स्कूली शिक्षा			
महिला	14.3[6]	33[7]	27[8]
पुरुष	23.8[6]	23.3[7]	36.1[8]

स्रोत : 1. तालिका 2.9, 6. तालिका 2.7, 9. तालिका 3.3.1, और 10. तालिका 3.3.2 एनएफ़एचएस-3; 2. तालिका 2.19, 4. तालिका 2.17, 7. तालिका 2.18, 11. तालिका 3.3.1 और 12. तालिका 3.3.2 एनएफ़एचएस-4; और 3. तालिका 2.26, 5. तालिका 2.24, 8. तालिका 2.25, 13. तालिका 3.3.1, और 14. तालिका 3.3.2 एनएफ़एचएस-5 की इंडिया रिपोर्ट।

चार्ट 9.1 में 2015-16 और 2019-21 के बीच, चुनिन्दा सामाजिक समूहों में साक्षरता की दर में बढ़त को दर्शाया गया है। एक ओर, केरल के पुरुष हैं जिनमें दोनों वर्षों में, लगभग शत-प्रतिशत साक्षर थे। दूसरी ओर, ग्रामीण बिहार की दलित महिलाएँ हैं, जिनमें 2019-21 तक आधी से भी कम (40%) महिलाएँ साक्षर थीं। बीच के कई समूहों में, इन पाँच वर्षों में साक्षरता की दर में बहुत कम बढ़त हुई। चार्ट 9.2 में, 2019-21 के लिए न केवल साक्षरता, बल्कि आठवीं या दसवीं से अधिक पढ़ाई कर चुके बच्चों का प्रतिशत है। बिहार की ग्रामीण दलित महिलाओं की साक्षरता की दर भारत की महिलाओं में 10वीं या उससे अधिक पास महिलाओं की दर से भी कम है। इन दोनों चार्टों से तीन मुख्य बिन्दु उभरते हैं: शिक्षा में उपलब्धियाँ बहुत मामूली हैं (20-30% लोग अभी भी साक्षर नहीं), इसमें सुधार बहुत धीरे हो रहा है (चार्ट 9.1 में कुछ समूहों में पिछले पाँच वर्षों में साक्षरता की दर थोड़ी घटी है), और सुधार के बावजूद, शिक्षा में असमानताएँ सामाजिक समूहों के अनुसार आज भी साफ़ दिखती हैं।

चार्ट 9.1 : साक्षरता की दरों में असमानताएँ

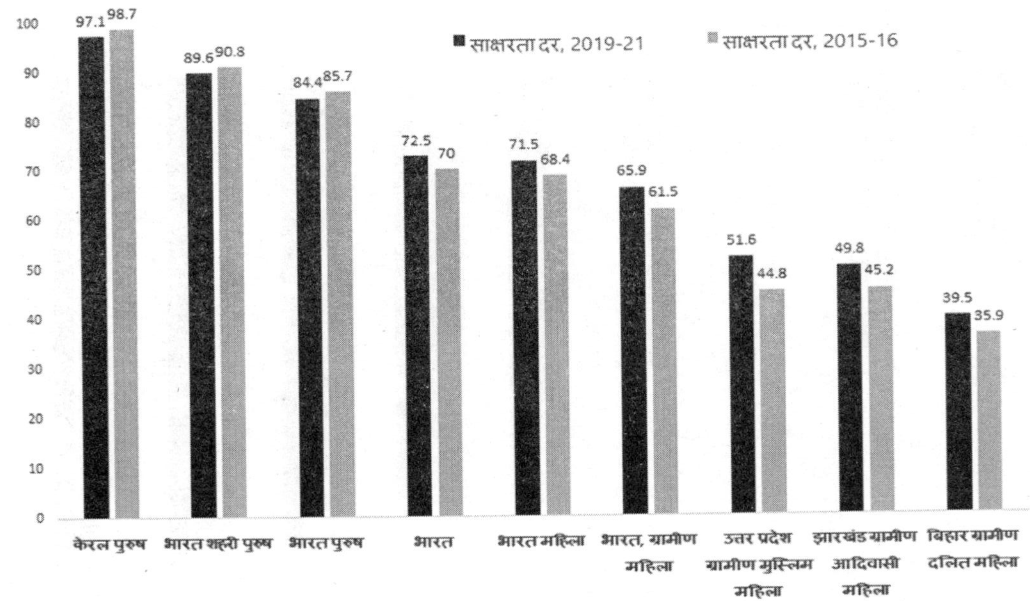

नोट : शिक्षा स्तर 15-49 वर्ष के लोगों के लिए है।

स्रोत : नेशनल फ़ैमिली हेल्थ सर्वे 2015-16 और 2019-21 के डेटा पर आधारित।

चार्ट 9.2 : शिक्षा स्तर में असमानताएँ, 2019-21

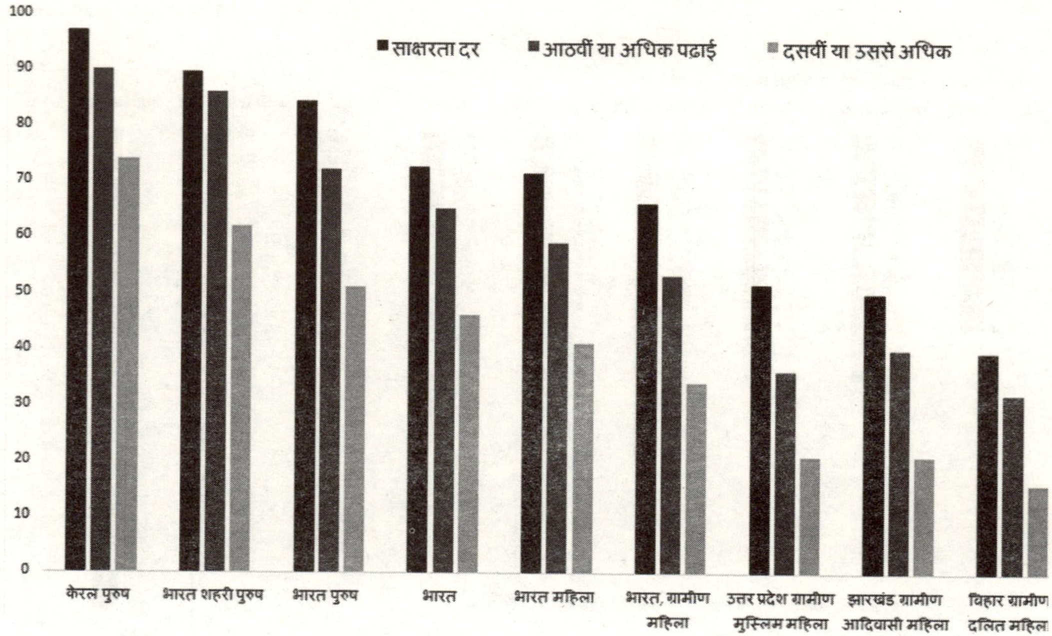

नोट : शिक्षा स्तर 15-49 वर्ष के लोगों के लिए है।

स्रोत : नेशनल फ़ैमिली हेल्थ सर्वे 2019-21 के डेटा पर आधारित।

पढ़ाई में माहौल की अहमियत

लॉकडाउन के दौरान, 2021 में मुनीरका (दिल्ली) की बस्ती में 10-12 बच्चों से अनौपचारिक बात की। केवल एक ही लड़की ऐसी थी, जिसके पिता के पास फ़ोन था, लेकिन चूँकि वह ऑटो चलाते थे, इसलिए केवल शाम में वह क्लास में जुड़ सकती है। आठवीं में पढ़नेवाली सपना ने प्रार्थनापूर्ण आँखों से स्कूल खुलवाने की माँग की: वह घर पर रहने से घर के काम और परिवार की दुकान से पढ़ाई के लिए फ़ुर्सत नहीं निकाल पा रही थी। परीक्षा के लिए सहेली ने फ़ोन इस्तेमाल करने को दिया, तब वह परीक्षा दे पाई।

संसाधन की समस्या न भी हो, तब भी बच्चों के लिए घर पर मन लगाकर पढ़ना मुश्किल है। क्लास में टीचर के डर या आदर से, बच्चे ध्यान लगाने की कोशिश करते हैं। यदि क्लास में अनुशासन आसान नहीं, तो घर में तो और भी कठिन है।

स्कूल बन्द होने से लड़कियों का लड़कों से, छोटे बच्चों का बड़े बच्चों से और ग़रीब बच्चों का सक्षम बच्चों से, ज़्यादा नुक़सान हुआ। लड़कियों पर एक और दबाव था : यदि वह घर पर हों तो कई परिवारों में उनसे उम्मीद थी कि वह घर के कामों में हाथ बँटाएँ। लड़कों पर दूसरे दबाव थे : कि वह दुकान पर मदद करें या ग्रामीण क्षेत्रों में परिवार को खेत के काम में उनकी मदद की उम्मीद थी।

शिक्षा केवल पढ़ना-लिखना और गिनती ही नहीं होती, बच्चे स्कूल में अन्य बातें भी सीखते हैं (जैसे कि औरों से बातचीत, ख़ुद से उठना-बैठना, खाना-पीना, लाइन में लगना, इत्यादि)। छोटे बच्चों की शिक्षा-पढ़ाई का एक अहम हिस्सा है, आँख और हाथ में तालमेल (अंग्रेज़ी में, हैंड-आइ कोऑर्डिनेशन)। इसके लिए कक्षा का माहौल और अन्य बच्चों का साथ मददगार होता है। अनुशासन की नींव (लाइन लगाकर खड़े होने, समय पालन, इत्यादि) बचपन में पड़ती है जिसके लिए स्कूल का माहौल ज़रूरी है। कुछ बच्चों को स्कूल, घर के तनाव और हिंसा से छुटकारा दिलाता है।

घर पर सब व्यवस्था होने से भी सम्पूर्ण शिक्षा प्रभावित हुई। अलग उम्र के बच्चों के लिए भिन्न-भिन्न चुनौतियाँ हैं। हालाँकि कई शिक्षा संस्थानों ने लाइव लेक्चर पर ज़ोर नहीं दिया, और लेक्चर की रिकॉर्डिंग उपलब्ध करवाई, ग्रामीण क्षेत्रों में कुछ बच्चों को गाँव से कई किलोमीटर दूर स्थित ई-कियोस्क या इंटरनेट कैफ़े जाकर लेक्चर डाउनलोड करने पड़ रहे थे।

विश्वविद्यालय में जितना क्लास में सीखते हैं, उतना ही शायद क्लास से बाहर भी सीखते हैं। लेक्चर के बाद अन्य छात्रों के साथ मिलकर असाइनमेंट और चर्चा से पूरी समझ बनती है। जहाँ कॉलेज की शिक्षा अंग्रेज़ी में हो, और बच्चे हिन्दी (या अन्य भाषा के) माध्यम के स्कूलों से आए हों, वहाँ एक अलग चुनौती है।

कॉलेज में अंग्रेज़ी माहौल होने से अन्य भाषी बच्चे भी किसी-न-किसी तरीक़े से (दोस्त बनाकर, सुनते-सुनाते) अंग्रेज़ी सीख जाते हैं। कभी-कभी कॉलेज की ओर से भी मदद मिल जाती है। लेकिन घर पर ऑनलाइन पढ़ाई के चलते ऐसे बच्चों के लिए एक अहम सहारा छूट जाता है।

वैज्ञानिकों के अनुसार बच्चों में इन्फ़ेक्शन का डर कम था, और यदि कोरोना हो, तो गम्भीर होने की सम्भावना भी कम थी। लोगों में यह डर था कि बच्चे घर के बूढ़ों को संक्रमित न कर दें। इसके लिए बड़े-बूढ़ों को समझाने की ज़रूरत थी कि मास्क पहनना ज़रूरी है और उनकी लापरवाही से अगली पीढ़ी को नुक़सान हो सकता है। स्कूल में बच्चों को हाथ धोने, मास्क पहनने की अहमियत बताई जा सकती थी, ताकि वह घर में औरों को भी समझा सकें। कोविड में स्कूल खोलने का मतलब यह नहीं था कि सब बच्चे रोज़ स्कूल जाएँ ही। स्कूल में बच्चों की संख्या को नियंत्रित करने के कई तरीक़े थे : कुछ सुबह, कुछ दोपहर या रोज़ आधी उपस्थिति रहे। जो घर पर पढ़ सकते हैं, वह घर पर रहें। इन सब सम्भावनाओं और ज़रूरतों के बावजूद सरकार ने स्कूल बन्द कर दिये और मानो, दो सालों तक बच्चों को भूलकर बैठ गए।

इन सब चुनौतियों के बावजूद केन्द्रीय मंत्री ने लोकसभा में बयान दिया कि भारत में कोविड से कोई भी बच्चा शिक्षा से वंचित नहीं हुआ। इस तरह का बयान असंवेदनशील था, जिसने एक बड़े वर्ग के संघर्ष को नज़रअन्दाज़ कर दिया।

ऑनलाइन शिक्षा के नाम पर

अप्रैल 2020 में स्कूल बन्द हुए, तो ऑनलाइन पढ़ाई का ऐलान हुआ। कई लोगों का मानना है कि ऑनलाइन शिक्षा क्लासरूम पढ़ाई की जगह पर कारगर थी। कुछ लोग ऑनलाइन शिक्षा से उत्साहित थे : ख़ुद को 'म्यूट' करके और कैमरा ऑफ़ रखकर बिस्तर में लेटकर क्लास का मज़ा ही कुछ और था! लेकिन एक वर्ग के लिए ऑनलाइन शिक्षा ने उनकी कठिन ज़िन्दगी में एक नया मोर्चा खोल दिया है।

इंग्लैंड में ऑनलाइन शिक्षा की वजह से उत्पन्न 'डिजिटल डिवाइड' पर कार्यक्रम देखते समय गोवा के उस 16 वर्षीय छात्र की याद आई जिसने ख़ुदकुशी इसलिए की कि परिवार का इकलौता फ़ोन उससे गिर गया, और उसे ठीक करवाने के लिए परिवार के पास रु. 3000 नहीं थे (नायर 2020)।

एक भ्रम यह है कि केवल गाँवों के बच्चों को ऑनलाइन पढ़ाई से तकलीफ़ हुई। देश में कितने लोगों के पास लैपटॉप, कम्प्यूटर या स्मर्टफ़ोन हैं? एनएफ़एचएस-5 (2019-21) के अनुसार, ग्रामीण क्षेत्रों में 4.4% और शहरी क्षेत्रों में 19% के पास कम्प्यूटर थे और 65% के पास इंटरनेट था (ग्रामीणों में केवल 41% के पास)।[12]

'सेव द चिल्ड्रन' (2020) की रिपोर्ट के अनुसार ग्रामीण और शहरी मिलकर 76% बच्चे इंटरनेट नहीं इस्तेमाल कर सके क्योंकि उनके पास एक्सेस नहीं था।

कम्प्यूटर की कमी कुछ हद तक स्मार्टफ़ोन से पूरी की जा सकती है। 2019 के लोकनीति सर्वे के अनुसार केवल एक-तिहाई घरों में स्मार्टफ़ोन था। यह ज़रूर है कि लॉकडाउन के बाद, 2020 में कई लोगों ने स्मार्टफ़ोन ख़रीदे। लेकिन ख़रीदने वालों में से कई को क़र्ज़ लेना पड़ा—फ़ोन का बन्दोबस्त करना एक आर्थिक बोझ था। ऐसे भी विद्यार्थी थे जिनके परिवार में एक ही (माता या पिता का) मोबाइल फ़ोन था जिसे परिवार के सभी सदस्य शेयर कर रहे थे। इन सबके बावजूद, काफ़ी बच्चे वंचित रह गए।

केवल फ़ोन या लैपटॉप से पढ़ाई सुनिश्चित नहीं हो पाती। बिजली की स्थिति सुधरी है, लेकिन लगातार बिजली ग्रामीण क्षेत्रों में अभी भी आम बात नहीं। साथ ही ऑनलाइन शिक्षा के लिए विश्वसनीय इंटरनेट सुविधा भी अहम है, जिस पर अलग से ख़र्च करना पड़ा। होमवर्क करते-करते या परीक्षा देते समय, यदि बिजली चली जाए, या इंटरनेट रुक जाए तो बच्चों का काम खो जाता, फिर से करना पड़ता या परीक्षा में समय की कमी हो जाती।

बहुत से बच्चों के घरों में पढ़ाई का पर्याप्त माहौल उपलब्ध नहीं था। जनगणना के अनुसार, देश की एक-चौथाई आबादी एक कमरे में रहती है (आनन्द और थंपी, 2016)। एक ही कमरे में 2-4 लोग हों, और सभी को घर से काम करना हो या पढ़ाई करनी हो तो कैसे हो पाता? यह सब मुद्दे 2021 में हमारे सर्वेक्षण में भी स्पष्ट रूप से सामने आए।

ऑनलाइन शिक्षा की सच्चाई : तालीम पर ताला, 2021

अगस्त 2021 में हुए सर्वे पर आधारित रिपोर्ट, 'तालीम पर ताला' में, वंचित समूहों के बच्चों में ऑनलाइन स्कूली शिक्षा की सच्चाई सामने आई (बखला, द्रेज़, खेरा, और पैकरा, 2021)। सर्वे में 15 राज्यों में स्कूल शिक्षा पर अध्ययन किया गया था, जिसमें 1362 बच्चे और माँ-बाप शामिल थे। इस सर्वे से स्पष्ट था कि हालाँकि सक्षम वर्ग के बच्चों के लिए ऑनलाइन पढ़ाई एक कारगर विकल्प रहा, जो बच्चे कमज़ोर वर्ग से थे, उनके लिए यह दरवाज़ा भी बन्द था।[13]

'तालीम पर ताला' रिपोर्ट में हमने पाया कि शहरी क्षेत्रों में केवल एक-चौथाई बच्चे नियमित रूप से पढ़ रहे थे, और ग्रामीण क्षेत्रों में इनकी संख्या 10% से भी कम थी। आधे से ज़्यादा बच्चे अपने शिक्षक से पिछले एक महीने से मिले ही नहीं थे। ग्रामीण क्षेत्र में आधे और शहरी क्षेत्र में एक-चौथाई घरों में एक भी स्मार्टफ़ोन उपलब्ध नहीं था। जहाँ फ़ोन उपलब्ध था भी, कई बार वह माँ या पिता के पास होता था।

ऐसी स्थिति में बच्चे की पढ़ाई के समय फ़ोन नहीं होता। जब घर में एक से ज़्यादा पढ़नेवाले बच्चे थे, लेकिन सभी बच्चों के बीच एक ही फ़ोन था, वहाँ भी ऑनलाइन पढ़ाई में बच्चों को दिक़्क़त आई। ऐसी स्थिति में बड़े बच्चे को प्राथमिकता दी गई, छोटा छूट जाता; लड़की से ज़्यादा लड़के द्वारा स्मार्टफ़ोन उपयोग करने की सम्भावना भी थी।

चूँकि बच्चों के भविष्य की चिन्ता थी, कुछ ग़रीब परिवारों में अभिभावकों ने क़र्ज़ लेकर बच्चे की पढ़ाई के लिए स्मार्टफ़ोन ख़रीदे। स्मार्टफ़ोन का होना सबसे पहला पड़ाव था : फ़ोन रीचार्ज के लिए पर्याप्त पैसे होना भी ज़रूरी है। लॉकडाउन से इन परिवारों में आर्थिक दिक़्क़तें बढ़ीं, और बीच-बीच में बच्चों की पढ़ाई इस वजह से छूट भी गई।

ऑनलाइन पढ़नेवाले लगभग दो-तिहाई (57% शहरी और 65% ग्रामीण) बच्चे ऐसे भी थे जिनके लिए नेटवर्क बड़ी समस्या रही। कहीं-कहीं उन्हें नेटवर्क के लिए पहाड़ चढ़ना पड़ा, और फिर कुछ समय बाद उन्हें पहाड़ उतरना पड़ता ताकि फ़ोन चार्ज कर सकें! कहीं पर इन सब दिक़्क़तों के चलते, स्कूल में पढ़नेवाले बच्चे या बच्ची को किसी रिश्तेदार के घर रहने भेज दिया गया ताकि पढ़ाई में बाधा ना आए।

नियमित रूप से या फिर कभी-कभी पढ़नेवाले बच्चों में से केवल 8-25% ऐसे थे जो ऑनलाइन क्लास या वीडियो से पढ़ रहे थे। ग्रामीण क्षेत्रों में, उन परिवारों में जहाँ स्मार्टफ़ोन उपलब्ध है, 43 फ़ीसद उत्तरदाताओं ने कहा कि स्कूल से कुछ भी पढ़ाई की सामग्री नहीं भेजी जा रही थी, इसलिए वे नियमित रूप से नहीं पढ़ पाए।

ऑनलाइन शिक्षा के लिए घर पर परिवार के समर्थन की ज़रूरत ज़्यादा थी, लेकिन कई बच्चे ऐसे थे जिनके माँ-बाप ख़ास पढ़े-लिखे नहीं थे। कई ऐसे थे जहाँ या तो बच्चे को या माँ-बाप को स्मर्टफ़ोन का सही उपयोग करने में दिक़्क़त आ रही थी। जिनके अभिभावक पढ़े-लिखे थे भी, वह अपने बच्चों का समर्थन नहीं कर पा रहे थे क्योंकि उन्हें कमाई के लिए दिन-भर बाहर जाना पड़ता था। उनके सामने यह सवाल था: पेट भरने के लिए कमाई करें या बच्चों की शिक्षा पर ध्यान दें?

पढ़ाई के लिए अनुशासन अहम है। अनुशासन के लिए रुचि ज़रूरी है। जब ऑनलाइन शिक्षा चल रही हो, जहाँ आधा-अधूरा समझ में आ रहा हो, तब रुचि और अनुशासन—ख़ासकर छोटे बच्चों के लिए—को क़ायम रखना बहुत कठिन है। बच्चों ने बताया कि ऑनलाइन क्लास के चलते उन्हें क्लासरूम की याद इसलिए आती क्योंकि ऑनलाइन में वह सवाल नहीं पूछ पाते, संकोच कर जाते। घर पर आसपास शोर होने की वजह से ध्यानपूर्वक पढ़ना मुश्किल था।

ऑनलाइन पढ़ाई के नाम पर कहीं व्हाट्सएप्प ग्रुप में कोई चित्र या फ़ाइल भेज दी जाती, जिसमें लिखावट स्पष्ट नहीं दिखती। कहीं व्हाट्सएप्प ग्रुप में मेसेज आ जाता—कछुआ और ख़रगोश की कहानी पढ़ो। बस। काफ़ी बच्चों ने बताया कि

वर्कशीट या होमवर्क के नाम पर वे सिर्फ़ भेजी गई लाइनें अपनी पुस्तक में कॉपी कर लेते। क्या लिखा है, कुछ ख़ास समझ नहीं आता। पहली कक्षा में नामांकित बच्चे को भी होमवर्क दे दिया गया हालाँकि वह एक भी दिन स्कूल नहीं गया था, और न ही उसे किसी ने लिखना सिखाया था। शिक्षक ने माँ से कहा कि छोटे बच्चे का होमवर्क बड़े बच्चे से कॉपी करवाकर जमा कर दें।

माँ-बाप को चिन्ता थी कि बच्चों को फ़ोन की 'लत' लग न जाए। कुछ बच्चे पढ़ाई के नाम पर फ़ोन पर केवल कार्टून देखते रहते या गेम खेलते।

अन्ततोगत्वा, बात यह है कि कम-से-कम प्राथमिक और माध्यमिक स्तर पर, सक्षम परिवारों में भी, ऑनलाइन शिक्षा क्लासरूम पढ़ाई के मुक़ाबले फीकी पड़ गई। बच्चे की परिवारिक पृष्ठभूमि कमज़ोर हो, तो ऑनलाइन शिक्षा बस एक मिथक है।

लॉकडाउन के दौरान कुछ राज्यों में शिक्षकों ने बच्चों के भविष्य के लिए आवाज़ ज़रूर उठाई। पंजाब में जब राज्य सरकार ने मध्याह्न भोजन की राशि नहीं दी, शिक्षकों ने अपनी तरफ़ से दो महीनों तक मध्याह्न भोजन को जारी रखने की कोशिश की। तमिलनाडु और महाराष्ट्र जैसे राज्यों में शिक्षक ऑफ़लाइन शिक्षा के पक्ष में आवाज़ उठा रहे थे। लेकिन तब तक बच्चों का काफ़ी नुक़सान हो चुका था।

दो साल बाद, 'आओ स्कूल चलें हम'—क्या व्यवस्था तैयार है?

आख़िर लॉकडाउन के दो साल बाद, 2022 में जब सब स्कूल खुले तब तक छोटे बच्चों की ज़िन्दगी का बहुत लम्बा समय निकल चुका था। छोटे बच्चों के लिए स्कूल जाना अहम है और बड़े (आठवीं से आगे के) बच्चों के लिए फिर भी घर पर पढ़ाई मुमकिन है। इसके विपरीत दिल्ली और अन्य राज्यों में बड़ी कक्षाओं के लिए स्कूल पहले खोले गए।

सबसे पहली चुनौती थी कि बच्चे स्कूल से ड्रॉप-आउट न करें। यूनिसेफ़ द्वारा यूथ में किये गए ऑनलाइन सर्वे में पाया गया कि 38% उत्तरदाता ऐसी किसी न किसी लड़की को जानते थे जिसने स्कूल छोड़ दिया हो। सरकारी आँकड़ों (2020-21) के अध्ययन से पता चलता है कि सेकेंडरी स्कूल में ड्रॉप-आउट दर 14.6% थी (भारत सरकार, 2022)।

दूसरी चुनौती थी कि जब बच्चे स्कूल लौटें, तो पढ़ाई में आने वाली दिक़्क़तों से हौसला न हारें। उन्हें फिर से सुबह-सुबह उठकर, तैयार होकर, स्कूल जाने की, क्लास में लगातार स्थिर बैठने की आदत डलवाई जाए। इसमें घर-परिवार के समर्थन की ज़रूरत थी। स्कूल की ओर आकर्षित करने के लिए सरकार कई क़दम उठा सकती थी। हालाँकि स्कूल सब जगह खुल गए, सब राज्यों में मध्याह्न भोजन

समय पर आरम्भ नहीं हुए। बच्चों के हक़ का मध्याह्न भोजन फिर से नियमित रूप से तुरन्त शुरू होना चाहिए था। मध्याह्न भोजन का खाना बच्चों को स्कूल की ओर लुभाने का काम कर सकता है। साथ ही भर पेट खाकर वे पढ़ाई में ज़्यादा प्रयास करने योग्य भी हो जाते (अध्याय 4 देखें)।

कोविड से पहले ही एनुअल सर्वे ऑफ़ एजुकेशन रिपोर्ट (ASER) के अनुसार, बच्चे जिस कक्षा में हैं उसके अनुसार उनकी उपलब्धियाँ कम हुआ करती थीं। उल्लेखनीय है कि जो बच्चे पहली कक्षा से तीसरी में या फिर तीसरी से पाँचवीं तक, बिना एक भी दिन स्कूल गए, पहुँच गए, उनके लिए ध्यानपूर्वक नीति बनाने की ज़रूरत है। इन बच्चों को दो साल कुछ भी अभ्यास किये बिना, कुछ भी सीखे बिना, अपनी क्षमता से दो वर्ष आगे की पढ़ाई करनी पड़ी होगी। शिक्षकों के लिए यह बहुत बड़ी चुनौती थी।

पढ़ाई में पिछड़े बच्चे, जिन्हे लॉकडाउन में दो साल पढ़ाई करने का मौक़ा नहीं मिला, जब स्कूल लौटे तो बिना सही समर्थन के पढ़ाई में संघर्ष करते। यदि स्कूल टीचर उन्हें प्रोत्साहित न करें, उन्हें एक्सट्रा समय न दे पाए, तो इन बच्चों का मनोबल टूटने का डर होता है और कुछ समय में स्कूल से ड्रॉप-आउट होने का डर भी। इससे बचने के लिए स्कूल में संवेदनशील माहौल बनाने की सख़्त ज़रूरत थी।

कुछ राज्यों ने इन चुनौतियों को पहचाना और कुछ सकारात्मक क़दम भी उठाए। झारखंड सरकार ने महीने-भर के लिए "बैक टू स्कूल" अभियान चलाया, जिसमें "नो बैग" (बस्ते से मुक्त) दिवस शामिल था, जिससे यह उम्मीद थी कि बच्चे स्कूल लौटने से घबराएँ नहीं। तमिलनाडु में 2022 में जब बड़ी कक्षा के स्कूल खुले, तब बच्चों को मानसिक समर्थन के लिए काउन्सलिंग उपलब्ध करवाने का प्रयास किया गया। दो साल बाद लौटने पर, जायज़ था कि बच्चे व्याकुल हों। दिल्ली में "हॅपीनेस करिक्युलम" लाया गया, जिसमें रोज़ दो घंटे बेसिक क्षमताओं पर ज़ोर दिया जाना था। कुछ राज्यों ने "ब्रिज कोर्स" बनाए—किन बच्चों का बुनियादी क्षमताओं में कितना नुक़सान हुआ है उसका आकलन किया गया। और भी काफ़ी कुछ करने की ज़रूरत थी, जैसे कि बच्चों के लिए पढ़ाई में एक्सट्रा समर्थन आँगनवाड़ी कार्यकर्ता को मानदेय देकर दिलवाया जा सकता था। लेकिन ज़्यादातर राज्यों में शायद इन मुद्दों पर पर्याप्त ध्यान नहीं दिया गया।

इस तरह की चुनौतियाँ केवल भारत में नहीं थीं। दुनिया-भर में स्कूल लौटते बच्चों को संवेदनशील समर्थन देने के लिए अलग-अलग तरह की पहल हुई। भारत में बड़ी चुनौती थी कि हम इन मुद्दों पर चर्चा नहीं कर रहे थे, जिससे बच्चों के छोटी कक्षाओं में, बिना साक्षर हुए ही, स्कूल छोड़ देने का डर था। इन्हें नज़रअन्दाज़ करने से बहुत भारी क़ीमत चुकानी पड़ेगी—बड़ी संख्या में, एक पूरी पीढ़ी मौलिक शिक्षा के अधिकार से वंचित रह जाएगी।

स्थायी नुक़सान

शिक्षा और स्वास्थ्य दोनों क्षेत्रों में कोविड दौर का स्थायी नुक़सान होने की गुंजाइश है।

कोविड के बाद, कई राज्यों में, ख़ासकर दिल्ली में कुछ भी होने पर स्कूल बन्द करने के ऐलान कर दिये जाते हैं—कभी प्रदूषण, कभी अधिक बारिश, कभी अधिक गर्मी।[14] बच्चों की ख़ुशहाली और सुरक्षा की चिन्ता में उस निर्णय को जायज़ ठहराने की कोशिश की गई, लेकिन इसे मानना मुश्किल था क्योंकि प्रदूषण बढ़ाने वाले निर्माण कार्यों को अनुमति पहले दी गई। दिल्ली सरकार के विपरीत तमिलनाडु सरकार बाढ़ में भी स्कूल जारी रखने की कोशिश कर रही है। बारिश में स्कूल को सुरक्षित रखने के लिए दिशासूचक भेजे गए हैं। डर यह है कि स्कूल की बन्दी को कोविड ने 'नॉर्मलाइज़' कर दिया, जिससे बच्चों की पढ़ाई को नुक़सान होता। बच्चों की एक पीढ़ी है जिसका पढ़ाई से जुड़ाव कमज़ोर होने की आशंका है। चूँकि सक्षम लोगों को ख़ास फ़र्क़ नहीं पड़ा, इसलिए कमज़ोर वर्गों के बच्चों के मुद्दे छुपे रह जाएँगे, और 'सब चंगा सी' की अवधारणा पर चलने लगेगा।

कोविड-19 ने स्वास्थ्य सेवाओं को डिजिटल करने की प्रक्रिया को प्रोत्साहन दिया, लेकिन यह भी उच्च वर्ग के लिए सुविधाजनक है और साधारण लोगों को या तो बिलकुल ही इक्स्क्लूड करती है या उनके लिए इस प्रक्रिया से अधिक मुश्किल है। जिनके पास स्मार्टफ़ोन हैं, वह इन सुविधाओं को पाने की लाइन में आगे हो जाते हैं। आधार की अनिवार्यता शिक्षा और स्वास्थ्य दोनों में व्यापक हुई है, और इससे भी काफ़ी बच्चों का नामांकन रह गया, स्वास्थ्य सेवा प्राप्त करने में भी दिक़्क़त आई। इन मुद्दों पर अगले अध्याय में विस्तार से चर्चा की गई है।

सन्दर्भ

1. बावजूद इसके, बजट में शिक्षा के लिए—जहाँ पहले भी सरकारी ख़र्च कम था—कोई ख़ास प्रावधान नहीं। मध्याह्न भोजन योजना जो बच्चों की शिक्षा में महत्त्वपूर्ण भूमिका निभाती है (क्या आप भूखे पेट कुछ भी काम कर सकते हैं?), उसका बजट लगभग रु. 1000 करोड़ घटा दिया गया है।
2. कुम्भ मेले और तबलीगी जमात के प्रति सरकारी रवैये ने उसकी दोहरी नीति स्पष्ट कर दी : जमात की मीटिंग में आए लोगों को 'आतंकवादी' कहा गया, लेकिन कुम्भ के लिए मुख्यमंत्री लोगों को न्योता दे रहे थे (वेंकटारामाकृष्णन, 2021)।
3. 2021 के बजट में दर्शाया गया कि स्वास्थ्य बजट में बहुत बढ़ोतरी हुई है : लगभग रु. 2 लाख करोड़। लेकिन इसमें से आधा पेयजल और सेनिटेशन विभाग का बजट है, जिसे आम तौर पर स्वास्थ्य बजट में नहीं गिना जाता। बढ़त का बड़ा हिस्सा कोरोना वैक्सीन (रु. 35,000 करोड़) पर था। आयुष्मान भारत का बजट भी नहीं बढ़ा।

4. कोविड के दौरान कई ख़बरें आईं कि (जिनके लिए प्रधानमंत्री ने लोगों से थालियाँ बजवाईं, उन) डॉक्टर, नर्स और अस्पताल के अन्य कर्मी हड़ताल पर इसलिए थे कि कई महीनों से, उन्हें तनख़्वाह नहीं दी गई।
5. देश की आबादी 130 करोड़ है और केन्द्र के बजट में रु. 35,000 करोड़ वैक्सीन के लिए थे, फिर भी केन्द्र की तरफ़ से अप्रैल तक केवल 11 करोड़ वैक्सीन का ऑर्डर ही गया।
6. आपूर्ति के लिए सबसे बड़ी बाधा थी उत्पादन की क्षमता, जिसे अस्वाभाविक रूप से कम किया जा रहा था क्योंकि केवल दो ही कम्पनियों को वैक्सीन बनाने की इजाज़त है। अन्तरराष्ट्रीय क़ानून में 'कम्पलसरी लाइसेंसिंग' का प्रावधान है जिससे सरकार टीके के फ़ॉर्मूला (पेटेंट) को मुफ़्त कर सकती है ताकि अन्य कम्पनियाँ भी उसे बना सकें। ताज्जुब की बात यह है कि भारत अन्तरराष्ट्रीय स्तर पर फ्री पेटेंट की लड़ाई लड़ रहा था, लेकिन इसे देश में लागू नहीं कर पाया (कांग और अन्य, 2021)।
7. कुछ लोगों का तर्क है कि वैक्सीन रिसर्च के लिए कम्पनी का एक तरह से हक़ है। लेकिन वैक्सीन पर रिसर्च ऑक्सफ़ोर्ड यूनिवर्सिटी ने की थी। आस्ट्रा-ज़ेनेका ने भी वादा किया कि जब तक कोरोना को अलावा 'महामारी' माना जाएगा तब तक वह इसे बिना मुनाफ़े पर बेचेगी। इसके अलावा, PM CARES कोष से भी वैक्सीन बनाने के लिए रु. 100 करोड़ का समर्थन दिया गया था।
8. उस समय निजी सेक्टर में टीका रु. 600-1200 पर देने की बात थी। अधिकतर राज्यों में नरेगा की दिहाड़ी मज़दूरी रु. 450 से कम थी। एक और समय था जब भारत के निजी क्षेत्र ने बिलकुल अलग भूमिका निभाई : तीन दशक पहले दुनिया में एड्स फैला हुआ था (अफ्रीका में एक दिन में 5000 लोगों की मौतें हो रही थीं)। एड्स के ख़िलाफ़ जब दवाई मिली तब फार्मास्युटिकल कम्पनियों ने उनकी क़ीमत लगभग 8000 डॉलर प्रति वर्ष रखी। मुनाफ़ाख़ोरी के उस माहौल में भारत की सिप्ला कम्पनी के यूसुफ हमीद ने साल-भर की दवाई 350 डॉलर में उपलब्ध कारवाई।
9. दूसरी ओर, नॉट-फ़ॉर-प्रॉफ़िट (या सरकारी में भी) लागत बहुत होने की सम्भावना है—यदि स्वास्थ्य सेवाएँ मुफ़्त या सस्ती हों, तो डर यह है कि लोग ज़रूरत से ज़्यादा, जब ज़रूरत भी न हो, डॉक्टर के चक्कर काटेंगे, टेस्ट करवाने की कोशिश करेंगे।
10. 1950 के दशक में जोनस साल्क ने पोलियो वैक्सीन बनाई, तब उनसे पूछा गया कि इसका पेटेंट किसके पास है। यू-ट्यूब पर उपलब्ध वीडियो में इस सवाल से वह हैरान-से लगते हैं और जवाब देते हैं, "लोगों के पास है। क्या आप सूरज को पेटेंट कर सकते हैं?"
11. स्कूल-बन्दी के दूसरे साल में जिन राज्यों में स्कूल खोले जा रहे थे वहाँ ज़्यादातर 9-12 कक्षाओं पर ज़ोर दिया जा रहा था।
12. नेशनल सैम्पल सर्वे के अनुसार 2017 में ग्रामीण क्षेत्रों में 6% और शहरी क्षेत्रों में 25% के पास कम्प्यूटर था, ग्रामीण क्षेत्रों में केवल 17% और शहरी क्षेत्रों में 44% लोगों के पास इंटरनेट की सुविधा थी।
13. इस तरह के परिणाम सेव द चिल्ड्रन (2020) और ऑक्सफैम इंडिया (2020) की रिपोर्ट में भी सामने आए।
14. समस्या केवल दिल्ली में ही नहीं। जिस समय राँची के क्रिकेट स्टेडियम में हज़ारों लोग एकत्रित हुए, तब प्राथमिक स्कूल बन्द पड़े थे।

अध्याय-10

सामाजिक नीति में उभरते मुद्दे

अब तक, सामाजिक-आर्थिक नीतियों में पिछले बीस वर्षों की चुनौतियों और उपलब्धियों का ब्योरा प्रस्तुत किया गया है। इस भाग में नई उभरती चुनौतियों और मुद्दों का संक्षिप्त विश्लेषण प्रस्तुत है, जिनका प्रभाव सभी योजनाओं पर पड़ रहा है।

पाँच मुख्य मुद्दे हैं : सामाजिक नीतियों में निजी क्षेत्र के खिलाड़ी अपना पैर जमाने की कोशिश कर रहे हैं। दूसरा, टेक्नोलॉजी और टेक्नोक्रेसी का मुद्दा—इन दोनों में भेद करने की ज़रूरत है क्योंकि जहाँ टेक्नोलॉजी सरकारी क्षमता बढ़ा सकती है और पारदर्शिता ला सकती है, वहीं टेक्नोक्रेसी जवाबदेही और जनहित दोनों को कमज़ोर करती है। तीसरा, नक़द से जुड़े मुद्दे—जैसे-जैसे सामाजिक नीतियों में नक़द हस्तान्तरण लाए जा रहे हैं, उनसे जुड़ी कुछ चुनौतियों पर स्पष्टता होनी चाहिए। चौथा मुद्दा डेटा से जुड़ा है—नीतियों में और लोकतंत्र में डेटा की क्या अहमियत है? आख़िरी मुद्दा है, देश में भयावह आर्थिक (और सामाजिक) ग़ैरबराबरी।

कॉरपोरेट की लालची नज़रें

जैसे-जैसे, चाहे बहुत धीमी गति से ही, सामाजिक सुरक्षा पर देश में ख़र्च बढ़ा है, निजी क्षेत्र की लालची नज़रें इस पर हो रहे ख़र्च पर पड़ने लगी हैं। उन्हें लगने लगा है कि इस 'मार्केट' में उनका भी हिस्सा होना चाहिए। चिन्ता यह है कि सरकारी पैसा, जनहित के नाम पर, निजी सेक्टर को सब्सिडाइज़ कर रहा है। तीन उदाहरण इस मुद्दे को समझने में मदद करेंगे।[1]

बिस्किट मैन्युफ़ैक्चरर एसोसिएशन पर पहले चर्चा हो चुकी है (अध्याय 4 देखें)। 2008 में इन्हें लगने लगा कि यदि मध्याह्न भोजन योजना पर रु. 8000 करोड़ ख़र्च हो रहा है, तो क्यों न इसमें उनका भी कुछ हिस्सा हो? (एक अनुमान के अनुसार

भारत में बिस्कुट इंडस्ट्री का बाज़ार केवल रु. 4800 क़रोड़ था) उन्होंने कोशिश की कि सरकार की मध्याह्न भोजन योजना में पके भोजन की जगह फ़ोर्टिफ़ाइड बिस्कुट दिये जाएँ। उनके प्रयास का तरीक़ा भी दिलचस्प था—उन्होंने सांसदों को सुझाव के रूप में चिट्ठियाँ भेजीं जिसमें संक्षेप में दलील दी कि पके हुए भोजन से फ़ोर्टिफ़ाइड बिस्कुट बेहतर हैं। काफ़ी सांसदों ने यह सुझाव मंत्री को भेज दिये। बाहर से देखें तो लगेगा कि यदि इतने सब सांसद ऐसी माँग कर रहे हैं, तो इस पर ग़ौर करना चाहिए; लेकिन वास्तव में वह एसोसिएशन की कारोबार बढ़ाने के लिए सोची-समझी योजना थी।

पहली नज़र में लगेगा कि इस प्रस्ताव में ख़राबी क्या है? दोनों के लिए ही फ़ायदे का सौदा है—कुपोषित बच्चों के लिए भोजन और कम्पनियों के लिए मुनाफ़ा। लेकिन ग़ौर से देखने से कई मुद्दे सामने आते हैं : जैसे कि, इस तरह की व्यवस्था जवाबदेही पर चोट पहुँचाती है। जब खाना सबके सामने पकता है, तो देखरेख करना आसान होता है। दिल्ली में, जहाँ केन्द्रीय रसोई में खाना पकाकर सभी स्कूलों में पहुँचाया जाता है, शिक्षकों का कहना है कि ज़रूरत पड़ने पर उन्हें भी समझ नहीं आती कि किससे शिकायत करें। ख़ुशक़िस्मती से, मंत्रालय में किसी अफ़सर को इसकी भनक लग गई और एसोसिएशन की योजना असफल हुई।

दूसरा उदाहरण है 2021 की केन्द्र सरकार की घोषणा कि जन-वितरण प्रणाली, मध्याह्न भोजन और आँगनवाड़ी के चावल को आयरन से फ़ोर्टिफ़ाइ करेगी। इसे अनीमिया के ख़िलाफ़ एक अहम क़दम बताया जा रहा है।

क्या यह अनीमिया के ख़िलाफ़ कारगर होगा? इस नीति को उचित घोषित करने के लिए, सरकार ने PATH के एक अध्ययन का सहारा लिया। लेकिन कॉकरेन रिव्यू के अनुसार इस तरह के माइक्रो-नूट्रीएंट फ़ोर्टिफ़िकेशन से कोई ख़ास फ़ायदा नहीं (हुआन पाब्लो पेना-रोज़ास और अन्य, 2019)।[2]

देश के आधे से ज़्यादा बच्चे और महिलाएँ ख़ून की कमी (यानी, अनीमिया) से पीड़ित हैं। डॉक्टरों के अनुसार अनीमिया के कई कारण हैं—ख़ुराक में आयरन की कमी, शरीर की आयरन ग्रहण करने की क्षमता में कमी, इत्यादि। अनुमानित आधे अनीमिक लोगों में आयरन की कमी ही मुख्य वजह है। जिन्हें अन्य कारणों से अनीमिया है, उन्हें इस सरकारी क़दम (फ़ोर्टिफ़ाइड चावल) से कोई लाभ नहीं होगा। डॉक्टरों का मानना है कि कहीं-कहीं ज़रूरत से ज़्यादा आयरन से स्वास्थ्य को नुक़सान भी हो सकता है।

अनीमिया को दूर करने के लिए आयरन आपूर्ति की जाँच और मात्रा भी ज़रूरी है। आयरन को ख़ाली पेट लेना चाहिए, भोजन के साथ लेने से यह शरीर में कम ग्रहण होता है। नेशनल हेल्थ सर्विस (अदिनांकित) द्वारा अनीमिया के लिए दिन में 210-420 mg आयरन लेने की सलाह दी गई है। चावल में मिलाया जानेवाला

आयरन पाउडर इस मात्रा से कई गुना कम है। सूचना के अनुसार, एक किलो चावल में 28-42.5 mg आयरन मिलाने का प्रस्ताव है। यदि दिन में कोई एक किलो आयरन-परिपूर्ण चावल खा भी ले तो उससे अनीमिया कम होने की कितनी उम्मीद है?

इस सरकारी नीति के बारे में महत्त्वपूर्ण जानकारी देते हुए, खाद्य सचिव ने बताया कि इस योजना को लागू करने से पहले सरकार ने 15 ज़िलों में इसे प्रयोग के रूप में चलाया। कोई भी बड़ी नीति लागू करने से पहले प्रयोग करने में समझदारी है, क्योंकि इससे यह अनुमान लगाया जा सकता है कि वह नीति कितनी कारगर होगी।

खाद्य सचिव के अनुसार इसे लागू करने में बड़ी चुनौतियाँ हैं और इस प्रयोग के नतीजे भी निराशाजनक रहे। 15 में से केवल 11 ज़िले इसे लागू कर पाए। प्रयोग में आई आपूर्ति से सम्बन्धित इन चुनौतियों का उल्लेख किया गया : आयरन को चावल से मिश्रित करने के यंत्र, उसे मिश्रित करने की प्रणाली, एकरूपता के साथ मिश्रित करने की वैज्ञानिक ज़रूरत—इन सब व्यवस्थाओं में क्या मुश्किल आई उसे विस्तार से बताया।

उदाहरण के लिए, चावल को आयरन, फ़ॉलिक एसिड और विटामिन बी-12 से परिपूर्ण करने के लिए, चावल का आटा बनाकर, उसमें यह प्री-मिक्स मिलाकर, फिर उसे चावल के दाने के रूप में पुनर्संगठित करना होता है। फिर इनको बाक़ी चावलों के साथ समान रूप से मिलाकर (ठीक से न होने पर इनसे स्वास्थ्य को नुक़सान हो सकता है) पैक किया जाता है। पुनर्संगठित दानों का बिलकुल चावल के दाने समान दिखना ज़रूरी है, वरना उन्हें चावल की 'सफ़ाई' करते समय कंकड़ समझकर फेंक दिया जाएगा।

इस व्यवस्था में अनेक क़िस्म के निजी खिलाड़ी हैं (प्री-मिक्स सप्लायर, यंत्र के सप्लायर, इत्यादि), जिससे निजी खिलाड़ियों पर नियंत्रण और निगरानी के सवाल उठते हैं। कौन सुनिश्चित करेगा कि इस पूरी प्रक्रिया का वे निर्देशानुसार पालन करेंगे?

प्रयोग में हुई चुनौतियों के बावजूद सचिव का कहना था कि इसे व्यापक रूप से लागू करने का निर्णय लिया गया। क्यों? उन्होंने बताया कि इस प्रक्रिया के सभी खिलाड़ियों को इस बारे में आश्वासन की ज़रूरत थी कि वह इसमें जो निवेश करेंगे, उसमें उनके लिए 'बिज़नेस प्रॉपोज़िशन' क्या है।

उनकी पूरी बात सुनकर यह सवाल ज़रूर उठता है कि इस नीति को किसके लिए लागू किया जा रहा है। क्या इसे प्री-मिक्स सप्लायर और मिश्रण करनेवाले कारख़ानों के लिए लाया जा रहा है कि उनके लिए माँग बनी रहे?

यदि अनीमिया के ख़िलाफ़ क़दम उठाने हों, तो क्या—सबको (बिना यह देखे कि उन्हें आयरन की ज़रूरत है या नहीं) इतनी कम मात्रा में, चावल के साथ

मिलाकर देना, जहाँ यह भी मुमकिन है कि उसे पकते समय कंकड़ समझकर फेंक दिया जाएगा और नुक़सान होने की सम्भावना (जैसे कि विषाक्तता) भी है—यह समझदारी का नीति-उपाय है?

फ़ोर्टिफ़िकेशन का निर्णय एक उदाहरण है जिससे यह पता चलता है कि कैसे टेक्नोक्रेसी विज्ञान-विरोधी हो सकती है, और कैसे वह निजी क्षेत्र के हितों को प्राथमिकता देती है न कि जनहित या विज्ञान को।

क्या प्राथमिक स्वास्थ्य केन्द्रों और आँगनवाड़ियों में, जहाँ ख़ून की जाँच हो रही है, वहाँ अनीमिक लोगों को चिन्हित करके, उन्हें आयरन की गोलियाँ देना बेहतर (और सस्ता) उपाय नहीं? साथ ही लोगों में पोषण शिक्षा बढ़ाने से—जैसे कि आयरन किन खाद्य पदार्थों में अच्छी मात्रा में उपलब्ध है, इसे ग्रहण करने की क्षमता को बढ़ाने के लिए विटामिन-सी की अहम् भूमिका, इत्यादि—दीर्घावधि में ये लाभ भी होंगे। इन उपायों को भारत समेत दुनिया-भर में सफलतापूर्वक आज़माया जा चुका है।

तीसरा गुट है डिजिटल टेक्नोलॉजी कम्पनियों का, जो प्रगुणता बढ़ाने, भ्रष्टाचार कम करने, की आड़ में अपना माल (बायोमेट्रिक्स, सॉफ़्टवेयर, ड्रोन, इत्यादि) सरकार को बेचने में लगी हैं। अध्याय 6 में वर्णित नरेगा के प्रति 'सौतेले' व्यवहार को कैसे समझें? एक सम्भावना यह है कि सरकार का असली चरित्र प्रो-बिज़नेस है और वह अपने इस चरित्र और लोगों के मुद्दों के बीच सन्तुलन बनाए रखने की कोशिश में रहती है। सन्तुलन लाने का एक तरीक़ा यह है कि सामाजिक सुरक्षा के बजट में निजी पार्टियों के लिए जगह बने। जैसे-जैसे सरकार का सामाजिक सुरक्षा का बजट बढ़ता है, वैसे-वैसे निजी पार्टियों का, 'अपने' हिस्से के लिए शोर बढ़ता है। नरेगा को आधार से जोड़ने का फ़ैसला इस सन्तुलन को बनाने की एक कोशिश को दर्शाता है। जिस आधार को सामाजिक हस्तक्षेप के रूप में बेचा गया उस आधार के लिए इंडस्ट्री वाले बिगुल बजा रहे थे। CLSA की मई 2010 की रिपोर्ट में उसे \$20 बिलियन के मार्केट के रूप में दर्शाया गया, जिसमें 'कमर्शियल पाइ' सालाना \$10 बिलियन का हो सकता है। इसमें हार्डवेयर, सॉफ़्टवेयर, ट्रेनिंग आदि शामिल थे।

टेक्नोलॉजी बनाम टेक्नोक्रेसी

2005 में शुरू से ही नरेगा ने तकनीक को अपनाया। नरेगासॉफ़्ट, प्रबन्धन सूचना प्रणाली (एमआईएस), विशेष रूप से डिज़ाइन की गई थी। इसमें ख़ामियाँ हैं लेकिन इसने क्रियान्वयन को काफ़ी सुगम बनाया और कार्यक्रम में अभूतपूर्व पारदर्शिता लाई। 2008-09 के आसपास, आदेश दिया गया था कि भ्रष्टाचार पर अंकुश लगाने

के लिए नरेगा मज़दूरी का भुगतान केवल बैंक और डाकघर खातों (कार्यस्थल पर नक़द के बजाय) के माध्यम से किया जाए।

देखते-देखते नरेगा प्रौद्योगिकी की सुविधाओं से हटकर टेक्नोक्रेसी का ग़ुलाम बन गया। भ्रष्टाचार का विमर्श इतना हावी था कि बैंक खातों के माध्यम से मज़दूरी भुगतान के प्रभाव का मूल्यांकन करने से पहले, इलेक्ट्रॉनिक मस्टर रोल (ईएमआर)—हाज़िरी रजिस्टर—ले आया गया।[3]

ईएमआर का मतलब था कि काम के लिए आवेदन करने वालों के नाम नरेगासॉफ़्ट में दर्ज किये जाने थे, ताकि पूर्व-अंकित नामों के साथ ईएमआर उत्पन्न किया जा सके। ईएमआर के लिए तर्क यह था कि जब मज़दूर काम की माँग करते हैं, तो उन्हें अपने बेरोज़गारी भत्ते का दावा करने के लिए प्रमाण के रूप में एक दिनांकित रसीद मिलती है (अधिनियम के अनुसार, यदि 15 दिनों के भीतर काम प्रदान नहीं किया जाता, तो मज़दूर भत्ते के हक़दार होते हैं)। इसके अलावा, ईएमआर भ्रष्टाचार रोकने के लिए भी थे। एक अवधारणा थी कि काग़ज़ी एमआर के साथ, उन श्रमिकों के नाम भी दर्ज किये जा रहे थे जो कभी कार्यस्थल पर नहीं आए थे ('फ़र्ज़ी नाम') और ईएमआर इसे समाप्त कर सकते थे।

व्यवहार में, ईएमआर ने दोनों समस्याओं में से किसी को भी हल नहीं किया। कई क्षेत्रों में, कार्यस्थल पर आने पर मज़दूरों को काम प्रदान किया जाता है; उनकी उपस्थिति 'कच्छा' रजिस्टर में रखी जाती है। इस रजिस्टर का उपयोग पोस्ट-डेटेड काम की माँग और ईएमआर उत्पन्न करने के लिए किया जाता है। जहाँ तक फ़र्ज़ी नामों का सम्बन्ध है, ईएमआर इस प्रकार के भ्रष्टाचार को रोकने में अक्षम हैं। फ़र्ज़ी मज़दूर मनरेगा कार्यकर्ताओं को पंजीकृत करने के लिए धमका सकते हैं या उनके साथ साँठ-गाँठ कर सकते हैं।

संक्षेप में, कुछ जगह को छोड़कर, ईएमआर हानिकारक रहे: उन्होंने कार्यस्थल पर काम माँगने के अधिकार को कम कर दिया है, काग़ज़ी कार्रवाई की अतिरिक्त परतों ('कच्छा' रिकॉर्ड और काम की माँग फॉर्म) को जोड़ा, और कुछ स्थानों पर बिचौलियों को वापस ला दिया (क्योंकि मज़दूरों को पता नहीं होता कि कहाँ और कैसे आवेदन करना है)।

तकनीकी दृष्टिकोण के साथ अति-केन्द्रीकरण बढ़ा। जब मज़दूरी के भुगतान में विलम्ब की समस्या पैदा हुई तो दिल्ली में बैठे टेक्नो-ब्यूरोक्रेट्स ने क्या किया? उन्होंने स्थानीय प्रशासन से कंट्रोल अपने हाथों में ले लिया। प्रत्येक राज्य के पास आवंटित करने के लिए मनरेगा फ़ंड होने के बजाय, इलेक्ट्रॉनिक फ़ंड मैनेजमेंट सिस्टम (ईएफ़एमएस) में धन का केन्द्रीकृत प्रवाह है। पश्चिम बंगाल में, एक हताश खंड विकास अधिकारी (बीडीओ) ने हमें बताया कि उन्हें ईएफएमएस के माध्यम से एक भुगतान छुड़ाने में आठ घंटे लगते हैं। कहीं भी सिस्टम क्रैश हो जाता है।

पहले आओ-पहले पाओ के आधार पर राज्य निधि (जो 'क्लाउड' में है) मिलने लगी। जैसे ही मनरेगा के कर्मचारियों को पता चलता है कि फ़ंड उपलब्ध है, वे सभी लम्बित भुगतानों को छुड़ाने के प्रयास शुरू कर देते हैं। बेहतर इंटरनेट कनेक्टिविटी (और भाग्य!) वाले लोग, सफलतापूर्वक प्रबन्धन कर लेते, दूरस्थ क्षेत्रों में रहने वाले लटक जाते। आघात भारतीय रेलवे की वेबसाइट पर तत्काल रेलवे टिकट बुक करने के समान था, जहाँ भुगतान करने के बाद, लेन-देन अन्तिम चरण में विफल हो सकता है या फिर जैसे कि नोटबन्दी में एटीएम पर आपकी बारी आने तक कैश ख़त्म हो जाए।

इससे भी बदतर, इससे पहले कि परिवर्तन जड़ पकड़े, एक और बदलाव लाया जाता है। एक अधिकारी ने कहा, "इससे पहले कि हम पिछला सरकुलर पढ़ते, एक नया परिपत्र आ जाता है। उदाहरण के लिए, ईएफ़एमएस से सम्बन्धित मुद्दों को हल करने से पहले, सार्वजनिक निधि प्रबन्धन प्रणाली (पीएफ़एमएस) शुरू की गई थी। उस समय, कर्नाटक में, पीएमएफ़एस के कारण 38,000 भुगतान लटक गए। मनरेगा कार्यकर्ता जब तक यह सीख पाते कि 'पीएमएफ़एस' का क्या अर्थ है, उससे पहले 'एनई-एफ़एमएस' पर चर्चा शुरू हो गई।

मनरेगा मज़दूरी लेते समय आधार और बायोमेट्रिक प्रमाणीकरण के कथित लाभों को लम्बे समय से ख़ारिज कर दिया गया है (खेरा, 2017)। मज़दूरी का भुगतान बैंक खातों में किये जाने से, मज़दूरी में भ्रष्टाचार केवल मज़दूरों के साथ ज़बरदस्ती या मिलीभगत से सम्भव है। ज़बरदस्ती का मतलब है कि एक बार मज़दूर ने अपनी मज़दूरी निकाली, तो उससे पैसा ज़बरदस्ती छीन लिया जाता है। मिलीभगत का मतलब है कि मज़दूर ख़ुद भ्रष्ट प्रथाओं का हिस्सा बन जाता है (अर्थात, फ़र्ज़ी मज़दूर—एमआर पर हैं, लेकिन कभी काम नहीं करते हैं)। ज़बरदस्ती और मिलीभगत दोनों बायोमेट्रिक प्रमाणीकरण के साथ भी जारी रह सकते हैं।

आधार-एकीकरण सुनिश्चित करने का दबाव इतना अधिक था कि कुछ राज्यों में आधार कार्ड अनुपलब्ध होने पर फ़ील्ड-स्टाफ़ ने जॉबकार्ड हटा दिये। चित्रदुर्ग (कर्नाटक) में, 2014-15 की रु. 1-1.5 करोड़ मज़दूरी एक साल तक रुकी हुई थी। जब भुगतान की प्रक्रिया चली, तो नरेगासॉफ़्ट में उन मज़दूरों के जॉबकार्ड सिस्टम से ग़ायब थे। पूछताछ करने पर, जिला प्रशासन को पता चला कि फ़ील्ड-स्टाफ़ ने '100% आधार-सीडिंग' दिखाने के लिए उन जॉबकाड्र्स को हटा दिया था। इसी तरह के उदाहरण झारखंड में भी सामने आए हैं (अग्रवाल, 2015)।

फिर नेशनल मोबाइल मॉनीटरिंग सिस्टम लाया गया जिसमें कार्यस्थल पर, मोबाइल के ज़रिये दिन में दो बार मज़दूरों की उपस्थिति लेना अनिवार्य किया गया।

यदि यह फ़ेल होता है, तो माना जाता है कि मज़दूर उपस्थित नहीं थे, और उन्हें मज़दूरी नहीं मिलती। निपुण मेटों ने किसी का भी फ़ोटो डालना शुरू कर दिया, ताकि मज़दूरों की मज़दूरी न रुके। कई भोले मेटों के मज़दूरों की मज़दूरी इसलिए अटक गई क्योंकि कार्यस्थल पर इंटरनेट न चलने की वजह से वह फ़ोटो नहीं लोड कर पाए। आधार से समस्या केवल नरेगा में ही नहीं—जन-वितरण प्रणाली, सामाजिक सुरक्षा पेंशन, स्कूल नामांकन, मातृत्व लाभ इन सभी में, आधार से जुड़ी समस्याओं की वजह से, लोगों के नाम काट दिये गए हैं।[4]

राजीव गांधी का पुराना वक्तव्य है कि सरकार द्वारा ख़र्च किये गए हर एक रुपये में से केवल 15 पैसा लोगों तक पहुँचता है। उनके निशाने पर प्रशासनिक ख़र्च था हालाँकि आम अवधारणा है कि यह भ्रष्टाचार पर टिप्पणी थी। यदि आज कोई इस तरह का बयान दे तो भ्रष्टाचार या प्रशासनिक ख़र्च (जो भी राजीव गांधी के बयान में उनके निशाने पर था) का हिस्सा तकनीक ले लेगी।

टेक्नोक्रेसी के टेक्नोलॉजी पर हावी होने से, जो फ़ायदा टेक्नोलॉजी से होना चाहिए, वह न होकर, लोगों की परेशानियाँ बढ़ गई हैं। ताक़तवर कम्पनियाँ टेक्नोक्रेसी और फिलैन्थ्रपी के रूप में सामने आ रही हैं। एक भ्रम पैदा किया जा रहा है कि टेक्नोक्रेसी और फिलैन्थ्रपी हमारे लोकतंत्र की कमज़ोरियों का सही और एकमात्र इलाज हैं। डेमोक्रेसी को टेक्नोक्रेसी से बचाना आज एक बड़ी चुनौती है।

कैश से जुड़ी दिक़्क़तें

जब सामाजिक सुरक्षा के क्षेत्र में कैश दिया जाता है तो एक बड़ी दिक़्क़त होती है कि उसे समय-समय पर किसी सिद्धान्त के आधार पर बढ़ाने की व्यवस्था नहीं बैठाई जाती। इसके कई उदाहरण हैं। तालिका 10.2 में विभिन्न योजनाओं में, जहाँ भी कैश के रूप में लागत है, उसके उदाहरण दिये गए हैं। मातृत्व लाभ से पेंशन की रक़म, इन कार्यक्रमों में कार्यरत मुलाज़िम की तनख़्वाह और इनमें खाने पर ख़र्च होनेवाले पैसों—इन सभी में लम्बे समय तक इनकी रक़म या रेट को बढ़ाया नहीं जाता।

जहाँ सालाना बढ़त हो रही है, वहाँ बढ़त बहुत कम है—उदाहरण के लिए, नरेगा में मज़दूरी या मध्याह्न भोजन पर प्रत्येक बच्चे का ख़र्च। सबसे चौंकाने वाले हैं पेंशन योजना के उदाहरण—2006-07 में पेंशन की रक़म आख़िरी बार बढ़ाई गई, यानी 18 साल पहले—रु. 125 प्रति माह से रु. 200 प्रति माह। तब से आज तक, केन्द्र का योगदान रु. 200 प्रति माह ही है। वैसे ही, मध्याह्न भोजन के वर्कर की तनख़्वाह 15 सालों से नहीं बढ़ी!

इससे यह होता है कि जैसे-जैसे क़ीमतें बढ़ती हैं, वैसे-वैसे उस राशि की समर्थन क्षमता घटती जाती है। सही वेतन नहीं मिलने से इन योजनाओं के क्रियान्वयन को कई तरह से नुक़सान पहुँचते हैं। एक, यदि कार्यकर्ता ख़ुश न हों, तो वह कामचोरी की ओर आकर्षित होंगे, मन लगाकर काम नहीं करेंगे। दूसरा, जब-जब धरना प्रदर्शन होंगे, आँगनवाड़ी, मध्याह्न भोजन, इत्यादि बाधित होंगे।[5] तीसरा, जब कार्यकर्ताओं को उचित सैलरी नहीं दी जाएगी तो वे भ्रष्टाचार द्वारा अपने अनुमान से, अपनी क्षतिपूर्ति कर लेंगे।

ऐसा नहीं कि सरकार को नये सिरे से इस सबके लिए व्यवस्था के बारे में सोचना होगा। वेतन को महँगाई के हिसाब से बढ़ाने के लिए सरकार ने अपने कुछ मुलाज़िमों के लिए 'डियरनेस अलाउअन्स' ('डीए', यानी महँगाई से आय में सम्भावित हानि से बचने का मुआवज़ा) की व्यवस्था कर रखी है। साथ ही, हर कुछ सालों में वेतन आयोग 'रियल टर्म्स' में इनका वेतन बढ़ाता है। लेकिन यह दोनों सिद्धान्त फ्रंटलाइन कार्यकर्ताओं, नरेगा मज़दूर इत्यादि पर लागू नहीं होते। और न ही कैश ट्रांसफ़र योजनाओं के लिए इसके बारे में कुछ क़दम उठाए गए हैं।[6]

तालिका 10.1 : नक़द रेट में स्थिरता

योजना	पिछली बढ़त से बीते साल (आख़िरी बढ़त का वर्ष)	केन्द्र सरकार का 2024 में योगदान	पिछली बढ़त की रक़म
IGNOAPS, 60-80 साल[1]	18 साल (2006-07)	रु. 200/माह	रु. 125/माह
IGNDPS और IGNWPS[1]	12 साल (2012)	रु. 300/माह	रु. 100/माह
IGNOAPS, 80+साल[1]	12 साल (2011)	रु. 500/माह	रु. 300/माह
प्रधानमंत्री मातृ वन्दना योजना	12 साल (2013)	रु. 6000/बच्चा	N/A
मध्याह्न भोजन पकाने का ख़र्च/प्रति बच्चा[2]	1 साल (2024)	रु. 6.19-9.29/दिन	74-112 पैसे
मध्याह्न भोजन कुक और हेल्पर[2]	15 साल (2009)	रु. 1000/माह	N/A
आँगनवाड़ी वर्कर और हेल्पर[3]	6 साल (2018)	रु. 2250-4500/माह	रु. 750-1500
नरेगा मज़दूरी[4]	हर साल (2024)	रु. 221-333/दिन	रु. 7-34

स्रोत : 1. भारत सरकार (2024A), 2. भारत सरकार (2022), 3. भारत सरकार (2024B, राज्य सभा अनस्टार्ड प्रश्न नम्बर 633), और 4. *द हिन्दू* 2024।

फ्रंटलाइन वर्कर्स की दुर्दशा चार्ट 10.1 से स्पष्ट हो जाती है। इस चार्ट में x-(हॉरिजंटल) ऐक्सिस पर मध्याह्न भोजन कुक, आँगनवाड़ी कार्यकर्ता और आँगनवाड़ी हेल्पर का 2023 में प्रति माह वेतन है। इसकी तुलना खेतिहर मज़दूरों में बुवाई के लिए महिलाओं की मज़दूरी की दर से की गई है, जो y-(खड़ा हुआ) ऐक्सिस पर दर्शाई गई है। बुवाई में मज़दूरी से कम मज़दूरी किसी और कार्य के लिए नहीं, इसलिए उससे तुलना की है—कि जिस काम में कम-से-कम मज़दूरी है उसकी तुलना में, फ्रंटलाइन वर्कर को क्या मिलता है। हर एक तिकोन किसी एक राज्य के लिए आँगनवाड़ी कार्यकर्ता (x-ऐक्सिस) और बुवाई में महिला मज़दूरी (y-ऐक्सिस) का कॉम्बिनेशन है; हर बिन्दु किसी राज्य में आँगनवाड़ी हेल्पर और बुवाई में मज़दूरी का कॉम्बिनेशन है; और डैश मध्याह्न भोजन कुक और बुवाई में मज़दूरी का कॉम्बिनेशन है। 45 डिग्री पर बनी लकीर पर किसी तिकोन, बिन्दु या डैश का मतलब है कि उस राज्य में आँगनवाड़ी वर्कर/हेल्पर/मध्याह्न भोजन कुक का वेतन, बुवाई की मज़दूरी दर के समान है। 45 डिग्री लकीर से ऊपर तिकोन/बिन्दु/डैश का मतलब है कि उस राज्य में उस श्रेणी में वेतन, बुवाई की मज़दूरी दर से कम है और 45 डिग्री लकीर से नीचे होने का मतलब है कि उस राज्य में बुवाई में महिला मज़दूरी, आँगनवाड़ी कार्यकर्ता/हेल्पर/कुक से कम है।

इस चार्ट से पता चलता है कि सभी राज्यों में कुक का वेतन बुवाई में मज़दूरी से भी कम है। केवल दो ऐसे राज्य हैं जहाँ आँगनवाड़ी हेल्पर का वेतन बुवाई की मज़दूरी के लगभग समान है (बाक़ी सबमें कम है)—ये दो राज्य हैं तेलंगाना और मध्य प्रदेश। ज़्यादातर राज्यों में आँगनवाड़ी वर्कर का वेतन बुवाई में मज़दूरी से ज़्यादा या उसके समान है। इसे देखकर कोई आश्चर्य नहीं कि कुछ-कुछ समय में उन्हें सड़कों पर उतरना पड़ता है!

कैश का मुद्दा केवल वेतन, पेंशन, मध्याह्न भोजन में कुकिंग ख़र्च निर्धारित करने के लिए प्रासंगिक नहीं। सरकार की कैश आधारित योजनाएँ काफ़ी बढ़ी हैं—2013 में कोशिश की गई कि अनाज के बदले लोगों को कैश दिया जाए (अध्याय 5)। वहाँ तो नहीं हुआ, लेकिन पीएम-किसान, पीएम उज्वला, राज्यों में महिलाओं के लिए नक़द योजनाएँ (अध्याय 2 देखें और गताड़े 2024), इत्यादि में नक़द दिया जाता है—वहाँ भी यह सवाल ज़रूर उठेगा (अभी ये योजनाएँ नई हैं, इसलिए नक़द राशि पर कम सवाल उठे हैं)।

चार्ट 10.1 : कुक और आँगनवाड़ी हेल्पर के वेतन खेतिहर मज़दूरी से भी कम

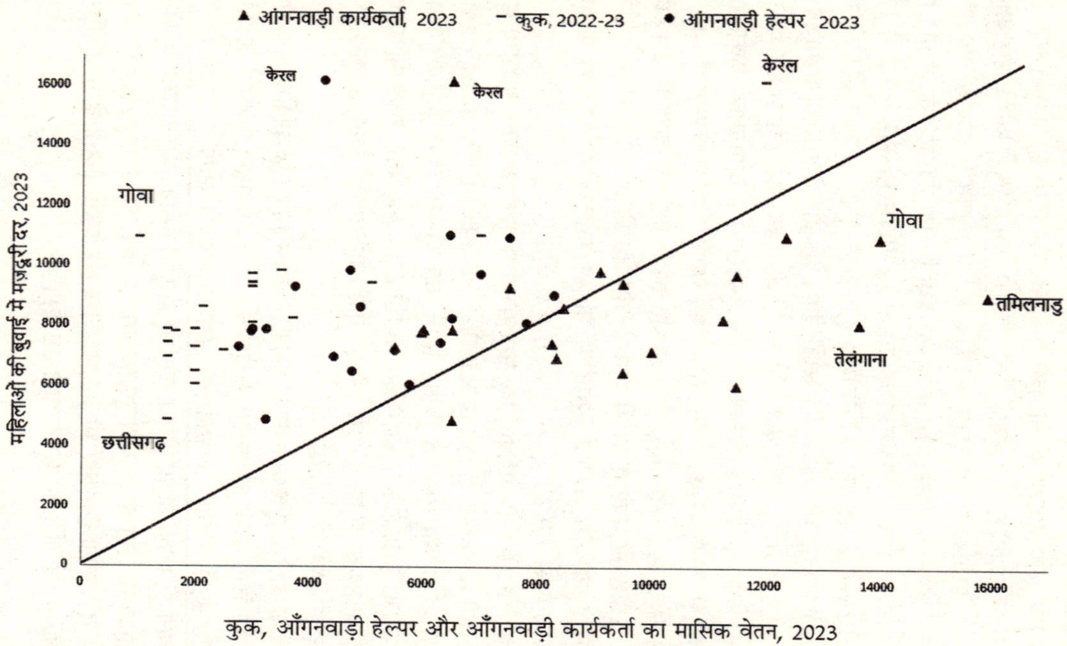

स्रोत : लेबर ब्यूरो से बुवाई की की मज़दूरी दरें (https://labourbureau.gov.in/rural-wages); राज्य सभा प्रश्न नम्बर 1152 (13.12.2023) और 633 (7.2.24)

'डेटा ब्लैकहोल' का अँधियारा

भारत 'डेटा ब्लैकहोल' की ओर जा रहा है, जिसके अँधियारे में अर्थव्यवस्था सुधार की राह खो सकती है। मुद्दा विश्वसनीय आँकड़ों का है जिनकी नीति-निर्णय में महत्त्वपूर्ण भूमिका है। यदि लोगों के जीवन में सुधार लाना है (स्वास्थ्य-शिक्षा, रोज़गार-कमाई), यह तब मुमकिन होगा जब स्थिति का सही आकलन करने की क्षमता हो। कहाँ स्कूल की ज़रूरत है, कहाँ शिक्षक की, किस रोज़गार में कितनी कमाई है? इस तरह के मौलिक सवालों के जवाब के लिए डेटा ज़रूरी है।

महालानोबिस जैसे दूरदर्शी लोगों ने देश में बेहतरीन सांख्यिकी ढाँचा सृजित किया। जनगणना, नेशनल सैम्पल सर्वे (NSS) की व्यवस्था दशकों से वह सारी जानकारी उपलब्ध करवा रही है जिसके आधार पर नीति निर्माण हो। लेकिन पिछले दशक में यह व्यवस्था कमज़ोर पड़ी है।

जनगणना 2021 के न होने से काफ़ी नुक़सान हो रहा है—आज यह भी बताना मुश्किल है कि देश की कितनी आबादी शहरी है और कितनी ग्रामीण। स्वतंत्रता के बाद, कभी भी ऐसा नहीं हुआ कि देश में जनगणना समय पर न हुई हो। जब से सरकार को कोविड का बहाना मिला, तब से आम चुनाव, कई राज्यों में चुनाव, कुम्भ मेले, इत्यादि का आयोजन तो सरकार कर चुकी है, लेकिन 2024 के अन्त तक जनगणना स्थगित रही।

यह कोई अकादमिक मुद्दा नहीं, इसका लोगों पर सीधा प्रभाव पड़ता है। चूँकि खाद्य सुरक्षा क़ानून के अनुसार जन-वितरण प्रणाली में कवरेज जनगणना की आबादी के आधार पर तय होती है, हमारे अनुमान के अनुसार आज 10 करोड़ से अधिक लोग पीडीएस से वंचित हैं। कहीं-कहीं तो 2013-2017 के बाद पैदा हुए बच्चों के नाम भी नहीं जुड़ पाए हैं!

उदाहरण के लिए, एनएसएस हर पाँच वर्ष में लोगों के रोज़गार पर और उनके उपभोग के ख़र्चों (कंजम्पशन एक्सपेंडिचर) पर विश्वसनीय सर्वे डेटा एकत्रित करती आई है। 2011-12 के बाद, 2017 का डेटा इसलिए रद्द कर दिया गया कि उसमें आर्थिक स्थिति में ख़ास सुधार नहीं दिख रहा था। आख़िरकार, 2024 में 2022-23 का डेटा रिलीज़ हुआ—यानी दस सालों तक कोई विश्वसनीय डेटा उपलब्ध नहीं था। एनएफ़एचएस-3, जो 2005-6 में हुआ और एनएफ़एचएस-4 (2015-16) के बीच दस साल बीत गए, हालाँकि इन्हें पाँच साल के अन्तराल में होना चाहिए। यह केवल दो उदाहरण हैं; राष्ट्रीय स्तर पर होनेवाले बड़े सर्वेक्षणों से जुड़ी दिक़्क़त और व्यापक है।

मुद्दा केवल तथ्यों की अनुपलब्धता तक ही सीमित नहीं। तालिका 3.1 में हमने देखा कि एनएफ़एचएस-5 के अनुसार देश में, एनएफ़एचएस-4 की तुलना में,

अनीमिया बढ़ गया। इस पर जब लोगों ने सवाल उठाने शुरू किये, तो ख़बर आई कि अगले एनएफ़एचएस में सरकार ने अनीमिया पर सवाल हटवा दिये हैं (नागराजन, 2023)। अपनी विफलता को छुपाने का आसान उपाय—ना रहेगा बाँस, ना बजेगी बाँसुरी।

एक और मुद्दा है कि किसी भी आर्थिक संकेतक की गिनती करने का एक मेथड रहा है। उदाहरण के लिए, बेरोज़गारी। भारत जैसी अर्थव्यवस्था में, जहाँ बहुत से लोग असंगठित क्षेत्र में काम करते हैं, वहाँ रोज़गार को परिभाषित करना आसान नहीं। कुछ साल पहले रोज़गार को परिभाषित करने की विधि को बदल दिया गया, जिसके परिणामस्वरूप पहले की स्थिति और आज की स्थिति की तुलना करना मुमकिन नहीं, या तुलना करने के लिए कई अनुमान लगाने होंगे (जजोरिया और जाटव, 2020 देखें)।

तथ्य या डेटा ना हो तो हक़ीक़त से छुपना, उससे मुँह मोड़ लेना, जवाबदेही से बचना, आसान हो जाता है। ऐसे कई उदाहरण हैं—अगस्त 2021 में राज्य सभा में केन्द्र सरकार ने बताया कि ऑक्सीजन की कमी से किसी राज्य ने मौत की जानकारी नहीं दी है।[7] जुलाई 2021 में मंत्री ने जवाब दिया कि 'मैनुअल स्कॅवेंजिंग' (यानी, मैला उठाने) से देश में, पिछले पाँच सालों में, किसी की मौत की दर्ज नहीं हुई।[8] राज्य गृह मंत्री और कृषि मंत्री ने कहा कि किसान विरोध में कितनी मौतें हुई हैं, उसका रेकॉर्ड नहीं।[9] 2020 में तालाबन्दी में फँसे मज़दूरों के लिए श्रमिक ट्रेन चलाई गई। सितम्बर 2020, संसद में श्रम मंत्री ने कहा कि श्रमिक ट्रेन में मौत की जानकारी एकत्रित नहीं की जा रही।[10] इन सबमें सूचना का न होना, जवाबदेही से बचने का रास्ता था।

हालात सुधरने के बजाय बिगड़ रहे हैं। सूचना के अधिकार के तहत, सरकार को कई सारी जानकारियाँ अपने आप, बिना किसे के माँगे अपनी वेबसाइट (या अन्य रूप में) लोगों को उपलब्ध करवाना अनिवार्य है। लेकिन नरेगा की वेबसाइट पर आज 2014 से पहले की काफ़ी सारी जानकारी ग़ायब कर दी गई है। RTI द्वारा माँगने पर कहा गया कि यह जानकारी नरेगा अनुभाग के पास उपलब्ध नहीं, हालाँकि राज्य सभा की वेबसाइट से प्राप्त हो गई। प्रधानमंत्री मातृ वन्दना योजना के द्वारा लाभान्वित महिलाओं की संख्या महिला एवं बाल विकास मंत्रालय की वेबसाइट पर नहीं उपलब्ध—RTI लगाकर ही मिलती है।

आँकड़े नीति-निर्णय में रोशनी डालने का काम करते हैं, राह ढूँढ़ने में मददगार होते हैं। तथ्यों के बिना आर्थिक, और कुछ हद तक सामाजिक राजनीतिक, स्थिति का जायज़ा लेना, नामुमकिन नहीं तो कठिन हो जाता है। तथ्यों के अभाव में, सबसे बुलन्द आवाज़ वाले व्यक्ति का सत्य, सबका सत्य हो जाता है।

क्या 'बिग डेटा' और निजी सर्वेक्षण के चलते जनगणना और सरकारी सर्वे की ज़रूरत है? बिग डेटा को लेकर कई लोग बावले हो रहे हैं, लेकिन देश में मूल आँकड़े (रोज़गार, ग़रीबी, मृत्यु दर) हासिल कर पाना एक संघर्ष है। केवल आँकड़ों को 'रियल टाइम' (जैसा कि बिग डेटा के बारे में कहा जाता है) में एकत्रित करने से किसी आर्थिक, सामाजिक या राजनीतिक समस्या पर समझ नहीं बन सकती और न उसका समाधान हो सकता।

एक हास्यास्पद उदाहरण अहमदाबाद से है। वहाँ किसी व्यक्ति का स्कूटर चोरी हो गया। उसने थाने में रपट दर्ज कराई थी। चोरी के स्कूटर की ख़बर मालिक को किस तरह मिल रही थी? शहर में ट्रैफ़िक लाइट को फाँदने पर ट्रैफ़िक पुलिस के कैमरा उस स्कूटर को 'पकड़' रहे थे, और मालिक को जुर्माना भरने के चालान भेजे जा रहे थे! क़ायदे से, ट्रैफ़िक पुलिस कैमरा में पकड़े जाने पर स्कूटर को ज़ब्त, और चोर को गिरफ़्तार, होना चाहिए था। भारत में बिग डेटा, रियल टाइम डेटा के जन हित में प्रयोगों के उदाहरण खोजना मुश्किल है।

निजी सर्वेक्षण का अनुभव भी बहुत अच्छा नहीं रहा। 2011-12 के बाद, एनएसएस का डेटा उपलब्ध नहीं था, तब मूल आर्थिक आँकड़ों के लिए अर्थशास्त्रियों को निजी कम्पनी, 'सेंटर फ़ॉर मॉनीटरिंग द इंडियन इकोनॉमी' (CMIE) के फ़ोन सर्वे पर निर्भर होना पड़ा। 2021 में बेरोज़गारी पर बहस CMIE के सर्वेक्षण के आँकड़ों पर हुई। द्रेज़ और सोमांची (2021) ने उत्तरदाताओं की सामाजिक-आर्थिक परिस्थिति की औसत को, अन्य सरकारी सर्वेक्षण से प्राप्त उन्हीं संकेतकों से मैच किया। उदाहरण के लिए, उन्होंने पाया कि 2015 में CMIE के अनुसार वयस्क साक्षरता की दर 83% थी, जो 2019 तक लगभग शत-प्रतिशत हो गई। यह मुमकिन नहीं लगता। CMIE के अनुसार 2015 में 98% घरों में बिजली थी, हालाँकि NFHS-4 (2015-16) में केवल 88% में ही। निष्कर्ष यह है कि जिस डेटा के आधार पर चर्चा हो रही है, वह स्रोत शायद वास्तविकता नहीं दर्शा रहा था; CMIE का दावा, कि उनका सर्वे सांख्यिकी की दृष्टि से देश की आबादी का प्रतिनिधित्व करता, संदिग्ध था। हालाँकि 'बिग डेटा' और निजी सर्वे काम आ सकते हैं लेकिन वह जनगणना और सरकारी सर्वेक्षणों की जगह नहीं ले सकते।

नोटबन्दी, जीएसटी और कोविड लॉकडाउन : असमानता के 'बूस्टर डोज़'

नोटबन्दी, जीएसटी, कोरोना महामारी और कोविड लॉकडाउन ने असमानता के लिए 'बूस्टर डोज़' का काम किया है। जहाँ नोटबन्दी और जीएसटी से असंगठित क्षेत्र अत्यधिक प्रभावित हुए, वहीं महामारी/लॉकडाउन से निबटने की क्षमता कमज़ोर वर्ग की कम रही। NDA के पहले पाँच वर्षों के आर्थिक मूल्यांकन में दो

बड़ी घटनाएँ हैं : नोटबन्दी और जीएसटी। एनडीए के दूसरे पाँच वर्षों में, कोविड लॉकडाउन से उत्पन्न मानवीय आपत्ति और स्वास्थ्य इमरजेंसी (अध्याय 9 देखें)।

नोटबन्दी की ज़रूरत क्यों थी? सरकार का—सही—दावा था कि देश में बहुत काला धन है और इसे ख़तम करने के लिए उनका—ग़लत—उपाय था नोटबन्दी। नोटबन्दी ग़लत नीति थी जिसे बुरी तरह क्रियान्वित किया गया। ऐसा क्यों? यदि काला धन झील की तरह केवल भंडार होता, तो एक बार ख़ाली कर देने से (यानी, बड़े नोट रद्द होने से) समस्या ख़त्म हो सकती थी। क्योंकि काला धन नदी की तरह एक 'प्रवाह' है, वह ख़ाली करने से फिर से भर जाएगा। अपेक्षा यह थी कि लगभग 40 प्रतिशत नोट जो काला धन है, वह नोटबन्दी से ख़त्म हो जाएँगे। लेकिन जब रिज़र्व बैंक ऑफ़ इंडिया ने लोगों के लौटाए नोट गिने तो पाया कि लगभग सारा पैसा लौटा दिया गया। या तो काला धन था ही नहीं (इसे मानना मुश्किल है) या काला धन सिस्टम में आया और सफ़ेद हो गया—यानी नोटबन्दी काले धन को सफ़ेद बनाने का ज़रिया बन गई। दूसरी ओर, अर्थव्यवस्था में लिक्विडिटी न होने की वजह से काफ़ी समय तक आर्थिक गतिविधियों में मंदी आ गई (जैसे शरीर के लिए रक्त है, वैसे अर्थव्यवस्था के लिए नक़द—शरीर से ख़ून निकाल देने से शरीर की क्या हालत होगी, वैसी ही अर्थव्यवस्था की हो गई), ख़ासकर असंगठित क्षेत्र को काफ़ी नुक़सान हुआ।

जीएसटी से निजी कारोबार और राज्य सरकारें, दोनों प्रभावित हुए। इसे लागू करने के आर्थिक तर्क हैं, लेकिन इस पर वाद-विवाद भी हैं : इस नीति में पक्ष-विपक्ष के लिए गुंजाइश है। यह कहा जा सकता है कि इस नीति के पीछे सोच अच्छी थी लेकिन क्रियान्वयन सही नहीं हुआ। उदाहरण के लिए, इसके लिए जो ऑनलाइन सिस्टम बैठाया गया उससे छोटे कारोबारों की समय हानि हुई, टेक्निकल फॉल्ट से नुक़सान हुआ और इन्हें सुधारने में सरकार ने काफ़ी समय लगा दिया। फिर जीएसटी में धोखाधड़ी की ख़बरें आने लगीं। दूसरी ओर, जीएसटी से राज्य सरकारों के हाथ और ज़्यादा बँध गए हैं। VAT (जिसका राजस्व राज्यों को मिलता था) की जगह पर जीएसटी को लाया गया है। जीएसटी कलेक्शन केन्द्र द्वारा राज्यों में बाँटा जाता है। इस प्रक्रिया में उलझनें आईं, केन्द्र द्वारा राज्यों को राजस्व देने में देरी हुई, इत्यादि।

दुनिया-भर में आर्थिक असुरक्षा और आर्थिक ग़ैरबराबरी चिन्ता का विषय बनी है।[11] भारत में भी स्थिति चिन्ताजनक है और यह केवल वर्तमान सरकार की नीतियों से ही नहीं जुड़ी हुई। बढ़ती आर्थिक असमानता सामाजिक और आर्थिक परेशानियों का कारण तो बन ही सकती है, साथ ही इससे नैतिक सवाल भी पैदा होते हैं।

फ्रांस के अर्थशास्त्रियों, पिकेट्टी और चन्सल (2019) ने खुलासा किया कि भारत में आर्थिक असमानता अन्य देशों की तुलना में कई गुना ज़्यादा है।

उनके आँकड़ों के अनुसार 1980 के दशक में भारत के टॉप 1% के हाथों में देश की कुल आय का 6% हुआ करता था। 2020 में, यह बढ़कर 22% तक पहुँच गया है। यदि कुल सम्पत्ति की बात करें तो स्थिति और भी गम्भीर है। टॉप 1% के हाथों में देश की एक-तिहाई कुल सम्पत्ति जमा है।[12]

यदि ऐसा होता कि निचले 50% का जीवनयापन स्तर ठीक होता, तब शायद चिन्ता की कोई बात न होती। लेकिन भारत में निचले 50% का स्तर बहुत कम है। प्रति व्यक्ति निचले 50% की औसत वार्षिक आय केवल रु. 50,000 के आसपास है। इसके मुक़ाबले टॉप 1% की औसतन आय रु. 42 लाख है (पीपल्स रिसर्च ऑन इंडिया'स कंज़्यूमर इकोनॉमी, 2021)। रु. 50,000 में किसी व्यक्ति के लिए इज़्ज़त और आत्मसम्मान की ज़िन्दगी जीना मुश्किल है।

अर्थशास्त्रियों में अलग-अलग विचारधाराएँ हैं (अध्याय 1 में इस पर विस्तृत चर्चा है)। आर्थिक नीति को जीडीपी की बढ़त दर पर केन्द्रित होना चाहिए या पुनर्वितरण को भी अहमियत मिलनी चाहिए। जिनका ग्रोथ रेट पर विश्वास है, उनकी राय में ऐसा करने से बाक़ी मुद्दे (जैसे कि, ग़रीबी दर) अपने आप हल हो जाएँगे। उनका यह भी मानना है कि (कुछ हद तक) असमानता, अर्थिक प्रतिस्पर्धा को प्रोत्साहित करती है, इसलिए वह ज़रूरी है।

विचारधारा को भूल जाएँ, तब भी इस तर्क में दोष है। यदि 1% के पास देश की एक-तिहाई सम्पत्ति जमा हो जाए, तो इससे जीडीपी की बढ़त दर को नुक़सान हो सकता है। जीडीपी में बढ़त के लिए देश में वस्तु-सामग्री और सेवाओं की माँग में बढ़त होना ज़रूरी है। जो अमीर हैं वह कितनी गाड़ी, कपड़े, अन्य सामान ख़रीद सकते हैं? प्रति एक्स्ट्रा आय में से उनकी उपभोग की क्षमता घटती जाएगी (अंग्रेज़ी में, 'मार्जिनल कैपेसिटी टू कंज़्यूम')। उदाहरण के लिए, यदि किसी मज़दूर की और अंबानी की आय रु. 100 से बढ़ जाएगी, तो मज़दूर पूरे सौ रुपये ख़र्च देंगे, लेकिन अंबानी उसे जेब में डालकर भूल जाएँगे। जो उपभोग कर सकते हैं, जिन्हें ख़र्च की ज़रूरत है, उनके हाथों में आय होने से जीडीपी के ग्रोथ रेट को (अधिक माँग के ज़रिये) बढ़ावा मिलेगा।

यदि हमारी विश्वगुरु बनने की आकांक्षा है तो इसे हासिल करने के लिए भी औसत आय ('आम आदमी' और 'आम औरत') पर ध्यान देना ज़रूरी है, देश में करोड़पतियों की संख्या बढ़ने से काम नहीं बनेगा। सम्पत्ति और आय का पुनर्वितरण विश्वगुरु बनने के लिए भी ज़रूरी है। यह ज़िम्मेदारी सरकार की है कि वह सबके विकास के लिए हालात पैदा करे। इसमें, अच्छी शिक्षा और स्वास्थ्य सुविधा श्रेष्ठ हैं। इन्हें उपलब्ध करवाने के लिए सरकार को राजस्व बढ़ाने की ज़रूरत है, जो आयकर, कॉरपोरेट टैक्स, सम्पत्ति कर, इत्यादि से प्राप्त हो सकता है (अगला अध्याय देखें)।

असमानता हद से ज़्यादा बढ़ जाए, तो समाज में क्लेश और तनाव बढ़ता है, जिससे समाज में अपराध बढ़ सकता है। साथ ही, समाज में लोगों में अपनापन घटता है, अलगाव और अकेलापन आ जाता है।

आर्थिक असमानता से जुड़ा नैतिक सवाल शायद सबसे अहम है। लेखक जॉर्ज ऑर्वेल ने कहा था, "आइदर वी ऑल लिव इन अ डीसेंट वर्ल्ड, ऑर नोबडी डज़", यानी या तो हम सभी मर्यादित, भले समाज में रहते हैं, या कोई भी नहीं। ऑर्वेल की समाज की रचना का आधार था न्याय, समानता और एकात्मता। यह भावना और लक्ष्य हमारे संविधान की प्रस्तावना में भी है। सवाल है कि क्या हम ऐसा समाज रचने की कोशिश कर रहे हैं?

सन्दर्भ

1. कुछ हद तक ऐसा स्वास्थ्य में हो रहा है। सरकारी बजट में स्वास्थ्य ख़र्च का बड़ा हिस्सा अब निजी स्वास्थ्य बीमा कम्पनियों का कारोबार बढ़ा रहा है।
2. कॉकरेन रिव्यू में, किसी एक मुद्दे पर, व्यवस्थित रूप से विभिन्न अध्ययनों की खोज को एकत्रित कर, प्रस्तुत किया जाता है। इनमें उम्मीद यह रहती है कि अध्ययन के निचोड़ को बिना पक्षपात के एकत्रित किया जाए।
3. क्लेमेंट इम्बर्ट के अनुमानों के अनुसार, मज़दूरी भ्रष्टाचार 2007-08 और 2011-12 के बीच घटा—44-58% से 22-32% (ड्रेज़ 2014)।
4. 2017-18 में जब जन-वितरण प्रणाली में आधार को अनिवार्य किया गया, तब लगभग तीस लोगों की जान गई थी (दत्ता 2020)।
5. लोगों को इसे बढ़वाने में अपना समय बर्बाद करना पड़ता है। अख़बारों में नियमित रूप से आँगनवाड़ी कार्यकर्ता, नर्स, आशा वर्कर, मध्याह्न भोजन में रसोइया या हेल्पर की धरना प्रदर्शन की ख़बरें आती रहती हैं।
6. एक अपवाद है राजस्थान का मिनिमम इनकम गारंटी क़ानून जिसमें पेंशन को हर वर्ष 15% बढ़ाने का प्रावधान है।
7. एक अनुमान के अनुसार, 6 अप्रैल से 21 जुलाई, 2021 तक, 682 मौतें ऑक्सीजन की कमी से हुईं (प्रिया और अन्य, 2021)।
8. लोकसभा में फ़रवरी 2021 में लिखित जवाब में बताया गया कि पिछले 5 महीनों में सीवर सफ़ाई के दौरान 340 मौतें हुईं (द *हिन्दू*, 2021)।
9. पंजाब मुख्यमंत्री के अनुसार 400 से ज़्यादा लोग जान गँवा चुके थे।
10. सूचना के अधिकार के तहत पाया गया कि जानकारी उपलब्ध है, और सरकार ने 80 ऐसी मौतें दर्ज की हैं (द *वायर*, 2020)। अख़बार से एकत्रित जानकारी के आधार पर अमन और अन्य, 2021 ने पाया कि 2020 के लॉकडाउन में 989 लोगों की मौत लॉकडाउन की वजह से हुई (एम्बुलेंस नहीं मिली, भूख और प्यास से, इत्यादि), जिसमें से 96 श्रमिक ट्रेन में हुईं।

11. देश में जब आर्थिक मुद्दों की गिनती होती है, जीडीपी, रोज़गार और महँगाई तक सीमित रह जाती है। हालाँकि असमानता का न केवल आर्थिक प्रभाव पड़ेगा, सामाजिक असर (हिंसा, अपराध, इत्यादि) भी होगा।
12. ऐसे और भी संकेत हैं। 2020-21 में दो लाख परिवारों में हुए सर्वे में यह पाया गया कि निचले 50% घरों में 1995 से लगतार बढ़ रही आय, 2015-16 की तुलना में, 2020-21 में 50% से अधिक गिर गई। यह आँकड़ा इसलिए भी टिप्पणी के योग्य है क्योंकि इस अवधि में ही सबसे सक्ष्म 20% की आय 39% बढ़ी। इसका तात्पर्य यह है कि GDP में आर्थिक वृद्धि का ज़्यादा से ज़्यादा फ़ायदा अमीर लोगों तक पहुँचा; निचले 50% तक कम। साथ ही, निचले 50% का देश की आय में हिस्सा घट गया (पीपल्स रिसर्च ऑन इंडियाज़ कंज़्यूमर इकोनॉमी, 2021)।

अध्याय-11

क्या (यह) मुमकिन है?

पिछले कुछ सालों से, काफ़ी लोग एक स्वर में, कहने के आदी हो गए हैं : 'पिछले 70 साल में कुछ नहीं बदला'। इस तरह के बयानों का कोई तथ्यात्मक आधार नहीं है : आज़ादी के समय, 1951 में लाइफ़ एक्सपेक्टेंसी 32 वर्ष थी; 2022 में 68 साल हो गई। शिशु मृत्य दर 180 प्रति 1000 जन्म थी, 2020 में यह 28 हो गई। आज़ादी के बाद (1951 में), केवल 9% लड़कियाँ साक्षर थीं, 2011 में 65%; इस दौरान, ग़रीबी भी घटी है (द्रेज़ और सेन 2015)। असली सवाल यह है कि क्या, इक्कीसवीं सदी के तीसरे दशक में, हम इन उपलब्धियों से सन्तुष्ट हो सकते हैं? और अगले 70 वर्षों में हमें अपने लिए क्या लक्ष्य तय करने चाहिए?

इस किताब के अध्याय 2-9 तक, ख़ुशहाल जीवन के लिए सरकारी पहलक़दमियों पर चर्चा है। इनकी उपलब्धियों और कमियों, दोनों को परखने की कोशिश है। यहाँ, चर्चा समाप्त करने से पहले एक कठिन सवाल पर कुछ तथ्य और सुझाव प्रस्तुत हैं। कठिन सवाल यह कि क्या यह सब मुमकिन है—ख़ास तौर पर वित्तीय रूप से? इसके लिए पैसा कहाँ से आएगा? इसका जवाब देने से पहले यह समझना ज़रूरी है कि इन सब पर ख़र्च कितना हो रहा है। अगले भाग में, इस किताब में चर्चित सामाजिक नीतियों पर पिछले बीस सालों के ख़र्च का ब्योरा है।

क्या मुमकिन है, इसके लिए संक्षेप में (फिर से) कुछ राज्यों का दौरा करना होगा। जन-वितरण प्रणाली की उत्तर भारत के प्रदेशों में ख़स्ता हालत हुआ करती थी। केवल तमिलनाडु में पीडीएस अच्छे से चल रहा था। स्वामी अंकलेश्वर अय्यर (जो *टाइम्स ऑफ़ इंडिया* में कॉलम लिखते हैं) उन्होंने हमें कहा, "पूरी इंडियन क्रिकेट टीम तेंदुलकर की तरह बैटिंग नहीं कर सकती।" फिर, 'फिसड्डी' माने जाने वाले राज्यों में सुधार दिखने लगा। तब हमने उन्हें जवाब दिया, "अब टेलएंडर भी सिक्सर मार रहे हैं।"

कुछ राज्यों को मौजूदा समय में उपलब्ध एक मॉडल के रूप में देखा जा सकता है। यदि हमारी परिकल्पना में सामाजिक नीति मौजूदा सामाजिक नीतियों से

ठोस है, तो हमें पहले इस मुद्दे पर और व्यापक सहमति बनानी होगी। सामाजिक नीति पर व्यापक सहमति क्यों नहीं और व्यापक सामाजिक नीति के लिए संसाधन कहाँ से आएँगे—यह दोनों सवाल जुड़े हुए हैं। जो आज इस तरह के ख़र्च के लिए सहमत नहीं, उन्हीं के हाथों में राजस्व की कुंजी है। ऐसे मुद्दों पर पूर्ण सहमति की गुंजाइश शायद न हो, क्योंकि पुनर्वितरण का सवाल है, तो जिनसे लिया जाएगा वह शायद ही ख़ुशी से देंगे। यह समझना ज़रूरी है कि इनके विरोध के पीछे किस हद तक इन योजनाओं का प्रदर्शन है (जैसा कि अख़बारों में स्तम्भकार दर्शाने की कोशिश करते हैं) और किस हद तक, पुनर्वितरण का खुला विरोध न कर पाने के कारण, किसी और बहाने की आड़ में होता है।

नया ढाँचा

एनडीए सरकार के वर्षों को, मुख्यधारा के मीडिया में, उदार कल्याणकारी एजेंडे के रूप में दिखाकर सराहा जाता है (खेरा और मो. असजद, 2024)। क्या यह सच है? जीडीपी के प्रतिशत के रूप में, 10 प्रमुख कल्याणकारी (यानी, वेलफ़ेयर) योजनाओं पर कुल ख़र्च का विश्लेषण करें तो 2023-24 में जनकल्याण पर ख़र्च 20 साल पहले (2004-05) के ख़र्च से बहुत अलग नहीं।

आनन्द, डिंबले और सुब्रमणियन (2020) ने यूपीए सरकार के दौरान कल्याणकारी योजनाओं पर ख़र्च की तुलना एनडीए सरकार से की। उनके आकलन में, एनडीए शासन के दौरान, स्वास्थ्य और शिक्षा जैसी सार्वजनिक सेवाओं के बजाय, निजी सुविधाओं (शौचालय, आवास, एलपीजी सिलेंडर और पानी कनेक्शन) पर सरकार द्वारा ज़ोर दिया गया। वे इस 'मॉडल' को 'न्यू वेलफ़ेयर' कहते हैं। न्यू इसलिए क्योंकि पारम्परिक वेलफ़ेयर मॉडल में शिक्षा, स्वास्थ्य जैसी सुविधाओं को अहमियत दी जाती है।

यदि योजनाओं को दो मोटी श्रेणियों में बाँटकर (यूपीए–और एनडीए–सरकार से जुड़ी), कुल कल्याणकारी ख़र्चों के ब्रेक-अप को देखने की कोशिश करते हैं तो समझ सकते हैं कि क्या दोनों दशकों में वाक़ई अलग मॉडल थे?[1]

एनडीए अवधि (2014-2024) के लिए, हम 'एनडीए योजनाओं' के रूप में 2014 में शुरू किये गए स्वच्छ भारत अभियान (एसबीए), 2015 में पीएम-आवास (शहरी) और अगले वर्ष पीएम-आवास (ग्रामीण) के साथ प्रधानमंत्री उज्ज्वला योजना (पीएमयूवाई) को शामिल करते हैं। 2018 में, पीएम-किसान सम्मान निधि (पीएम-किसान) और आयुष्मान भारत शुरू किये गए थे, और 2019 में जल जीवन मिशन (जेजेएम) शुरू किया गया था।[2]

यूपीए सरकारों (2004-14) से जुड़े छह प्रमुख कार्यक्रम राष्ट्रीय ग्रामीण

रोज़गार गारंटी अधिनियम (नरेगा) 2005 और राष्ट्रीय खाद्य सुरक्षा अधिनियम (एनएफ़एसए) 2013 की चार योजनाएँ हैं : जन-वितरण प्रणाली (पीडीएस), मध्याह्न भोजन (एमडीएम), एकीकृत बाल विकास सेवाएँ (आईसीडीएस)[3] और प्रधानमंत्री मातृ वन्दना योजना (के माध्यम से प्रदान किये जाने वाले मातृत्व लाभ; योजना 2017 में बहुत देर से चालू हुई)।[4] राष्ट्रीय सामाजिक सहायता कार्यक्रम (सामाजिक सुरक्षा पेंशन) को जोड़कर छह योजनाएँ यूपीए शासनकाल से जुड़ी हैं।

'एनडीए' या 'यूपीए' के रूप में योजनाओं का ऐसा वर्गीकरण कुछ हद तक कृत्रिम है। सवाल यह नहीं है कि प्रत्येक योजना को किसने पेश किया, बल्कि यह है कि पिछले दो दशकों में उन्हें कितना अच्छा बजट प्राप्त हुआ।

चार्ट 11.1 में दोनों दशकों का कल्याणकरी बजट दर्शाया गया है। एनडीए के वर्षों (2014-2024) की तुलना पिछले दशक (2004-14), यानी यूपीए सरकार के वर्षों से करें तो भी कुल ख़र्च के मामले में कोई ख़ास फ़र्क़ नहीं दिखाई देता। यदि कल्याणकारी ख़र्च को दो श्रेणियों में बाँटें, तो हम पाते हैं कि यूपीए से जुड़ी योजनाओं में, एनडीए के दशक में, फ़ंडिंग में कमी आई। इससे हुई बचत को एनडीए ने अपनी योजनाओं पर व्यय किया, जिससे कुल ख़र्च अपरिवर्तित रह गया।

योजनाओं के इन दो सेटों के बीच कुछ अन्तर हैं। एनडीए योजनाएँ एक 'संतृप्ति' दृष्टिकोण का पालन करती हैं, जिसमें 'सेल्फ़ टारगेटिंग' के तत्त्व मुमकिन हैं। वे लोग जिनके पास शौचालय, पक्का कमरा, एलपीजी कनेक्शन, आदि नहीं हैं, केवल वे पात्र हैं, और एक बार वह इसे प्राप्त कर लेते हैं तो दूसरों को मौक़ा मिलता है, यानी, लाभ एक बार ही मिलता है।

यूपीए के लाभों के मामले में, हक़दार लोगों को इन क़ानूनों में साल-दर-साल (ग्रामीण परिवारों के लिए 100 दिन का काम), या महीने-दर-महीने (पीडीएस अनाज) या दैनिक (स्कूलों और आँगनवाड़ियों में भोजन) के लाभ मिलते हैं। यहाँ भी कुछ हद तक सेल्फ़-टारगेटिंग मुमकिन है, इस अर्थ में कि केवल वे लोग जिन्हें कोई अन्य काम नहीं मिल सकता है, नरेगा के काम के लिए दिखाई देते हैं; सरकारी स्कूलों और आँगनवाड़ी में पढ़ने वाले बच्चे ग़रीब परिवारों से होते हैं।

इस अन्तराल में कल्याणकारी ख़र्च में कुछ बदलाव आया? चार्ट 11.1 में सबसे ऊपर की लाइन कुल कल्याण ख़र्च को दर्शाती है: इस अवधि में जीडीपी की अच्छी वृद्धि दर के बावजूद कल्याणकारी व्यय का स्तर कम और स्थिर रहा। यह दो कोविड वर्षों में से केवल एक के लिए जीडीपी के 3% से अधिक था (चार्ट 11.1 देखें)। दीर्घावधि में जो भी वृद्धि हुई, वह यूपीए के प्रारम्भिक वर्षों के दौरान हुई।

एनडीए की योजनाओं के विपरीत, जिनमें से कोई भी क़ानूनी हक़ नहीं है, यूपीए की योजनाएँ क़ानून में निहित हैं, इसलिए उन्हें पूरी तरह से नज़रअन्दाज़ करना आसान नहीं।

चार्ट 11.1 : वेलफ़ेयर पर ख़र्च, जीडीपी के अनुपात के रूप में

मोदी सरकार के दौरान कल्याणकारी योजनाएँ चर्चा में रही हैं, लेकिन इन पर ख़र्च स्थिर रहा है

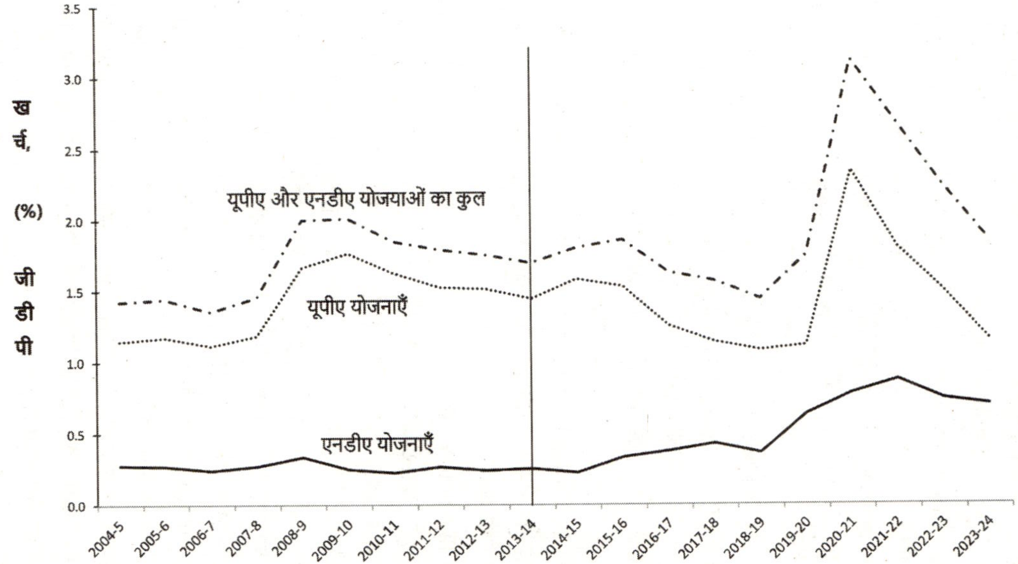

नोट : 'यूपीए' योजनाओं में खाद्य सब्सिडी, मनरेगा, मध्याह्न भोजन, आईसीडीएस, प्रधानमंत्री मातृ वंदना योजना और सामाजिक सुरक्षा पेंशन शामिल हैं। 'एनडीए' योजनाओं में स्वच्छ भारत मिशन, पीएम-आवास, पीएम-किसान, जल जीवन मिशन और एलपीजी सब्सिडी शामिल हैं।

स्रोत: बजट दस्तावेज़, विभिन्न वर्ष। जब वास्तव ख़र्च नहीं उपलब्ध, संशोधित (रिवाइज़्ड) ख़र्च इस्तेमाल किया है, और जब ख़र्च नहीं उपलब्ध, तो बजट इस्टीमेट दर्शाया गया है।

क़ानूनी मजबूरियों के बावजूद, यूपीए योजनाओं को, विशेष रूप से बच्चों की योजनाओं को, एनडीए के दौरान बजटीय उपेक्षा का सामना करना पड़ा (चार्ट 11.1 में मध्य रेखा)। मध्याह्न भोजन और आईसीडीएस के मामले में भारी कटौतियाँ की गई थीं। 2014-15 की तुलना में, 2023 में इसमें रीअल टर्म्स में 40 प्रतिशत गिरावट आई (श्रीहरी, 2023)। यूपीए योजनाओं की हिस्सेदारी 2014 के केन्द्रीय बजट में, जीडीपी के लगभग 1.5% से धीरे-धीरे घटकर 2019-20 में जीडीपी का 1.1% हो गई, जब कोविड ने सरकार को इसे बढ़ाने के लिए मजबूर किया।

क्या एनडीए की योजनाओं ने यूपीए की योजनाओं पर ख़र्च में कमी की भरपाई की? मुश्किल से। हालाँकि एनडीए योजनाओं पर ख़र्च (चार्ट में सबसे नीचे की रेखा) पिछले एक दशक में लगातार बढ़ा, यह जीडीपी के 1% से नीचे रहा। फिर हैरानी की बात नहीं कि इन योजनाओं की उपलब्धियाँ बहुत मामूली रही हैं : एनएफ़एचएस-5 के अनुसार, एलपीजी का उपयोग 2015-16 में 43% से बढ़कर, 2019-21 में 58% हुआ। इसी अवधि में, खुले में शौच करनेवाले परिवारों का अनुपात आधा (39% से 19%) हुआ और पक्के घरों में रहनेवाले परिवारों का अनुपात 56% से बढ़कर 60% हो गया है।

वास्तव में, ठीक इसलिए कि एनडीए ने यूपीए की योजनाओं की भरपाई नहीं की, कोविड के दौरान एनडीए सरकार यूपीए की दो बड़ी पहलों पर निर्भर रही, जिसमें नरेगा भी शामिल थी।[5]

यूपीए योजनाओं के साथ एनडीए का तनावपूर्ण सम्बन्ध पीडीएस के मामले में अधिक स्पष्ट है, जिसे अब प्रधानमंत्री ग़रीब कल्याण अन्न योजना (पीएमजीकेएवाई) के नाम से जाना जाता है। एनएफ़एसए 2013 ने शहरी क्षेत्रों में 50% और ग्रामीण क्षेत्रों में 75% कवरेज (यानी, कुल मिलाकर 80 करोड़) को अनिवार्य कर दिया है। पीडीएस द्वारा कवर किये गए लोगों के लिए प्रति व्यक्ति प्रति माह 5 किलोग्राम का हक़, 2-3 रुपये प्रति किलोग्राम (गेहूँ और चावल के लिए) है।

कोविड-19 के दौरान (अप्रैल 2020 से दिसम्बर 2022 तक), सरकार ने लोगों की पीडीएस पात्रता को दोगुना कर दिया (हर महीने 5 किलो से 10 किलो तक, अतिरिक्त 5 किलो मुफ़्त में)। जनवरी 2023 में कोविड टॉप-अप बन्द कर दिया गया। इस झटके से बचाव के लिए मूल एनएफ़एसए पात्रता (5 किग्रा. के लिए कुल रु. 10-15) को मुफ़्त कर दिया गया था। इस रीपैकेज़्ड पीडीएस का नाम बदलकर पीएमजीकेएवाई कर दिया गया।[6]

वास्तविकता यह है कि यूपीए के क़ानून (एनएफ़एसए 2013) ने पीडीएस के माध्यम से 80 करोड़ के वर्तमान कवरेज को मुमकिन किया (अधिनियम पारित होने पर लगभग 50 करोड़ के आसपास था)। अब यह योजना यूपीए/कांग्रेस की तुलना में भाजपा/नरेन्द्र मोदी से कहीं अधिक जुड़ चुकी है। यह आश्चर्यजनक है क्योंकि

बहुत कम लाभ देने के बावजूद, एनडीए श्रेय कमा रही है। दूसरी ओर एनडीए के कारण, आज भी, 2011 की जनगणना के आधार पर पीडीएस में शामिल होनेवाली जनसंख्या तय हो रही है। 2021 की जनगणना कराने में विफलता के परिणामस्वरूप पीडीएस से करोड़ों लोग बाहर रह गए हैं। वर्ष 2021 में अनुमानित आबादी के लिए NFSA अनिवार्य कवरेज अनुपात लागू करने से PDS में 10 करोड़ से अधिक की वृद्धि होगी।

कुछ लोगों ने दलील दी कि जैसे-जैसे जीडीपी बढ़ती है, जीडीपी का 1-2% भी 20 साल पहले की तुलना में आज बहुत बड़ी राशि होती है। उन्हीं पर्यवेक्षकों के अनुसार, यह देखते हुए कि प्रति व्यक्ति जीडीपी भी बढ़ी है, अगर जीडीपी में कल्याण पर ख़र्च का प्रतिशत स्थिर है तो इसमें कुछ भी ग़लत नहीं है।

यह तर्क कम-से-कम तीन तरह से ग़लत है। पहला, यह मानता है कि जब जीडीपी बढ़ती है, तो सभी को बड़े हिस्से का बराबर हिस्सा मिलता है। हम जानते हैं कि यह भारत में सच नहीं—देश में असमानता बढ़ रही है (पिछला अध्याय और भारती, चांसल, पिकेटी और सोमांची 2024, देखें)। दूसरा, पिछले दशक में बड़ी आर्थिक आपदाएँ देखी गई हैं : नोटबन्दी, जीएसटी का बेतरतीब कार्यान्वयन और कोविड-19 लॉकडाउन से उत्पन्न मानवीय संकट। तीनों की वजह से अधिक सामाजिक समर्थन की आवश्यकता थी। अन्त में, जैसे-जैसे अर्थव्यवस्था बढ़ती है, हम अधिक—कम नहीं—उदार कल्याणकारी ख़र्च की उम्मीद करते हैं।

एनडीए सरकार मौजूदा कल्याणकारी कार्यक्रमों का नाम बदलकर, उनके लिए श्रेय का दावा करके (जैसे कि वे नई योजनाएँ हों), एक बड़े कल्याणकारी ख़र्चकर्ता के रूप में प्रतिष्ठा बनाने में कामयाब रही है। साथ ही, 2014 से पूर्व की कल्याणकारी योजनाओं के बजट में कटौती कर रही है जिनकी क्षतिपूर्ति नई योजनाएँ नहीं कर पाई हैं।

राज्यों के अनुभव—अनेक मॉडल

अच्छी बात यह है कि जहाँ केन्द्र सरकार हाथ खींच रही है, वहीं कई राज्य सरकारें, ख़ासकर ग़ैर-भाजपा पार्टियों द्वारा शासित सरकारें, सामाजिक नीतियों के क्षेत्र में आगे आ रही हैं।

इस किताब में चर्चित हर योजना में राज्य स्तर पर अच्छे प्रयोग हुए हैं। मातृत्व लाभ योजना (अध्याय 1) की बात करें तो गर्भवती और शिशुवती महिलाओं को ओडिशा और तमिलनाडु की राज्य योजनाओं (ममता और डॉ. मुथुलक्ष्मी रेड्डी योजना) के माध्यम से मातृत्व हक़ के रूप में रु. 10,000 (ओडिशा में) और रु. 18,000 (तमिलनाडु में) मिलते हैं, जबकि केन्द्रीय योजना (पीएमएमवीवाई) में

केवल रु. 6000 का प्रावधान है। ग़ौरतलब है कि इन राज्यों ने अपने राज्य में इन योजनाओं को केन्द्र में पारित क़ानून से कई वर्ष पहले शुरू कर लिया था।

आँगनवाड़ी और मध्याह्न भोजन योजना में (अध्याय 3-4), उदाहरण के लिए, जबकि केन्द्र सरकार ने आँगनवाड़ी और स्कूली भोजन के लिए प्रति बच्चा खाना पकाने की लागत में मुश्किल से वृद्धि की है, जबकि राज्यों ने अपने बजट से बेहतर खाना उपलब्ध करवाने के प्रयत्न किये हैं। यहाँ तक कि ओडिशा, बिहार और झारखंड जैसे ग़रीब राज्यों ने एमडीएम और आईसीडीएस में सप्ताह में कुछ दिन अंडे को मेनू में जोड़ा है। कुछ राज्यों ने स्कूल और आँगनवाड़ी में नाश्ता देने की भी शुरुआत की है—इनमें ओडिशा और तमिलनाडु शामिल हैं।

छत्तीसगढ़ में राज्य सरकार जन-वितरण प्रणाली (अध्याय 5) द्वारा 5 किलो प्रति व्यक्ति प्रति माह (जो केन्द्र की ओर से लोगों का हक़ है) के बजाय अधिक अनाज दिया जा रहा है, और इसके साथ रु. 5 प्रति किलो के भाव पर काला चना (जो बहुत प्रोटीन युक्त है) दिया जाता है। तमिलनाडु, आंध्र प्रदेश, तेलंगाना और हिमाचल प्रदेश में भी राज्य सरकारें दालें और तेल देती हैं। नरेगा (अध्याय 6) में कुछ राज्यों ने 100 दिन प्रति वर्ष की सीमा से अधिक दिन का रोज़गार देने का वादा किया है। इसमें राजस्थान (जहाँ राज्य स्तरीय क़ानून भी बना है) के साथ अन्य राज्य भी हैं। कुछ राज्यों ने 'शहरी नरेगा'—यानी, शहरी क्षेत्रों में रोज़गार उपलब्ध करवाने की योजनाएँ शुरू की हैं।[7]

सामाजिक सुरक्षा पेंशन (अध्याय 7) के बारे में, CAG की रिपोर्ट के अनुसार, 2017-2021 के बीच, राष्ट्रीय सामाजिक सहायता कार्यक्रम (NSAP) पर कुल ख़र्च में से केवल 24% केन्द्र सरकार से आया था (कोम्पट्रोलर एंड ऑडिटर जनरल ऑफ़ इंडिया, 2023)। इसके पीछे दो कारण हैं: एक, सामाजिक सुरक्षा पेंशन में केन्द्रीय योगदान बहुत कम है (कुछ श्रेणियों में 200 रुपये प्रति माह), इसलिए ज़्यादातर राज्य पेंशन को 'टॉप-अप' करते हैं। उदाहरण के तौर पर, झारखंड में राज्य सरकार 800 रुपये का योगदान देती है ताकि पेंशनभोगियों को प्रति माह 1000 रुपये मिलें। दो, कई प्रदेशों ने राज्य पेंशन योजनाओं के माध्यम से कवरेज में काफ़ी वृद्धि की है। उदाहरण के लिए, राजस्थान में, सभी सामाजिक सुरक्षा पेंशनधारकों में से 87% को राज्य योजना से पेंशन मिल रही है।

कई वर्षों तक केरल 'मॉडल' के रूप में चर्चा में रहा। यहाँ, ह्यूमन डेवलपमेंट इंडेक्स के तीनों संकेतकों पर राज्य आगे था। फिर लोकसभा 2014 के चुनाव से पहले 'गुजरात मॉडल' की बहुत चर्चा हुई। तब एक नारा उभरा : 'मिनिमम गवर्नमेंट, मैक्सिमम गवर्नेंस'। लेकिन गुजरात की उपलब्धियों को देखें, तो यह मॉडल फीका पड़ने लगता है (खेरा, 2014a)। जीडीपी की बढ़त दर के अलावा शिक्षा, स्वास्थ्य जैसे विकास के पैमाने पर गुजरात का रैंक पहले पाँच राज्यों में नहीं है।

गुजरात की आर्थिक तरक़्क़ी की नींव कई दशकों पहले पड़ने लगी थी। नब्बे के दशक में, गुजरात पहले से सातवें रैंक पर था, 2000 के दशक तक, उन्हीं मानदंडों पर पहले से अठारहवाँ हो गया (तालिका 11.1) । 2019-21 की हालत लगभग बीस साल पहले जैसी ही है। कुछ संकेतकों पर तो गुजरात और बिहार में भेद करना मुश्किल हो गया है (तालिका 3.2)।

सामाजिक नीति के क्षेत्र में गुजरात मॉडल नहीं है, लेकिन पिछले 20 वर्षों में कई मॉडल सामने आए हैं (द्रेज़, 2014a और 2021 भी देखें)। इनमें से यहाँ तीन—तमिलनाडु, हिमाचल प्रदेश और ओडिशा—पर टिप्पणी है।

तालिका 11.1 : मुख्य राज्यों में गुजरात की गिरती रैंकिंग

	1990s		2000s		2019-21	
	गुजरात (भारत)	गुजरात का रैंक[a]	गुजरात (भारत)	गुजरात का रैंक[a]	गुजरात (भारत)	गुजरात का रैंक[a]
रियल पर कैपिटा राज्य के डोमेस्टिक प्रोडक्ट की बढ़त दर	6.2 (4.0)[1]	1st	8.2 (6.0)[1]	1st	3.01 (0.66)[3]	1st
शिशु मृत्यु दर[1]	63 (71)[1]	4th	41 (44)[1]	9th	23 (28)[5]	9th
15-19 साल की उम्र की लड़कियों का % जिन्होंने आठवीं कक्षा पास की	43 (36)[1]	7th	53 (56)[1]	11th	83.8[6] (84.2)	15th
ह्यूमन डेवलपमेंट इंडेक्स (एचडीआई)	0.43 (0.38)[2]	7th	0.53 (0.55)[2]	7th	0.635[4] (0.633)	11th
पीडीएस से अनाज ख़रीदने वाली जनसंख्या का (%)[7]	38 (27)	7th	23 (45)	18th	47 (70)	19th

नोट : a बीस मुख्य राज्यों में रैंक।

स्रोत : 1. द्रेज़ और सेन (तालिका A.3, 2002 और तालिका A.3, 2013); 2. द्रेज़ और सेन (2013), तालिका 1.2 सांख्यिकीय परिशिष्ट; भारत सरकार (2002) तालिका 1.2 (पेज 141) और भारत सरकार (2012), तालिका 13.10; 3. भारतीय रिज़र्व बैंक, (2023, तालिका 26); 4. ग्लोबल डेटा लैब (2021); 5. भारत सरकार (2022), तालिका 1; 6. नेशनल फ़ैमिली हेल्थ सर्वे-5 (2019-21); 7. हिमांशु और सेन (2013) और खेरा (2024)।

ओडिशा की चर्चा वहाँ की ग़रीबी, ख़राब ह्यूमन डेवलपमेंट इंडिकेटर्स और भ्रष्टाचार के लिए ज़्यादा होती है। पहले ओडिशा के केबीके (कालाहांडी-बोलानगीर-कोरापुट) क्षेत्र को राज्य से बाहर भुखमरी से हुई मौतों के लिए जाना जाता था (द्रेज़, खेरा और मिश्रा, 2014)। लेकिन पिछले दो दशकों में वहाँ सामाजिक नीतियों पर काफ़ी काम हुआ है। बीस साल पहले आँगनवाड़ी, मध्याह्न भोजन, जन-वितरण प्रणाली, पेंशन बहुत सक्रिय नहीं थे, लेकिन आज लोग इन पर काफ़ी निर्भर हैं।[8] बच्चों के कार्यक्रमों में अंडा देने की पहल तमिलनाडु में हुई, लेकिन ओडिशा एक क़दम आगे गया—यहाँ, तीन साल से कम उम्र के बच्चों को घर ले जाने (टेक-होम राशन) के रूप में अंडा दिया जाने लगा। यह गर्भवती महिलाओं के लिए भी था। दूसरा, जन-वितरण प्रणाली में अनाज की चोरी रोकने में काफ़ी कामयाबी हासिल हुई है। तीसरा, ओडिशा भारत का शायद एकमात्र राज्य है जहाँ वृद्धों, विधवाओं और विकलांगों को मिलने वाली सामाजिक सुरक्षा पेंशन हर महीने (लगभग) समय से दी जाती है। यह पेंशन हर महीने की 15 तारीख को गाँव के पंचायत घर में नगद या बैंक खाते में दी जाती है।[9] अन्य राज्यों की तरह, यहाँ भी रक़म और पेंशनधारकों की संख्या बढ़ाने में राज्य का बड़ा योगदान है। चौथा, देश में खाद्य सुरक्षा क़ानून लागू हुआ उससे पहले, राज्य ने मातृत्व लाभ की ममता योजना शुरू की, जिसके तहत 2021-22 में जन्म देने वाली दो-तिहाई महिलाओं को लाभ मिला (अध्याय 2 देखें)।

हिमालय में बसे, छोटा-पहाड़ी राज्य कहलानेवाले हिमाचल प्रदेश की उपलब्धियाँ मॉडल ना सही, लेकिन क़ाबिल-ए-तारीफ़ ज़रूर हैं (खेरा, 2014c)। प्राथमिक शिक्षा पर दस साल के अन्तराल पर (1996-2006) किये गए प्रोब सर्वे की रिपोर्ट में हिमाचल में उत्साहित करनेवाले नतीजे सामने आए (डे और अन्य, 2011)। 2004-05 के एक सर्वे में सरकारी स्कूलों में पढ़ रहे बच्चों की पढ़ने, लिखने और घटाने (गणित) की परीक्षा ली गई, जिसमें हिमाचल के बच्चे पढ़ने में पहले नम्बर पर थे, लिखने में चौथे और घटाने में दूसरे नम्बर पर (द्रेज़, 2015)। मनरेगा पर हुए 2007 के सर्वे में उसके क्रियान्वयन में पंचायतों की अहम भूमिका थी, महिलाओं की अच्छी भागीदारी है और भ्रष्टाचार भी कम था। जन-वितरण प्रणाली में हिमाचल को नौ राज्यों में पहला दर्जा मिला (खेरा, 2011)। इसके तीन कारण थे—वहाँ पीडीएस यूनिवर्सल है, केवल सस्ता गेहूँ-चावल ही नहीं, बल्कि पौष्टिक दालें और खाद्य तेल भी दिया जाता है और बीपीएल और अंत्योदय कार्डधारियों को सर्वे से पिछले तीन महीनों में अपने हक़ का पूरा राशन मिला था। हिमाचल में चुनौतियों की कमी नहीं : जाति-आधारित भेदभाव, पर्यावरण पर बड़ा सवाल खड़ा हो रहा है, निजी प्राथमिक शिक्षा के लिए स्कूल गाँव-गाँव तक पहुँच रहे हैं, जिससे सरकारी व्यवस्था, जिसके बूते पर राज्य आगे आ पाया, कमज़ोर पड़ने लगी है।

तीसरा मॉडल है तमिलनाडु, जिसका सामाजिक नीतियों के क्षेत्र में ज़िक्र कई बार हुआ है (खेरा, 2018)। राष्ट्रीय स्तर पर लागू हों उससे पहले तमिलनाडु ने इन नीतियों को अपने राज्य में, एक 'प्रयोग' के रूप में, चलाकर दिखाया। मध्याह्न भोजन योजना इसका प्रमुख उदाहरण है। असंगठित क्षेत्र की महिलाओं के लिए मातृत्व लाभ में भी तमिलनाडु अग्रणी रहा (वहाँ राज्य की डॉ. मुथुलक्ष्मी रेड्डी योजना 1987 में लागू हुई)। शहरी क्षेत्रों में सस्ता खाना (अध्याय 8), बेबी केयर किट, स्कूल में नाश्ते की योजना—इन सबमें तमिलनाडु अग्रणी है।

सामाजिक नीतियों में तकनीक के विवेकपूर्ण उपयोग के लिए भी तमिलनाडु सराहनीय है। कहाँ तकनीक की ज़रूरत है, कहाँ तकनीक प्रशासनिक क्षमता को बढ़ाती है, कहाँ उसे घटाएगी, इस पर सोच-विचारकर टेक्नोलॉजी को इन कार्यक्रमों में जोड़ा गया। टेक्नोलॉजी पर कितना निर्भर हो सकते हैं और कहाँ लोगों को सशक्त करना ज़्यादा प्रभावी होगा, कहाँ टेक्नोलॉजी लोगों को सशक्त करने के लिए काम आ सकती है—इस पर भी कुछ विचार हुआ है ऐसा प्रतीत होता है। हालाँकि यह सामान्य है लेकिन ज़िक्र करने लायक़ इसलिए है कि केन्द्र की ओर से, सामाजिक नीति के क्षेत्र में जब से टेक्नोलॉजी को लाया गया है, काफ़ी बेतुके प्रयोग भी हुए हैं। नरेगा इसका प्रमुख उदाहरण है जहाँ कार्यस्थलों की जाँच निरीक्षण के लिए ड्रोन (नायर 2023) के इस्तेमाल की बात चल रही है। कभी-कभी शक होने लगता है कि सामाजिक सुरक्षा की योजनाओं का मुख्य उद्देश्य अब टेक्नोलॉजी को फैलाने के प्रयोगों के लिए चलाया जा रहा है, न कि लोगों के लाभ के लिए।

सर्वसम्मति क्यों नहीं?

2016 के शुरुआती तीन महीने मुझे दुनिया के अन्य हिस्सों, ख़ासकर इंग्लैंड में, कल्याणकारी राज्यों के उदय के बारे में अध्ययन करने का मौक़ा मिला। मेरे अध्ययन का एक महत्त्वपूर्ण सूत्र, समाज के परस्पर विरोधी वर्गों में आम सहमति का विकास था। नाज़ुक एवं मुश्किल होने के बावजूद ऐसा हो सकता है, जैसे कंजर्वेटिव, लिबरल और लेबर पार्टी के बीच दूसरे विश्वयुद्ध के बाद हुआ (टिमिन्स, 2001)।

इसके कई कारकों में से एक कारक द्वितीय विश्वयुद्ध था। जब इंग्लैंड पर बम गिराए गए, तो अमीरों और ग़रीबों में कोई भेद नहीं किया गया और वे सभी बमों से होनेवाले नुक़सान के सहभागी बने। सहमति और द्वितीय विश्वयुद्ध से सम्बन्धित दूसरा पक्ष यह था कि इंग्लैंड द्वारा युद्ध की घोषणा से कुछ दिन पहले एक सितम्बर, 1939 को 35 लाख बच्चों को अपने घर से सुरक्षित स्थानों पर पहुँचाया गया (विकक्स, 2013)।

इसके चलते लन्दन के ग़रीब बच्चे ग्रामीण इंग्लैंड के समृद्ध परिवारों और अन्य परिवारों के साथ रहने चले गए। कुछ बच्चों ने दूध पीने से मना कर दिया, क्योंकि उन्होंने गायों को दुहे जाते पहली बार देखा और उन्हें लगता था कि उन्हें गौमूत्र दिया जा रहा है। जो बच्चे शौचालयों से अपरिचित थे, उन्होंने पॉश महिलाओं की कालीन पर पेशाब कर दिया। अमीर लोगों को पहली बार ग़रीबों की स्थिति से रूबरू होना पड़ा। इसने कुछ हद तक उनके मन में ग़रीबों की हालत के प्रति सहानुभूति विकसित करने में मदद की।

भारत में जिस प्रतिकूल माहौल में वेलफ़ेयर स्टेट पर बहस होती है, वह काफ़ी चौंकाने वाला है। प्रभावशाली अभिजात वर्ग में सहानुभूति की कमी निराशाजनक है। उदाहरण के लिए, जब मीडिया दलित अत्याचार पर रिपोर्टिंग करती है, तो कुछ दर्शक/पाठक मीडिया पर मुद्दे के 'राजनीतिकरण' का आरोप लगाते हैं। सम्भवत:, इसका एक कारण यह है कि वे आबादी के एक बड़े हिस्से के दैनिक जीवन की क्रूर वास्तविकताओं से अपरिचित हैं। हम अपने जीवन में व्यस्त रहते हैं। टीआरपी का ग़ुलाम मेनस्ट्रीम मीडिया, सूचना साझा करने की भूमिका पर्याप्त रूप से नहीं निभा रहा। सोशल मीडिया, जो सम्भवत: ज़्यादा लोकतांत्रिक हो सकता है, दुख की बात है कि आम लोगों की पहुँच में नहीं है और बड़ी कम्पनियों की पकड़ में भी है।

अन्तत:, अभिजात वर्ग में सामाजिक सुरक्षा पर सहमति और समर्थन कमज़ोर है। हम भूल जाते हैं कि ख़ुद की सफलता में सौभाग्य/लॉटरी का इतना ही हाथ है, जितना ख़ुद के जतन/मेहनत का है (अध्याय 1 देखें)।

मध्यवर्ग के सक्षम वर्ग?

एक समय वित्त मंत्री ने 'मिडिल क्लास', यानी मध्यवर्ग, के साथ सहानुभूति जताते हुए कहा कि वह ख़ुद मिडिल क्लास हैं, इसलिए वह सबका दुख समझ सकती हैं। किसी ने उनके चुनावी एफ़िडेविट से उनकी सम्पत्ति की जानकारी निकाली, जिसमें उन्होंने कुल सम्पत्ति रु. 1.8 करोड़ बताई है। यदि 'वर्ल्ड इनइक्वेलिटी डेटाबेस' में दिये गए आँकड़ों से चलें, तो वह देश के टॉप 1% में हैं।

इस तरह की ग़लतफ़हमी केवल वित्त मंत्री तक ही सीमित नहीं। कुछ साल पहले मैंने अपनी क्लास के छात्रों से यही सवाल पूछा कि आप अपने आप को मिडिल, लोअर या अपर क्लास में कहाँ मानते हैं। साथ में कुछ सवाल और थे— क्या आपके घर में चार पहिए की गाड़ी और सीवर लाइन से जुड़ा हुआ टायलेट है? सर्वे के निर्णय दिलचस्प थे। लगभग 90% छात्रों ने अपने आप को मध्यवर्ग बताया और गाड़ी 77% और सीवर से जुड़ा हुआ टायलेट 93% के पास था।

आश्चर्य तब होगा जब देश के शहरी इलाक़ों में इन वस्तुओं की उपलब्धता के आँकड़े जानें (तालिका 11.2)। 2019-21 में हुए नेशनल फ़ैमिली हेल्थ सर्वे (एनएफ़एचएस-5) के अनुसार गाड़ी 14% और सीवर से जुड़ा टायलेट 23% के पास था। जिन सुविधाओं का सुख केवल 14% या 23% लोगों के पास हो, क्या उन्हें हम मध्यम मान सकते हैं? देश में यह एक गम्भीर समस्या है कि जो लोग देश के टॉप 20% में हैं, वे अपने आप को मध्यवर्ग समझते हैं।

तालिका 11.2 मध्यवर्ग या सक्षम वर्ग?

	आबादी का प्रतिशत
घर में एसी या कूलर है (शहरी) 2019-21[1]	39.5
परिवार की कार है (शहरी), 2019-21[1]	13.8
सीवर लाइन से जुड़ा टॉयलेट है (शहरी) 2019-21[1]	22.8
अंग्रेज़ी बोलते हैं[2]	6-10%
शेयर ख़रीदते हैं (शहरी), 2018[3]	1.9
ई-वॉलेट है (शहरी), 2018[3]	14.3 %

स्रोत : 1. तालिका 2.2 और 2.11 एनएफ़एचएस 5, 2019-21; 2. श्रीनिवास (2019); 3. भारत सरकार (2021) स्टेटमेंट 4 (पृष्ठ S13) और तालिका A14U (पृष्ठ A625)

यह बात बार-बार सुनने में आती है, कि उन (मध्यवर्ग) के साथ कितनी नाइंसाफ़ी हो रही है। उदाहरण के लिए, "हम टैक्स भरते हैं लेकिन हमें सरकार से क्या मिलता है?" जब ऐसा बयान सरकारी नौकर करते हैं, तब सबसे ज़्यादा ताज्जुब होता है क्योंकि उनकी तनख़्वाह सरकार को दिये गए टैक्स से आती है।

यह बड़ी ग़लतफ़हमी है कि टॉप 20% को सरकार से कुछ नहीं मिलता। उदाहरण के लिए, ग़ौर कीजिए कि सीवर से जुड़ा हुआ टायलेट शहरी क्षेत्रों में भी एक ऐसा सुखसाधन है जो केवल एक-चौथाई लोगों को उपलब्ध है (तालिका 11.2 देखें)। यदि आपके घर से मलमूत्र हटाने की व्यवस्था न हो, तो आपका जीवनस्तर कितना घटेगा? सीवर की सुविधा सरकार उपलब्ध करवाती है। या फिर उन सड़कों के बारे में सोचिए जिन पर उन 14% की गाड़ियाँ चलती हैं, जिनके पास गाड़ी है। स्ट्रीट लाइट्स, पार्क, घर पर पाइप्ड जल-आपूर्ति, स्कूल और कॉलेज, AIIMS जैसे अस्पताल—वह हमारे कर से आती है।

इस तरह की ग़लतफ़हमी से नुक़सान यह है कि लोग ईमानदारी से टैक्स देने में संकोच करते हैं और टैक्स के ख़िलाफ़ रहते हैं। देश में टैक्स—जीडीपी का अनुपात काफ़ी कम है (ज़्यादा से ज़्यादा 2007 में 12.1%), जबकि यूनाइटेड किंगडम में यह 25% है और ब्राज़ील में 14.7%। इस संकेतक पर भारत अमेरिका जैसा है, दक्षिण अफ्रीका यूनाइटेड किंगडम जैसा और ब्राज़ील, फ्रांस की तरह है।

बीस साल पहले, कुल राजस्व में प्रत्यक्ष करों (कॉरपोरेट टैक्स और आयकर) का मिलाकर हिस्सा 40% था (चार्ट 11.2 देखें)। पिछले दस वर्षों में यह घटा है—2000 से 2009 तक यह 36% से 59.5 % तक पहुँचा; तब से 2023-24 तक यह ठहरा रहा है (चार्ट 11.2)। इसका एक मुख्य कारण यह है कि 2019 में सरकार ने कॉरपोरेट टैक्स में बड़ी छूट दी, हालाँकि डायरेक्ट करों को अन्य करों से बेहतर माना जाता है (राजकुमार और शेट्टी 2020)।

आयकर लोगों को सबसे ज़्यादा चुभता है। सच्चाई यह है कि अन्तरराष्ट्रीय मानदंडों से तुलना करें तो भारत में एंट्री-लेवल आयकर बहुत कम है (कई देशों में सबसे निम्न स्तर पर लोग 40% आयकर भरते हैं, और भारत में सबसे ऊपर के स्तर पर भी 40% नहीं लगाया जाता)। इस वर्ग के डर की वजह से देश में आयकर के लिए एंट्री लेवल आय हर कुछ सालों में बढ़ा दी जाती है। जैसे-जैसे लोगों की आय, आयकर की थ्रेशहोल्ड आय तक पहुँची, वैसे-वैसे आयकर की थ्रेशहोल्ड बढ़ गई।[10] इसकी वजह से देश में आयकर की बेस 5% के आसपास ही रह गई है।[11] आयकर देनेवालों की कम संख्या से या तो हम यह समझें कि देश में सालाना रु. 2.5 लाख से ज़्यादा आय केवल 6% जनसंख्या की है या हम समझें कि वास्तव में और लोग हैं जिनकी आय ज़्यादा है, लेकिन उन तक सरकार के हाथ नहीं पहुँच पाए।

यदि पहली सम्भावना सही है, तो हम, जो आयकर भरते हैं, उस टॉप 6% में हैं—फिर हम कैसे मिडिल क्लास हुए यदि दूसरी सम्भावना सही है, तो यह लोग आयकर के दायरे से बाहर इसलिए हैं कि सरकार इनकी 'चोरी' पकड़ने में असक्षम है। चोरी पकड़ने के लिए, सरकार को लोगों की ज़रूरत है और इच्छाशक्ति की, दोनों में ही 'मध्यवर्ग', जो वास्तव में सक्षम वर्ग है, सरकार का विरोध करता है। अपनी सही (सक्षम) पहचान को स्वीकार न करने से देश को नुक़सान है।

राजस्व बढ़ाने के और भी कई विकल्प हैं। पहले भारत में सम्पत्ति कर था लेकिन कुछ साल पहले इसे रद्द कर दिया गया। आज इसे लाया जाए तो देश के सबसे अमीर 953 लोगों (जिनका नेट वर्थ औसतन रु. 5000 करोड़ है, यानी देश की जीडीपी का लगभग एक-चौथाई हिस्सा), पर केवल 4% कर लगाएँ तो

चार्ट 11.2 : कुल कर (जीडीपी का %) और डायरेक्ट कर (कुल राजस्व का %)

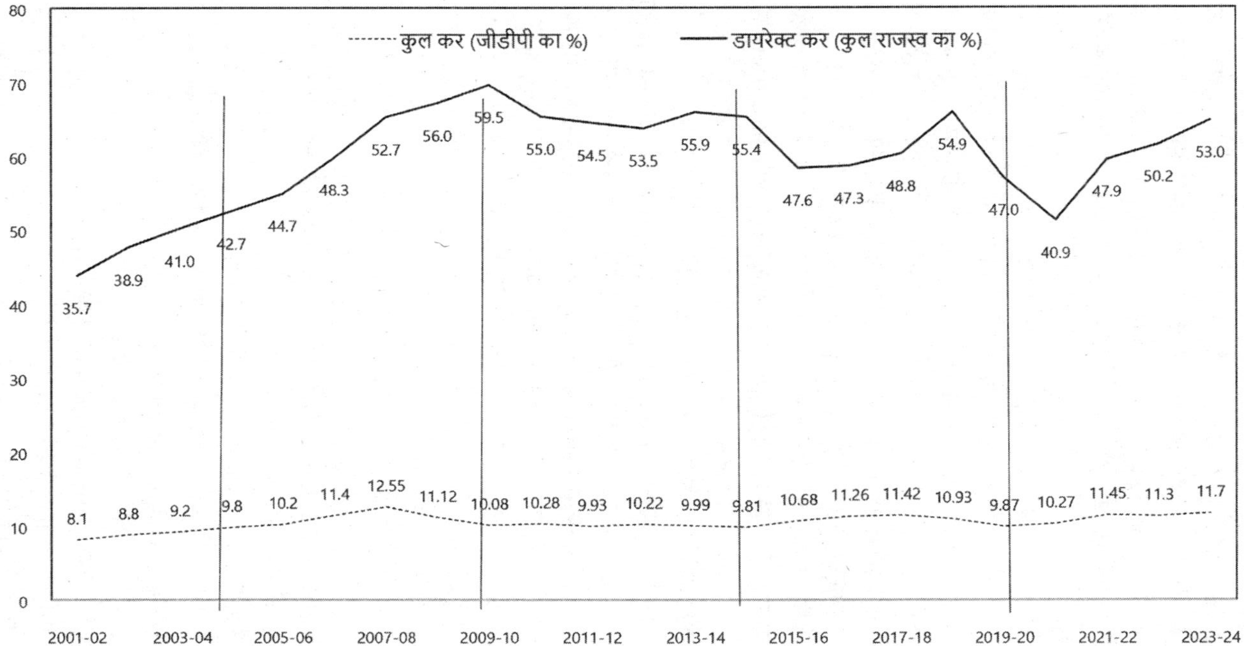

स्रोत : कुल कर (जीडीपी का %) भारत सरकार 2022, 2012 और 2016। डायरेक्ट कर (कुल राजस्व का %) रिजर्व बैंक ऑफ़ इंडिया, डेटाबेस ऑफ़ इंडियन इकोनॉमी, तालिका 9.3

भी सरकार जीडीपी का एक प्रतिशत राजस्व पा सकती है। (एस. सुब्रमनियन, 2020 और भारती और अन्य, 2024)। पुनर्वितरण के लिए राजस्व बटोरने के लिए सम्पत्ति कर के अलावा और भी विकल्प हैं, जैसे जागीर और पैतृक धन पर कर, जो कि केवल उन पर लागू होते हैं जिनके हाथों में सम्पत्ति और पैतृक धन हो। ऐसे लोगों का अनुपात देश में काफ़ी कम है लेकिन इससे राजस्व बढ़ाने की गुंजाइश है।[12]

प्रॉपर्टी टैक्स का सुझाव काफ़ी समय से दिया जाता रहा है। कई राज्यों में इसे पूरी तरह या कड़े रूप से लागू नहीं किया गया है और जहाँ है भी, वहाँ दरें कम हैं। बेस को व्यापक किया जा सकता है और दरों को भी कुछ हद तक बढ़ाया जा सकता है। जब विकासशील देशों में इसकी औसत जीडीपी की 0.6% थी और ओईसीडी देशों में 2% थी (राव 2013), तब भारत में प्रॉपर्टी टैक्स से जीडीपी का 0.2% इकट्ठा हो रहा था; 2017-18 में यह घटकर 0.1% हो गया।

तीसरा सुझाव है 'नॉन मेरिट' सब्सिडी घटाना। मेरिट सब्सिडी यानी जिनसे जन कल्याण (स्वास्थ्य, शिक्षा, सफ़ाई, इत्यादि) बढ़े। नॉन-मेरिट में बिजली, तेल, आदि पर रियायतें शामिल हैं। मंडल और सिकदर (2019) के अनुमानों के अनुसार नॉन-मेरिट सब्सिडी जीडीपी का लगभग 5% हैं।

चौथा, कर माफ़ी ('टैक्स रेवेन्यू फॉरगोन') से हो रहे राजस्व नुक़सान को घटाना। यदि भिन्न-भिन्न रूप से जो कर माफ़ी देते हैं उन्हें रद्द करें तो सरकारी राजस्व (ग्रॉस टैक्स रेवेन्यू) 30% तक बढ़ा सकते हैं। 2021-22 वित्त वर्ष में कर माफ़ी से सरकारी राजस्व का लगभग 7-8 लाख करोड़ रुपये का नुक़सान हुआ। इसमें कस्टम्स ड्यूटी पर छूट का बड़ा हिस्सा था।

अन्त में

भारत के संविधान की प्रस्तावना में लिखा है : "हम, भारत के लोग, भारत को एक सम्पूर्ण प्रभुत्व-सम्पन्न, समाजवादी, पंथनिरपेक्ष, लोकतंत्रात्मक गणराज्य बनाने के लिए तथा इसके समस्त नागरिकों को :

सामाजिक, आर्थिक और राजनीतिक न्याय,
विचार, अभिव्यक्ति, विश्वास, धर्म और उपासना की स्वतंत्रता,
प्रतिष्ठा और अवसर की समता
प्राप्त कराने के लिए तथा उन सब में
व्यक्ति की गरिमा और राष्ट्र की एकता
तथा अखंडता सुनिश्चित करने वाली
बन्धुता बढ़ाने के लिए

दृढ़ संकल्पित होकर अपनी इस संविधान सभा में आज दिनांक 26 नवम्बर, 1949 ई. को एतद् द्वारा इस संविधान को अंगीकृत, अधिनियमित और आत्मार्पित करते हैं।"

अत: सामाजिक नीतियाँ सरकार की ज़िम्मेदारी हैं, और आर्थिक-सामाजिक न्याय लोगों का हक़ है। जब तक दोनों—लोग और सरकारें—रहेंगे, तब तक ऐसे कार्यक्रम चलते रहेंगे। इन्हें रेवड़ी कहकर इनका विरोध वास्तव में संविधान और स्वहित दोनों के ख़िलाफ़ है।

सन्दर्भ

1. वर्मा और सुहेल (2023) द्वारा किये गए विश्लेषण से यहाँ का विश्लेषण दो मायनों में अलग है। एक, 10 साल की अवधि (2014-2023) को देखने के बजाय, 20 साल की अवधि (2004-2024) का विश्लेषण है। दूसरा, यहाँ शामिल योजनाओं में वे योजनाएँ शामिल हैं जो एनडीए शासन से जुड़ी हैं और जिनमें पिछले एक दशक के दौरान बढ़ी हुई फ़ंडिंग देखी गई। हम स्वास्थ्य और शिक्षा की उपेक्षा करते हैं क्योंकि विचाराधीन अवधि में उनमें कोई महत्त्वपूर्ण परिवर्तन नहीं हुआ। इस मुद्दे पर ड्रेज़ (2014B) भी देखें।
2. पीएम-किसान एनडीए के शासनकाल में शुरू की गई नई योजना है, जबकि अन्य पहले भी किसी-न-किसी रूप में मौजूद थीं, अलग-अलग नामों (स्वच्छ भारत निर्मल भारत था, पीएम-आवास इन्दिरा आवास था, और इसी तरह) और कम बजट के साथ।
3. यूपीए को नरेगा से पूर्व में चल रहे सूखा-राहत सार्वजनिक रोज़गार कार्यों की तर्ज पर तैयार किया गया था और इसे क़ानूनी हक़ बनाया गया था। एनएफ़एसए द्वारा पहले से मौजूद तीन योजनाओं (पीडीएस, एमडीएम और आईसीडीएस) को क़ानूनी अधिकारों में बदला। पीएमएमवीवाई एनएफ़एसए में एकमात्र नई योजना थी।
4. 2014 के बाद, 'यूपीए योजनाएँ' नये नामों से जारी हैं : उदाहरण के लिए, एमडीएम अब पोषण है, जन-वितरण प्रणाली (पीडीएस) प्रधानमंत्री ग़रीब कल्याण अन्न योजना (पीएमजीकेएवाई) है। योजनाओं का नाम बदलना एनडीए के 10 वर्षों की विशेषता रही।
5. नरेगा पर एनडीए ने सत्ता में आते ही ज़ोरदार हमला किया था—2015 में, प्रधानमंत्री ने संसद में इसे कांग्रेस की विफलताओं का प्रतीक क़रार दिया था।
6. इससे प्रत्येक व्यक्ति को ज़्यादा से ज़्यादा 15 रुपये प्रति माह की अतिरिक्त बचत है।
7. इन योजनाओं की ज़मीनी हालत कैसी है उसके बारे में कम पता है। राजस्थान, केरल, हिमाचल प्रदेश की योजनाएँ कुछ समय तक चलीं, और अन्य राज्यों में (जैसे कि झारखंड, ओडिशा, तमिलनाडु) इसकी घोषणा हुई है (चोरागुड़ी, 2022)।
8. ओडिशा में 20 सालों तक बीजू जनता दल की सरकार रही।
9. राज्य ने केन्द्र के दबाव के कारण सभी पेंशनधारकों को बैंक से पेंशन लेने का आदेश निकाला, लेकिन जब वृद्धों की समस्याएँ सामने आईं, तो राज्य की मधू बाबू पेंशन योजना के पेंशनधारकों को फिर से पंचायत में मिलने लगी।

10. कुछ वर्ष पूर्व, इसे रु. 3 लाख से घटाकर 2.5 लाख कर दिया गया और साठ ही एंट्री लेवल टैक्स को 10% से 5% हो गया।
11. संसद में वित्त मंत्री ने बताया कि 2019-20 में 136 करोड़ लोगों में से केवल 8 करोड़ लोगों ने आयकर या कॉरपोरेट टैक्स भरा, यानी केवल 6%।
12. यूनाइटेड किंगडम में इस तरह का कर 3-5% से भी कम मौतों पर अदा होने पर, इससे जीडीपी का 0.2% राजस्व प्राप्त हुआ है (आडवाणी और अन्य, 2024)।

सन्दर्भ-स्त्रोत

अध्याय-1 : रेवड़ी या हक़? : सामाजिक सुरक्षा पर एक नज़रिया

1. Ambedkar, Bhimrao (2004), Caste, Class and Democracy, in Valerian Rodrigues (2004) (Ed.), Selected Writings of B.R. Ambedkar (New Delhi: Oxford University Press).
2. Attewell, Paul, & Thorat, Sukhadeo (2007) The Legacy of Social Exclusions, Economic and Political Weekly, Vol. 1, No. 1, pp. 1-14. (No. 42) 41), October 13. https://www.epw.in/journal/2007/41/caste-and-economic-discrimination-special-issues/legacy-social-exclusion.html
3. Ortiz-Ospina, Esteban and Roser, Max (2023), Government Spending, R World in Data, Global Change Data Lab. https://ourworldindata.org/government-spending
4. International Labour Organization (2019) World Social Protection Report 2017-19, (Geneva: International Labour Organization). https://www.ilo.org/sites/default/files/wcmsp5/groups/public/@dgreports/@dcomm/@publ/documents/publication/wcms_604882.pdf
5. International Labour Organization (2022) World Social Protection Report 2020-22, (Geneva: International Labour Organization). https://www.social-protection.org/gimi/Media.action?id=7368
6. India Today Conclave (2014), 'Does anyone know what modinomics means?', video, [YouTube] March 8. https://www.youtube.com/watch?v=K_HPSshwDsc
7. Quazi, Aabshar (2018), New ration cards in hand, but no free PDS food packets for Sahariya tribals, Hindustan Times, January 30. https://www.hindustantimes.com/jaipur/sahariya-tribals-issued-new-ration-cards-in-rajasthan-s-baran-not-getting-free-pds-food-packets/story-VD1q9AMDqk3eEULfMNNW7H.htm

8. BBC News (2022), Covid map: Coronavirus cases, deaths, vaccinations by country, BBC News, 5 July. https://www.bbc.com/news/world-51235105
9. Khera, Reetika (2008), Access to the Targeted Public Distribution System: A Case Study in Rajasthan, Economic and Political Weekly, Vol. 1, (No. 43) 44), November 1. https://www.epw.in/journal/2008/44/special-articles/access-targeted-public-distribution-system-case-study-rajasthan
10. Gupta, Aashish, Ankita, Aggarwal & Drèze, Jean (2015) Caste and the Power Elite in Allahabad, Economic and Political Weekly, 50, No. 6, February 7. https://www.epw.in/journal/2015/6/special-articles/caste-and-power-elite-allahabad.html
11. Governance Now (2011) Patients to get free medicines in government hospitals in Rajasthan, Governance Now, October 3. https://www.governancenow.com/news/regular-story/patients-get-free-medicines-rajasthan-govt-hospitals
12. Titmuss, Richard (1968), Universalism vs. Selection (London: Allen & Unwin), pp. 128-37, in Pierson and Castles (2006).
13. Thorat, Amit (2010) Ethnicity, Caste, and Religion: Implications for Poverty Outcomes, Economic and Political Weekly, Vol. 45, No. 51, 18 December. https://www.epw.in/journal/2010/51/special-articles/ethnicity-caste-and-religion-implications-poverty-outcomes.html
14. Thorat, Amit and Omkar, Joshi, (2020), The Continuing Practice of Untouchability in India, Patterns and Mitigating Influencs, Economic and Political Weekly, Vol. 55, No. 2, 11 November 11. https://www.epw.in/journal/2020/2/special-articles/continuing-practice-untouchability-india.html
15. The Economic Times (2013) The World Bank calls NREGA a shining example of rural poverty, The Economic Times, October 10. https://economictimes.indiatimes.com/news/economy/policy/world-bank-calls-nrega-a-stellar-example-of-rural-development/articleshow/23850985.cms
16. Deshpande, Ashwini (2017), Grammar of Caste (New Delhi: Oxford University Press).
17. Drèze, Jean (2017), Jholawala arthshastra, Bharat mein samajik vikas ki riti-niti (New Delhi: Vani Prakashan).
18. Drèze, Jean (2020), The Revolt of the Upper Castes, The India Forum, 18 February. https://www.theindiaforum.in/article/revolt-upper-castes
19. Drèze, Jean & Sen, Amartya (2015), An Uncertain Glory, India and Its Contradictions (Princeton: Princeton University Press).

20. Drèze, Jean and Kamal Naya Chaubey (editors) (2017), Bharatiya nitiyon ka samajik paksh, EPW Reader (New Delhi: Vani Prakashan and Economic and Political Weekly).
21. Drèze, Jean & Khera, Reetika (2017), Recent Social Security Initiatives in India, World Development, Vol. 98, 2017, pp. 127-17. 555-572.
22. Pierson, Chritopher & Castles, Francis (2006) (Eds.), The Social Policy Reader (London: Polity Press).
23. Business Standard (2014) Rajasthan BJP Government in Dock Over alleged Malnutrition Deaths, Business Standard, 27 September.
https://www.business-standard.com/article/news-ians/rajasthan-s-bjp-government-in-dock-over-alleged-malnutrition-deaths-114092700232_1.html
24. Marshall, T. H. (1950), Citizenship and Social Class, in Pierson and Castles (2006) (Eds.).
25. Muralidharan, Karthik (2024), Accelerating India's Development: A State-led Roadmap for Effective Governance, (New York: Viking Penguin).
26. United Nations Development Programme (2024), Human Development Report 2023/2024: Reimagining Cooperation in a Polarised World, (New York: United Nations Development Programme).
https://hdr.undp.org/system/files/documents/global-report-document/hdr2023-24reporten.pdf
27. Rahman, Andaleeb and Pingali, Prabhu (2024), The Future of India's Social Safety Nets: Focus, Form and Scope, Palgrave Studies in Agricultural Economics and Food Policy and Macmillan.
28. Rawls, John (1971), A Theory of Justice (Cambridge: Harvard University Press).
29. Ragunathan V (2024), This Growing Chasm is a Danger to Democracy, Deccan Herald, August 1.
https://www.deccanherald.com/opinion/this-growing-chasm-is-a-danger-to-democracy-2-3131675
30. World Bank Group (2024), World Development Indicators: School Enrollment, Primary, Private (% of Total Primary, World Bank, (Washington DC: World Bank Group), April 24.
https://data.worldbank.org/indicator/SE.PRM.PRIV.ZS
31. World Bank Group (2024) World Development Indicators: Domestic General Government Health Expenditure (Washington DC: World Bank Group).
32. World Bank Group (2024) World Development Indicators: Per capita GDP, (Washington DC: World Bank Group).

https://data.worldbank.org/indicator/NY.GDP.PCAP.CD

33. World Bank Group (2024) World Development Indicators: Government Expenditure on Education, Total (% of IDP), (Washington DC: World Bank Group), April 24.
https://databank.worldbank.org/source/world-development-indicators/Series/SE. XPD. TOTL.GD. ZS
34. World Bank Group (undated) World Development Indicators: Gross Domestic Product 2022, (Washington DC: World Bank Group).
https://databankfiles.worldbank.org/public/ddpext_download/GDP.pdf
35. Vashisht, Swati (2014) Rajasthan: Raje Plans to Downsize Gehlot's Free Medicine Scheme, CNN-IBN, August 6.
https://www.news18.com/videos/politics/raje-govt-pkg-706308.html

अध्याय-2 : मातृत्व लाभ : महिलाओं का हक़

1. Government of Assam (2020), Order by the Governor of Assam on the implementation of Orunodoi, (Guwahati: Finance division) August 14.
https://socialjustice.assam.gov.in/sites/default/files/public_utility/Orunodoi%20Scheme.pdf
2. Amin, Mohammed and Islam, M Asif (2022), The Impact of Paid Maternity Leave on Women's Employment, Evidence Using Firm Level Data From Developing Countries, Global Indicators Group and the Middle East and North Africa Region, World Bank Group.
https://documents1.worldbank.org/curated/en/099624009192215952/pdf/IDU0613dc8520b06604bc709b9604eb61253bea6.pdf
3. Government of Odisha (Various Years), Odisha Economic Survey, Directorate of Economics and Statistics (Bhubaneswar: Planning and Convergence Department).
https://pc.odisha.gov.in/publication/economic-survey-report
4. International Institute of Population Sciences (2017), National Sample Health Survey (NFHS 4), National Report (Mumbai: International Institute of Population Sciences).
https://dhsprogram.com/pubs/pdf/FR339/FR339.pdf
5. International Institute of Population Sciences (2022), National Health Survey (NFHS 5), National Report (Mumbai: International Institute of Population Sciences).
https://dhsprogram.com/pubs/pdf/FR375/FR375.pdf
6. International Labour Organization and Institute for Human Development (2024), India Employment Report 2024: Youth Employment, Education and Skills, International Labour Organization and Institute of Human Development.

https://www.ilo.org/sites/default/files/2024-08/India%20Employment%20-%20web_8%20April.pdf

7. Kalra, Aarushi & Priya, Aditi (2019), Birth Pangas, Universal Maternity Entitlements in India, Economic and Political Weekly, Vol. 55, No. 35, August 29.
https://www.epw.in/journal/2020/35/special-articles/birth-pangs.html
8. Kotiswaran, Prabha (2022), Revaluing Unpaid Work: The case of Orunodoi Scheme in Assam, Economic and Political Weekly, Vol. 57, No. 26-27, January 20.
https://www.epw.in/journal/2022/26-27/commentary/revaluing-unpaid-work.html?check_logged_in=1
9. Jarvis, Alice-Azania (2010), The Timeline: Maternity Leave, Independent, October 22.
https://www.independent.co.uk/life-style/health-and-families/features/the-timeline-maternity-leave-2113236.html
10. Janayala, Srinivas (2020), K. C. R. Keats: How Institutional Deliveries Rose by 22 Percent, The Indian Express, March 16.
https://indianexpress.com/article/governance/telangana-healthcare-reform-kcr-kits-how-institutional-deliveries-rose-by-22-per-cent-6316122/
11. Telangana Today (2022), KCR Kitts Scheme: Over 13.29 lakh people benefited in Telengana, 19 September.
https://telanganatoday.com/kcr-kits-scheme-over-13-29-lakh-people-benefited-in-telangana
12. Government of Telengana (Various Years), Telengana Socio-Economic Outlook, (Hyderabad: Planning Part).
https://www.ecostat.telangana.gov.in/PDF/PUBLICATIONS/Socio_Economic_Outlook_2018.pdf
13. Government of Tamil Nadu (Various Years), Policy Note (Chennai: Department of Health and Family Welfare).
https://financedept.tn.gov.in/en/policy-notes/
14. The Indian Express (2023), Who is Eligible for Tamil Nadu's Rs. 1,000 Monthly allowance for women?, The Indian Express, 10 July.
https://indianexpress.com/article/cities/chennai/tamil-nadu-government-monthly-allowance-who-is-eligible-8823646/232
15. The Economic Times (2024), Delhi Mahila Sammman Yojana: Who is Eligible to Get Rs. 1,000 per month? Here is how to get the aid and other details, 5 March.
https://economictimes.indiatimes.com/news/india/delhi-mahila-samman-yojana-who-is-eligible-to-get-rs-1000-per-month-here-is-how-to-get-the-aid-and-other-details/articleshow/108198749.cms

16. Drèze Jean, Khera, Reetika, and Somanchi, Anmol (2021), Maternity Entitlements, Woman's Rights Derailed, Economic and Political Weekly, Vol. 56, No. 47. 20 November, 2021.
17. Navarro-Rosenblat, Deborah and Garmendia, Maria-Luisa (2018), Maternity Leave and its Impact on Breastfeeding, A Review of Torture, Breastfeeding Medicine, 13 (9).
https://www.liebertpub.com/doi/abs/10.1089/bfm.2018.0132
18. PTI (2024), Jharkhand Cabinet Approves financial Assistance Scheme for 45 Lakh women, Deccan Chronicle, 28 June.
https://www.deccanchronicle.com/nation/politics/jharkhand-cabinet-approves-financial-assistance-scheme-for-45-lakh-women-1308553
19. Fallon, Kathleen, Mazar, Alissa & Swiss, Liam (2017), The Development Benefits of Maternity Leave, World Development, Vol. 96, pp. 102-118.
http://dx.doi.org/10.1016/j.worlddev.2017.03.001
20. Balasubramanian, P. and Sundari Ravindran, T. K. (2012), Pro-Poor Maternity Benefits and Rural Women, Economic and Political Weekly, Vol. 47, No. 25, 23 June.
https://www.epw.in/journal/2012/25/commentary/pro-poor-maternity-benefit-schemes-and-rural-women.html
21. Press Trust of India (2024), Assam's 3rd Poverty Alleviation Scheme Launched for 372K Beneficiaries, Business Standard, 19 September.
https://www.business-standard.com/india-news/assam-s-3rd-poverty-alleviation-scheme-launched-for-372k-beneficiaries-124091900414_1.HTML
22. Government of India, (2013), National Food Security Act, (New Delhi: Ministry of Law and Justice).
https://nfsa.gov.in/portal/NFSA-Act
23. Raghavan, T. C. A. Sharad, (2024). "State govts are increasingly prioritizing women, with 16% of Indian women now getting income support, The Print, 12 July.
https://theprint.in/economy/state-govts-are-increasingly-prioritising-women-with-16-of-indian-women-now-getting-income-support/2170040/
24. Sharma, Kanika (2024), Domestic Work, Pregnancy and Women's Health in Rural India, The India Forum, 16 September.
https://www.theindiaforum.in/public-policy/pregnant-women-rural-india-are-overworked-home-thats-breaking-them
25. Siegal, Mona (2019), The forgotten Origins of Paid Family Leaves, The New York Times, November 29.

https://www.nytimes.com/2019/11/29/opinion/mothers-paid-family-leave.html
26. Sinha, Dipa, Nehra, Shikha, Matharu, Sonal, Khanuja, Jasmeet, and Leah Falcao, Vanita (2016), Realising Universal Maternity Entitlements: Lessons from Indira Gandhi Matritva Sahyog Yojana, Economic and Political Weekly, Volume 51, No. 34, August 20. https://www.epw.in/system/files/pdf/2016_51/34/sali34200816dipasinha.pdf
27. Saikia, Arunabh (2021), Months Before Polls, Assam Launched a Cash Scheme for Women. Now it is paying BJP dividents, scroll.in, March 23. https://scroll.in/article/989868/months-before-polls-assam-launched-a-cash-scheme-for-women-now-it-is-paying-bjp-dividends

अध्याय-3 : आँगनवाड़ियाँ : बच्चों के भविष्य की नींव

1. International Institute of Population Sciences (2000), National Health Survey (NFHS 2), National Report (Mumbai: International Institute of Population Sciences). https://www.dhsprogram.com/pubs/pdf/FRIND2/FRIND2.pdf
2. International Institute of Population Sciences (2007), National Health Survey (NFHS 3), National Report (Mumbai: International Institute of Population Sciences) https://www.dhsprogram.com/pubs/pdf/frind3/frind3-vol1andvol2.pdf
3. International Institute of Population Sciences (2017), National Sample Health Survey (NFHS 4), National Report (Mumbai: International Institute of Population Sciences). https://dhsprogram.com/pubs/pdf/FR339/FR339.pdf
4. International Institute of Population Sciences (2022), National Health Survey (NFHS 5), National Report (Mumbai: International Institute of Population Sciences). https://dhsprogram.com/pubs/pdf/FR375/FR375.pdf
5. Impact4Nutrition (Undated), Supporting Private Sector to Promote Importance of Health and Nutrition, Impact4Nutrition. https://www.i4n.in/
6. Khanam, Mariam and Akhtar Jahan, Nahid (2024), Determinants of Vaccination Coverage Among Children Aged 12-23 Months in Bangladesh: A Comparison Between High or Lower performing Divisions, International Journal of Paediatrics, May 15, PMCID: PMC11111301, doi: 10.1155/2024/7787593. https://www.ncbi.nlm.nih.gov/pmc/articles/PMC11111301/

7. Khera, Reetika (2015), Children's Development, Baby Steps in Odisha, Economic and Political Weekly, Vol. 50, No 40, 3 October. https://www.epw.in/journal/2015/40/special-articles/childrens-development.html
8. Khera, Reetika (2021), Hunger Index May Have Limitations—But there's More Not Enough Proof That India Has a Problem, The Wire, 26 October.
https://thewire.in/rights/global-hunger-index-india-limitations-evidence
9. Jain, Monika (2015), India's Struggle Against Malnutrition—Is the ICDS Programme The Answer?, World Development, Vol. 67, pp. 72-89.
https://doi.org/10.1016/j.worlddev.2014.10.006
10. The Hindu (2019), State to Start ICDS—Common Application Software from December, 26 October.
https://www.thehindu.com/news/national/karnataka/state-to-start-icds-common-application-software-from-december/article29802377.ece
11. Drèze, Jean (2020), New Evidence on Child Nutrition Calls for Radical Expansion of Child Development services, Indian Express, 17 December.
https://indianexpress.com/article/opinion/columns/new-evidence-on-child-nutrition-calls-for-radical-expansion-of-child-development-services-7107810/
12. Drèze Jean & Sen, Amartya (2015), An Uncertain Glory, India and Its Contradictions, (Princeton: Princeton University Press).
13. Drèze Jean & Khera, Reetika (2017), Recent Social Security Initiatives in India, World Development, Vol. 98, pp. 555-572. https://doi.org/10.1016/j.worlddev.2017.05.035
14. PTI (2018), PM Modi Announces Hike in Incentives for ASHA and Anganwadi Workers, Heads of India, 11 September.
https://www.ndtv.com/india-news/pm-modi-announces-hike-in-incentives-of-asha-anganwadi-workers-1914874
15. Government of Bangladesh (2016), Bangladesh Demographic and Health Survey 2014, National Institute of Population Research and Training (Dhaka: Ministry of Health and Family Welfare). https://dhsprogram.com/pubs/pdf/fr311/fr311.pdf
16. Government of India (Undated), POSHAN Abhiyan, Web Archives (New Delhi: NITI Aayog).
https://web.archive.org/web/20220121045457/https:/niti.gov.in/poshan-abhiyaan
17. Government of India (2018), Specially designed software to Help in strengthening service delivery and Improving Nutrition

Outcomes through Effective Monitoring and Timely Interventions in Poshan Abhiyan, Press Information Euro (Newly: Ministry of Women and Child Care), 25 June.
https://pib.gov.in/Pressreleaseshare.aspx?PRID=1536456

18. United Nations International Children's Emergency Fund (undated), private sector participation. United Nations International Drain Emergency Fund India.
https://www.unicef.org/india/our-partners/private-sector-partnerships
19. World Bank (undated), World Development Indicators, World Bank.
https://databank.worldbank.org/reports.aspx?source=2&country=ARE#
20. Centre for Equity Studies (2016), Progress of Children Under Six: Revisiting ICDS in the FOCUS Districts (New Delhi: Centre for Equity Studies).
21. Hard Work No Pay (2019), World of Anganwadis, Jacha-Bacha Survey 2019 [Video], YouTube, September 11.
https://youtu.be/RsRd2k4cARE?si=lKbFERrQL1Yh6InO

अध्याय-4 : मध्याह्न भोजन योजना : शिक्षा-पोषण के अलावा और भी

1. CAfCu Media (19 April, 2015). School lunches in Japan—it's not just about eating. [Video]. YouTube.
https://www.youtube.com/watch?v=hL5mKE4e4uU
2. Eggs in Mid-Day Meal (MDM) in Khera, Reetika (2019A), Chhattisgarh. [Video]. YouTube, 11 July.
https://www.youtube.com/watch?v=Iic2LNgggcQ&list=PLHq_Bg14X9JKD740BPPlY3hL6g9nWo8iB&index=6
3. Demand for eggs in mid-day meal (MDM), Khera, Reetika (2019B), Chhattisgarh. [Video]. YouTube.
https://www.youtube.com/watch?v=wpb9-XB08pI&list=PLHq_Bg14X9JKD740BPPlY3hL6g9nWo8iB&index=4
4. Khera, Reetika (2019c), Aadhar se kiska Uddhar (New Delhi: Rajkamal Prakashan).
5. Chawla, Prabhu (2014), MGR's Midday Nutritious Meal Scheme: A Shrewd Political Move?, India Today, 10 November.
https://www.indiatoday.in/magazine/special-report/story/19821115-236MGR-MID-NUT RIT-MEAL-SCHEME-A-SHRUV-POL IT-ICAL - MOVE-772378-2013-08-01
6. Thorat, Sukhadeo and Lee, Joel (2005), Caste Discrimination and Prejudice Programs, Economic and Political Weekly, Vol. 40, No. 39, 24 September.

https://www.epw.in/journal/2005/39/commentary/caste-discrimination-and-food-security-programmes.html

7. The Economist (2022) Should Every SchoolChild Eat Free?, The Economist, 1 September.
https://www.economist.com/international/2022/09/01/should-every-schoolchild-eat-free
8. The Hindu (2020), Akshaya Patra Reconstitutes Board of Trustees, 17 November.
https://www.thehindu.com/news/national/karnataka/akshaya-patra-reconstitutes-board-of-trustees/article33109644.ece
9. The Hindu (2020), Nine Activists Demand Enquiry into Akshay Patra, 24 November.
https://www.thehindu.com/news/national/karnataka/nine-activists-demand-enquiry-into-akshaya-patra/article33172138.ece
10. Press Trust of India (2017), Government Relaxes Aadhaar Norm, Makes Other IDs Acceptable for Subsidy Schemes. News 18, March 7.
https://www.news18.com/news/india/govt-relaxes-aadhaar-norm-makes-other-ids-acceptable-for-subsidy-schemes-1357380.html
11. Bhardwaj, Kritika (2016), "India is enrolling infants and children in Aadhaar—but what about their consent?", scroll.in 19 September.
https://scroll.in/article/816815/india-is-enrolling-infants-and-children-in-aadhaar-but-what-about-their-consent
12. Government of India (2015), Discontinuation of reimbursement of additional expenditure incurred for purchase of unsubsidized LPG cylinders w.e.f. 1st April, 2015 under the Mid-Day Meal Scheme (F. No.11-1/2011-Desk (MDM)), 7 August. Department of School Education and Education, Ministry of Human Resources.
https://pmposhan.education.gov.in/Files/OrderCirculars/2015/Discontinuation_Reimbursement_for%20LPG-cylinders.pdf
13. Government of India (2017), Gazette of India—Notification School Education and Education Section, (New Delhi: Ministry of Human Resources), 28th February.
https://pmposhan.education.gov.in/Files/Aadhar/Aadhar_mdm.pdf
14. Government of India (2022), PM Nutrition Guidelines, Partnership of School Education and Literacy.
15. Yadav, Monika (2017), Mid-day Meals Scheme: Are Corruption Claims Exaggerated?, Ideas for India, 31 July.
https://www.ideasforindia.in/topics/governance/midday-meals-scheme-are-corruption-claims-exaggerated.html
16. Right to the Campaign (Undated), Order of the Supreme Court, 20 April 2004, Right to Food Campaign.

https://www.righttofoodcampaign.in/legal-action/supreme-court-orders.

17. World Population Review (2024), School Lunches in Other Countries 2024, World Population Review. https://worldpopulationreview.com/country-rankings/school-lunches-in-other-countries
18. Whittaker, Lana (2015), Are Akshaya Patra Kitchens What Are They Made Out to Be?, The Wire, 1 August. https://thewire.in/education/are-akshaya-patra-kitchens-what-they-are-made-out-to-be
19. Right to Food Campaign (2005), Supreme Court Orders on the Right to Food: A Tool For Action, Supreme Court, India, October.
20. Samson, Meera, Noronha, Claire, and Dey, Anuradha (2007), Towards More Benefits from Delhi's Midday Meal Scheme, (New Delhi: CORD—Collaborative Research and Dissemination). https://cordindia.com/wp-content/uploads/2020/04/Midday.pdf

अध्याय-5 : जन-वितरण प्रणाली : खाद्य सुरक्षा से पोषण की ओर

1. Agarwal, Sarthak and Agnihotri, Archana (2022), Food security for Interstate Migrants, An Empirical Analysis of the ONORC, Economic and Political Weekly, Vol. 57, No. 51, 17 September. https://www.epw.in/journal/2022/51/commentary/food-security-interstate-migrants.html?
2. Khera, Reetika (2011), Revival of the Public Distribution System: Evidence and Explanations, Economic and Political Weekly, Vol. 46, No. 44-45, 5 November. https://www.epw.in/journal/2011/44-45/special-articles/revival-public-distribution-system-evidence-and-explanations
3. Khera, Reetika (2014), Cash vs. In Kind Transfers, Indian Data Meets Theory, The Policy, Vol. 46, pp. 116-128. https://doi.org/10.1016/j.foodpol.2014.03.009
4. Khera, Reetika (2015), Nakad hastantran se kya ho paayegi khady Suraksha?, Amar Ujala, 26 April. https://www.amarujala.com/columns/opinion/will-cash-transfer-would-give-food-security-hindi
5. Khera, Reetika (2017), Impact of Aadhaar on Welfare Programmes, Economic and Political Weekly, Vol. 52, No. 50, 16 Dec. https://www.epw.in/journal/2017/50/special-articles/impact-aadhaar-welfare-programmes.html
6. Khera, Reetika (2020a) One Nation One Ration ki ghoshna logon ka dil bahalane ke liye aur asli mudde se dhyan bhatkaane ke liye badhiya tareeka hai.

Dainik Bhaskar, https://dainik-b.in/c9K0jZWxd7
7. Khera, Reetika (2020b), Delhi mein ration ki Home Delivery yojana se bhrashtachaar badh sakta hai, aadhaary satyapan ki vapasi rashan se vanchi karegi, Dainik Bhaskar. https://dainik-b.in/F7nYVxXJXgb
8. Khera, Reetika and Anmol, Somanchi (2020), A Review of the coverage of PDS, Ideas for India, 19 August. https://www.ideasforindia.in/topics/poverty-inequality/a-review-of-the-coverage-of-pds.html
9. Tumbbe, Chinmay & Jha, Rahul (2024), One Nation, One Ration, Limited Interstate Traction: Migration and PDS Portability in India, Urbanization, Vol. 9, No. 1, April 7. https://journals.sagepub.com/doi/10.1177/24557471241237098
10. Drèze, Jean, & Khera, Reetika (2010), "Chhattisgarh Shows the Way." The Hindu, 28 November. https://www.thehindu.com/features/magazine/Chhattisgarh-shows-the-way/article15685530.ece
11. Drèze, Jean & Khera, Reetika (2015A). "Khady Suraksha: Sudhar sakte hain phisaddi rajyon ke bhi halaat." https://outlookhindi.com/view/thought-for-food-by-jean-Drèze-and-reetika-khera-3818
12. Drèze, Jean, Khalid, Nazar, Khera, Reetika and Somanchi, Anmol (2017), Aadhaar and Food Security in Jharkhand—Pain Out Gain?, Economic and Political Weekly, Vol. 52, No. 50, 16 September. https://www.epw.in/journal/2017/50/special-articles/aadhaar-and-food-security-jharkhand.html
13. Ranjan, Akash (2018), (Not) Direct, (No) Benefits (Cost) Transfer in Jharkhand, The Wire, 23 January. https://thewire.in/banking/not-direct-no-benefits-cost-transfer-jharkhand
14. George, Siddharth and Subramanin, Arvind (2015), Transforming Sight Against Poverty in India, The New York Times, 22 July.

अध्याय-6 : नरेगा : परिकल्पना और क्रियान्वयन

1. Adhikari, Anindita and Bhatia, Kartika (2010), NREGA Wage Payments: Can We Bank on the Banks? Economic and Political Weekly, Vol. 45, No. 01, 2 November. https://www.epw.in/journal/2010/01/insight/nrega-wage-payments-can-we-bank-banks.html
2. Imbert, Clement and Papp, John (2015), Labour Market Effects of Social Programs: Evidence from India's Employment Guarantee.

The American Economic Journal: Applied Economics, Vol. 7 (No. 2), April 2.
https://www.aeaweb.org/articles?id=10.1257/app.20130401

3. Khera, Reetika (Ed.) (2011), Battle For Employment Guarantee (New Delhi: Oxford University Press).
4. Khera, Reetika and Nayak, Nandini (2009), Women Workers and Perceptions of the National Rural Employment Guarantee Act, Economic and Political Weekly, Vol. 44, No. 43, 24 October.
https://www.epw.in/journal/2009/43/special-articles/women-workers-and-perceptions-national-rural-employment-guarantee
5. Gupta, Ashish, Kumar, Ankit & Aggarwal, Ankita (2012), Evaluation of NREGA Wells in Jharkhand, Economic and Political Weekly, Vol. 47, No. 35, September 1.
https://www.epw.in/journal/2012/35/commentary/evaluation-nrega-wells-jharkhand.html
6. The Hindu (2021), Payment denied For NREGA Workers Without UIDAI Cards in Jharkhand, The Hindu, 4 September.
https://www.thehindu.com/news/national/payment-denied-for-nrega-workers-without-uidai-cards-in-jharkhand/article5674969.ece
7. Drèze Jean and Nair, Nikhila (2023), Mango Plantation: A Reminder of How NREGA Can Tremendously Contribute to Rural Development, The Economic Times, 13 March.
https://economictimes.indiatimes.com/opinion/et-commentary/mango-plantation-a-reminder-of-how-nrega-can-tremendously-contribute-to-rural-development/articleshow/98613894.cms
8. Deogharia, Jaideep (2016), Jharkhand MGNREGA Labourers Returns Modi's 5 Wage Hike, Times of India, 3 May.
https://timesofindia.indiatimes.com/City/Ranchi/Jharkhands-MNREGA-labourers-return-Modis-5-wage-hike/articleshow/52085175.cms
9. Narayanan, Sudha (2020), The Continuing Relevant of NREGA, The India Forum, 17 March.
https://www.theindiaforum.in/article/continuing-relevance-mgnrega.
10. Berg, Erlend, Bhattacharya, Sambit, Rajasekhar, D., and Manjula R. (2018), Can Public Works Increases Equilibrium Vedges? Evidence from India's National Rural Employment Guarantee, World Development, Vol. 103, pp. 239-254.
https://doi.org/10.1016/j.worlddev.2017.10.027
11. Bhaskar, Anjor, Gupta, Sunil, and Yadav, Pankaj (2016), Well Worth the Effort, Value of MGNREGA Wells in Jharkhand, Economic and Political Weekly, Vol. 51, No. 19, May 7.

https://www.epw.in/journal/2016/19/special-articles/well-worth-effort.HTML

12. Ranware, Krushna, Kulkarni, Ashwini, Narayanan, Sudha and Das, Upasak (2015), MGNREGA Works and their Impacts, A Study of Maharashtra, Economic and Political Weekly. Volume 51, No. 13, 28 March.
https://www.epw.in/journal/2015/13/special-articles/mgnrega-works-and-their-impacts.html

अध्याय-7 : सामाजिक सुरक्षा पेंशन : असहायों का सहारा

1. Arora, Santlal and Kundu, Amitabh (2018), Atal Pension Yojana, An Critical Appraisal, Economic and Political Weekly, Vol. 53, No. 19, 12 May.
https://www.epw.in/journal/2018/19/notes/atal-pension-yojana.html
2. Rajan Irudaya, Mishra, US (2024), An Ageing India, The Magnitude and the Multitude, The Hindu, 18 June.
https://www.thehindu.com/opinion/op-ed/an-ageing-india-the-magnitude-and-the-multitude/article68299826.ece
3. Comptroller and Auditor General of India (2023), Performance Audit of National Social Assistance Programme, Report No. 10.
https://cag.gov.in/uploads/download_audit_report/2023/Report-No.-10-of-2023_NSAP_English_PDF-A-064d229f832dad7.55068084.pdf
4. Khera, Reetika (2024), Lifeline For Crores of Elderly, But Ignored by The Centre, The NSAP is a Pension Scheme of Delays, The Wire, 12 May, 2024.
https://thewire.in/government/national-social-assistance-programme-nsap-central-scheme
5. Gairola, Hemant (2022), Banks Have been Charging Customers for Government Insurance They Never Wanted, The Wire, 12 September.
https://thewire.in/banking/banks-have-been-charging-customers-for-government-insurance-they-never-wanted
6. Gupta, Aashish (2013), Old-Age Pension Scheme in Jharkhand and Chhattisgarh, Economic and Political Weekly, Vol. 48, No. 34, 24 August.
https://www.epw.in/journal/2013/34/special-articles/old-age-pension-scheme-jharkhand-and-chhattisgarh.html
7. Chopra, Saloni and Puducherry, Jessica (2014), Social Security Pensions in India, An Assessment, Economic and Political Weekly, Vol. 49, No. 19, 10 May.

https://www.epw.in/journal/2014/19/notes/social-security-pensions-india.html

8. Drèze Jean and Duflo, Esther (2022), The Future of old times in India, The Hindu, 15 September, The Hindu. https://www.thehindu.com/opinion/lead/the-future-of-old-times-in-india/article65891365.ece
9. Datta, Pooja, Murgai, Rinku and Howes, Stephen (2010), Small But Effective, India's Targeted Unconditional Cash Transfers, Economic and Political Weekly, Vol. 45, No. 52, 25 September. https://www.epw.in/journal/2010/52/special-articles/small-effective-indias-targeted-unconditional-cash-transfers.html
10. PTI (2017), Government Mulling Soft Compulsion Pension Plans for certain sectors of Economy: PFRDA Chairman, Indian Express, 15 March. https://indianexpress.com/article/india/govt-mulling-soft-compulsion-pension-plans-for-certain-sectors-of-economy-pfrda-chairman-4570176/
11. Government of India (2023), Annual Report 2022–23, Department of Financial Services, (New Delhi: Ministry of Finance), Chapter 5, pages 256–257.
12. Government of India (2024), Pradhan Mantri Mandhan Pension Yojana Dashboard (New Delhi: Ministry of Labour and Employment). https://maandhan.in/maandhan/summary
13. Malhotra, Rishabh and Somanchi, Anmol (2018), Pension Tension, Aadhaar and Social Assistance in Jharkhand, Economic and Political Weekly, Vol. 53, No. 36, 8 September. https://www.epw.in/journal/2018/36/insight/pension-tension.html
14. Lalwani, Vijeta (2019), Budget 2019, New Pension Scheme A 'Repackaged Version' of Atal Pension Yojana, scroll.in 1st February. https://scroll.in/article/911708/budget-2019-new-pension-scheme-a-repackaged-version-of-atal-pension-yojana

अध्याय-8 : सामुदायिक रसोइयाँ : 80 करोड़ लोगों के हाथ में राशन कार्ड, फिर भी कैन्टीन क्यों?

1. Orissa Post (2021) State Women SHG's Running Aahar centres with Success, Orissa Post, 12 April. https://www.orissapost.com/state-women-shgs-running-aahar-centres-with-success/
2. Odisha Government (2021), After Empowering Lakhs of women, Odisha Government Has Handed Over the management of All 157

Aahar Kendras to Mission Shakti SHGs as they resume Operations, (Bhubaneswar: Housing and Urban Cases Department). https://odisha.gov.in/news/after-empowering-lakhs-women-odisha-govt-has-handed-over-management-all-157-aahaar-kendras

3. Khera, Reetika (2016) Community Kitchens: An Idea Whose time Has Come, scrolL.in, 22 Nov. https://scroll.in/article/801742/community-kitchens-an-idea-whose-time-has-come
4. Khera, Reetika (2024), Why are Government Canteens Important When 80 Crore People Get Free Grains? The India Forum, 1 July. https://www.theindiaforum.in/public-policy/why-are-government-canteens-important-when-80-crore-people-get-free-grains
5. Jeevika (2021), Jeevika's Newsletter, Jeevika, Issue 52 September. https://www.brlps.in/UplodFiles/Files/Sep%20181121.pdf
6. Indian Express (2021) Not Happy with Centre's Affidavit, Supreme Court Gives It Three More Weeks to Frame Community Kitchens Policy, The Indian Express, 16 November. https://indianexpress.com/article/india/supreme-court-gives-it-3-more-weeks-to-frame-community-kitchen-policy-7625781/
7. Government of West Bengal (Undated) Maa Canteen, State Urban Development Agency, (Kolkata: Urban Development and Municipal Affairs Department). https://sudawb.org/Program-Details/21
8. Finco, Marcus, Finco, Fernanda Abadio, and Coelho, AFS (2012), An Assessment of Popular Restaurant Program as an Integrated Action Raw Curity and Health Promotion. https://www.researchgate.net/publication/289761154_An_assessment_of_the_Brazilian_popular_restaurant_program_as_an_integrated_action_for_food_security_and_health_promotion
9. Rajendran, S. (2013), Amma Unavagam of Tamil Nadu, Panacea for Urban Food Security?, Economic and Political Weekly, Vol 48, No. 50, 14 December. https://www.epw.in/journal/2013/50/commentary/amma-unavagams-tamil-nadu.html
10. Sarakar, Arpita, and Bhaskar Anjor (2019), Jharkhand's Community Chances, Making or Mockery of Food Security?, Down to Earth, 26 September. https://www.downtoearth.org.in/food/jharkhand-s-community-kitchens-making-a-mockery-of-food-security--66962

अध्याय-9 : कोविड : स्वास्थ्य और शिक्षा पर वार

1. Adhikari, Anindita, Narayanan, Rajendran, Dhorajiwala, Sakina and Mundoli, Seema (2020a), 21 Days and Counting: Covid-19 Lockdown, Migrant Workers and Beneficiaries of Welfare Measures in India, Technical Report, Stranded Workers Action Network. https://publications.azimpremjiuniversity.edu.in/2272/1/lockdown_and_distress_report_by_stranded_workers_action_network-2.pdf
2. Adhikari, Anindita, Goregaonkar, Navami, Narayanan, Rajendran, Panikkar, Nishant, Ramamoorthy, Nitya (2020b), Manufactured Maladis: Lives and Livelihoods of Migrant Workers During Covid 19 Lockdown in India, Indian Journal of Labour Economics, Vol 63, 21 October. https://link.springer.com/content/pdf/10.1007/s41027-020-00282-x.pdf
3. Oxfam India (2020), Status Report on Education During the Pandemic: Government and Private Schools, Oxfam India. https://www.oxfamindia.org/knowledgehub/oxfaminaction/status-report-education-during-pandemic-government-and-private-schools
4. Anand, Ishan, & Thampi, Anjana (2016) Recent Trends in Wealth Inequality in India, Economic and Political Weekly, Vol. 51, No. 50, 10 Dec. https://www.epw.in/journal/2016/50/special-articles/recent-trends-wealth-inequality-india.html
5. International Institute of Population Sciences (2007), National Health Survey (NFHS 3), National Report, (Mumbai: International Institute of Population Sciences). https://www.dhsprogram.com/pubs/pdf/frind3/frind3-vol1andvol2.pdf
6. International Institute of Population Sciences (2017), National Health Survey (NFHS 4), (Mumbai: International Institute of Population Systems). https://dhsprogram.com/pubs/pdf/FR339/FR339.pdf
7. International Institute of Population Sciences (2022), National Health Survey (NFHS 5), National Report, (Mumbai: International Institute of Population Sciences). https://dhsprogram.com/pubs/pdf/FR375/FR375.pdf
8. Arrow, Kenneth (1963), Uncertainty and the Welfare Economics of Medical Care, American Economic Review, Vol. 53, No. 5. https://assets.aeaweb.org/asset-server/files/9442.pdf

9. Kang, Gagandeep, Jameel, Shahid, Sundararaman, T., Rath, Satyajit, Bal, Vineeta, Govindarajan, TR, and Others (2021), Expanding Vaccine Production, Economic and Political Weekly, Vol. 56, No. 23, 5 Nov.
https://www.epw.in/journal/2021/23/letters/expanding-vaccine-production.html
10. Kulkarni, Ashish & Neelakantan, Murali (2021) India's New Vaccine Policy Makes Welcome Improvements—But big questions still Remain, scroll.in, 11 June.
https://scroll.in/article/997231/indias-new-vaccine-policy-makes-welcome-improvements-but-big-questions-still-remain
11. Chakravarty, Ipsita (2020), Three states take over private hospitals, What does the fine print say?, scroll.in, 30 March.
https://scroll.in/article/957556/coronavirus-three-states-take-over-private-hospitals-what-does-the-fine-print-say
12. Chaudhary, Angshuman (2021), Modi Government Exported Vaccines to Boost Its Global Image Amid Covid-19—But at What Cost?, scroll.in, 1 May.
https://scroll.in/article/993293/modi-government-exported-vaccines-to-boost-its-global-image-amidst-covid-19-but-at-what-cost
13. Jain, Yogesh and Nabiya, Sarah (2022), Covid-19, A View from the Margins (New Delhi: Manohar).
14. PM India (2020) PM CARES Fund Allocated Rs. 1000 31.00 crore Raw Against Cove D-19, 13th May.
https://www.pmindia.gov.in/en/news_updates/pm-cares-fund-trust-allocates-rs-3100-crore-for-fight-against-covid-19/?comment=disable
15. Hari, Arepha (2020A), Investigation: El Coronavirus Gear Ply Clouded by Affiliations of Government Malintiation, scroll.in March 2.
https://scroll.in/article/956866/investigation-crucial-coronavirus-gear-supply-clouded-by-allegations-of-government-malintention
16. Johari, Aarefa (2020B), "Not Much We Can Do to Keep Ourselves safe", Fear grips Mumbai's Slums as Covid-19 Cases Rise, scroll.in, 1 April.
https://scroll.in/article/957843/not-much-we-can-do-to-keep-ourselves-safe-fear-grips-mumbais-slums-as-covid-19-cases-rise
17. Johari, Aarefa (2020c), India's Focus on Coronavirus leaves TB and HIV patients adrift, scroll.in 7 April.
https://scroll.in/article/958400/invisible-crisis-tb-and-hiv-patients-left-adrift-in-indias-focus-on-coronavirus

18. Johari, Aarefa (2020d), Coronavirus Delay: Why India's Health Workers Are still Facing Shortage of Fatigue Gear, scroll.in 21 April.
https://scroll.in/article/959764/coronavirus-delays-why-indias-health-workers-are-still-facing-shortages-of-safety-gear
19. Johari, Aarefa (2021) Why is Gujarat Forcing Hospitals to Only Accept Covid-19 Patients Coming through 108 ambulances?, scroll.in, 26 April.
https://scroll.in/article/993285/why-is-gujarat-forcing-hospitals-to-only-accept-covid-19-patients-coming-through-108-ambulances
20. Daniyal, Shoaib (2020), Why are Indians running away from Isolation wards?, scroll.in, 12 March.
https://scroll.in/pulse/956280/is-indians-lack-of-trust-in-public-healthcare-hurting-efforts-to-battle-coronavirus
21. Duggal, Ravi and Dr. Kumar, Shailendra (2021), Covid-19, Health Insurance and Access to Healthcare, Economic and Political Weekly, Vol. 56, No. 31, 31 July.
https://www.epw.in/journal/2021/31/commentary/covid-19-health-insurance-and-access-healthcare.html
22. Drèze Jean, Bakhla, Nirali, Khera Reetika, and Paikra, Vipul (2021), Taalim par tala, Schooli shiksha par aapaat report, 6 September.
https://roadscholarz.net/wp-content/uploads/2021/09/Hindi.pdf
23. Banerjee, Rukmini and Wadhwa, Wilima (2023) Covid-19 and Global Education: Evidence from India, World Scientific Publishing Company, Chapter 3.2.
https://asercentre.org/wp-content/uploads/2022/12/covid-19-and-global-education_RB_WW.pdf
24. Barnagarwala, Tabassum (2021), In India, Over 40% Districts still Don't Have a Single RT-PCR Lab for COVID-19 Testing, scroll.in, 10 August.
https://scroll.in/article/1002314/in-india-over-40-districts-still-don't-have-a-single-rt-pcr-lab-for-covid-19-testing
25. Government of India (2019), Key Indicators of Social Consumption in India: Health, NSS 75th Round (July 2017-June 2018), National Statistical Office (New Delhi: Ministry of Statistics and Programme Implementation)
https://www.mospi.gov.in/sites/default/files/publication_reports/KI_Health_75th_Final.pdf
26. Government of India (2021), Economic Survey 2020-21, Department of Economic Affairs (New Delhi: Ministry of Finance).

27. Government of India (2022), Unified District Information System for Education (UDISE+) 2021-22, Department of School Education and Literacy (New Delhi: Ministry of Education). https://www.education.gov.in/sites/upload_files/mhrd/files/statistics-new/udise_21_22.pdf
28. Government of India (2023), Rajya Sabha Unstarred Question No. 621, Department of Health and Family Welfare (New Delhi: Ministry of Health and Family Welfare). https://sansad.in/getFile/annex/260/AU621.pdf?source=pqars
29. Nair, Smita (2020) Pandemic, Distress, A Broken Phone: How a family in Goa Lost Their 16-yr Old Son, Indian Express, 23 October. https://indianexpress.com/article/india/pandemic-distress-a-broken-phone-how-a-family-in-goa-lost-their-16-year-old-son-6847026/
30. Mervosh, Sarah, Miller, Cain Claire and Paris, Francesca (2024), What the data says about pandemic school closures, Four Years Later, New York Times, 18 March. https://www.nytimes.com/2024/03/18/upshot/pandemic-school-closures-data.html
31. Yamunan, Sruthisagar and Saikia, Arunabh (2020), Admit Coronavirus Patients, Says Centre, Sparking Concerns among private Hospitals they're unprepared, scroll.in, 21 March. https://scroll.in/article/956773/admit-coronavirus-patients-says-centre-sparking-concern-among-private-hospitals-that-are-unprepare
32. Reid, T. R. (2010), Healing of America, A Global Quest for Better, Cheaper and Fairer Healthcare (New York: Penguin).
33. Lalwani, Vijayta (2020a), Coronavirus: States Are Using Coercive Measures to Curb Disease Spread. Will this be Effective?, scroll.in, 17 March. https://scroll.in/article/956430/coronavirus-states-are-using-coercive-measures-to-curb-disease-spread-will-this-be-effective
34. Lalwani, Vijayta (2020b), Coronavirus: How Do I Reach a Hospital? Cancer & Kidney Patients Worry About 21 day Lockdown, scroll.in March 25. https://scroll.in/article/957108/how-do-i-reach-a-hospital-cancer-patients-ask-as-21-day-lockdown-looms-ahead
35. Vyas, Ankit and Taneja, Anjela (2020) Status Report—Government and Private Schools during Covid-19, Oxfam India. https://d1ns4ht6ytuzzo.cloudfront.net/oxfamdata/oxfamdatapublic/2022-03/Status%20of%20education%20report_1.pdf?DUJL26fAPq5Pr2kwIjZ8Hnh4H7F9wWyW

36. Venkataramakrishnan, Rohan (2021) Covid-19: Imagine the headlines if any other religion had been Responsible for Kumbh-Like Gathering, scroll.in, 12 April.
https://scroll.in/article/992067/covid-19-imagine-the-headlines-if-any-other-religion-had-been-responsible-for-kumbh-like-gathering
37. Venkataramakrishnan, Rohan (2020) Coronavirus: Why It is Better for India (And You) To overreact now than regret It Later, scroll.in, 13 March.
https://scroll.in/article/956059/coronavirus-why-it-is-better-for-india-and-you-to-overreact-now-than-regret-it-later
38. Shah, Farrukh and Luthra, Deepika (2020) A Generation at Stake: Protecting India's Children from the Impact of Covid-19.
https://resourcecentre.savethechildren.net/pdf/a_generation_at_stake_report_final_3.pdf/
39. Sharma, Niharika (2021) Covid-19: In their Desperate search for Oxygen and Medicines Indians Are falling For Online Scams, scroll.in, 1 May.
https://scroll.in/article/993727/covid-19-indians-desperate-for-oxygen-and-medicines-are-falling-for-online-scams
40. Shroff, Zubin., Marten, Robert, Ghaffar, Abdul, Sheikh, Kabir, Bekedam, Hendrik, Jhalani, Manoj and Swaminathan, Soumya (2020), On the Path to Universal Health Coverage: Aligning Ongoing Health Systems Reforms in India, BMJ Global Health, 25 August.
41. Stigliz, Joseph (1986), The Economics of the Public Sector (New York: W. W. Norton & Company).
42. Scroll Staff (2020), Coronavirus fears are making Indians boycott, evict and threaten their neighbours, scroll.in, 25 March.
https://scroll.in/article/957149/as-people-around-india-are-shamed-for-exposure-to-virus-experts-warn-this-will-hurt-war-on-covid-19
43. Saikia, Arunabh (2020), As Coronavirus Reaches Rural India, three cases Reflect the Steep Challenge Ahead, scroll.in, 5 April.
https://scroll.in/article/958151/as-coronavirus-reaches-rural-india-three-cases-reflect-the-steep-challenge-ahead
44. Saikia, Arunabh (2021) Investigation: In Bihar, Hospitals Have Ventilators, But No Staff to Operate them, scroll.in, 1 May.
https://scroll.in/article/993772/investigation-in-bihar-district-hospitals-have-ventilators-but-no-staff-to-operate-them
45. Save The Children (2020), Save our Education.
https://image.savethechildren.org/save-our-education-report.pdf-ch11042004.pdf/jftkcd027jjb15d22cfgndkog4j7t1ni.pdf

अध्याय-10 सामाजिक नीति में उभरते मुद्दे

1. Agarwal, Ankita (2015), The Slow Destruction of NREGA: Evidence from Jharkhand, India Together, 16 March. https://indiatogether.org/destruction-of-nrega-with-evidence-from-jharkhand-government
2. Aman, Thejesh, GN, Ranavare, Krushna and Sharma, Kanika (2021), Of Denial and Data: Deaths Due to India's Covid-19 National Lockdown, Economic and Political Weekly, Vol. 56, No. 23, 5 June. https://www.epw.in/journal/2021/23/insight/denial-and-data.html?0=ip_login_no_cache%3Dadb018e0584a5c7fe8a60c17ae1fa615248
3. Khera, Reetika (2017), Impact of Aadhaar on Welfare Programmes, Economic and Political Weekly, Vol. 52, No. 50, 16 December. https://www.epw.in/journal/2017/50/special-articles/impact-aadhaar-welfare-programmes.html
4. Gatade, Subhash (2024), Goodbye Welfare State? Welcome Labyarthis, 14 October. https://www.newsclick.in/goodbye-welfare-state-welcome-labharthis
5. Chowdhury, K. Ujjwal (2016), Demonetisation: Millions of Man Hours on Queues, 100+ Deaths. Why is Punish 96% of People for crimes Done by 4%? Counterview, 14 December. https://www.counterview.in/2016/12/demonetization-millions-of-man-hours-on.html
6. Jajoria, Deepika and Jatav, Manoj (2020), Is The Periodic Labour Force Survey 2017-18 Comparable with Employment Unemployment Survey 2011-12? Economic and Political Weekly, Vol. 55, No. 3, 18 January. https://www.epw.in/journal/2020/3/commentary/periodic-labour-force-survey-2017%E2%80%9318-comparable.html
7. Government of Tamil Nadu (2019), Dr. Muthulakshmi Reddy Maternity Benefit Scheme—Government Notification, (Chennai: Health and Family Welfare Deparment). https://picme.tn.gov.in/picme_public/mrmbs.pdf
8. Dutta, Siraj (2020), Starvation Deaths and Denial of Welfare Entitlements—Insights from Jharkhand, unpublished. https://papers.ssrn.com/sol3/papers.cfm?abstract_id=3870242
9. Drèze Jean (2014), Learning from NREGA, The Hindu, 4 December. https://www.thehindu.com/opinion/op-ed/Learning-from-NREGA/article62117988.ece

10. Drèze Jean and Somanchi, Anmol (2021), View: New Barometer of India's Economy Fails to Reflect Deprevations of Poor Households, Economic Times, 21 June.
https://economictimes.indiatimes.com/opinion/et-commentary/view-the-new-barometer-of-indias-economy-fails-to-reflect-the-deprivations-of-poor-households/articleshow/83696115.cms
11. The Hindu (2024), Government Notifies Revised Wages under MGNREGS, The Hindu, 28 March.
https://www.thehindu.com/news/national/centre-hikes-mgnregs-wages/article67999678.ece
12. The Hindu (2021), 340 Sewer Cleaning Deaths in Past 5 Years: Government, The Hindu, 2 February.
https://www.thehindu.com/news/national/340-sewer-cleaning-deaths-inPast-5-year-government/article33732992.ece
13. The Wire Staff (2020), Almost 80 Persons Have Died on Board Shramik Special Trains, The Wire, 30 May.
https://thewire.in/government/almost-80-persons-have-died-on-board-shramik-special-trains
14. Nagarajan, Rema (2023), NFHS-6 Not to Measure Anaemia as Experts Point Out Method is Faulty, Times of India, 27 May.
https://timesofindia.indiatimes.com/india/nfhs-6-not-to-measure-anaemia-as-experts-point-out-method-is-faulty/articleshow/100538418.Cms
15. National Health Service (undated), Vitamin B12 or folate deficiency Anemia, National Health Service, United Kingdom.
https://www.nhs.uk/conditions/vitamin-b12-or-folate-deficiency-anaemia/symptoms/
16. Priya, Aditi, Das, Sweta & Ranware, Krushna (2021), The Truth About Oxygen Deaths During Covid Second Wave, Indian Express, 7 July.
https://indianexpress.com/article/opinion/columns/covid-second-wave-oxygen-death-coronavirus-cases-7392219/
17. Government of India (2022), Revision of Material Cost During 2022-23 Under PM Poshan Scheme, Department of School Education and Literacy (New Delhi: Ministry of Education), 7 October.
https://pmposhan.education.gov.in/Files/Cooking_Cost_Revision/Revision%20of%20Material%20Cost_letter%20dt.%2007.10.2022.pdf
18. Government of India (2024a) Increasing Pension Under National Assistance Programme, Press Information Bureau, 6 February (New Delhi: Ministry of Rural Affairs).
https://pib.gov.in/PressReleaseIframePage.aspx?PRID=2003175

19. Government of India (2024b), Increases in Wages of Anganwadi Workers, Rajya Sabha Unstarred Question No. 633, 7 February. https://sansad.in/getFile/annex/263/AU633.pdf?source=pqars
20. Pena-Rojas, Juan Pablo, Mithra, Prasanna, Unnikrishnan, Bhaskaran, Kumar, Nithin, De-Regil, Luz Maria, Nair, Sreekumaran, N., Garcia-Casal, Maria N, & Solon, Juan Antonio (2019) Fortification of Rice with Vitamins and Minerals for Addressing Micro-Nutrient Malnutrition, PubMed, 25 October. https://pubmed.ncbi.nlm.nih.gov/31684687/
21. Chancel, Lucas and Piketty, Thomas (2019) India Income Inequality, 1922- 2015: From British Raj to Owner Raj?, Review of Income and Wealth. , DoI: 10.1111/roiw.12439 250
22. Bharti Kumar, Nitin, Chancel, Lucas, Piketty, Thomas, and Somanchi, Anmol (2024), Towards Tax Justice and Wealth Redistribution in India: Proposals Based on the Latest Inequality Estimates, (Paris: World Inequality Lab). https://wid.world/www-site/uploads/2024/05/WorldInequalityLab_2024_Torwards-tax-justice-wealth-redistribution-in-India_Issue-abridged.Pdf
23. People's Research on India's Consumer Economy (2021), The Rise of India's Middle Class, Household Survey on Indian Citizen's Environment and Consumer Economy (Wave 3.0), People's Research on India's Consumer Economy. https://price360.in/project/ice-360-survey-2021-household-survey-on-indias-citizens-environment-and-consumer-economy-wave-30/

अध्याय-11 : क्या (यह) मुमकिन है?

1. Advani, Arun & Sturrock, David (2024) IFS Green Budget: Reforming Inheritance Tax, Chapter 7, Institute of Fiscal Studies. https://ifs.org.uk/sites/default/files/2023-09/Reforming-inheritance-tax-1.pdf
2. Anand, Abhishek, Dimble, Vikas and Subramanian, Arvind (2020), New Welfareism of Modi Government Represents Distinctive Approach to Redistribution and Inclusion, Indian Express, 22 December. https://indianexpress.com/article/opinion/columns/national-family-health-survey-new-welfarism-of-indias-right-7114104/
3. International Institute of Population Sciences (2022), National Health Survey 2019-21, International Institute of Population Sciences, Mumbai. https://dhsprogram.com/pubs/pdf/FR375/FR375.pdf

4. Comptroller and Auditor General of India (2023), Performance Audit of National Social Assistance Programme, Report No. 10, New Delhi.
https://cag.gov.in/uploads/download_audit_report/2023/Report-No.-10-of-2023_NSAP_English_PDF-A-064d229f832dad7.55068084.pdf
5. Khera, Reetika (2011), Revival of the Public Distribution System: Evidence and Explanations, Economic and Political Weekly, Vol. 46, No. 44-45, 05 November.
https://www.epw.in/journal/2011/44-45/special-articles/revival-public-distribution-system-evidence-and-explanations
6. Khera, Reetika (2014a), Mere Gujarat Ki Kahani, Amar Ujala, 7 April.
https://www.amarujala.com/columns/opinion/story-of-my-gujarat
7. Khera, Reetika (2014c), Himachal ko bhi dekhiye, Amar Ujala, 16 July.
https://www.amarujala.com/columns/opinion/himachal-model-growth
8. Khera, Reetika (2018), Tamil Nadu se Kyun Nahi seekhte, Amar Ujala, 18 March.
https://www.amarujala.com/columns/opinion/why-not-learn-from-tamil-nadu
9. Khera, Reetika and Md. Asjad (2024), Guarantee is Priority, Welfare is Self-Care, The Hindu, 16 April.
https://www.thehindu.com/opinion/lead/guarantee-is-precarity-welfare-is-self-care/article68069056.ece
10. Khera, Reetika (2024), Impact of the Food Security Act on the Public Distribution System, 3 October.
https://www.ideasforindia.in/topics/poverty-inequality/impact-of-the-food-security-act-on-public-distribution-system.html
11. Global Data Lab (2021), National, HDI—Custom set of Indicators 2021, Global Data Lab.
https://globaldatalab.org/shdi/table/2021/shdi+healthindex-+incinde+lifexp+lifexpf+lifexpm+esch+eschf+eschm+msch+m-schf+mschm+lgnic+lgnicf+lgnicm+pop/IND/?levels=1+4&inter-polation=0&extrapolation=0
12. Choragudi, Krishna Priya (2022), Examining Himachal's urban employment guarantee, Ideas for India, 21 March.
https://www.ideasforindia.in/topics/poverty-inequality/examining-himachal-s-urban-employment-guarantee.html
13. Timmins, Nicholas (2001), Five Giants, A Biography of the Fair State (London: HarperCollins).
14. Dey, Anuradha, Khera, Reetika, Samson, Meera, and Shiva Kumar, A. K. (2011), Probe Revisited: A Report on Elementary Education in India (New Delhi: Oxford University Press).

15. Government of Tamil Nadu (2019), Dr. Muthulakshmi Reddy Maternity Benefit Scheme—Government Notification, (Chennai: Health and Family Welfare Section).
https://picme.tn.gov.in/picme_public/mrmbs.pdf
16. Drèze, Jean (2014a), The Gujarat Muddle, The Hindu 11 April.
https://www.thehindu.com/opinion/op-ed/the-gujarat-muddle/article5896998.ece
17. Drèze, Jean (2014b), The Mythology of Social Policy, The Hindu, 8 Jul.
https://www.thehindu.com/opinion/lead/on-the-mythology-of-social-policy/article6186895.ece
18. Drèze, Jean (2021), The Gujarat Middle, The Hindu, 4 December.
https://www.thehindu.com/opinion/op-ed/the-gujarat-middle/article5993938.ece
19. Drèze Jean, and Sen, Amartya (2002), Development and Participation (Oxford: Oxford University Press).
20. Drèze, Jean and Sen, Amartya (2013), An Uncertain Glory: India and Its Contradictions, (New Delhi: Penguin).
21. Drèze, Jean and Sen, Amarya (2015), An Uncertain Glory: India and Its Contradictions, (Princeton: Princeton University Press).
22. Drèze, Jean, Khera, Reetika, and Mishra, Rajkishor (2014), Vikas model ke beech Odisha se sabak, BBC HIndi, 17 November.
https://www.bbc.com/hindi/india/2014/11/141117_odisha_government_model_rns
23. Nair, K. Sobhana (2023), Now, Drones to Monitor MGNREGA Worksites, The Hindu, 18 August.
https://www.thehindu.com/news/national/drones-to-monitor-mgnrega-worksites/article67205578.ece
24. Paliath, Shreehari (2023), The main Purpose of Central Welfare Schemes Today is To Promote Modi, scroll.in, 11 February.
https://scroll.in/article/1043549/jean-Drèze-interview-the-main-purpose-of-central-welfare-schemes-today-is-to-promote-modi
25. Bharti, Nitin Kumar, Chancel, Lucas, Piketty, Thomas, and Somanchi, Anmol (2024), Towards Tax Justice and Wealth Redistribution in India, The India Forum, 21 May.
https://www.theindiaforum.in/economy/towards-tax-justice-and-wealth-redistribution-india
26. Reserve Bank of India (2023), Handbook of Statistics on Indian States, Mumbai.
https://rbi.org.in/SCRIPTS/AnnualPublications.aspx?head=Handbook%20of%20Statistics%20on%20Indian%20States
27. Government of India (2002), National Human Development Report, Planning Commission, New Delhi.

http://www.igidr.ac.in/conf/ysp/nhd2001.pdf
28. Government of India (2012), Economic Survey 2011-12 (New Delhi: Ministry of Finance).
https://www.indiabudget.gov.in/budget2012-2013/es2011-12/echapter.zip
29. Government of India (2021), All India Debt and Investment Survey, National Sample Survey 2019, Report No. 588, National Statistical Office (New Delhi: Ministry of Statistics and Programme Implementation).
https://mospi.gov.in/sites/default/files/publication_reports Report_ no588-AIDIS-77R-SeptFinal_0.pdf
30. Government of India (2022), SRS Bulletin 2020, Office of the Registrar of Governors of India, Vol. 55, No. 1 (New Delhi: Ministry of Home Affairs).
https://censusindia.gov.in/nada/index.php/catalog/42687/download/46357/SRS_Bulletin_2020_Vol_55_No_1.pdf
31. Government of India (2023), Statement of Revenue Impact of Tax Incentives under Central Tax System: Fiscal Years 2021-22 & 2022-23, Budget 2023, Budget Division, (New List: Ministry).
https://www.indiabudget.gov.in/doc/rec/annex7.pdf
32. Government of India (2024), Increase in Pensions under National Assistance Programme, (New Delhi: Press Information Bureau), 06 February.
https://pib.gov.in/PressReleaseIframePage.aspx?PRID=2003175
33. Mandal, Sudipto and Sikdar, Satadaru (2019), Subsidies, Merit Goods and The Fiscal Space for Reviving Growth: An Aspect of Public Expenditure in India, Working Paper No: WP282 (New Delih: National Council of Applied Economy Research).
https://www.nipfp.org.in/media/medialibrary/2019/11/WP_282_2019.pdf
34. Rao, M. Govinda (2013), Property Tax System in India: Problems and Prospects of Reform, (Working Paper No: 2013-114) National Institute of Public Finance and Policy, New Delhi.
https://www.nipfp.org.in/media/medialibrary/2013/04/WP_2013_114.pdf
35. Rajkumar, J Dennis, and Shetty, SL. (2020), Corporate Tax Reduction, Weak Analytical Foundations, Economic and Political Weekly, Vol 55, No. 10, 7 March.
https://www.epw.in/journal/2020/10/economic-notes/corporate-tax-reductions.html
36. Verma, Mohit and Suhel, Fizza (2023), Welfare spending has been getting a regular pruning, The Hindu, 13 May.

https://www.thehindu.com/opinion/lead/welfare-spending-has-been-getting-a-regular-pruning/article66843674.ece

37. Wicks, Ben (2013), No Time to Wave Goodbye (London: Bloomsbury).
38. Bharti, Nitin Kumar, Chancel, Lucas, Piketty, Thomas and Somanchi, Anmol (2024), Towards Tax Justice and Wealth Redistribution in India: Proposal Based on Latest Inequality Estimates (Paris: World Inequality Lab).
https://wid.world/www-site/uploads/2024/05/WorldInequalityLab_2024_Torwards-Tax-Justice-Wealth-Redistribution-in-India_Issue-Brief.pdf
39. Subramanian, S. (2020), Doing the Maths: Why India Should Introduce a Covid Wealth Tax on the Ultra Rich, scroll.in, 16 April.
https://scroll.in/article/959314/doing-the-maths-why-india-should-introduce-a-covid-wealth-tax-on-the-ultra-rich
40. Srinivas, Rukmani (2019), In India, who speaks in English, and Where?, Live Mint, May 14
https://www.livemint.com/news/india/in-india-who-speaks-in-english-and-where-1557814101428.html
41. Himanshu and Sen, Abhijeet (2013), In-Kind Food Transfer-1, Impact on Poverty, Economic and Political Weekly, Vol. 48, 45-46, 13 November.
https://www.jstor.org/stable/pdf/23528608.pdf

सांख्यिकीय परिशिष्ट अनुक्रम

सांख्यिकीय तालिका सूची

तालिका A1 : 2002 से राज्यों में सर्वेक्षण की सूची

मुद्दा/योजना वर्ष	*राज्य जिनमें सर्वे हुआ*	*सैम्पल साइज़*
अंत्योदय अन्न योजना 2002		
मध्याह्न भोजन योजना 2003	छत्तीसगढ़, राजस्थान, कर्नाटक	246 परिवार और 81 स्कूल
राष्ट्रीय काम के बदले अनाज योजना 2005	राजस्थान, मध्य प्रदेश, छत्तीसगढ़, झारखंड और उत्तर प्रदेश	
आँगनवाड़ी, फ़ोकस सर्वे 2006	छत्तीसगढ़, हिमाचल प्रदेश, महाराष्ट्र, राजस्थान, तमिलनाडु, उत्तर प्रदेश	203 आँगनवाड़ी, कार्यकर्ता और हेल्पर, 500 महिलाएँ जिनके बच्चे आँगनवाड़ी जाते हैं
नरेगा कार्यस्थल सोशल ऑडिट 2007	ओडिशा, तमिलनाडु, झारखंड (राँची), हिमाचल प्रदेश	30 (बोलनगिर, बौद्ध, कालाहांडी), 28 (राँची), 12 (कांगड़ा और सिरमौर)
नरेगा 2008	बिहार, राजस्थान, मध्य प्रदेश, छत्तीसगढ़, झारखंड और उत्तर प्रदेश	1000 नरेगा मज़दूर
नरेगा सहायता केन्द्र 2009-2010	झारखंड और छत्तीसगढ़	
जन-वितरण प्रणाली 2011	आंध्र प्रदेश, बिहार, छत्तीसगढ़, हिमाचल प्रदेश, झारखंड, मध्य प्रदेश, ओडिशा, राजस्थान, तमिलनाडु	1227 परिवार
पब्लिक इवोल्यूशन ऑफ़ पीपल'स एंटाइटिलमेंट्स (पीप सर्वे) 2013	आंध्र प्रदेश, बिहार, छत्तीसगढ़, हिमाचल प्रदेश, झारखंड, मध्य प्रदेश, महाराष्ट्र, ओडिशा, राजस्थान, तमिलनाडु	1926 परिवार और 898 पेंशनधारक
पब्लिक हेल्थ फेसिलिटीज सर्वे 2013	राजस्थान, बिहार, हिमाचल प्रदेश, झारखंड	150 सरकारी स्वास्थ्य केन्द्र
आँगनवाड़ी और ममता योजना 2014	ओडिशा	49 आँगनवाड़ियाँ, 293 बच्चों की माँएँ, 233 ममता लाभार्थी

जन-वितरण प्रणाली 2015	बिहार	997 ग्रामीण परिवार
जन-वितरण प्रणाली 2015	मध्य प्रदेश	
नेशनल फूड सिक्युरिटी ऐक्ट, जन-वितरण प्रणाली 2016	बिहार, छत्तीसगढ़, झारखंड, मध्य प्रदेश, ओडिशा, पश्चिम बंगाल	3800 परिवार
आधार बेस्ड बायोमेट्रिक ऑथेंटिकेशन (अब्बा सर्वे) 2017	झारखंड	890 परिवार (5000 सदस्य)
जच्चा-बच्चा सर्वे 2019	उत्तर प्रदेश, मध्य प्रदेश, छत्तीसगढ़, झारखंड, हिमाचल प्रदेश, ओडिशा	706 गर्भवती और शिशुवती महिलाएँ
स्कूल सर्वे 2021	असम, बिहार, चंडीगढ़, दिल्ली, गुजरात, हरियाणा, झारखंड, महाराष्ट्र कर्नाटक, मध्य प्रदेश, ओडिशा, पंजाब, राजस्थान, तमिलनाडु, उत्तर प्रदेश, पश्चिम बंगाल	1362 परिवार
पब्लिक हेल्थ फेसिलिटीज सर्वे 2022	राजस्थान, बिहार, झारखंड, छत्तीसगढ़, हिमाचल प्रदेश	241 सरकारी स्वास्थ्य केन्द्र

तालिका A2 : असंगठित क्षेत्र में मातृत्व लाभ की पहुँच

	कुल जन्मे बच्चों में से (%) जिन्हें पूर्ण मातृत्व लाभ प्राप्त हुए				
	2019-20[1]	2020-21[1]	2021-22[1]	2022-23[1]	2023-24[1a]
आंध्र प्रदेश	38.9	20.2	3.3	42.7	17.6
असम	41.6	19.3	28.9	23.9	21.8
बिहार	16.0	31.7	10.2	19.3	3.1
छत्तीसगढ़	21.4	15.9	14.0	19.3	12.6
गुजरात	21.5	7.6	1.5	9.4	11.6
हरियाणा	22.7	11.2	21.3	25.7	1.7
हिमाचल प्रदेश	42.5	33.4	35.2	41.2	7.5
झारखंड	19.1	11.7	12.2	9.5	7.5
कर्नाटक	30.1	25.0	22.9	48.5	13.5
केरल	32.5	25.8	35.8	31.0	16.2
मध्य प्रदेश	28.6	28.6	23.7	25.8	20.1
महाराष्ट्र	35.5	27.3	22.9	32.6	4.4
ओडिशा[2]	90	-	64	-	-
पंजाब	20.4	18.7	5.6	31.3	17.5
राजस्थान	15.1	12.6	13.3	16.3	9.7
तमिलनाडु[3b]	14.2-68	18.3-81	10.2-79	10.6-78	11.9-84
तेलंगाना[4b]	-	33.6-55	-/37.0	-/64	-
उत्तराखंड	26.2	26.7	23.6	23.5	24.1
उत्तर प्रदेश	17.1	14.1	10.1	20.2	4.7
पश्चिम बंगाल	25.7	0.3	0.1	49.1	00
पूर्वोत्तर राज्य	32.4	-	14.4	19.7	-
भारत	21.5	18.5	15.7	23.0	8.2

स्रोत : 1. 2022-23 और 2023-24, लेखक के अप्रकाशित अनुमान। 2021-22 तक, द्रेज़ और खेरा (2023); 2. ओडिशा (विभिन्न वर्ष); 3. तमिलनाडु सरकार (विभिन्न वर्ष); 4. तेलंगाना सरकार (विभिन्न वर्ष)।

नोट्स : कुल लाभार्थियों को कुल जन्मों से भाग करके प्राप्त अनुमान। प्रधानमंत्री मातृ वन्दना योजना के लाभार्थियों की संख्या सूचना का अधिकार द्वारा प्राप्त और कुल जन्मों का अनुमान 2020 के बर्थ रेट पर आधारित (भारत सरकार, 2022) a प्रधानमंत्री मातृ वन्दना योजना के शुरुआती सालों में मातृत्व लाभ तीन क़िस्तों में दिये जाते थे,

अब दो क़िस्तों में मिलते हैं। 2023-24 के लिए पूर्ण लाभ की सूचना नहीं है, इसलिए केवल कुछ लाभ प्राप्त का अनुमानित प्रतिशत है। b लोअर लिमिट (केन्द्र सरकार से); अपर लिमिट (राज्य सरकार से)।

तालिका A3 : भारत के बड़े राज्यों में बच्चों का ए-बी-सी इंडेक्स पर रैंक

	2005-06	2015-16	2019-21
हिमाचल प्रदेश	3	3	1
तमिलनाडु	2	5	2
केरल	1	1	3
जम्मू और कश्मीर	7	4	4
पुंजाब	4	2	5
पश्चिम बंगाल	8	6	6
ओडिशा	12	8	7
कर्नाटक	9	10	8
उत्तराखंड	11	13	9
आंध्र प्रदेश	10	7	10
छत्तीसगढ़	13	9	11
महाराष्ट्र	5	12	12
हरियाणा	6	11	13
भारत	15	14	14
गुजरात	14	16	15
राजस्थान	17	17	16
असम	16	15	17
मध्य प्रदेश	18	20	18
उत्तर प्रदेश	19	19	19
झारखंड	20	18	20
बिहार	21	21	21

नोट्स : ए-बी-सी इंडेक्स में चार इंडिकेटर शामिल हैं—पूर्ण टीकाकरण प्राप्त बच्चे, 15-24 वर्ष में साक्षरता की दर, स्वस्थ वज़न के बच्चे (जो अंडर वेट नहीं हैं) और गर्भावस्था में कम-से-कम एक जाँच प्राप्त बच्चों का प्रतिशत। इन पर हर राज्य की, प्रति इंडिकेटर उपलब्धि को अन्य राज्यों की उपलब्धि से जोड़कर, हर इंडिकेटर पर राज्य की स्थिति का आकलन किया है। फिर चारों की औसत से इंडेक्स को अनुमानित किया है। इंडेक्स के रैंक को उपरोक्त तालिका में दर्शाया है। अधिक जानकारी के लिए द्रेज़ और खेरा (2012) देखें।

तालिका A4 : मध्याह्न भोजन योजना में रसोइयों का सामाजिक परिवेश और रसोई व्यवस्था

	दलित और आदिवासी (%)			महिला कुक (%)		केन्द्रीकृत किचन से खाने वाले बच्चे (%)		किचन में LPG गैस (%)	
	जनसंख्या में %, 2011	कुक		2013-14	2021-22	2013-14	2021-22	2013-14	2021-22
		2013-14	2021-22						
आंध्र प्रदेश	23.4	33	32	90	93	4.7	14.2	30.3	92
असम	19.1	29	29	90	96	1.0	0.9	1.0	26
बिहार	16.8	30	29	83	59	4.3	5.5	0.4	94
छत्तीसगढ़	42.5	58	55	74	81	3.0	3.2	7.8	9
गुजरात	21.3	35	35	69	69	7.2	13.9	84.4	90
हरियाणा	20.1	41	42	97	98	14.5	16.1	99.0	100
हिमाचल प्रदेश	30.8	25	25	80	83	0.0	0.0	83.9	97
झारखंड	37.8	52	52	100	100	0.0	0.8	5.2	100
कर्नाटक	23.9	37	32	100	100	19.4	16.5	79.4	90
केरल	11.3	18	17	95	97	0.0	0.0	2.0	100
मध्य प्रदेश	36.1	54	47	98	95	0.7	4.3	13.7	94
महाराष्ट्र	21.1	25	41	72	87	3.0	2.3	15.0	53
ओडिशा	39.5	40	43	98	97	3.4	1.3	0.0	89
पंजाब	31.9	23	74	85	97	13.1	0.0	0.0	100
राजस्थान	31.2	25	29	89	90	0.0	7.1	37.1	79
तमिलनाडु	20.4	19	27	87	95	0.0	0.0	15.7	94
तेलंगाना	23.4	-	42	90	87	-	4.4	-	14
उत्तराखंड	20.6	17	19	99	99	0.0	0.0	27.3	68
उत्तर प्रदेश	21.1	30	29	92	94	5.0	6.0	57.2	93
प. बंगाल	29	39	29	94	92	0.7	1.5	7.9	100

स्रोत : भारत सरकार (विभिन्न वर्ष)

तालिका A5 : जन-वितरण प्रणाली की पहुँच और अनाज की 'चोरी'

	अनाज की चोरी की अनुमानित मात्रा (%)[a]			*पीडीएस से राशन प्राप्त करने वाले परिवार (कुल परिवारों का प्रतिशत)*[b]		
	2004-05	2011-12	2022-23	2004-05	2011-12	2022-23
आंध्र प्रदेश	23.2	22.0	1 -13[1]	56.8	35	85
असम	88.7	50.7	27	8.5	30	75
बिहार	91.0	24.4	27	1.9	14	72
छत्तीसगढ़	51.7	9.3	15[2]	23	61	90
गुजरात	51.7	67.6	40	25	28	47
हरियाणा	82.7	49.0	18	4.4	17	38
हिमाचल प्रदेश	27.0	27.1	30	47.7	86	74
झारखंड	85.2	44.4	21	5.6	23	77
कर्नाटक	28.7	34.7	14-29[1]	49	77	70
केरल	25.6	37.1	37	27.9	93	80
मध्य प्रदेश	50.1	51.5	26	21	42	64
महाराष्ट्र	49.3	48.2	36	21.8	36	54
ओडिशा	76.3	25.0	6-14	19.8	55	80
पंजाब	93.2	58.8	[-2.5][3]	0.4	19	40
राजस्थान	93.9	60.9	9	10.2	18	57
तमिलनाडु	7.3	11.9	25	71.4	62	86
तेलंगाना	-		21[1]	-	82	69
उत्तराखंड	59.4	34.9	39	20.6	35	56
उत्तर प्रदेश	58.0	57.6	23	5.7	23	74
पश्चिम बंगाल	80.6	65.3	17-22[1]	12.9	34	89
पूर्वोत्तर राज्य			27			
भारत	54	41.7	22.1	24	39	70

स्रोत : a 2004-05 खेरा (2011), 2011-12, लेखक के अप्रकाशित अनुमान और 2022-23 खेरा (2024); b लेखक के अप्रकाशित अनुमान।

नोट : 1. इन राज्यों में अपने बजट से एक्स्ट्रा राशन कार्ड बँटे हैं; उनके लिए एक्स्ट्रा अनाज का अनुमान जोड़कर लोअर इस्टीमेट प्राप्त किया है। अतिरिक्त कार्डधारकों की संख्या खेरा और सोमांची (2020) से है। 2. छत्तीसगढ़ का उठाव का डेटा छत्तीसगढ़ सरकार (2024) से है। 3. पंजाब अनाज हर छह महीनों में बाँटता है (बाक़ी राज्यों में वितरण मासिक है); लोगों ने छह महीने की ख़रीद की जानकारी दी हो, यह सम्भावना है।

तालिका A6 : नरेगा में रोज़गार दिवस और मज़दूरी

	औसत दिन, प्रति जॉबकार्ड[1]			*मज़दूरी दर*	
	यूपीए (2009-10 से 2013-14)	*एनडीए (2014-15 से 2019-20)*	*कोविड-19 (2020-22)*	*नरेगा, 2023-24*[2]	*खेतिहर, 2021-22*[3]
आंध्र प्रदेश	27	23	26	272	412
असम	11	10	16	238	329
बिहार	9	6	10	228	323
छत्तीसगढ़	28	28	43	221	224
गुजरात	10	8	12	256	261
हरियाणा	15	9	14	357	476
हिमाचल प्रदेश	24	18	25	224-280	378
झारखंड	17	14	19	228	264
कर्नाटक	18	14	21	316	322
केरल	25	22	26	333	708
मध्य प्रदेश	16	20	39	221	277
महाराष्ट्र	8	9	8	273	329
ओडिशा	11	13	27	237	327
पंजाब	9	12	18	303	432
राजस्थान	28	25	38	255	359
तमिलनाडु	38	35	38	294	470
तेलंगाना	27a	19	27	272	377
उत्तराखंड	19	19	23	230	401
उत्तर प्रदेश	18	11	17	230	298
पश्चिम बंगाल	16	21	27	237	309
पूर्वोत्तर राज्य	51	45	59	237	-
भारत	20	18	24	236	334

स्रोत : 1. भारत सरकार की नरेगा www.nrega.nic.in वेबसाइट, भारत सरकार (2013) और भारत सरकार (2017), 2. भारत सरकार (2023a) 3 भारत सरकार (2023b), तालिका 1.1

नोट : a तेलंगाना 2014 में आंध्र प्रदेश से कटकर बना; यह औसत आंध्र प्रदेश की है।

तालिका A7 : राष्ट्रीय सामाजिक सुरक्षा पेंशन के तहत पेंशन राशि और वृद्धजनों में शामिल संख्या

	कवरेज (%)		*पेंशन राशि, प्रति माह*[C]		*पेंशन राशि (प्रति माह), कवरेज का वेटिड औसत*[1]	
	कुल[A]	*राज्य का हिस्सा*[B]	*अधिकतम*	*न्यूनतम*	*अधिकतम*	*न्यूनतम*
आंध्र प्रदेश	100	69	4000	4000	4000	4000
झारखंड	90-93	69	1000	1000	900-928	900
राजस्थान	86-87	85	1300	1150	1121-1134	1003
बिहार	83	51	500	400	417	333
हरियाणा	80	87	3000	3000	2402	2402
ओडिशा	70	62	1200	1000	840	700
असम	63-68	66	500	200	314-342	126
उत्तर प्रदेश	63	40	1000	1000	633	633
उत्तराखंड	62	73	1500	1500	937	937
पंजाब	60	96	1500	1500	907	907
कर्नाटक	51-64	77	1200	600	613-773	306
तेलंगाना	51	75	2000	2000	1024	1024
केरल	13-54	42	1600	1600	212-860	212
छत्तीसगढ़	53	53	650	500	342	263
हिमाचल प्रदेश	50	81	1700	1000	842	496
मध्य प्रदेश	43	9	600	600	256	256
पूर्वोत्तर राज्य	36	-	1504	1289	536	460
पश्चिम बंगाल	26	58	1000	1000	264	264
महाराष्ट्र	25	69	1500	1500	369	369
दिल्ली	21	74	2500	2000	531	425
तमिलनाडु	14-16	18	1200	1200	171-196	171

गुजरात	16	47	1000	750	163	122
जम्मू कश्मीर	9-10	-	1000	1000	89-101	89
भारत (NSAP)	53-57	59	500	200	-	-

स्रोत : a केन्द्र सरकार की वेबसाइट; b राज्य सरकार की वेबसाइट, विस्तृत जानकारी के लिए नक़्शों के स्रोत पर नोट देखें (नक़्शा 7.1, 7.2 और 7.3); c राज्य सरकार की वेबसाइट।

नोट : 1 पेंशन राशि (c) को कवरेज (a) से भाग करके, परिणाम को 100 से गुणा। विस्तृत जानकारी के लिए *सामाजिक सुरक्षा पेंशनधारकों की संख्या के स्रोत पर नोट* देखें।

आँकड़ों के स्रोत

नक़्शों के आँकड़ों के स्रोत
चार्ट्स के आँकड़ों के स्रोत
सांख्यिकीय तालिका के आँकड़ों के स्रोत
सामाजिक सुरक्षा पेंशनधारकों की संख्या के स्रोत पर टिप्पणी
सामाजिक सुरक्षा योजनाओं पर केन्द्र बजट में ख़र्च के स्रोत पर टिप्पणी

नक़्शों के आँकड़ों के स्रोत

नक़्शा 2.1 : और 2.2 असंगठित क्षेत्र में महिलाओं को मातृत्व लाभ (कोई भी क़िस्त और सभी क़िस्त)

1. ओडिशा सरकार (विभिन्न वर्ष), ओडिशा आर्थिक सर्वेक्षण, आर्थिक एवं सांख्यिकी निदेशालय (भुवनेश्वर : योजना एवं अभिसरण विभाग)।
   https://pc.odisha.gov.in/sites/default/files/2020-03/Economic_Survey_2017-18.pdf
2. तेलंगाना सरकार (विभिन्न वर्ष), तेलंगाना सोशियो-इकोनॉमिक आउटलुक, (हैदराबाद : योजना विभाग)।
   https://ecostat.telangana.gov.in/PDF/PUBLICATIONS/Socio_Economic_2018.pdf?
   तमिलनाडु सरकार (विभिन्न वर्ष), पॉलिसी नोट, (चेन्नई: स्वास्थ्य और परिवार कल्याण विभाग।
   https://cms.tn.gov.in/sites/default/files/documents/hfw_e_pn_2021_22.pdf
3. अन्य राज्यों के लिए भारत सरकार से सूचना का अधिकार द्वारा प्राप्त जानकारी।
   भारत सरकार (2019) भारत और राज्यों के लिए जनसंख्या अनुमान 2011-2036, राष्ट्रीय जनसंख्या आयोग, (नई दिल्ली : स्वास्थ्य और परिवार कल्याण मंत्रालय)।
   https://nhm.gov.in/New_Updates_2018/Report_Population_Projection_2019.pdf

नक़्शा 3.1 : बच्चों का अनुपात (%) जिन्होंने आईसीडीएस से कोई भी सेवा प्राप्त करने की सूचना दी, 2005-06

1. इंटरनेशनल इंस्टिट्यूट फ़ॉर पॉपुलेशन साइंसेज़ (2007), नेशनल फ़ैमिली हेल्थ सर्वे (एनएफ़एचएस 3), राष्ट्रीय रिपोर्ट, (तालिका 9.24, पृ. 261-62), (मुम्बई : इंटरनेशनल इंस्टिट्यूट फ़ॉर पॉपुलेशन साइंसेज़)।

   https://www.dhsprogram.com/pubs/pdf/frind3/frind3-vol1andvol2.pdf

नक़्शा 3.2 : बच्चों का अनुपात (%) जिन्होंने आईसीडीएस से कोई भी सेवा प्राप्त करने की सूचना दी, 2015-16

1. इंटरनेशनल इंस्टिट्यूट फ़ॉर पॉपुलेशन साइंसेज़ (2017), नेशनल फ़ैमिली हेल्थ सर्वे (एनएफ़एचएस 4), राष्ट्रीय रिपोर्ट, (तालिका 9.19, पृ. 288) (मुम्बई : इंटरनेशनल इंस्टिट्यूट फ़ॉर पॉपुलेशन साइंसेज़)।

   https://dhsprogram.com/pubs/pdf/FR339/FR339.pdf

नक़्शा 3.3 : बच्चों का अनुपात (%) जिन्होंने आईसीडीएस से कोई भी सेवा प्राप्त करने की सूचना दी, 2019-21

1. इंटरनेशनल इंस्टिट्यूट फ़ॉर पॉपुलेशन साइंसेज़ (2022), नेशनल फ़ैमिली हेल्थ सर्वे (एनएफ़एचएस 5), राष्ट्रीय रिपोर्ट, (तालिका 9.19, पृ. 369-70) (मुम्बई : इंटरनेशनल इंस्टिट्यूट फ़ॉर पॉपुलेशन साइंसेज़)।

   https://dhsprogram.com/pubs/pdf/FR375/FR375.pdf

नक़्शा 4.1 : मध्याह्न भोजन योजना में अंडा देने वाले राज्य, भारत सरकार की वेबसाइट, राज्यवार पीएबी मिनट्स।

1. भारत सरकार (2022), मिड डे मील स्कीम : प्रोग्राम अप्रूवल बोर्ड (पीएबी) मीटिंग्स—राज्यवार पीएबी मिनट्स, प्रधानमंत्री पोषण शक्ति निर्माण, (नई दिल्ली : शिक्षा मंत्रालय)। https://pmposhan.education.gov.in/
2. भारत सरकार (2024), मिड डे मील स्कीम : प्रोग्राम अप्रूवल बोर्ड (पीएबी) मीटिंग एंड स्टेट गवर्नमेंट ऑफ़ असम अंडर पीएम पोषण, प्रधानमंत्री पोषण शक्ति निर्माण फ़ॉर 2024-25, डिपार्टमेंट ऑफ़ स्कूल एजुकेशन एंड लिटरेसी (नई दिल्ली: शिक्षा मंत्रालय), 19 अप्रैल।

   https://pmposhan.education.gov.in/Files/PAB/PAB-2024-25/Minutes-PAB-2024-25/ASSAM-MINUTES.pdf
3. भारत सरकार (2024), मिड डे मील स्कीम : प्रोग्राम अप्रूवल बोर्ड (पीएबी) मीटिंग ऐंड स्टेट गवर्नमेंट ऑफ़ कर्नाटक अंडर पीएम पोषण, प्रधानमंत्री पोषण शक्ति निर्माण फ़ॉर 2024-25, डिपार्टमेंट ऑफ़ स्कूल एजुकेशन एंड लिटरेसी (नई दिल्ली : शिक्षा मंत्रालय), 20 अप्रैल।

https://pmposhan.education.gov.in/Files/PAB/PAB-2024-25/Minutes-PAB-2024-25/Karnataka-PAB%20Minutes.pdf

4. भारत सरकार (2024), मिड डे मील स्कीम : प्रोग्राम अप्रूवल बोर्ड (पीएबी) मीटिंग ऐंड स्टेट गवर्नमेंट ऑफ़ गोवा अंडर पीएम पोषण, प्रधानमंत्री पोषण शक्ति निर्माण फ़ॉर 2024-25, डिपार्टमेंट ऑफ़ स्कूल एजुकेशन एंड लिटरेसी (नई दिल्ली : शिक्षा मंत्रालय), 24 मई। https://pmposhan.education.gov.in/Files/PAB/PAB-2022-23/Minutes/Minute_Goa.pdf

नक़्शा 4.2 : पिछले दिन या रात में अंडा पाने वाले बच्चों का अनुपात (वर्ष 2019-2021)

1. इंटरनेशनल इंस्टिट्यूट फ़ॉर पॉपुलेशन साइंसेज़ (2022), नेशनल फ़ैमिली हेल्थ सर्वे (एनएफ़एचएस 5), राष्ट्रीय रिपोर्ट, (मुम्बई : इंटरनेशनल इंस्टिट्यूट फ़ॉर पॉपुलेशन साइंसेज़)।
   https://dhsprogram.com/pubs/pdf/FR375/FR375.pdf

नक़्शा 6.1 : प्रति जॉबकार्ड नरेगा कार्यदिवस, 2023-24

1. भारत सरकार (विभिन्न वर्ष), रिपोर्ट नम्बर R.5.1.1 एम्प्लॉयमेंट जेनरेटेड ड्यूरिंग द ईयर—महात्मा गांधी नेशनल रूरल एम्प्लॉयमेंट गारंटी ऐक्ट, (नई दिल्ली : ग्रामीण विकास मंत्रालय)।
   https://nreganarep.nic.in/netnrega/citizen_html/demregister.aspx?lflag=eng&fin_year=2023-2024&source=national&labels=labels&Digest=MZ7EPgZ8ZwgnIaImm+t7hA

नक़्शा 6.2 : दलित और आदिवासी मज़दूरों की नरेगा में भागीदारी, 2023-24

1. भारत सरकार (2024) रिपोर्ट नम्बर R.5.1.5 सोशल कैटेगरी वाइज एम्प्लॉयमेंट जेनरेटेड 2023-24—महात्मा गांधी नेशनल रूरल एम्प्लॉयमेंट गारंटी ऐक्ट, ग्रामीण विकास मंत्रालय।
   https://nreganarep.nic.in/netnrega/state_html/empstatusnewall_scst.aspx?lflag=eng&fin_year=2023-2024&source=national&labels=labels&Digest=MZ7EPgZ8ZwgnIaImm+t7hA

नक़्शा 6.3 : नरेगा में महिलाओं की भागीदारी, 2023-24

1. भारत सरकार (2024) रिपोर्ट नम्बर R.5.1.5 सोशल कैटेगरी वाइज एम्प्लॉयमेंट जेनरेटेड 2023-24—महात्मा गांधी नेशनल रूरल एम्प्लॉयमेंट गारंटी ऐक्ट, ग्रामीण विकास मंत्रालय।
   https://nreganarep.nic.in/netnrega/state_html/empstatusnewall_scst.aspx?lflag=eng&fin_year=2023-2024&source=national&labels=labels&Digest=MZ7EPgZ8ZwgnIaImm+t7hA

नक़्शा 7.1 : वृद्धावस्था पेंशन राशि, 2023-24

1. *अमर उजाला* (2023) हर महीने मिलेगी वृद्धा, विधवा-दिव्यांग पेंशन, सीएम ने दिये निर्देश, छात्रवृत्ति भी समय पर मिलेगी, अमर उजाला, 10 मई।
https://www.amarujala.com/amp/dehradun/old-age-widow-and-disabled-pension-will-be-given-every-month-in-uttarakhand-cm-dhami-gave-instructions-2023-05-10
2. आंध्र प्रदेश सरकार (2024) आदेश—एनटीआर भरोसा पेंशन योजना (अमरावती : पंचायत राज एवं ग्रामीण विकास विभाग), 13 जून।
https://images.hindustantimes.com/telugu/img/2024/06/14/original/5_6296506056906378632_1718340132475.pdf
3. असम सरकार (अदिनांकित), पेंशन, (गुवाहाटी : पंचायत राज और ग्रामीण विकास विभाग)।
https://web.archive.org/web/20161217220213if_/https:/pnrd.assam.gov.in/information-services/pensions-0
4. एबीपी मांझा वेब टीम (2023), अजी-अजोबन्ना महिन्याला मिलनर पेंशन, आसा घ्या 'या' योजना लाभ, एबीपी मांझा, 30 नवम्बर।
https://marathi.abplive.com/business/indira-gandhi-pension-yojana-details-in-marathi-government-pension-schemes-for-senior-citizen-know-the-eligibility-beneficiary-application-process-required-documents-objectives-maharashtra-government-schemes-1233401
5. उत्तर प्रदेश सरकार (2024) एकीकृत पेंशन पोर्टल—वृद्धावस्था पेंशन (लखनऊ : समाज कल्याण विभाग)।
https://sspy-up.gov.in/HindiPages/index_h.aspx
6. कर्नाटक सरकार (2021) सामाजिक सुरक्षा पेंशन, (बेंगलुरु : कोषागार विभाग)।
https://khajane.karnataka.gov.in/info-2/Social+Security+Pension/en
7. केरल सरकार (अदिनांकित) योजनाएँ—इन्दिरा गांधी राष्ट्रीय वृद्धावस्था पेंशन, डिस्ट्रिक्ट पोर्टल कोट्टायम।
https://khajane.karnataka.gov.in/info-2/Social+Security+Pension/en
8. गोवा सरकार (अदिनांकित) योजनाएँ एवं उद्देश्य तालिका, (पणजी : ग्रामीण विकास विभाग)।
https://www.goa.gov.in/wp-content/uploads/2022/05/Schemes-DRDA.pdf
9. गुजरात सरकार (अदिनांकित) सामाजिक सुरक्षा विभाग (गांधीनगर : ग्रामीण विकास मंत्रालय)।
https://sje.gujarat.gov.in/dsd/Information/1440?lang=English
10. छत्तीसगढ़ शासन (अदिनांकित) सामाजिक सुरक्षा पेंशन योजना, (रायपुर : समाज कल्याण विभाग)।

https://sw.cg.gov.in/social-assistance-program

11. जम्मू और कश्मीर सरकार (अदिनांकित) पेंशन योजनाएँ, सामाजिक कल्याण निदेशालय, सामाजिक कल्याण निदेशालय।
https://socialwelfarekashmir.jk.gov.in/welfareschemes.html

12. तमिलनाडु सरकार (2024) सामाजिक सुरक्षा योजनाएँ, (चेन्नई : राजस्व प्रशासन और वितरण प्रबन्धन आयुक्त)।
https://cra.tn.gov.in/about_schemes.php

13. तेलंगाना नवनिर्माण सेना (2024) तेलंगाना असरा पेंशन स्कीम : करेंट स्टेटस ऐंड अपकमिंग चेंजेस इन 2024, तेलंगाना नवनिर्माण सेना, 23 जनवरी।
https://www.tgnns.com/telangana/telangana-asara-pension-scheme-current-status-and-upcoming-changes-in-2024/2024/01/23/

14. पंजाब सरकार (अदिनांकित), वृद्धावस्था पेंशन और अन्य वित्तीय सहायता योजनाएँ—राज्य पेंशन योजनाएँ, (चंडीगढ़ : सामाजिक सुरक्षा महिला एवं बाल विकास विभाग)।
https://sswcd.punjab.gov.in/en/social-security/pensionsfinancial-assistance

15. पश्चिम बंगाल सरकार (अदिनांकित) सामाजिक सुरक्षा पेंशन, (कोलकाता : पंचायत राज एवं ग्रामीण विकास विभाग)।
https://prd.wb.gov.in/schemes/detail/b93d105f-8dd5-4a63-a916-041f2d48ea39

16. बिहार सरकार (अदिनांकित), सोशल सिक्युरिटी पेंशन मैनेजमेंट, डाइरेक्टोरेट ऑफ़ सोशल सिक्युरिटी (पटना : सामाजिक कल्याण विभाग)।
https://www.sspmis.bihar.gov.in/aboutUs#:~:text=Under%20the%20scheme%20an%20amount,DISABILITY%20PENSION%20(BIHAR%20GOVT

17. मध्य प्रदेश सरकार (अदिनांकित) इन्दिरा गांधी राष्ट्रीय वृद्धावस्था पेंशन, सामाजिक न्याय एवं दिव्यांगजन सशक्तिकरण विभाग, सामाजिक सुरक्षा पेंशन पोर्टल, भोपाल।
https://socialsecurity.mp.gov.in/home.aspx

18. मणिपुर सरकार (अदिनांकित) मणिपुर वृद्धावस्था पेंशन योजना, डिस्ट्रिक्ट पोर्टल इम्फाल पश्चिम।
https://imphalwest.nic.in/district-social-welfare/

19. मेघालय सरकार (अदिनांकित) केन्द्र प्रायोजित योजनाएँ, (शिलांग : सामुदायिक और ग्रामीण विकास विभाग)।
https://megcnrd.gov.in/schemes.htm

20. मिजोरम सरकार (2022) वृद्धावस्था पेंशन, (आइज़वाल : सामाजिक कल्याण और जनजातीय मामले)।
https://socialwelfare.mizoram.gov.in/page/welcome-to-directorate-of-social-welfare

21. राजस्थान सरकार (अदिनांकित) सामाजिक सुरक्षा पेंशन, (जयपुर : सामाजिक न्याय एवं अधिकारिता विभाग)।
https://ssp.rajasthan.gov.in/HtmlPages/Schemes/DisablityDetail.aspx

22. रे, धृतिमान (2023) नाउ एससी, एसटी एंड ओबीसी इन झारखंड विल गेट ओल्ड एज पेंशन एट 50, द *टाइम्स ऑफ़ इंडिया,* 23 दिसम्बर।
https://timesofindia.indiatimes.com/city/ranchi/now-sc-st-obcs-in-state-will-get-old-age-pension-at-50/articleshow/106392894.cms

23. हरियाणा सरकार (अदिनांकित), थारी पेंशन, थारे पास, (चंडीगढ़ : सामाजिक न्याय और अधिकारिता विभाग)।
https://pension.socialjusticehry.gov.in/

24. हिमाचल प्रदेश सरकार (2022) अधिसूचना—हिमाचल प्रदेश सामाजिक सुरक्षा पेंशन, (शिमला: सामाजिक न्याय एवं अधिकारिता विभाग), 8 अप्रैल।
https://govtschemes.in/sites/default/files/2023-10/

25. सिक्किम सरकार (अदिनांकित) प्रोत्साहन/वित्तीय सहायता, (गंगटोक : महिला एवं बाल कल्याण विभाग)।
https://pensionscheme.sikkim.gov.in/

नक़्शा 7.2 : वृद्धावस्था पेंशन प्राप्त वृद्धों का हिस्सा (%), 2021-24

1. ओडिशा सरकार (अदिनांकित), बुज़ुर्गों के लिए योजनाएँ और सेवाएँ, (भुवनेश्वर : विकलांग व्यक्तियों की सामाजिक सुरक्षा और सशक्तिकरण विभाग)।
https://ssepd.odisha.gov.in/index.php/schemes-programmes/schemes/scheme-and-services-elderly-0

2. कर्नाटक सरकार (2024) आर्थिक सर्वेक्षण कर्नाटक 2023-24 (बेंगलुरु : योजना, कार्यक्रम निगरानी और सांख्यिकी विभाग) 46वाँ संस्करण।
https://des.karnataka.gov.in/storage/pdf-files/ARC/Economic_Survey_2023-24_FINALENGLISH.pdf

3. केरल सरकार (अदिनांकित) स्टेट वाइज़ सोशल सिक्युरिटी पेंशन डिटेल्स, (तिरुवनंतपुरम : इन्फ़ॉर्मेशन केरला मिशन)।
https://welfarepension.lsgkerala.gov.in/index_en.aspx

4. केन्द्रशासित प्रदेश लद्दाख का प्रशासन (अदिनांकित) योजनाएँ—पेंशन योजना पोर्टल (लद्दाख : सामाजिक और जनजातीय कल्याण विभाग)।
https://socialwelfare.ladakh.gov.in/schemes.php

5. कर्नाटक सरकार (अदिनांकित) सामाजिक सुरक्षा पेंशन (बेंगलुरु : ट्रेजरी विभाग)।
https://khajane.karnataka.gov.in/info-2/Social+Security+Pension/en

6. जम्मू और कश्मीर सरकार (2023), आर्थिक सर्वेक्षण 2022-23, अर्थशास्त्र एवं सांख्यिकी निदेशालय, (श्रीनगर : योजना विकास और निगरानी विभाग)।
https://ecostatjk.nic.in/pdf/publications/ecosurvey/Economic%20Survey-2023.pdf

7. दजिवरल्ड.कॉम (2024), अरुणाचल सीएम अप्रूव्स फ़र्स्ट फ़ाइल ऑन सोशल सिक्युरिटी स्कीम बेनिफ़िटिंग 80K पीपल, दजिवरल्ड.कॉम, 13 जून।
https://daijiworld.com/news/newsDisplay?newsID=1199605
8. *डेक्कन हेराल्ड* (2023) त्रिपुरा टू प्रवाइड सोशल पेंशन टू 29,410 मोर पीपल फ्रॉम जनवरी, *डेक्कन हेराल्ड,* 31 दिसम्बर।
https://www.deccanherald.com/india/tripura/tripura-to-provide-social-pension-to-29410-more-people-from-january-2830635
9. तमिलनाडु सरकार (2023) पॉलिसी नोट 2023-24 (चेन्नई : राजस्व एवं आपदा प्रबन्धन विभाग)।
https://cms.tn.gov.in/sites/default/files/documents/revenue_e_pn_2023_24.pdf
10. त्रिपुरा सरकार (अदिनांकित) लाभार्थी प्रबन्धन पोर्टल, अगरतला।
https://bms.tripura.gov.in/dashboard/topschemegraph.jsp
11. थेजोतो निनु (2022) नागालैंड हैज़ 63,322 बेनिफ़िशियरीज़ अंडर एनएसएपी, *ईस्टर्न मिरर,* 29 मार्च।
https://easternmirrornagaland.com/nagaland-has-63322-beneficiaries-under-nsap/
12. पंजाब सरकार (2024) पंजाब का आर्थिक सर्वेक्षण 2022-23, सांख्यिकी निदेशालय (चंडीगढ़ : योजना विभाग)।
https://finance.punjab.gov.in/uploads/05Mar2024/Economic_Survey.pdf
13. पश्चिम बंगाल सरकार (2023) प्रशासकीय कैलेंडर 2023, कोलकाता।
https://wbpar.gov.in/writereaddata/WBCSdirectory/Administrative%20Calender%202023%20Red.pdf
14. भारत सरकार (2023) डिजिटल प्लेटफॉर्म्स एंड प्रोडक्ट्स, नेशनल इन्फ़ॉर्मेटिक्स सेंटर—झारखंड स्टेट सेंटर (नई दिल्ली : मिनिस्ट्री ऑफ़ इलेक्ट्रॉनिक्स ऐंड इन्फ़ॉर्मेशन टेक्नोलॉजी)।
https://cdnbbsr.s3waas.gov.in/s3955cb567b6e38f4c6b3f28cc857fc38c/uploads/2021/09/2023092289.pdf
15. भारत सरकार (2024), नेशनल डैशबोर्ड—नेशनल सोशल असिस्टेंस प्रोग्राम, लाभार्थियों का सारांश, (नई दिल्ली : ग्रामीण विकास मंत्रालय), 27 जुलाई।
https://nsap.nic.in/
16. भारत सरकार (2024), नेशनल डैशबोर्ड—नेशनल सोशल असिस्टेंस प्रोग्राम, लाभार्थियों का सारांश, (नई दिल्ली : ग्रामीण विकास मंत्रालय), 27 जुलाई।
https://nsap.nic.in/
17. महाराष्ट्र सरकार (2023) महाराष्ट्र का आर्थिक सर्वेक्षण 2022-23, अर्थशास्त्र और सांख्यिकी निदेशालय (मुम्बई : योजना विभाग)।
http://mls.org.in/PDF2023/BUDGET/ESM_2022_23_Eng_Book.pdf

18. हिमाचल प्रदेश सरकार (2020) सामाजिक सुरक्षा पेंशन प्रदेश के लोगों के लिए वरदान साबित हो रही है (शिमला : सूचना एवं जनसम्पर्क विभाग), 30 अगस्त।
http://himachalpr.gov.in/PressReleaseByYear.aspx?Language=1&ID=18751&Type=2&Date=30/08/2020

नक़्शा 7.3 : राज्य से समर्थन प्राप्त वृद्धावस्था पेंशनधारक, 2021-24

1. ओडिशा सरकार (अदिनांकित), बुज़ुर्गों के लिए योजनाएँ और सेवाएँ, (भुवनेश्वर : विकलांग व्यक्तियों की सामाजिक सुरक्षा और सशक्तिकरण विभाग)।
https://ssepd.odisha.gov.in/index.php/schemes-programmes/schemes/scheme-and-services-elderly-0
2. कर्नाटक सरकार (2024) आर्थिक सर्वेक्षण कर्नाटक 2023-24 (बेंगलुरु : योजना, कार्यक्रम निगरानी और सांख्यिकी विभाग) 46वां संस्करण।
https://des.karnataka.gov.in/storage/pdf-files/ARC/Economic_Survey_2023-24_FINALENGLISH.pdf
3. केरल सरकार (अदिनांकित) स्टेट वाइज़ सोशल सिक्युरिटी पेंशन डिटेल्स, (तिरुवनंतपुरम : इन्फ़ॉर्मेशन केरला मिशन)।
https://welfarepension.lsgkerala.gov.in/index_en.aspx
4. केन्द्रशासित प्रदेश लद्दाख का प्रशासन (अदिनांकित) योजनाएँ—पेंशन योजना पोर्टल (लद्दाख : सामाजिक और जनजातीय कल्याण विभाग)।
https://socialwelfare.ladakh.gov.in/schemes.php
5. कर्नाटक सरकार (अदिनांकित) सामाजिक सुरक्षा पेंशन (बेंगलुरु : ट्रेजरी विभाग)।
https://khajane.karnataka.gov.in/info-2/Social+Security+Pension/en
6. जम्मू और कश्मीर सरकार (2023), आर्थिक सर्वेक्षण 2022-23, अर्थशास्त्र एवं सांख्यिकी निदेशालय, (श्रीनगर : योजना विकास और निगरानी विभाग)।
https://ecostatjk.nic.in/pdf/publications/ecosurvey/Economic%20Survey-2023.pdf
7. दजिवरल्ड.कॉम (2024), अरुणाचल सीएम अप्रूव्स फ़र्स्ट फ़ाइल ऑन सोशल सिक्युरिटी स्कीम बेनिफ़िटिंग 80K पीपल, दजिवरल्ड.कॉम,13 जून।
https://daijiworld.com/news/newsDisplay?newsID=1199605
8. *डेक्कन हेराल्ड* (2023) त्रिपुरा टू प्रोवाइड सोशल पेंशन टू 29,410 मोरे पीपल फ्रॉम जनवरी, *डेक्कन हेराल्ड,* 31 दिसम्बर।
https://www.deccanherald.com/india/tripura/tripura-to-provide-social-pension-to-29410-more-people-from-january-2830635
9. तमिलनाडु सरकार (2023) पॉलिसी नोट 2023-24 (चेन्नई : राजस्व एवं आपदा प्रबन्धन विभाग)।
https://cms.tn.gov.in/sites/default/files/documents/revenue_e_pn_2023_24.pdf

10. त्रिपुरा सरकार (अदिनांकित) लाभार्थी प्रबन्धन पोर्टल, अगरतला।
https://bms.tripura.gov.in/dashboard/topschemegraph.jsp
11. थेजोतो निनु (2022) नागालैंड हेज़ 63,322 बेनिफ़िशियरीज अंडर एनएसएपी, *ईस्टर्न मिरर,* 29 मार्च।
https://easternmirrornagaland.com/nagaland-has-63322-beneficiaries-under-nsap/
12. पंजाब सरकार (2024) पंजाब का आर्थिक सर्वेक्षण 2022-23, सांख्यिकी निदेशालय (चंडीगढ़ : योजना विभाग)।
https://finance.punjab.gov.in/uploads/05Mar2024/Economic_Survey.pdf
13. पश्चिम बंगाल सरकार (2023) प्रशासकीय कैलेंडर 2023, कोलकाता।
https://wbpar.gov.in/writereaddata/WBCSdirectory/Administrative%20Calender%202023%20Red.pdf
14. भारत सरकार (2023) डिजिटल प्लेटफॉर्म्स ऐंड प्रोडक्ट्स, नेशनल इन्फ़ॉर्मेटिक्स सेंटर—झारखंड स्टेट सेंटर (नई दिल्ली : मिनिस्ट्री ऑफ़ इलेक्ट्रॉनिक्स ऐंड इन्फ़ॉर्मेशन टेक्नोलॉजी)।
https://cdnbbsr.s3waas.gov.in/s3955cb567b6e38f4c6b3f28cc857fc38c/uploads/2021/09/2023092289.pdf
15. भारत सरकार (2024), नेशनल डैशबोर्ड—नेशनल सोशल असिस्टेंस प्रोग्राम, लाभार्थियों का सारांश, (नई दिल्ली : ग्रामीण विकास मंत्रालय), 27 जुलाई।
https://nsap.nic.in/
16. भारत सरकार (2024), नेशनल डैशबोर्ड—नेशनल सोशल असिस्टेंस प्रोग्राम, लाभार्थियों का सारांश, (नई दिल्ली : ग्रामीण विकास मंत्रालय), 27 जुलाई।
https://nsap.nic.in/
17. महाराष्ट्र सरकार (2023) महाराष्ट्र का आर्थिक सर्वेक्षण 2022-23, अर्थशास्त्र और सांख्यिकी निदेशालय (मुम्बई : योजना विभाग)।
http://mls.org.in/PDF2023/BUDGET/ESM_2022_23_Eng_Book.pdf
18. हिमाचल प्रदेश सरकार (2020) सामाजिक सुरक्षा पेंशन प्रदेश के लोगों के लिए वरदान साबित हो रही है (शिमला : सूचना एवं जनसम्पर्क विभाग), 30 अगस्त।
http://himachalpr.gov.in/PressReleaseByYear.aspx?Language=1&ID=18751&Type=2&Date=30/08/2020

नक़्शा 8.1 : देश में कैन्टीन योजनाएँ

1. ओडिशा सरकार (अदिनांकित) आहार नागरिक, (भुवनेश्वर : शहरी विकास विभाग)।
https://urban.odisha.gov.in/sites/default/files/2023-09/AAHAR.pdf
2. कौमुदी ऑनलाइन (2023) 200 कुदुम्बश्री जानकीय होटल्स क्लोज्ड डाउन इन केरला, स्कीम सक्सेसफुल इन आल इतर स्टेट्स इन्क्लूडिंग यूपी ऐंड तमिलनाडु, कौमुदी ऑनलाइन, 7 मार्च।

https://keralakaumudi.com/en/news/news.php?id=1021728

3. छत्तीसगढ़ सरकार (अदिनांकित) योजनाएँ—अन्नपूर्णा दाल-भात योजना, (रायपुर : खाद्य आपूर्ति एवं उपभोक्ता संरक्षण विभाग)।

   https://khadya.cg.nic.in/PlanScheme_En.aspx

4. द कम्यून (2022) अम्मा उनावागम : डाइंग ए स्लो डेथ अंडर द डी एम के गवर्नमेंट, द कम्यून, 22 फ़रवरी।

   https://thecommunemag.com/amma-unavagam-dying-a-slow-death-under-the-dmk-govt/

5. द हंस इंडिया (2022) रीफर्बिश्ड अन्नपूर्णा कैन्टीन्स सून इन तेलंगाना, द हंस इंडिया, 25 जुलाई।

   https://www.thehansindia.com/telangana/refurbished-annapurna-canteens-soon-in-telangana-754957?infinitescroll=1

6. डेक्कन हेराल्ड (2024) टू इन्दिरा कैन्टीन्स ओपंड एट बेंगलुरू एयरपोर्ट, *डेक्कन हेराल्ड,* 12 मार्च।

   https://www.deccanherald.com/india/karnataka/bengaluru/two-indira-canteens-opened-at-bengaluru-airport-2932191

7. भारत सरकार (2019) भारत और राज्यों के लिए जनसंख्या अनुमान 2011-2036, राष्ट्रीय जनसंख्या आयोग, (नई दिल्ली : स्वास्थ्य और परिवार कल्याण मंत्रालय)।

   https://nhm.gov.in/New_Updates_2018/Report_Population_Projection_2019.pdf

8. राजस्थान सरकार (अदिनांकित) योजनाओं की जानकारी—अन्नपूर्णा रसोई योजना, जन सूचना पोर्टल।

   https://jansoochna.rajasthan.gov.in/Services?q=l7aag+q8+mx7+U42u/cCR6xBa71R64lDSN5/rB8wR4dyKbepmB1Ltxr7zlhYEh99ZAB4nHG626FMiqoHDjc1cg==

9. सरकारी योजना टीम (2022) झारखंड गुरुजी किचन स्कीम 2024 टू रिप्लेस मुख्यमंत्री दाल-भात योजना, सरकारी योजना टीम, 10 दिसम्बर।

   https://sarkariyojana.com/guruji-kitchen-scheme-jharkhand/

चार्ट्स के आँकड़ों के स्रोत

चार्ट 1.1 : सरकारी ख़र्च, जीडीपी का प्रतिशत (%)

1. ऑर्टीज़—ओस्पिना, एस्टेबॉन और मैक्स रोज़ (2023), गवर्नमेंट स्पेंडिंग, आर वर्ल्ड इन डेटा, ग्लोबल चेंज डेटा लैब।

   https://ourworldindata.org/government-spending

चार्ट 2.1 : मातृत्व अवकाश के दौरान प्राप्त वेतन कितने समय का शत-प्रतिशत मुआवज़ा है (हफ़्तों में), 2023

1. ओईसीडी (2024), ओईसीडी—फ़ैमिली डेटाबेस, पेरेंटल लीव सिस्टम, मूल रूप से यहाँ से प्राप्त की गई : आडेमा, विल्लएम., क्लार्क, क्रिस., और फ्रे, वलेरीए. (2015)। "पैड पेरेंटल लीव : लेसन्स फ्रॉम ओईसीडी कंट्रीज़ ऐंड सिलेक्टेड यू.एस. स्टेट्स।" ऑयेक्ड सोशियल, एम्प्लायमेंट ऐंड माइग्रेशन वर्किंग पेपर्स, नो. 172, ओईसीडी पब्लिशिंग, पेरिस।
https://www.oecd-ilibrary.org/social-issues-migration-health/paid-parental-leave_5jrqgvqqb4vb-en
https://www.oecd.org/content/dam/oecd/en/data/datasets/family-database/pf2_1_parental_leave_systems.pdf

चार्ट 2.2 : मातृत्व लाभ के बजट में आवश्यकता और वास्तविक में अन्तर

1. द्रेज़, ज्याँ, खेरा, रीतिका और सोमांची, अनमोल (2021), मेटर्निटी एंटाइटिलमेंट्स, वुमन'स राइट्स डीरेल्ड, इकोनॉमिक ऐंड पोलिटिकल वीकली, वॉल्यूम 56 (नम्बर 47), 20 नवम्बर।
https://www.epw.in/journal/2021/47/special-articles/maternity-entitlements.html

चार्ट 2.3 : प्रधानमंत्री मातृ वन्दना योजना के तहत लाभ प्राप्त जन्मों का प्रतिशत

1. द्रेज़, ज्याँ और खेरा, रीतिका (2023), मेटर्निटी एंटाइटिलमेंट्स इन फरीफ़ाल, द इंडिया फोरम, 14 जून।
https://www.theindiaforum.in/public-policy/maternity-entitlements-freefall#:~:text=For%20a%20full%20four%20years,Rs%205%2C000%20in%20three%20instalments.
2. भारत सरकार (2019) भारत और राज्यों के लिए जनसंख्या अनुमान 2011-2036, राष्ट्रीय जनसंख्या आयोग, (नई दिल्ली: स्वास्थ्य और परिवार कल्याण मंत्रालय)।
https://nhm.gov.in/New_Updates_2018/Report_Population_Projection_2019.pdf

चार्ट 3.1 : भारत और बांग्लादेश के बजट भाषण में बच्चे ('बच्चा', 'बच्चे' और 'बचपन' का बजट स्पीच में ज़िक्र)

1. बांग्लादेश सरकार (विभिन्न वर्ष), वित्त मंत्री का बजट भाषण, वित्त विभाग (ढाका : वित्त मंत्रालय)।
https://mof.gov.bd/site/page/9ea7529b-c8ef-49b5-8b8e-87ef72a2b3ec
2. भारत सरकार (विभिन्न वर्ष), वित्त मंत्री का बजट भाषण, बजट प्रभाग, आर्थिक मामलों का विभाग (नई दिल्ली : वित्त मंत्रालय)।
https://www.indiabudget.gov.in/previous_union_budget.php

चार्ट 5.1 : जन-वितरण प्रणाली से अनुमानित अनाज की चोरी, 1999-200 to 2022-23

1. खेरा, रीतिका (2011A), ट्रेंड्स इन डाइवर्ज़न ऑफ़ ग्रेन फ्रॉम द पब्लिक डिस्ट्रिब्यूशन सिस्टम, इकोनॉमिक ऐंड पोलिटिकल वीकली, वॉल्यूम 46 (नम्बर 21), 21 मई।
   https://www.epw.in/journal/2011/21/special-articles/trends-diversion-grain-public-distribution-system.html
2. द्रेज़, ज्याँ और खेरा, रीतिका (2015B), अंडरस्टैंडिंग लीकेजेज इन द पब्लिक डिस्ट्रीब्यूशन सिस्टम, इकोनॉमिक ऐंड पोलिटिकल वीकली, वॉल्यूम 50 (नम्बर 7), 14 फ़रवरी।
   https://www.epw.in/journal/2015/7/insight/understanding-leakages-public-distribution-system.html
3. खेरा, रीतिका (2024), इम्पैक्ट ऑफ़ द फूड सिक्युरिटी ऐक्ट ऑन पब्लिक डिस्ट्रीब्यूशन सिस्टम, आइडियाज फ़ॉर इंडिया, 3 अक्टूबर।
   https://www.ideasforindia.in/topics/poverty-inequality/impact-of-the-food-security-act-on-public-distribution-system.html

चार्ट 6.1 : नरेगा पर ख़र्च, जीडीपी का प्रतिशत (%) 2008-09 से 2023-24 तक

1. भारत सरकार (विभिन्न वर्ष), व्यय बजट, बजट विभाग, (नई दिल्ली : वित्त मंत्रालय)।
   https://www.indiabudget.gov.in/doc/eb/allsbe.pdf

चार्ट 6.2 : नरेगा पर ख़र्च और सृजित रोज़गार

1. भारत सरकार (विभिन्न वर्ष), व्यय बजट, बजट विभाग, (नई दिल्ली : वित्त मंत्रालय)।
   https://www.indiabudget.gov.in/doc/eb/allsbe.pdf
2. भारत सरकार (विभिन्न वर्ष), रिपोर्ट नम्बर R.5.1.1 एम्प्लॉयमेंट जेनरेटेड ड्यूरिंग द ईयर—महात्मा गांधी नेशनल रूरल एम्प्लॉयमेंट गारंटी ऐक्ट, (नई दिल्ली : ग्रामीण विकास मंत्रालय)।
   3. https://nreganarep.nic.in/netnrega/citizen_html/demregister.aspx?lflag=eng&fin_year=2022-2023&source=national&labels=labels&Digest=kODLAkQv8M9FT6WbXb7zhA

चार्ट 6.3 : वंचित समूहों की नरेगा में भागीदारी, 2008-9 से 2023-24 तक

1. भारत सरकार (विभिन्न वर्ष) रिपोर्ट नम्बर R.5.1.5 सोशल कैटेगरी वाइज एम्प्लॉयमेंट जेनरेटेड—महात्मा गांधी नेशनल रूरल एम्प्लॉयमेंट गारंटी ऐक्ट, (नई दिल्ली : ग्रामीण विकास मंत्रालय)।
   https://nreganarep.nic.in/netnrega/state_html/empstatusnewall_scst.aspx?lflag=eng&fin_year=2022-2023&source=national&labels=labels&Digest=kODLAkQv8M9FT6WbXb7zhA

चार्ट 6.4 : नरेगा में मासिक औसत कार्यदिवस कोविड से पहले और कोविड वर्षों की औसत

1. भारत सरकार (विभिन्न वर्ष) रिपोर्ट नम्बर R.2.2.2 प्रोजेक्टेड पर्सनडेज ऐंड पर्सनडेज जेनरेटेड—महात्मा गांधी नेशनल रूरल एम्प्लॉयमेंट गारंटी ऐक्ट, (नई दिल्ली : ग्रामीण विकास मंत्रालय)।
   https://nreganarep.nic.in/netnrega/LB_VS_MIS.aspx?fin_year=2021-2022&source=national&Digest=9W1xBQWtfJS+lGqDnrVHsA

चार्ट 6.5 : नरेगा, खेतिहर और ग़ैर-खेतिहर मज़दूरी (रियल टर्म्स में) 2006-7=100

1. भारत सरकार (विभिन्न वर्ष) रिपोर्ट नम्बर 7.2.1 एवरेज वेज एज पर मेज़रमेंट पैटर्न ड्यूरिंग द फ़ाइनेंशियल ईयर—महात्मा गांधी नेशनल रूरल एम्प्लॉयमेंट गारंटी ऐक्ट, (नई दिल्ली : ग्रामीण विकास मंत्रालय)।
   https://mnregaweb4.nic.in/netnrega/avg_wage_paid.aspx?fin_year=2023-2024&source=national&Digest=akdjO9VfTrWA9tZ+TJ0C7A
2. भारत सरकार (अदिनांकित) रूरल वेजेस, लेबर ब्यूरो, (नई दिल्ली : मिनिस्ट्री ऑफ़ लेबर ऐंड एम्प्लॉयमेंट)।
   https://labourbureau.gov.in/rural-wages
3. भारतीय रिज़र्व बैंक (2023) हैंडबुक ऑफ़ स्टेटिस्टिक्स ऑन इंडियन इकोनॉमी, कंज्यूमर प्राइस इंडेक्स—एनुअल एवरेज विभिन्न वर्ष, भारतीय रिज़र्व बैंक, 15 सितम्बर।
   https://rbi.org.in/Scripts/PublicationsView.aspx?id=21844

चार्ट 7.1 : अनेक प्रकार की पेंशन पर सरकारी ख़र्च की बनावट

1. भारत सरकार (विभिन्न वर्ष) व्यय बजट, बजट विभाग, (नई दिल्ली : वित्त मंत्रालय)।
   https://www.indiabudget.gov.in/budget2021-22/doc/eb/allsbe.pdf
2. भारत सरकार (विभिन्न वर्ष), प्रमुख योजनाओं पर परिव्यय, बजट विभाग, (नई दिल्ली : वित्त मंत्रालय)।
   https://www.indiabudget.gov.in/budget2021-22/doc/Budget_at_Glance/bag7.pdf

चार्ट 9.1 साक्षरता की दरों में असमानताएँ

1. इंटरनेशनल इंस्टिट्यूट फ़ॉर पॉपुलेशन साइंसेज़ (2017), नेशनल फ़ैमिली हेल्थ सर्वे (एनएफ़एचएस 4), (मुम्बई : इंटरनेशनल इंस्टिट्यूट फ़ॉर पॉपुलेशन साइंसेज़)।
   https://dhsprogram.com/pubs/pdf/FR339/FR339.pdf
2. इंटरनेशनल इंस्टिट्यूट फ़ॉर पॉपुलेशन साइंसेज़ (2022), नेशनल फ़ैमिली हेल्थ सर्वे (एनएफ़एचएस 5), राष्ट्रीय रिपोर्ट, (मुम्बई : इंटरनेशनल इंस्टिट्यूट फ़ॉर पॉपुलेशन साइंसेज़)।
   https://dhsprogram.com/pubs/pdf/FR375/FR375.pdf

चार्ट 9.2 : शिक्षा स्तर में असमानताएँ, 2019-21

1. इंटरनेशनल इंस्टिट्यूट फ़ॉर पॉपुलेशन साइंसेज़ (2022), नेशनल फ़ैमिली हेल्थ सर्वे (एनएफ़एचएस 5), राष्ट्रीय रिपोर्ट, (मुम्बई : इंटरनेशनल इंस्टिट्यूट फ़ॉर पॉपुलेशन साइंसेज़)।

   https://dhsprogram.com/pubs/pdf/FR375/FR375.pdf

चार्ट 10.1 : कुक और आँगनवाड़ी हेल्पर के वेतन खेतिहर मज़दूरी से भी कम

1. भारत सरकार (विभिन्न वर्ष) रूरल वेजेस, लेबर ब्यूरो, (नई दिल्ली : श्रम और रोज़गार मंत्रालय)।

   https://labourbureau.gov.in/rural-wages
2. भारत सरकार (2023), आनरेरिअम ऑफ़ स्कूल कुकिंग स्टाफ़, राज्य सभा अनस्टार्ड प्रश्न नम्बर 1152, 13 दिसम्बर।

   https://sansad.in/getFile/annex/262/AU1152.pdf?source=pqars#:~:text=They%20are%20honorary%20workers%20who,year%2C%20with%20effect%20from%2001.12.
3. भारत सरकार (2024B), इंक्रीज़ इन द वेजेस ऑफ़ आँगनवाड़ी वर्कर्स, राज्य सभा अनस्टार्ड प्रश्न नम्बर 633, 7 फ़रवरी।

   https://sansad.in/getFile/annex/263/AU633.pdf?source=pqars

चार्ट 11.1 : वेलफ़ेयर पर ख़र्च, जीडीपी के अनुपात के रूप में

1. भारत सरकार (विभिन्न वर्ष), व्यय बजट, बजट डिवीज़न, (नई दिल्ली : वित्त मंत्रालय)।
   https://www.indiabudget.gov.in/doc/eb/allsbe.pdf

चार्ट 11.2 : कुल कर (जीडीपी का %) और डाइरेक्ट कर (कुल राजस्व का %)

1. भारत सरकार (2012) अकाउंट्स एट ग्लांस 2011-12, व्यय विभाग, (नई दिल्ली: वित्त मंत्रालय)।

   https://cga.gov.in/writereaddata/AAG-10-11-FinalPdfEng2010_11.pdf
2. भारत सरकार (2016) अकाउंट्स एट ग्लांस 2015-16, व्यय विभाग, (नई दिल्ली : वित्त मंत्रालय)।

   https://cga.nic.in/writereaddata/AccountAtAGlance20152016English.pdf
3. भारत सरकार (2022) अकाउंट्स एट ग्लांस 2021-22, व्यय विभाग, (नई दिल्ली : वित्त मंत्रालय)।

   https://cga.nic.in/writereaddata/file/AccountsataGlance2021_2022.pdf
4. भारत सरकार (2024), एनुअल रिपोर्ट 2023-24 (नई दिल्ली : वित्त मंत्रालय)।
   https://dea.gov.in/sites/default/files/AR%20English%202023-24%20Final%20%28with%20cover%29.pdf

5. रिज़र्व बैंक ऑफ़ इंडिया (2024) हैंडबुक ऑफ़ स्टेटिस्टिक्स ऑन इंडियन इकोनॉमी, रिज़र्व बैंक ऑफ़ इंडिया।
https://rbi.org.in/Scripts/AnnualPublications.aspx?head=Handbook%20of%20Statistics%20on%20Indian%20Economy

सांख्यिकीय तालिका के आँकड़ों के स्रोत

तालिका A2 : असंगठित क्षेत्र में मातृत्व लाभ की पहुँच

1. द्रेज़, ज्याँ और खेरा, रीतिका (2023), मेटर्निटी एंटाइटिलमेंट्स इन फ्री फल, द *इंडिया फोरम*, 14 जून।
https://www.theindiaforum.in/public-policy/maternity-entitlements-freefall
2. ओडिशा सरकार (विभिन्न वर्ष), ओडिशा आर्थिक सर्वेक्षण, आर्थिक एवं सांख्यिकी निदेशालय (भुवनेश्वर : योजना एवं अभिसरण विभाग)।
https://pc.odisha.gov.in/sites/default/files/2020-03/Economic_Survey_2017-18.pdf
3. तेलंगाना सरकार (विभिन्न वर्ष), तेलंगाना सोशियो-इकोनॉमिक आउटलुक, (हैदराबाद : योजना विभाग)।
https://ecostat.telangana.gov.in/PDF/PUBLICATIONS/Socio_Economic_2018.pdf?
4. तमिलनाडु सरकार (विभिन्न वर्ष), पॉलिसी नोट, (चेन्नई : स्वास्थ्य और परिवार कल्याण विभाग)।
https://cms.tn.gov.in/sites/default/files/documents/hfw_e_pn_2021_22.pdf
5. भारत सरकार (2022), एस आर एस बुलेटिन 2020, ऑफ़िस ऑफ़ द रजिस्ट्रार जनरल ऑफ़ इंडिया, वॉल्यूम 55 (नम्बर 1) नई दिल्ली, गृह मंत्रालय।
file:///C:/Users/Lenovo/Downloads/SRS_Bulletin_2020_Vol_55_No_1.pdf

तालिका A4 : मध्याह्न भोजन योजना में रसोइयों का सामाजिक परिवेश और रसोई व्यवस्था

1. भारत सरकार (विभिन्न वर्ष), एनुअल वर्क प्लान ऐंड बजट, एमडीएम डिवीज़न (नई दिल्ली : शिक्षा मंत्रालय), www.pmposhan.education.gov.in वेबसाइट, विभिन्न राज्य रिपोर्ट्स, तालिका AT-1 (महिला कुक और आदिवासी/दलित कुक), तालिका AT-13 (किचन में LPG गैस), और तालिका AT-22 (केन्द्रीकृत किचन से खाने वाले बच्चे)।
https://pmposhan.education.gov.in/Files/PAB/PAB-2021-22/States_UTs/Andhra%20Pradesh/2_Final%20AWP&B%20Tables%2021.06.2021.xls

तालिका A5 : जन-वितरण प्रणाली की पहुँच और अनाज की 'चोरी'

15. खेरा, रीतिका (2011), रिवाइवल ऑफ़ द पब्लिक डिस्ट्रिब्यूशन सिस्टम : एविडेंस ऐंड एक्सप्लेनेशंस, *इकोनॉमिक ऐंड पोलिटिकल वीकली,* वॉल्यूम 46 (नम्बर 44-45), 5 नवम्बर।

    https://www.epw.in/journal/2011/44-45/special-articles/revival-public-distribution-system-evidence-and-explanations
16. खेरा, रीतिका और अनमोल, सोमांची (2020), ए रिव्यू ऑफ़ द कवरेज ऑफ़ पीडीएस, *आइडियाज फ़ॉर इंडिया,* 19 अगस्त।

    https://www.ideasforindia.in/topics/poverty-inequality/a-review-of-the-coverage-of-pds.html
17. खेरा, रीतिका (2024), इम्पैक्ट ऑफ़ द फूड सिक्युरिटी ऐक्ट ऑन पब्लिक डिस्ट्रिब्यूशन सिस्टम, *आइडियाज फ़ॉर इंडिया,* 3 अक्टूबर।

    https://www.ideasforindia.in/topics/poverty-inequality/impact-of-the-food-security-act-on-public-distribution-system.html
18. छत्तीसगढ़ सरकार (2024), छत्तीसगढ़ आर्थिक सर्वेक्षण 2023-24 (रायपुर : आर्थिक और सांख्यिकी निदेशालय)।

    https://descg.gov.in/pdf/publications/latest/ES2023-24/Economic Survey2023-24.pdf

तालिका A6 : नरेगा में रोज़गार दिवस और मज़दूरी

1. भारत सरकार (2013), राज्यसभा अनस्टार्ड प्रश्न नम्बर 1522 (नई दिल्ली : ग्रामीण विकास मंत्रालय), 11 मार्च।
2. भारत सरकार (2017), लोकसभा अनस्टार्ड प्रश्न नम्बर 1196 : जॉबकार्ड होल्डर्स अंडर मनरेगास, (नई दिल्ली : ग्रामीण विकास मंत्रालय), 9 फ़रवरी।
3. भारत सरकार (विभिन्न वर्ष), रिपोर्ट नम्बर R.5.1.1 एम्प्लॉयमेंट जेनरेटेड ड्यूरिंग द ईयर—महात्मा गांधी नेशनल रूरल एम्प्लॉयमेंट गारंटी ऐक्ट, (नई दिल्ली : ग्रामीण विकास मंत्रालय)।
    https://nreganarep.nic.in/netnrega/citizen_html/demregister.aspx?lflag=eng&fin_year=2022-2023&source=national&labels=labels&Digest=kODLAkQv8M9FT6WbXb7zhA
4. भारत सरकार (2023a), गज़ेट ऑफ़ इंडिया, अधिसूचना, ग्रामीण विकास मंत्रालय, 24 मार्च, 2023।

    https://nregaplus.nic.in/netnrega/writereaddata/Circulars/Wage_Rate_NotificationFY_2023-24.pdf
5. भारत सरकार (2023b), एग्रीकल्चरल वेजेस इन इंडिया (न्यू दिल्ली : कृषि एवं किसान कल्याण मंत्रालय)।

    https://desagri.gov.in/wp-content/uploads/2023/10/Final-Copy-2021-22.pdf

सांख्यिकीय तालिका पर अतिरिक्त टिप्पणियाँ

सामाजिक सुरक्षा पेंशनधारकों की संख्या के स्रोत पर टिप्पणी

1. नेशनल सोशल असिस्टेंस प्रोग्राम (NSAP)

नेशनल सोशल असिस्टेंस प्रोग्राम की तीन उप-योजनाएँ हैं, जिनके लभुकों की संख्या एकत्रित की है। ये योजनाएँ हैं : वृद्धावस्था पेंशन, विधवा पेंशन (जो वास्तव में एकल महिलाओं की अन्य श्रेणी को भी दी जाती है) और विकलांगता पेंशन। ज़्यादातर मामलों में भारत सरकार की वेबसाइट (https://nsap.nic.in/) से 27 जून, 2024 को डाउनलोड डेटा इस्तेमाल किया है। कुछ राज्यों के लिए, राज्य की वेबसाइट पर डेटा अधिक विश्वसनीय होने की वजह से केन्द्रीय लाभार्थियों की संख्या वहाँ से ली है। ये राज्य हैं : असम, बिहार, छत्तीसगढ़, कर्नाटक, केरल, महाराष्ट, राजस्थान, और तमिलनाडु।[1]

2. राज्य योजना के पेंशन-लाभार्थी

हर उप-योजना में राज्य भी, अपने ख़र्च पर, पेंशन लाभार्थियों को अपनी राज्य पेंशन योजना में शामिल करते हैं।

वृद्धों के लिए, कई राज्यों ने योग्यता की उम्र में छूट दी है (भारत सरकार 60 वर्ष से अधिक पर देती है)। उदाहरण के लिए, झारखंड जैसे राज्यों में इसे आदिवासी लोगों के लिए घटाकर [55] वर्ष कर दिया है। नक़्शा 7. में जब वृद्धों के प्रतिशत की बात करते हैं, तो उसमें हालाँकि सब पेंशनधारक शामिल हैं (60 साल से कम उम्र के भी), लेकिन जनसंख्या का प्रतिशत करने में 60 साल से अधिक को ही शामिल किया है। इस वजह से, जिन राज्यों ने योग्यता की उम्र में छूट दी है, वहाँ कवरेज का प्रतिशत अधिक प्रतीत होगा। विधवा पेंशन कहलाने वाली उप-योजना में

वास्तव में एकल, परित्यक्ता, तलाक़शुदा, इत्यादि भी शामिल हैं। हमने इन सबको 'विधवा पेंशन' के लाभार्थियों में शामिल किया है। विकलांगता पेंशन में कई राज्यों ने विकलांगता की प्रतिशतता में छूट दी है (भारत सरकार 80% से अधिक विकलांगता होने पर ही देती है।)

कुछ राज्यों के लाभार्थियों का डेटा NSAP की वेबसाइट से 27 जून को डाउनलोड किया : असम, छत्तीसगढ़, दिल्ली, गुजरात, झारखंड और ओडिशा। बाक़ियों के लिए, राज्य के स्रोतों से लिए हैं, जिसमें राज्य का आर्थिक सर्वेक्षण, राज्य की पेंशन वेबसाइट, और कभी-कभी ख़बरों से। राज्य के स्रोत इस प्रकार हैं : आंध्र प्रदेश, बिहार, हरियाणा, हिमाचल प्रदेश, जम्मू और कश्मीर, कर्नाटक (और वृद्धावस्था), केरल, मध्य प्रदेश, महाराष्ट्र, पंजाब, राजस्थान, तमिलनाडु, तेलंगाना, उत्तर प्रदेश, उत्तराखंड और पश्चिम बंगाल।[2]

सामाजिक सुरक्षा योजनाओं पर केन्द्र बजट में ख़र्च के स्रोत पर टिप्पणी

2020-21 के लिए, आईसीडीएस के आँकड़े बजट दस्तावेज़ों से उपलब्ध नहीं थे। सीपीआर के बजट ब्रीफ़ में यह 20,105 रुपये दिया गया है और राज्यसभा के जवाब के आधार पर पीआईबी की प्रेस विज्ञप्ति में यह 15,798 रुपये है। हम बाद वाले का उपयोग करते हैं।

चार्ट 10.1 : पीडीएस के लिए, हम पूरी तरह से खाद्य सब्सिडी का उपयोग करते हैं, भले ही यह उपभोक्ताओं, उत्पादकों (यानी, किसानों का हिस्सा जब वे न्यूनतम समर्थन मूल्य पर सरकार को गेहूँ और चावल बेचते हैं) और प्रशासनिक लागतों का योग है। खाद्य राजसहायता को इन तीन घटकों में बाँटना सीधा नहीं है। हालाँकि, खाद्य सब्सिडी के केवल आधे हिस्से (उपभोक्ता सब्सिडी के अनुमान के रूप में) को शामिल करने से परिणामों पर बहुत फ़र्क़ नहीं पड़ता है। इसी प्रकार, उज्ज्वला योजना के लिए हम एलपीजी राजसहायता का उपयोग करते हैं, यद्यपि इसका केवल एक छोटा-सा हिस्सा उज्ज्वला योजना पर ख़र्च किया जाता है।

खाद्य सब्सिडी के सम्बन्ध में एक और चेतावनी यह है कि https://www.downtoearth.org.in/blog/food/a-fiscal-crisis-why-fci-needs-provisioning-in-food-subsidy-budget-73670 जिस तरीक़े से रिपोर्ट की गई है, उसमें बदलाव पहले कोविड-19 वर्ष (2020-21) के साथ हुआ। इस प्रकार, उस वर्ष कल्याणकारी ख़र्च में वृद्धि खाद्य सब्सिडी में वास्तविक वृद्धि के साथ-साथ इसे दर्ज करने में बदलाव के कारण है।

आयुष्मान भारत को हम अपने विश्लेषण से दो कारणों से बाहर रखते हैं : पहला, 2019-2024 के दौरान आयुष्मान भारत पर कुल ख़र्च काफ़ी कम था—

32,000 करोड़ रुपये, यानी पीएम-आवास के वार्षिक व्यय का आधा, इसी अवधि में औसत। (अगर हम इसे एनडीए योजना के रूप में भी जोड़ दें, तो थोड़ा बदलाव होगा। दूसरा, आयुष्मान भारत स्वास्थ्य व्यय का हिस्सा है, और यदि हम इसे शामिल करते हैं तो तुलनीयता के लिए, हमें यूपीए के वर्षों के दौरान राष्ट्रीय ग्रामीण स्वास्थ्य मिशन (एनआरएचएम) के लिए आवंटित बजट को शामिल करना चाहिए था।

अन्त में, कुछ योजनाओं के लिए लागत-साझाकरण मानदंड चौदहवें वित्त आयोग द्वारा राज्यों को हस्तान्तरित होने वाले राजस्व के हिस्से में वृद्धि के बाद बदल गए। केन्द्र ने कुछ मामलों में अपनी देनदारियों को 75-90% से घटाकर 60% कर दिया। (परिशिष्ट में तालिका-1 देखें)। 2015 के आसपास हुई लागत-साझाकरण मानदंडों में कुछ बदलावों को दर्शाती है। हालाँकि यहाँ केन्द्रीय बजट में कल्याणकारी ख़र्च पर ध्यान केन्द्रित किया गया है, एक जाँच के रूप में, हम एमडीएम, आईसीडीएस और पीएमएमवीवाई पर कुल (केन्द्र प्लस राज्य) बजट को यह मानकर बढ़ाते हैं कि राज्य अपने निर्धारित हिस्से का योगदान करते हैं। ऐसा करने से तसवीर भी काफ़ी हद तक नहीं बदलती है। (परिशिष्ट में चार्ट 1 देखें)।

सन्दर्भ

1. Assam, Bihar, Chattisgarh, Jharkhand, Karnataka, Kerala, Maharashtra, Rajasthan, Tamilnadu. छोटे राज्य : Ladakh , Mizoram and Nagaland.
2. Andhra Pradesh, Bihar, Haryana, Himachal Pradesh, Jammu Kashmir, Karnataka & Old Age, Kerala, Madhya Pradesh, Maharashtra, Punjab, Rajasthan, Tamilnadu, Telangana, Uttar Pradesh, Uttarakhand, West Bengal छोटे राज्य : Arunachal Pradesh, Mizoram, Tripura.

आभार

इस किताब में प्रस्तुत सोच और शोध औरों के साथ मिलकर किये गए रिसर्च पर आधारित है। इनमें ज्याँ द्रेज़ प्रमुख रहे हैं—न सिर्फ़ यह शोध उनके साथ मिलकर हुए हैं बल्कि इस किताब में शामिल काफ़ी मुद्दों पर हमने अंग्रेज़ी में साथ भी लिखा है। इस किताब में चर्चित मुद्दे उनकी पुस्तक 'झोलावाला अर्थशास्त्र' को आगे बढ़ाते हैं।

इन मुद्दों पर काम करने के ऊर्जा और प्रेरणा, ज्याँ के साथ-साथ अन्य 'रोड स्कॉलर्स' से मिली। इनमें से कुछ के साथ लेख भी लिखे हैं, जो किसी-न-किसी रूप में इस किताब में शामिल हैं—अंकिता अगर्वल, व्योम अनिल, निराली बखला, सलोनी चोपड़ा, स्वेता दास, सिराज दत्ता, नमन गर्ग, आशीष गुप्ता, प्रांकुर गुप्ता, आरुषि कालरा, नज़र खालिद, सन्देश लोखंडे, रिषभ मल्होत्रा, करुणा मुथईआह, सुधा नारायणन, नन्दिनी नायक, नवज्योति, विपुल पैकरा, अदिति प्रिया, जेसिका पुदुसेरी, राघव पुरी, कणिका शर्मा, अनमोल, सोमांची, मेघना यादव।

रोड स्कॉलर्स के सर्वेक्षणों में पिछले बीस सालों में सैकड़ों छात्र जुड़े और उन्होंने हज़ारों उत्तरदाताओं से बात की। कई अनजान ग्रामीण वासियों ने खाना खिलाया और घर पर पनाह भी दी। इन सबकी उदारता के बिना यह रिसर्च मुमकिन नहीं होती।

मेरे लिए यह यात्रा 2002 में राजस्थान में शुरू हुई—वहाँ मज़दूर किसान शक्ति संगठन के अरुणा रॉय, निखिल डे, शंकर सिंह और अन्य साथी (भंवर मेघवंशी, खीमू, परस बंजरा) और जयपुर में पीपल्स यूनियन ऑफ़ सिविल लिबर्टीस की कविता श्रीवास्तव को मिलकर वहीं काम करने की प्रेरणा मिली। फिर, तिलोनिया में बनकर रॉय, नोरती बाई, नोरत मल, रामनिवास जी और रामकरण जी;

उदयपुर में आस्था संस्था से श्याम जी, आरडी व्यास, भंवर जी; बेसिक हेल्थ सर्विसेज़ के डॉ. पवित्र मोहन और डॉ. संजना मोहन, सिरोही में रिचा सिंह, बीकानेर में चेतन राम गोदारा और रावत राम, बाड़मेर में अकबर अली, तुलसाराम मेघवाल, खेतू बाई मेघवाल और परतापाराम मेघवाल से मिलकर सीखा।

देश के कई कोनों में वहाँ के साथियों ने इन बीस सालों में समर्थन दिया, इन मुद्दों को उन क्षेत्रों में ग़ौर से समझने के लिए प्रोत्साहित किया। झारखंड में पलामू-लातेहार में जवाहर मेहता, ललित मेहता, भुखन सिंह, नियामत अंसारी, श्यामा सिंह, पछाटी सिंह और जेम्स हेरेंज; खूँटी में सुगिया देवी, बलबीर और राजेन्दर, चाईबासा में सिराज और राँची में फ़ादर स्टैन स्वामी, गुरजीत, बलराम। छत्तीसगढ़ में गंगाभाई पैकरा, नरेन्द्र दास और डॉ. योगेश जैन। ओडिशा में राजकिशोर मिश्रा, बिद्युत मोहंती, समीत पांडा, शंभू साहू, मध्य प्रदेश में सचिन जैन, माधुरी कृष्णास्वामी और राघवेन्द्र जी, उत्तर प्रदेश में अरुंधती धुरु, रिचा सिंह और रोमा; बिहार में जनजागरण शक्ति संगठन के कामायनी स्वामी और आशीष रंजन, और मुज़फ़्फ़पुर में संजय सानी; हिमाचल प्रदेश में कुलदीप वर्मा की सहायता से फ़ील्ड वर्क मुमकिन हुआ और इन मुद्दों पर नज़रिया विकसित हुआ।

इन सबमें से कई साथी केवल हिन्दी पढ़ते हैं—मेरे लिए हिन्दी में लिखने की एक बड़ी प्रेरणा यह थी कि जिनके साथ हमने इतने साल काम किया वह भी उन शोध के बारे में पढ़ सकें।

दक्षिण के साथियों की उदारता और अहम थी क्योंकि उन्होंने स्थानीय भाषा न बोल पाने वाली को अपने साथ कर लिए—तमिलनाडु में दीपा सिन्हा, करुणा और सुधा, पुदुचेरी में बाबू, कर्नाटक में सौन्दर्य अय्यर और कृती, आंध्र प्रदेश में चक्रधर बुद्धा, केरल में जैस्मिन नौर हाफ़िज़।

ईशान आनन्द, अभिजीत बनर्जी, अरिंदम दास, क्लेमों इम्बर्ट, मालव मेहता, कविता रंगनाथन और स्वाती तिर्की ने सलाह, टिप्पणी और किताब में इस्तेमाल डेटा शेयर किया। रिसर्च में कई आईएएस अधिकारियों, ब्लॉक डेवलपमेंट ऑफ़िसर, चाइल्ड डेवलपमेंट प्रोग्राम ऑफ़िसर (सीडीपीओ), जूनियर इंजीनियर, ग्राम सेवक, इत्यादि ने अपना नज़रिया, काम करने में दिक़्क़तें साझा की और हमारी शोध के निष्कर्षों और सुझावों पर ऐक्शन भी लिया।

इस किताब के लिए इंडियन इंस्टिट्यूट ऑफ़ टेक्नोलॉजी (आईआईटी), दिल्ली की, जहाँ मैंने 2011 से पढ़ा और पढ़ाया है, भूमिका भी अहम रही। आईआईटी दिल्ली से कई सर्वे के लिए आर्थिक समर्थन मुमकिन हुआ। आईआईटी दिल्ली में मेरे साथ पी-एच.डी. कर रहे शोधकर्ता—नेहा आर्या, कृष्णा प्रिया चोरागुड़ी, जी. लावण्या और शबनम—ने कई मोड़ पर मदद प्रदान की। आईआईटी दिल्ली से मिली नरेन्द्र और चन्द्रा सिंघी चैर से प्राप्त सहायता से, 2024 में किताब लिखने की प्रक्रिया में मो. असजद ने बखूबी साथ निभाया।

सभी के योगदान के लिए उन्हें यहाँ मेंशन करना मुमकिन नहीं। मेरे लिए किताब लिखना, और वह भी हिन्दी में, एक बड़ी बात है। इसके लिए साहस तब बना जब दैनिक भास्कर ने कॉलम्निस्ट के रूप में लिखने का मौका दिया। दोस्तों और परिवार ने प्रोत्साहन दिया और राजकमल प्रकाशन के सत्यानन्द निरुपम को शुक्रिया कि उन्होंने यह करने का मौक़ा दिया। चेतन क्रान्ति और शिप्रा किरण ने किताब को पढ़ने लायक़ बनाने में बहुत मदद की।

भारत में सामाजिक सुरक्षा व्यवस्था की एक झलक

[जन्म से मृत्यु तक लोगों के लिए सरकारी सुविधाएँ]

आँगनवाड़ी जैसी सुविधा के अभाव में शिशुवती महिलाओं को, शिशुओं को काम पर साथ ले जाना पड़ता है। वहाँ सुरक्षित माहौल उपलब्ध करवाना मुश्किल होता है। (फ़ोटो : रीतिका खेरा, तमिलनाडु)

खाद्य सुरक्षा क़ानून 2013 में गर्भवती महिलाओं को पका हुआ भोजन देने का प्रावधान है। बहुत कम राज्यों ने इस प्रावधान को क्रियान्वित किया है। (फ़ोटो : रीतिका खेरा, कर्नाटक)

आँगनवाड़ी वह कड़ी है जो सरकार को गर्भवती, शिशुवती महिलाओं और छह साल से कम उम्र के बच्चों से जोड़ती है।

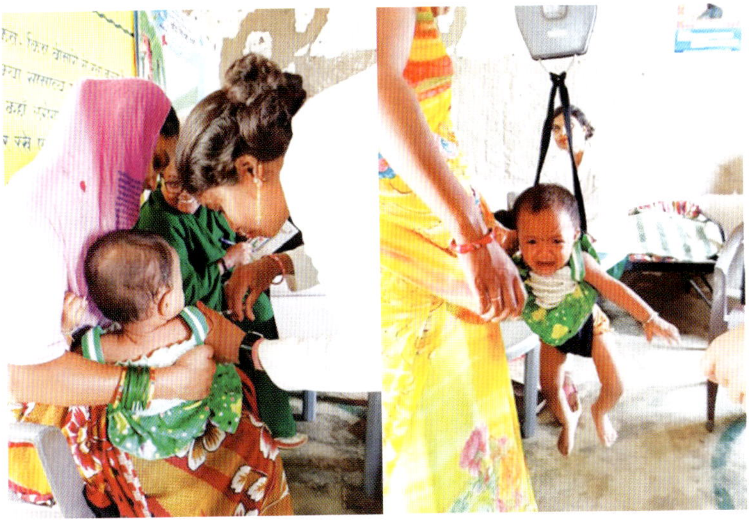

आँगनवाड़ी पर स्वास्थ्य सुविधाएँ मिलती हैं—टीकाकरण, ग्रोथ मॉनीटरिंग और चेक उप। (फ़ोटो : जेसिका तिगगा, 2019)

लालमाटी (छत्तीसगढ़) में आँगनवाड़ी पर गर्भवती महिलाओं की जाँच के लिए नर्स का शेड्यूल निर्धारित है। इस काम में आशा वर्कर, आँगनवाड़ी वर्कर और हेल्पर भी मदद करतीं हैं। (फ़ोटो : रीतिका खेरा, 2019)

3-6 साल के बच्चों को आँगनवाड़ी पर पका हुआ भोजन मिलता है। गर्भवती और शिशुवती महिलाओं को और तीन साल से कम उम्र के बच्चों को 'टेक होम राशन' बँटता है। कुछ राज्यों ने पके हुए भोजन को पौष्टिक बनाने के लिए अहम क़दम उठाए हैं।

ओडिशा में 'टेक होम राशन' के रूप में अंडा दिया जाता है (रीतिका खेरा, 2014) और छत्तीसगढ़ में पोहे में मूँगफली से प्रोटीन की मात्रा बढ़ाई जाती है (फ़ोटो : रीतिका खेरा, 2019)

छत्तीसगढ़, गुजरात, हिमाचल, मध्य प्रदेश, ओडिशा, कर्नाटका में सुबह नाश्ता दिया जाता है और फिर दोपहर का खाना। चम्मच से खाना सीखते बच्चे (फ़ोटो : मृदु सकलानी, 2019)

अप्रत्यक्ष लाभ : बच्चे साफ़-सफ़ाई के बारे में सीखते हैं (खाने से पहले हाथ धोना) और अच्छी आदतें डालते हैं (लाइन बनाना, व्यवस्थित होना, इत्यादि)

फ़ोटो : राघव पुरी

फ़ोटो : कणिका शर्मा

फ़ोटो : स्वेता दास

प्री-स्कूल शिक्षा के संकेत—आँगनवाड़ी पर, 3-6 साल के बच्चे खेल-कूद, गानों, ड्रॉइंग के माध्यम से सीखते हैं। कुछ राज्यों में आँगनवाड़ी के बच्चों के लिए मासिक सिलबस भी है।

कंकड़ से ड्रॉइंग करते हुए
(फ़ोटो : जेसिका तिगगा, 2019)

बच्चों की ड्रॉइंग की किताब
(फ़ोटो : विपुल पैकरा, 2019)

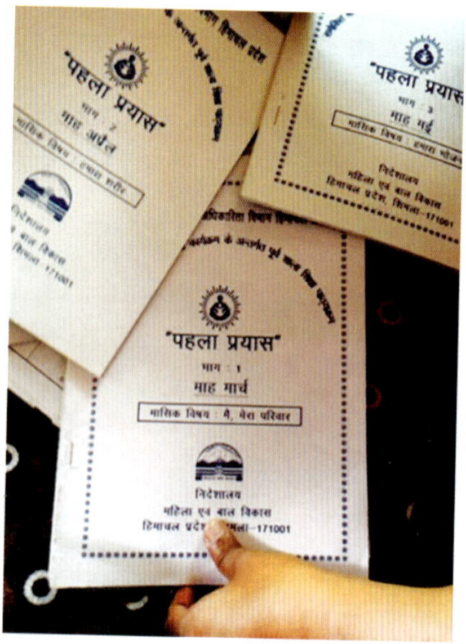

हिमाचल प्रदेश की किताबें (फ़ोटो : जेसिका तिगगा, 2019)

आँगनवाड़ी की 'दाल-भात' केन्द्र की छवि बदलने और वहाँ की गतिविधियों को लोग गम्भीरता से लें, उसके लिए आँगनवाड़ी कार्यकर्ता, हेल्पर और बच्चों को भी यूनिफॉर्म देने लगे हैं।

छत्तीसगढ़ (ऊपर) और ओडिशा (नीचे) में तीनों को यूनिफॉर्म मिलती है।
(फ़ोटो : नताशा त्रिवेदी, अभिषेक कुमार और स्वेता दास, 2019)

आँगनवाड़ियाँ : कल और आज

लातेहार झारखंड में कई आँगनवाड़ियाँ खँडहर-सी हुआ करती थी : वीरान, जर्जर इमारत जहाँ बकरी के अलावा मुश्किल ही कोई दिखता। (फ़ोटो : जेसिका पुदुस्सेरी, 2013)

उन ही इलाक़ों में कई आँगनवाड़ियों में कहीं-कहीं जान दिखने लगी और नियमित रूप से खुलती भी हैं। लातेहार की ही इस आँगनवाड़ी में अच्छे से पेंट की गई दीवारों के सहारे बच्चों को पढ़ना, गिनना और सरल शब्दों की सीख दी जाती है। (फ़ोटो : जेसिका पुदुस्सेरी, 2013)

कहीं-कहीं आँगनवाड़ियों में मूल सुविधाओं की समस्या अभी भी है। खुले में चल रही आँगनवाड़ी। (फ़ोटो : नताशा त्रिवेदी, छत्तीसगढ़, 2019)

दूसरी ओर, कहीं बच्चों के अनुकूल फ़र्नीचर भी दिखता है। हिमाचल प्रदेश की कुछ आँगनवाड़ियों में बच्चों के साइज़ अनुसार कुर्सी और मेज़। यह अन्य राज्यों में भी दिखने लगे हैं। (फ़ोटो : अनमोल सोमान्ची, 2019)

मध्यान्ह भोजन योजना हर रोज़ 12 करोड़ बच्चों को स्कूल में भोजन उपलब्ध करवाती है। अंडे ऐनिमल प्रोटीन का महत्त्वपूर्ण स्रोत हैं। अंडों में, विटामिन सी छोड़कर, सभी मूल न्यूट्रीएंट्स हैं। दुख की बात है कि ग्रामीण क्षेत्रों के ज़्यादातर बच्चों को अंडा कम नसीब होता है। मध्यान्ह भोजन योजना और आँगनवाड़ियों की बदौलत यह बदल रहा है। उदाहरण के लिए (बाएँ), तमिलनाडु में मध्यान्ह भोजन में रोज़ अंडा मिलता है (फ़ोटो : शौन सेबास्टियन, 2013)। सभी राज्यों में पौष्टिक खाना नहीं दिया जाता : (नीचे), मध्यान्ह भोजन में मेन्यू के अनुसार दाल, चावल और बैंगन। (फ़ोटो : रीतिका खेरा, 2011)

इस योजना में क़रीब बीस लाख महिलाएँ कार्यरत हैं, और इनमें से कई विधवा, दलित, आदिवासी महिलाएँ हैं।

आम तौर पर स्कूल की रसोई बहुत साधारण होती है, लेकिन साफ़-सुथरी और कारगर। 2022 में झारखंड में साधारण, 2016 में कर्नाटक में साधारण की परिभाषा में भी अन्तर है। (फ़ोटो : रीतिका खेरा)

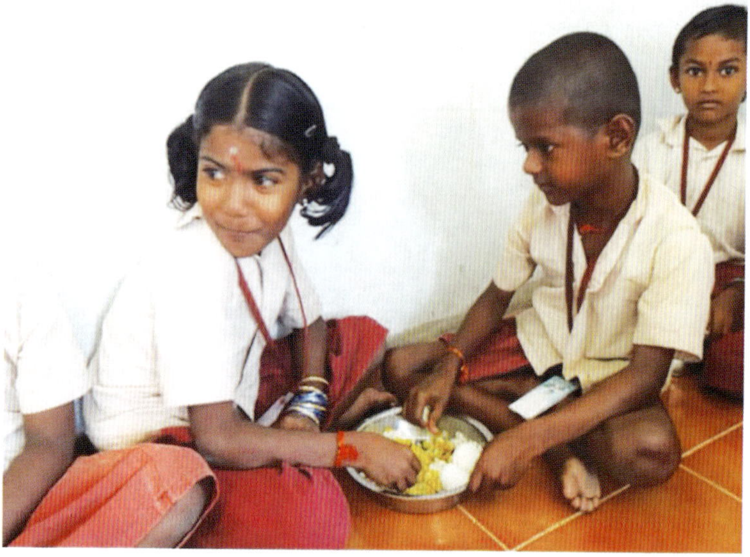

मध्यान्ह भोजन योजना जाति-व्यवस्था को तोड़ने में भी मदद करती है। बच्चे अन्य जाति की रसोइया द्वारा पकाया गया खाना खाते हैं और सबके साथ मिल-बैठकर भोजन करते हैं। यहाँ दो बच्चे एक ही थाली से खाते हुए दिखते हैं। (फ़ोटो : रीतिका खेरा, तमिलनाडु, 2016)

जन-वितरण प्रणाली देश भर में लोगों को सस्ता अनाज उपलब्ध करवाती है। 2013 में खाद्य सुरक्षा क़ानून पारित होने से पहले, कई सालों से केन्द्र सरकार केवल 'बीपीएल' परिवारों को जन-वितरण प्रणाली के द्वारा सस्ता अनाज देती थी। (फ़ोटो : रीतिका खेरा, छत्तीसगढ़)

जन-वितरण प्रणाली में, सस्ता अनाज के साथ कुछ राज्यों में (तमिलनाडु, आंध्र प्रदेश, हिमाचल प्रदेश), दाल और खाद्य तेल भी बँटता है।

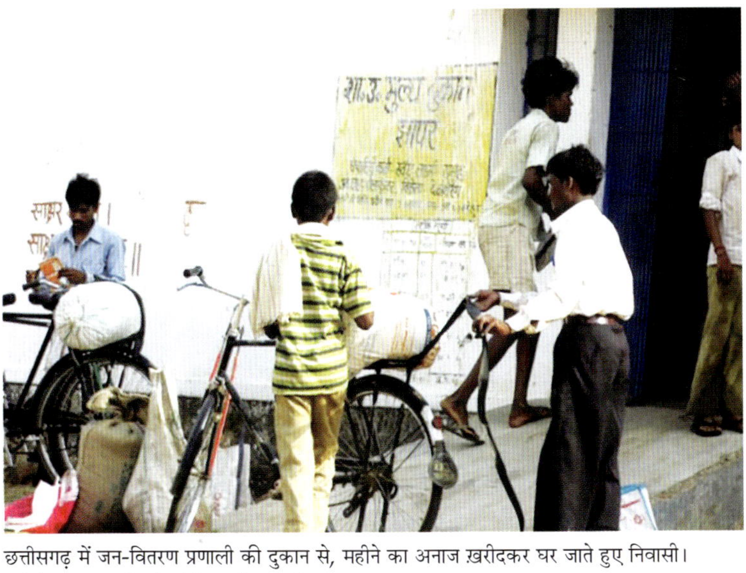

छत्तीसगढ़ में जन-वितरण प्रणाली की दुकान से, महीने का अनाज ख़रीदकर घर जाते हुए निवासी।
(फ़ोटो : राघव पुरी और रीतिका खेरा, छत्तीसगढ़, 2009-2011)

नरेगा के तहत हर ग्रामीण परिवार को 100 दिन के काम का अधिकार है। परिवार का कोई भी वयस्क काम कर सकता है। नरेगा में महिलाओं की भारी भागीदारी है। 50% से अधिक काम उन्हें प्राप्त होता है। तमिलनाडु में डिंडिगल ज़िला का कार्यस्थल। (फ़ोटो : रीतिका खेरा, 2010)

नरेगा में कार्यस्थल पर मूल सुविधाएँ प्रदान करने का प्रावधान है। कुआँ निर्माण कार्यस्थल पर आराम की सुविधा। (फ़ोटो : रीतिका खेरा, खूँटी, 2010)

कार्यस्थल पर पीने के पानी की सुविधा के लिए एक महिला को रोज़गार दिया गया है। (फ़ोटो : राघव पुरी, खूँटी, 2010)

नरेगा 'मिट्टी का काम' के रूप में बदनाम है। लेकिन सब ही मिट्टी के काम फ़ालतू नहीं होते। इस नहर की सफ़ाई में कोई सामग्री नहीं लगी, और नहर में झाड़ी कटाई से खेतों तक पानी अच्छे से बहता है। (फ़ोटो : रीतिका खेरा, केरल, 2011)

(नीचे), सब्ज़ी का खेत बरसात में डूब जाता था। उसे बचाने नरेगा के तहत ड्रैनेज नहर बनाई गई। इस तरह से कई मिट्टी के काम ग्रामीण क्षेत्रों में उपयोगी हैं। (फ़ोटो : रीतिका खेरा, नदिया, पश्चिम बंगाल; केरल, 2015)

तमिलनाडु में प्रयोग के रूप में नरेगा मज़दूरों को कचरा अलग करने के काम में लगाया गया।
(फ़ोटो : रीतिका खेरा, पुडुकोट्टई, 2016)

नरेगा के तहत कई संसाधन पैदा हुए हैं। यह केरल की तसवीर है, जहाँ नरेगा के तहत दलित परिवार के घर तक का रास्ता बना—वह घर पानी के बीच बसा हुआ था और पहले रास्ता नहीं था।
(फ़ोटो : रीतिका खेरा, केरल, 2011)

हर हाथ को काम दो, बुढ़ापे में आराम दो।

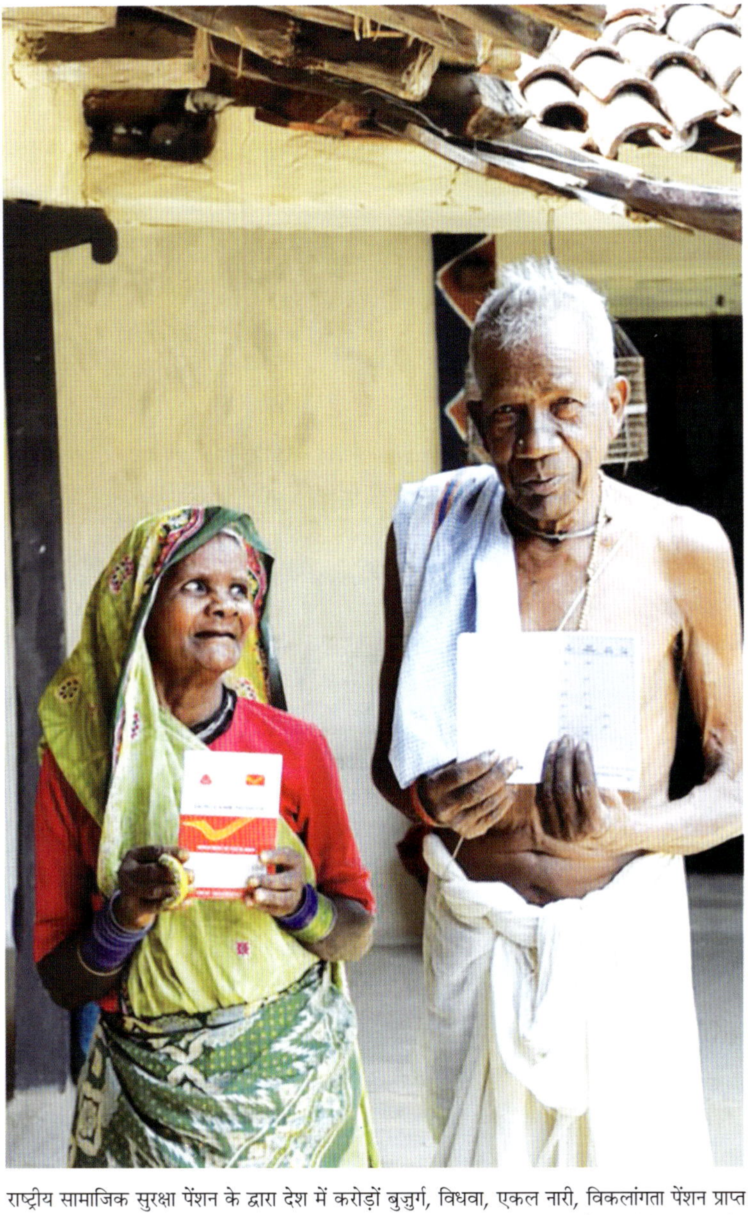

राष्ट्रीय सामाजिक सुरक्षा पेंशन के द्वारा देश में करोड़ों बुज़ुर्ग, विधवा, एकल नारी, विकलांगता पेंशन प्राप्त करते हैं। पेंशन के नाम पर केन्द्र सरकार की ओर से रु. 200-500 प्रति माह मिलते हैं; राज्यों ने अपनी ओर से इस राशि को बढ़ाया है। (फ़ोटो : राघव पुरी, छत्तीसगढ़, 2013)

लिपिनगी, छत्तीसगढ़ की सुखमनिया और फुलीबाई, दोनों सुख दास से विवाहित थीं। सुख दास की मौत होने पर, उन्हें विधवा पेंशन मिलने लगी; फुलीबाई की बहन (बीच में) को भी पेंशन मिलती है और वह तीनों एक साथ रहकर तीन-तीन सौ रुपये की पेंशन से अपना गुज़ारा कर रही थीं। (फ़ोटो : राघव पुरी, 2013)

केन्द्र सरकार के दबाव के कारण, 2012 से सभी राज्यों में पेंशन बैंक या पोस्ट ऑफ़िस खाते में देने की व्यवस्था होने लगी है। राजस्थान में बैंक पर पेंशन निकालने के लिए लगी भीड़। (फ़ोटो : रीतिका खेरा, 2016)

पेंशन वितरण का दिन निर्धारित है, और पंचायत सेवक सबके सामने पेंशन बाँटते हैं, जिससे चोरी की गुंजाइश नहीं रहती। (फ़ोटो : रीतिका खेरा)

चूँकि ओडिशा के ग्रामीण क्षेत्रों में बैंक और पोस्ट ऑफ़िस बहुत कम हैं, वहाँ ओडिशा में पेंशन हाथ में नक़द के रूप में दी जाती है। (फ़ोटो : बिदिशा मण्डल, ओडिशा, 2013)

आंध्र प्रदेश में लम्बे समय से पेंशन पोस्ट ऑफ़िस में दी जाती थी। कुछ साल पहले, अँगूठे का सत्यापन भी होने लगा। पोस्ट ऑफ़िस पर पेंशन वितरण वाले दिन लगी भीड़। (फ़ोटो : बिदिशा मण्डल, 2013)

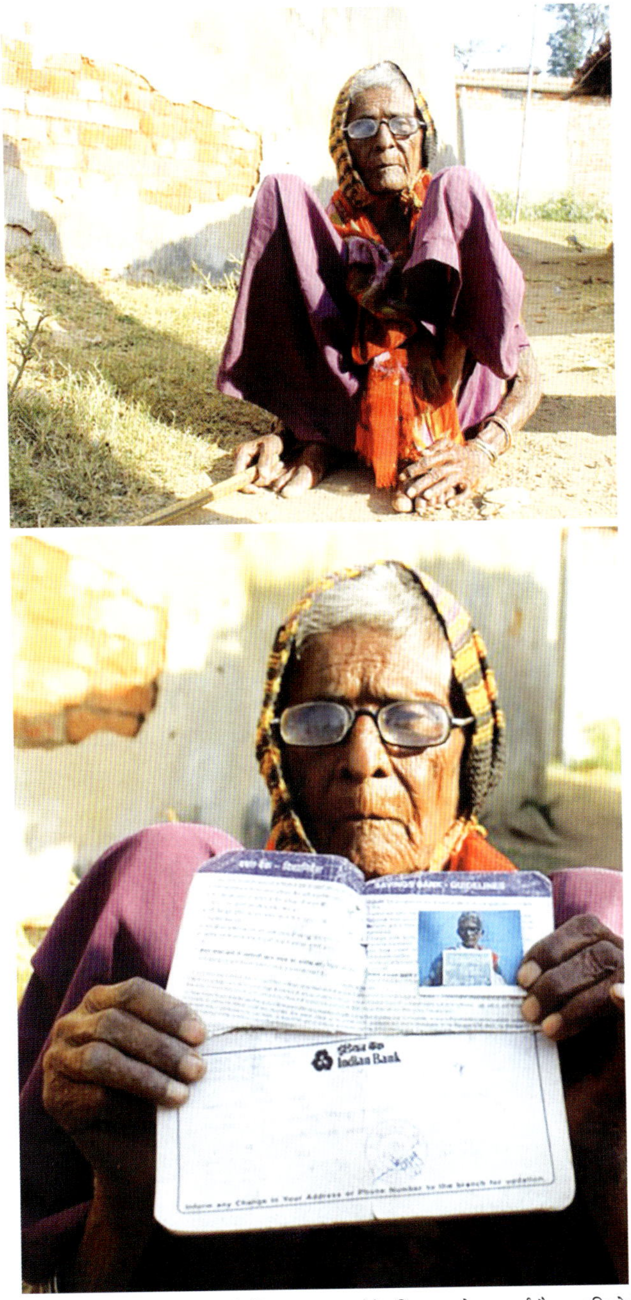

बैंक ने राजकुमारी देवी से कहा कि उनकी पेंशन आधार न देने की वजह से रुक गई है। उनकी पोती ने फिर आधार की जानकारी दे दी, लेकिन अभी पेंशन शुरू नहीं हुई (फ़ोटो : नताशा त्रिवेदी, खूँटी, झारखंड, 2016)

प्राथमिक शिक्षा का संकट अभी टला नहीं।

झारखंड में शिक्षकों की सख़्त कमी है। वहाँ, 2021-22 में एक-तिहाई स्कूलों में केवल एक ही शिक्षक नियुक्त था, हालाँकि राइट टू एजुकेशन ऐक्ट के तहत यह ग़लत है। देश में 15% स्कूलों में सिंगल टीचर स्कूल थे। शिक्षकों की कमी की वजह से बच्चों की पढ़ाई पर बुरा असर पड़ता है, एक-दूसरे से सीखने पर मजबूर होते हैं, या कुछ भी पढ़ाई नहीं होती। (ऊपर), छत्तीसगढ़ क्लासरूम का ब्लैकबोर्ड; (नीचे), झारखंड में बच्चे ख़ुद से पढ़ाई करने की कोशिश में। (फ़ोटो : रीतिका खेरा)

कोविड लॉकडाउन के दौरान बहुत ग़रीब और वंचित बच्चे आवारा घूम रहे थे।
(फ़ोटो : अनुष्का नागतोड़े, महाराष्ट्र, 2021)

कुछ को कमाई में लगाना पड़ा। (फ़ोटो : शरण्या, झारखंड, 2021)

पुरानी दिक़्क़तों के साथ-साथ, आधार से मामला और बिगड़ा है। लाखों बच्चों का नामांकन अब आधार के मोहताज है।

सुनीता देवी का बेटा टिनकु परहैया प्राथमिक स्कूल में एडमिशन नहीं ले पाया, क्योंकि उसका आधार नहीं है। शिक्षक ने सुनीता को कहा कि दाखिले के लिए आधार अनिवार्य है।
(फ़ोटो : सिराज दत्ता, सतबरवा, झारखंड, 2018)

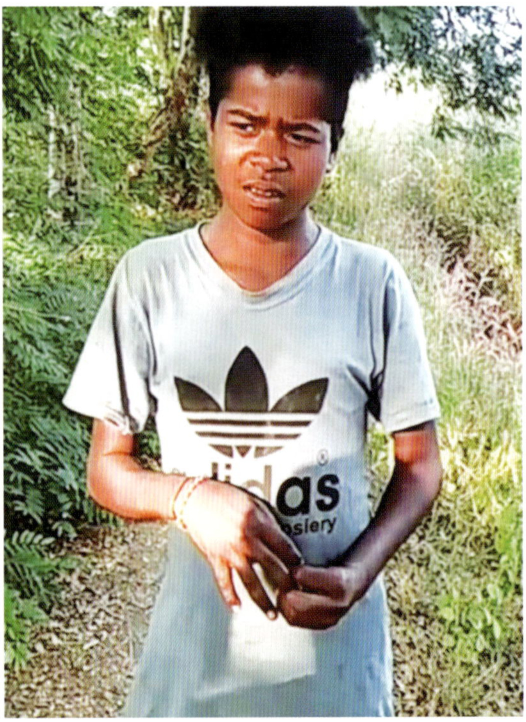

संजय परहैया के अँगूठे में चोट की वजह से वह आधार नहीं बनवा पा रहा था। आधार के बिना, स्कूल उसे एडमिशन देने को तैयार नहीं था। (फ़ोटो : सभिल पैकरा, सतबरवा, झारखंड, 2018)

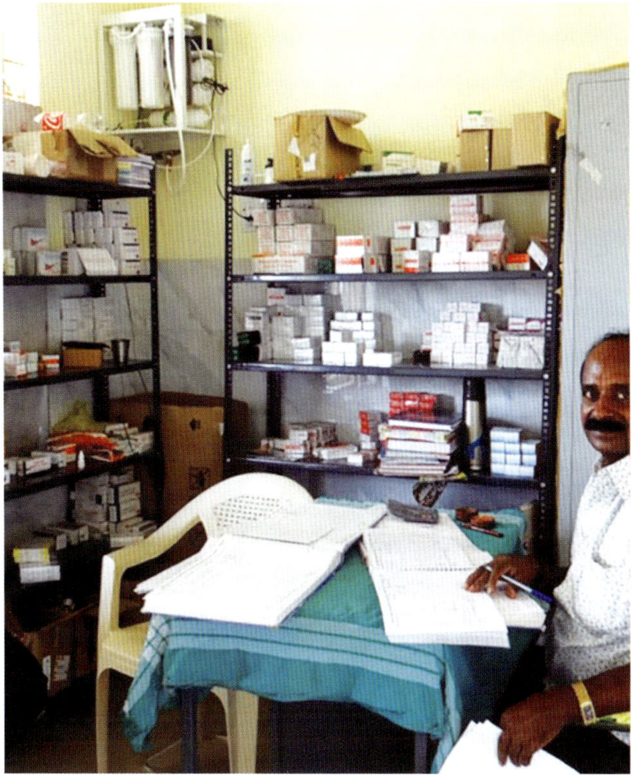

तमिलनाडु में पहले से सरकारी स्वास्थ्य सुविधाएँ मज़बूत हैं। (ऊपर), वेल्लोर में 2016 में फार्मेसी; (नीचे), डिंडिगल में 2010 में प्राथमिक स्वास्थ्य केन्द्र पर लाइन में खड़े मरीज़। (फ़ोटो : रीतिका खेरा)

तमिलनाडु की तरह, हिमाचल में भी लोग सरकारी स्वास्थ्य सुविधाओं पर काफ़ी निर्भर हैं। (ऊपर), 2022 में अस्पताल में डॉक्टर से मिलने आए मरीज़; (नीचे), उप स्वास्थ्य केन्द्र पर, नर्स एक बुज़ुर्ग की जाँच करते हुए। (फ़ोटो : रीतिका खेरा, 2013)

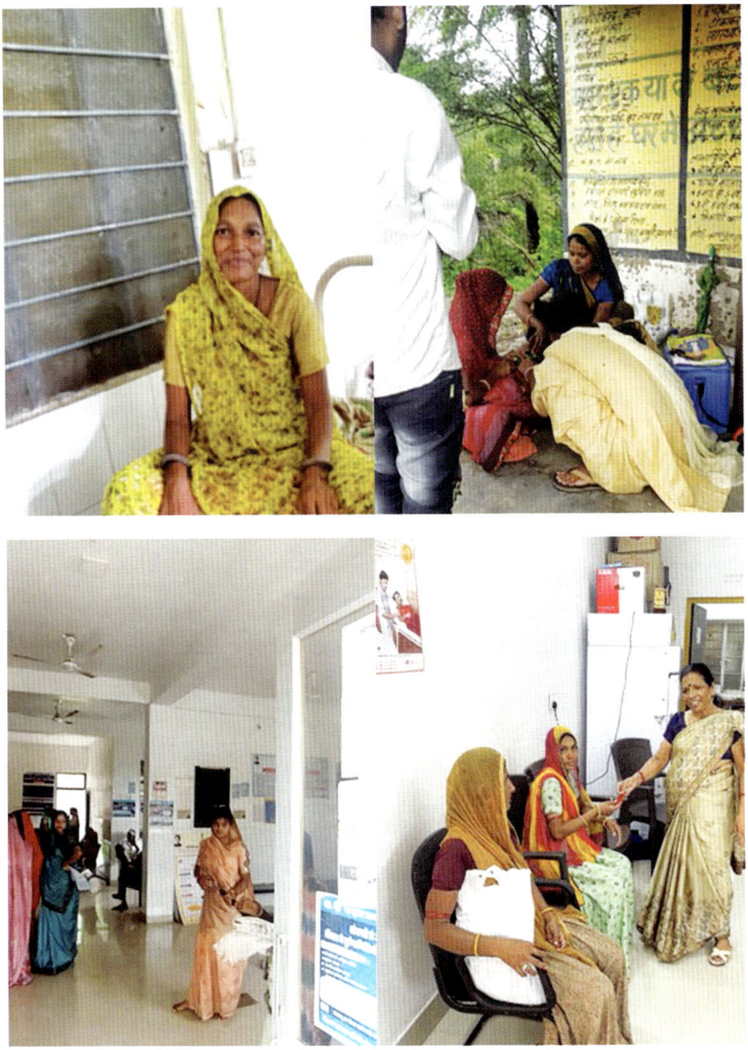

राजस्थान ने भी स्वास्थ्य सुविधाओं को सुधारने, 2011 से लगातार क़दम उठाए हैं। जब सेवाएँ उपलब्ध होती हैं, तो मरीज़ इनका पूरा फ़ायदा उठाते हैं। (फ़ोटो : शैलजा, रिषभ मल्होत्रा, सन्देश लोखंडे और सक्षम सिंह, राजस्थान, 2022)

निजी स्वास्थ्य सुविधाओं के नाम पर यह भी होता है—सड़क किनारे बैठकर जाँच।
(फ़ोटो : रीतिका खेरा, राँची, 2022)

भ्रष्टाचार के ख़िलाफ़ लोगों की जागरूकता सबसे प्रभावी हथियार है।

(ऊपर) 2013 में जब राष्ट्रीय खाद्य सुरक्षा क़ानून पारित हुआ, तब लोगों में जागरूकता बढ़ाने के लिए राजस्थान ने सरकारी बसों का उपयोग किया। (नीचे) 2013 में राजस्थान में पेंशन योजना का विस्तार हुआ; बसों पर पात्रता की जानकारी पेंट कर दी गई। (फ़ोटो : इनायत सभीखी)

स्कूल की दीवार पर साप्ताहिक मेन्यू पेंट होने से, उन खाद्य पदार्थ के लिए लोग माँग करते हैं।
(फ़ोटो : रीतिका खेरा, झारखंड, 2012)